卓越与创新

世界一流大学校长治校方略

杨捷 郝森林 / 主编

Excellence and Innovation:
Governance Strategies of World-class University Presidents

中国社会科学出版社

图书在版编目（CIP）数据

卓越与创新：世界一流大学校长治校方略/杨捷，郝森林主编． -- 北京：中国社会科学出版社，2024.5
ISBN 978 - 7 - 5227 - 3507 - 8

Ⅰ.①卓… Ⅱ.①杨… ②郝… Ⅲ.①高等学校—校长—学校管理—研究—世界 Ⅳ.①G647.12

中国国家版本馆 CIP 数据核字（2024）第 085405 号

出 版 人	赵剑英
责任编辑	赵　丽
责任校对	刘　念
责任印制	王　超

出　　版	中国社会科学出版社
社　　址	北京鼓楼西大街甲 158 号
邮　　编	100720
网　　址	http://www.csspw.cn
发 行 部	010 - 84083685
门 市 部	010 - 84029450
经　　销	新华书店及其他书店
印　　刷	北京明恒达印务有限公司
装　　订	廊坊市广阳区广增装订厂
版　　次	2024 年 5 月第 1 版
印　　次	2024 年 5 月第 1 次印刷
开　　本	710×1000　1/16
印　　张	26.5
字　　数	437 千字
定　　价	139.00 元

凡购买中国社会科学出版社图书，如有质量问题请与本社营销中心联系调换
电话：010 - 84083683
版权所有　侵权必究

目 录

绪 论 ………………………………………………………………（1）

第一章 哈佛大学第 21 任校长艾略特的治校理念与
　　　　实践 …………………………………………………（20）
　第一节　艾略特治校理念与实践的时代背景 …………………（20）
　第二节　艾略特的生平及治校理念 ……………………………（27）
　第三节　艾略特关于大学建设改革的实践 ……………………（38）
　第四节　艾略特治校理念与实践的影响与意义 ………………（56）
　本章小结 …………………………………………………………（59）

第二章 哈佛大学第 23 任校长科南特的通识教育思想与
　　　　实践 …………………………………………………（62）
　第一节　科南特通识教育思想产生的时代背景 ………………（62）
　第二节　科南特的通识教育思想与实践 ………………………（69）
　第三节　科南特的通识教育思想及实践的特征与影响 ………（87）
　本章小结 …………………………………………………………（92）

第三章 加州大学第 12 任校长克拉克·克尔的高等教育
　　　　趋同模式理论与实践 ……………………………（96）
　第一节　高等教育趋同模式的理论内涵 ………………………（96）
　第二节　高等教育趋同模式的实践途径 ………………………（103）

第三节　高等教育趋同模式的案例研究 ……………………（112）
　　第四节　高等教育趋同模式理论与实践的价值及其
　　　　　　局限性 ………………………………………………（124）
　　本章小结 ………………………………………………………（128）

第四章　康奈尔大学第9任校长罗德斯的大学治校理念与实践 ……………………………………………………（131）

　　第一节　罗德斯大学治校理念的形成基础 ………………（131）
　　第二节　罗德斯对大学治校主体的认识 …………………（140）
　　第三节　罗德斯的大学建设实践 …………………………（146）
　　第四节　罗德斯大学治校理念与实践的特征与影响 ……（162）
　　本章小结 ………………………………………………………（166）

第五章　密歇根大学第11任校长杜德斯达的治校理念与实践 ……………………………………………………（170）

　　第一节　杜德斯达的一流大学建设理念 …………………（170）
　　第二节　杜德斯达的本科生及研究生教育思想 …………（176）
　　第三节　杜德斯达的大学财政及行政管理思想 …………（183）
　　第四节　杜德斯达建设一流大学的实践探索 ……………（191）
　　第五节　杜德斯达治校理念与实践剖析 …………………（198）
　　本章小结 ………………………………………………………（202）

第六章　哈佛大学第26任校长陆登庭的治校理念与实践 …（205）

　　第一节　陆登庭治校理念与实践的时代背景 ……………（205）
　　第二节　陆登庭的大学学科建设理念与实践 ……………（209）
　　第三节　陆登庭的师生和经费管理理念与实践 …………（221）
　　第四节　陆登庭治校理念与实践的特征与意义 …………（231）
　　本章小结 ………………………………………………………（239）

第七章　斯坦福大学第9任校长卡斯帕尔的治校理念与实践 …… (241)

 第一节　卡斯帕尔的现代大学理念 …… (242)
 第二节　卡斯帕尔的教育改革与管理实践 …… (253)
 第三节　卡斯帕尔治校理念与实践的特点与影响 …… (268)
 本章小结 …… (275)

第八章　耶鲁大学第22任校长雷文的大学治校理念与实践 …… (278)

 第一节　雷文治校理念的历史背景 …… (278)
 第二节　雷文关于全球性大学及资金管理的理念 …… (283)
 第三节　雷文关于教学及社会服务的实践 …… (290)
 第四节　雷文治校理念与实践的特点与影响 …… (309)
 本章小结 …… (314)

第九章　斯坦福大学第10任校长约翰·亨尼斯的大学治校理念 …… (316)

 第一节　亨尼斯治校的时代背景 …… (316)
 第二节　亨尼斯论大学学科建设 …… (320)
 第三节　亨尼斯论学生培养方式 …… (330)
 第四节　亨尼斯论大学教师队伍建设 …… (336)
 第五节　亨尼斯论大学筹资 …… (343)
 第六节　亨尼斯大学治校理念评述 …… (349)
 本章小结 …… (355)

第十章　哈佛大学第27任校长劳伦斯·萨默斯的治校实践 …… (357)

 第一节　萨默斯的治校改革措施 …… (358)
 第二节　萨默斯的治校危机 …… (374)
 第三节　萨默斯治校实践的反思 …… (390)

本章小结 …………………………………………………（395）

结　语 ……………………………………………………（398）

参考文献 …………………………………………………（402）

后　记 ……………………………………………………（416）

绪　论

建设世界一流大学需要大学内部治理结构和外部治理环境之间的相互协调，大学校长作为两者之间的关键节点，是大学治理中调节内外关系的核心主体。为了推动中国世界一流大学的建设进程，需要进一步明晰大学校长治校的内涵与意义、基本内容以及中外一流大学校长治校的主要特征。

一　大学校长治校的内涵与意义

随着时代的发展，现代大学的组织与结构呈现出复杂化的特征。学科类型的多样化、学生和校园规模的不断扩大，都对大学管理提出了更高的要求。早在中世纪，大学就设有校长一职，但当时的校长主要由拥有较高资历的教师担任，并没有管理学校的实际权力。随着大学内部结构的不断完善与发展，校长的职能也逐渐确立。校长作为现代大学的管理者，其治校思想和实践决定着大学的发展方向和进程，在大学改革发展的过程中发挥着重要作用。

(一) 何谓大学校长治校

"治理"(Governance)一词最早源于古希腊语"Gubernare"，原意为掌舵，主要含义为控制、操纵和引导。后来，"治理"一词逐渐被引申到经济学和公共管理学领域。经济学中的治理概念比较明确，主要是指指导组织和公司行动、管理和控制其业务的过程、习俗、政策、法律和机构，它致力于实现组织的目标，并管理包括董事会和股东在内的利益相关者之间的关系。① 在公共管理学领域，詹姆斯·罗西瑙（James Rosenau）作为全球治理学理论的主要创始人之一，他解释了治理的含义："通行于规则空隙之间的那些制度安排，或许更重要的是两个或多个规则出现重叠、冲突时，或者在相互竞争的利益之间需要调解时才发挥作用的原则、规范、规则和决策程序。"② 与公共管理学中的治理概念相比，经济学领域的治理更为明确地表现出治理的特质。此外，受西方社会以及高等教育管理机制发展的影响，国外对大学治理的理解更多地从经济学角度出发，关注大学目标的实现。西方学者认为："治理涉及大学内部价值的确定、大学的决策和资源分配系统、大学的使命和宗旨、权力和等级制度，以及大学作为机构与内部和外部政府、企业和社区的不同学术世界的关系。"③ 在这个过程中，处于大学核心领导地位的校长则是大学治理的实施主体，只有通过大学校长的治校实践，才能够使大学治理的重要性得以体现。同时，治理与管理并不相同，加里·卡内基（Garry Carnegie）和杰奎琳·塔克（Jacqueline Tuck）认为："治理是组织在分配和管理资源中行使权力和权威的方式"④，与侧重资源高效利用的管理不同，治理更加注重内部与外部相关利益者的动态。经济学家朱迪斯·麦克劳克林（Judith McLaughlin）将其对大学校长的假设和期望归为三类，即领导、管理和治理。⑤ 可以看到，大学校长除了是一名传统的领导者和管理者外，还需要在复杂的组织系统中协调多方关系，开展合作活动，承担起治理者的角色。

　　随着中国特色社会主义市场经济制度的发展，大学组织机构的管理日益复杂，中国大学校长开始由在学术以及学校治理方面有突出才能的

---

① Humera Khan, "A Literature Review of Corporate Governance", paper delivered to International Conference on E-business, Management and Economics, Dubai, United Arab Emirates, 2011.

② [美] 詹姆斯·H·罗西瑙主编：《没有政府的治理——世界政治中的秩序与变革》，张胜军、刘小林等译，江西人民出版社2001年版，第9页。

③ Simon Marginson and Mark Considine, *The Enterprise University Governance and Re-invention in Australian Higher Education*, New York: Cambridge University Press, 2000, p. 16.

④ Garry D. Carnegie and Jacqueline Tuck, "Understanding the ABC of University Governance", *Australian Journal of Public Administration*, Vol. 69, No. 4, Winter 2010.

⑤ Judith McLaughlin, "Leadership, Management, and Governance", *New Directions for Higher Education*, Vol. 2004, No. 128, 2004.

学者担任。与西方大学的董事会管理体制不同的是，中国大学坚持党委领导下的校长负责制，确保党对大学的领导，校长通常是党委的成员，属于党委决策的执行者。因此，从治理的概念来看，公共管理角度中的大学治理与中国大学发展有着一定的联系。此外，中国大学校长在大学治理的过程中，十分注重大学目标的确立和实现，注重学校内外影响因素的协调发展和资源的合理配置。所以，大学校长治校可以理解为校长作为大学的领导者，在一定的政治、经济以及社会背景下实施的一种大学管理方式，治校的基础是大学校长所具有的决策权和行政权力。在这一过程中，校长需要通过合理的制度与程序对大学的各方面事务进行治理，并注重与大学发展的内部、外部利益相关者积极互动，努力实现关系的动态平衡，确保大学发展的各类资源能够得到充分且有效利用。

（二）大学校长治校的基本原则

大学治理是一项复杂且意义重大的工作，大学校长需要在一定的原则指导下制定学校发展政策和目标，并在实施过程中监督其进展。根据大学校长治校工作的开展情况，大学校长治校的基本原则可以归纳为民主性观念、多元化观念以及全局性观念三个方面。

第一，大学校长治校需要具备民主性观念。随着西方民主社会的发展，民主化逐渐成为现代大学治理的重要原则之一。到了近代，北京大学校长蔡元培将校长民主治校的观念引入中国高等教育界，并成为中国大学校长治校的基本原则。一方面，由于大学成员组成具有复杂性，校长在开展治校实践时必须关注到不同群体的意见，避免独断局面的出现。许多一流大学校长在开展治校实践时，会针对学生以及教师的意见，给予不同群体管理学校的权力。将管理权下放的方式能够丰富大学治理主体，推进大学民主制度的建设。另一方面，民主化治理对大学学术水平的提升有着重要作用。在大学治理的过程中，给予教师以及研究人员更大的自由权力，避免过多的约束阻碍教学与科研的发展，这对于提升大学办学水平有着积极作用。

第二，大学校长治校需要具备多元化观念。20世纪70年代，美国成为世界上最早实现高等教育普及化发展的国家。随着入学人数的不断增多，学生群体的多样性也逐渐增加，来自不同阶级、种族以及文化背景的学生对高等教育提出了更高的要求。现如今，中国高等教育发展也面临着同样的问题。党的二十大以来，中国高等教育规模不断扩大，建成了世界上最大规模的高等教育体系，在学总人数达4763.19万人，高等教育毛入学率从2012年的30%，提高至2023年的60.2%，高等教育进入普及化发展阶段。① 对此，大学校长在治校过程中，需要将尊重学生多样性的原则放在首位。面对不同类型的学生，大学校长要采取不同的治校方式，丰富、扩展人才培养模式，以满足不同学生的发展需求，促进中国高等教育的多样化发展。与此同时，在促进教学科研发展时，大学校长需采取多样性的办法，推动高校的整体卓越发展。

第三，大学校长治校需要具备全局性观念。大学校长在制定学校治理策略时，要立足于整个社会及时代发展背景，对高等教育发展全局进行深刻思考，只有对高等教育发展的过去、现状以及未来形成深刻认识，才能够走出符合大学自身情况的特色发展道路。大学校长在治校过程中，在遵照国家高等教育相关政策的条件下，加强反思意识，对各类社会因素进行综合性思考，实现大学内部与外部的平衡发展。此外，大学校长在治校过程中，要考虑到高等教育发展对社会的影响，加强大学研究成果对社会发展的推动作用，实现高校与社会的双向良性互动。

(三) 大学校长治校的重要性

大学校长作为大学的主要领导者之一，其政策制度的决定与实施，关乎着大学的发展。20世纪70年代，美国学者展开了一场针对大学校长作用的讨论，并主要分为三种观点。以詹姆斯·加德纳·马奇为代表的一派认为，大学校长作用的发挥对于大学发展是无关紧要的。而克拉克·克尔则对这一观点进行了反驳，他主张大学校长对大学发展至关重要。此外，罗伯特·伯恩鲍姆则提出了中立的看法，他认为，大学校长在各种因素的制约下，只能在有限的范围内发挥作用。事实上，作为大学领导者的校长，在治校的过程中总会面临各种问题，而大学校长作用的发挥也总是会受到社会历史条件的影响。校长作为影响大学发展的关键主体，其治校理念与实践是大学发展中的重要一环，其重要性主要包

---

① 中华人民共和国教育部：《2023年中国高等教育入学机会增加 毛入学率超60%》，http://www.moe.gov.cn/fbh/live/2024/55831/mtbd/202403/t20240301_1117707.html，2024年3月1日。

括以下两个方面：

第一，大学校长作为社会与学校关系的主要协调者，其优秀的治校理念与实践能够为大学发展营造良好的外部环境。首先，大学并不是孤立存在的，而是与社会有着密不可分的联系，并逐渐从社会边缘走向社会中心，各类社会因素对大学发展的影响逐渐增强。因此，大学校长需要承担更大的社会职责。在治校过程中，大学校长需要制定合理的发展规划，整合社会资源，加强与政府以及各类教育机构的联系，为大学争取到更多的社会支持，使"社会信任并支持大学所进行的教学和科研，他们把子女与未来都托付给这个地方"[①]。其次，大学教学与科研活动的开展离不开先进技术与设备的支持。"一流水平的科学家为了从事最佳质量的研究工作，必须有合适的研究设施，否则他们难以在高新科技领域开展研究，那些高新研究会迅速转移至研究设施更为完善的国家。"[②] 可以看到，办学资金已然成为影响现代大学发展以及国际竞争的重要因素之一。大学校长的治校措施之一就是为学校筹集到更多资金，实现财政收支平衡，他们需要游走在政府和各类基金会之间，寻求更多的财政支持，为大学发展提供丰富的资源。中国近代大学在发展的过程中，都面临着经费严重不足的问题。对此，大学校长花了许多的心力来筹措办学经费，向政府争款，发起教育经费独立运动，确保教育经费能够单独列支、专款专用，甚至率领师生上街请愿，要求政府拨付拖欠的办学经费，等等。[③] 这也是中国近代大学在极其艰苦的条件下，仍能维持正常办学秩序、保证办学质量的重要原因之一。最后，校长的治校实践体现着一所大学的办学特色和建设成果，优秀的大学治理实践能够使大学获得更多的正向舆论，从而提升大学的整体形象。校长作为一所大学的主要形象代言人，其言行影响着大学的公共品牌形象。总体来说，大学校长在治校过程中，能够以社会与高等教育的关系为基础，注重提升大学自身的竞争力，通过营造良好的社会环境，塑造大学的良好形象，为大学的改

---

① ［美］詹姆斯·杜德斯达：《21世纪的大学》，刘彤等译，北京大学出版社2005年版，第8页。

② ［美］德里克·博克：《走出象牙塔——现代大学的社会责任》，徐小洲、陈军译，浙江教育出版社2001年版，第19页。

③ 程斯辉：《中国近代著名大学校长办学的八大特色》，《高等教育研究》2008年第2期。

革建设赢得更大的社会支持。

第二，大学校长作为学校内部组织的主要建设者，优秀的治校理念与实践能够实现大学内部的良性发展。首先，大学是一个十分复杂的机构，其内部治理结构由多个主体组成。例如，美国大学实行的董事会制度下的校长管理制度，由董事会和校长共同对大学进行管理。大学校长主要负责执行并监督董事会各项决策的实施，并受董事会的监督。在大学校长治校的过程中，他们十分重视将董事会与校长的作用结合起来，实现大学的高效治理。中国高等教育发展具有独特的背景，中国大学校长在治校的过程中十分注重发挥党对大学治理的指导作用，在坚持党领导的基础之上，开展治理工作。此外，大学校长还十分重视行政管理团队的建设，在强调各学院拥有独立学术权力的同时，保证大学的高效发展。在学术管理方面将权力下放给各学院，而在行政管理方面则由统一的行政管理团队进行管理。学术与行政的结合使大学治理既坚守了大学学术自由的理念，又保留了传统行政管理集中高效的特点，促进大学内部管理结构的有序发展。其次，促进学生发展是大学校长治校的首要目标。学生作为校园活动的重要主体之一，是学校教育的主要发展对象，也是大学校长治校过程中的重要关注对象。卓越的校长治校实践能够关注到大学中本科生以及研究生不同的发展需求，实现学生的个性化以及长远化发展。最后，大学校长的治校实践能够实现教师发展。作为大学教学以及科研活动的重要主体之一，教师在大学办学的发展过程中扮演着重要角色。大学治理本身并不包含教学和研究，但会影响它们，它提供了使教学和研究得以进行的条件。① 合理的大学治理实践不仅能够为教师提供良好的教学与科研环境，提高教学与科研的质量，还能够提高优秀教师的待遇，由此招揽到更多的优秀人才，为大学发展注入新的活力。

19世纪末至20世纪初，美国高等教育界涌现出了许多杰出的大学校长，学者威廉·考利（William Cowley）将这个时期称作"巨人时期"。这些大学校长通过卓越的大学治理实践，使美国大学得到迅速发展，高等教育发展跃升至世界领先水平，美国也因此成为世界一流大学的聚集

---

① Simon Marginson and Mark Considine, *The Enterprise University Governance and Re-invention in Australian Higher Education*, New York: Cambridge University Press, 2000, p.16.

之地，是世界各国高等教育的借鉴对象。在中国，大学校长治校实践随着时代的发展逐渐趋于完善，从新中国成立初期借鉴苏联模式实行统一的政治化管理，到高等教育大众化发展中关注校长治理职能的发挥，这种变化对校长能力的要求越来越高。对此，中国大学校长要关注其自身发展，注重吸收国外大学校长的治校经验，通过其自身治理能力的提高，实现大学的卓越发展，为中国建设更多的世界级一流大学。

二 大学校长治校的基本内容

大学内涵式发展需要大学内部治理结构的完善和外部治理环境的配合。大学校长作为联结大学内外部治理的关键，需要不断地更新和发展其自身的治校理念，推动治校实践的良好发展。

（一）大学校长治校的理念

大学校长作为高校发展的领航员与管理者，有着多重身份角色。斯坦福大学第九任校长杰拉德·卡斯帕尔将大学校长的身份角色定位为校长、学者、教育者、公众人物、首席执行官、学校理事会理事、筹资人、社会工作者和娱乐伙伴。[①] 在大学校长的多重身份中，最为人所知的身份便是学校治理者。而大学校长的治校理念是校长进行管理和教育工作的重要理论基础。所谓大学校长的治校理念，是指校长治理学校的理想、信念及其办学的指导思想。大学校长的治校理念涵盖了学校发展的方方面面，在一定程度上决定了学校的发展方向与治校的具体措施，并影响了大学风格的形成与发展。回顾中外一流大学的发展历程可以发现，世界一流大学校长的治校理念存在着一定的共性，具体包括以下几个方面：

第一，坚持大学本科教学重要性的治校理念。中世纪大学以教书育人为根本目的，19世纪柏林大学成立后，科学研究成为大学的基本职能之一，并催生了众多研究型大学的建立。当前，国际竞争的需要致使科学研究在大学的作用与日俱增，但同时也导致了愈演愈烈的"重科研轻教学"现象。为使大学教学育人这一根本职能回归，扭转教学与科研的失衡关系，国内外一流大学的校长均将本科教学作为治校重点，以学生

[①] 教育部中外大学校长论坛领导小组：《中外大学校长论坛文集》，高等教育出版社2002年版，第124页。

为中心进行本科教育改革,坚持本科教育教学在人才培养及学校、社会发展中的基础性作用。康奈尔大学校长弗兰克·罗德斯重构了本科课程,采用激励引导的教学方法促进本科教育教学;斯坦福大学校长卡斯帕尔创立了斯坦福导读制,这种师生共同研讨的教学模式使得本科教育成为斯坦福的一大优势;耶鲁大学校长理查德·查尔斯·雷文利用各种奖励措施吸引教授积极参与本科生教学活动。国内一流大学的校长同样将加强本科教学作为重要的治校理念。2015年,四川大学校长谢和平设立"卓越教学奖",意在鼓励投身于本科教育教学的教师。2017年,复旦大学校长许宁生发布《2020一流本科教育提升行动计划》,以富有挑战性的荣誉课程和高标准的科研实践为核心培养创新人才,并对完成项目的本科生授予"最优秀的本科毕业生"称号的激励。① 同年,清华大学校长邱勇在庆祝教师节大会上宣布了荣获首届"清华大学新百年教学成就奖"的八位教师。该奖项作为邱勇校长对清华教育教学改革的新举措,指向了倾情投入本科教学、教学效果享誉度高的一线教师。②

第二,倡导学术自由的治校理念。在学术自由理念下,师生能够自由地进行教学与学习,而这种教学与学习自由正是激发师生创新能力的推动力。周光礼教授指出,学术自由的实现包括"外在自由"和"内心自由"。前者主要体现了为实现学术自由而制定完善的制度,而"内心自由"则是学术自由作为治校理念得到的认同。③ 一流大学校长在治校中正是从制定规章制度、弘扬学术自由的价值两个方面遵循学术自由治校理念的。哈佛大学校长查尔斯·艾略特在对哈佛大学的治理中坚持学术自由,并使该理念在哈佛大学蔚然成风。1933年,王星拱出任武汉大学校长,建立了"教授治校"制度,尊重教授会的权威,并对校内各种学术流派、学术活动不加干涉,任其自由发展。④ 可见学术自由理念在世界高

---

① 贺祖斌:《新时代本科教育的内涵建设——兼议"不重视本科教育的校长不是合格的校长"》,《现代大学教育》2019年第3期。
② 清华大学:《清华大学新百年教学成就奖颁奖》,https://www.tsinghua.edu.cn/info/1366/81452.htm,2017年9月11日。
③ 周光礼:《学术自由的实现与现代大学制度的建构》,《高等教育研究》2003年第1期。
④ 储朝晖:《王星拱的治校理念及其对提升大学品质的启示》,《清华大学教育研究》2015年第6期。

等教育发展中的重要地位。

第三，建设国际化大学的治校理念。随着全球化进程的加快，国际化成为世界高等教育的重要议题，也是大学校长建设一流大学的必然选择。因而，大学校长的治校理念深受时代背景的影响，并在世界局势和高等教育发展新态势下不断更新，旨在以新的理念带领大学向前发展。早在1946年，中国湘雅医学院校长张孝骞赴美国进行访问，了解国际上最新的医学进展，并聘请华盛顿佐治亚大学的医学教授来湘雅任教。哈佛大学校长尼尔·陆登庭上任后便将国际合作作为学校发展的核心任务之一，提出了一系列学术计划，研究重点涉及拉美、东欧、东南亚及非洲。

第四，专业教育与通识教育并驾齐驱的治校理念。通识教育的本质是对人文精神的培养，对人文传统的继承。但是，高等教育规模的迅速扩大不仅促进了高等教育大众化的进程，也带来了高等教育的过度职业化，即高等教育仅为学生的谋生做准备。西班牙教育家奥尔特加·加塞特（Ortega Gasset）在《大学的使命》（*Mission of the University*）一书中提到："现代大学已经把专业教育这颗大学唯一的种子演变为了一项巨大的活动，并增添了研究的功能，但现在大学已几乎完全遗弃了文化教学或传播的活动。"① 为改变专业教育与通识教育彼此失衡的局面，不论美国的哈佛大学、耶鲁大学，还是我国的北京大学、复旦大学等，一流大学的校长均十分强调进行教育改革促进两种教育的结合，以培养完整的人。

（二）大学校长治校的实践

马克思主义哲学认为，实践是理论的来源，是检验理论正确与否的唯一标准，理论与实践是辩证统一的关系。大学校长的治校实践不仅验证着其治校理念的正确与否，也是其治校理念的生动诠释。大学校长的治校实践并非简单地践行其治校理念，而是根据高等教育发展的社会环境以及学校实际发展状况有选择性地实行。具体来说，大学校长治校实践主要包括下述内容：

首先，建设师资队伍。教师始终是世界一流大学持续发展的人力资

---

① [西]奥尔特加·加塞特：《大学的使命》，徐小洲、陈军译，浙江教育出版社2001年版，第32页。

源保障，大学的发展离不开优秀的教师。而由于教师资源的高流动性，想要吸引具有卓越教学才能、前沿科研水平的教师并非易事。为了创建世界一流大学，保证学校在国际上的声誉，耶鲁大学校长雷文通过提高薪资水平、保障住房等措施吸引来自世界各地的优秀人才。中国在建国初期，陈赓校长为广泛聚集优秀人才，亲自深入调查，并寻求有关部门领导的支持，最终，他在党中央及中央军委的支持下，引进大批学贯中西的专家教授，汇集为一支一流的教师队伍。[①]

其次，提高教育质量。教育教学、科学研究、服务社会是现代大学职能的三驾马车，其中以教育教学为根本。本科生和研究生的教学便成为一流大学校长上任后大刀阔斧进行改革的领域之一。鉴于本科生与研究生在培养目标上的不同，在本科阶段世界一流大学校长着重于对学生进行通识教育。不仅耶鲁大学、哈佛大学的通识教育历史悠久，中国一流大学的通识教育课程同样有着一定的渊源。复旦大学校长李登辉在留美期间深受通识教育影响，于1915年同王宠惠参照耶鲁大学的通识教育课程[②]，制定了适合复旦大学需要的综合课程体系。在现代，北京大学在其历任校长的努力下，成立了北京大学元培学院。元培学院旨在建立一套具有中国特色的通识教育课程及人才培养模式。在研究生培养阶段，一流大学校长侧重于强调基础研究，培养学生进行科学研究的能力。如哈佛大学的陆登庭、耶鲁大学的雷文通过设立基础研究项目、开设实验室等措施促进基础研究的发展，并强调基础研究在大学、国家和社会发展中的重要作用。

最后，筹集发展资金。高等教育经费紧张是影响大学长远发展的主要因素之一。美国大学校长实行的是董事会领导下的校长负责制，校长的筹款能力是董事会进行校长遴选的重要标准，也是衡量大学校长成功治校与否的评价指标之一。从斯坦福大学的"本科生教育行动"（The Campaign for Undergraduate Education）、"斯坦福挑战计划"（The Stanford

---

① 赵俊芳、刘硕：《一流大学建设的历史经验与时代省思——以"哈军工"办学实践为例》，《大学教育科学》2018年第1期。

② 陈桃兰：《复旦的"保姆"——李登辉的办学思想和实践》，《高教探索》2012年第2期。

Challenge)，到耶鲁大学的"为了耶鲁大学"（For Yale）、"耶鲁明天"（Yale Tomorrow），这些筹款运动在一流大学校长的主持下以获得巨额捐款而圆满落下帷幕。甚至饱受争议的哈佛大学校长劳伦斯·亨利·萨默斯在任期间也筹集到了不菲的资金。无独有偶，筹款同样也是中国一流大学校长的重要职能。李登辉在复旦大学建校25周年庆典上，倡导校友捐款以助复旦度过危机，并亲下南洋开展募捐活动，为复旦建校奠定了坚实的基础。

一流大学校长成功治校的关键在于校长能够直面大学的发展危机，寻求合适的解决路径并进行了选择性变革。① 在当今高等教育大众化发展阶段，大学面临着复杂的发展危机，校长身为大学发展的总调度人，应遵守大学的职能与使命、校长治校与教授治学制度，在治校中始终坚持以人为本，着力于推进校长治校能力的现代化。

三 大学校长治校的主要特点

大学职能论、高等教育国际化思想和人本主义管理思想为中国大学校长治校活动的开展提供了思想基础。中国大学校长在其履职过程中积累了一定的实践经验，总结这些校长的治校经验可发现以下几个共同特征：第一，强调育人为本，重视大学人才培养职能的回归；第二，主张国际化办学，致力于加强大学的国际交流与合作；第三，注重民主管理，积极鼓励师生共同参与治校。

（一）中国大学校长治校的思想基础

大学职能论强调大学教学、科研和社会服务功能的结合；高等教育国际化思想注重世界各国高等教育的交流与合作；人本主义管理思想重视师生群体在学校管理过程中的主体地位。以上思想基础使中国大学校长对大学职能有了更深入的理解，对高等教育国际化趋势有了更深刻的把握，对人本主义管理思想在教育领域的价值有了更清晰的认识，进而为中国大学校长治校指引了方向。

---

① 白强：《变革型大学校长的共性特征、生成逻辑与启示——基于中外两位大学校长卓越办学实践的历史考察》，《高教探索》2023年第2期。

1. 大学职能论

随着外部社会的变化和大学自身内在逻辑的发展，大学的职能得到了拓展。以巴黎大学为代表的中世纪大学将教学视为大学的唯一职能，注重通过教学为国家、教会和行会培养人才。以柏林大学为代表的现代大学强调教学与科研的结合，在承认大学教学职能的基础上确立了大学科学研究的职能。19世纪后期，美国赠地学院的创办以及20世纪初威斯康星理念的形成则推动了大学社会服务职能的确立。自此，教学、科研和社会服务成为被西方高等教育界普遍接受和认可的大学职能。

在大学内外部变革的驱动下，中国教育界也逐渐认可了大学的三大职能观。大学不是一个单纯以教学或知识传授为唯一职能的场所，也不是"纯粹研究高深学问之机关"，而是一个融教学、科研和社会服务功能为一体的组织机构。在南京国民政府时期，东南大学校长郭秉文不仅重视学术的教学与研究，还致力于将研究成果应用于社会，达到学以致用。南开大学校长张伯苓持"实业兴学"的办学理念，积极倡导大学社会服务能力的建设。新中国成立后，邓小平"两个中心"思想的提出，即高等学校既应是办教育的中心，又应是办科研的中心，以及科教兴国战略的提出，使新中国的大学校长对大学职能的认识得到了深化。苏步青在担任复旦大学校长期间非常重视教学与科研的结合。他认为，教学是开展科学研究的基础，任何轻视教学的思想都是错误的。北京大学校长陈佳洱在北京大学百年校庆演讲中提到，引导社会向前发展是大学的使命所在。大学职能论明确了大学的工作重心，为中国大学校长的治校指明了方向，是中国大学校长治校的重要思想基础。

2. 高等教育国际化思想

高等教育国际化思想是伴随着世界政治、经济全球化而产生的教育理念。高等教育国际化思想强调世界各国在高等教育领域的交流与合作，主张将跨国界、跨文化的观点融入大学的教学、科研和社会服务工作中。因此，树立国际化人才培养目标、提高学生群体国际化水平、组建国际化师资队伍、构建国际化的课程体系、增加学术交流机会以及提倡合作办学都是高等教育国际化的应有之义。民国时期，清华大学校长梅贻琦注重国际化师资队伍的建设，认为"将欲提高国家学术水准，端赖罗致世界第一流学者，来华讲学"①。新中国成立后，严济慈校长在中国科学技术大学建校 30 周年时题词："育天下英才，创寰宇学府。"他认为，面向世界开放办学是成为世界一流大学的重要条件。山东大学校长展涛也曾明确指出，要以"开放发展"的理念引领大学改革，培养具有高度的社会责任心和国际视野的人才。

进入 21 世纪以来，中国充分重视高等教育国际化理念，并将高等教育国际化提升到了国家发展战略的高度。《国家中长期教育改革与发展规划纲要（2010—2020 年）》明确提出以开放促发展的理念，鼓励开展多层次、宽领域的教育交流与合作，以提高中国教育的国际化水平。② 高等教育国际化理念既是世界政治、经济发展对高等教育提出的现实需求，也是高等教育本质属性的反映，它在一定程度上为中国大学校长办学治校提供了思想依据。

3. 人本主义管理思想

人本主义管理思想以人本主义哲学为理论基础，是哈佛大学心理学教授乔治·埃尔顿·梅奥（George Elton Mayo）1932 年在美国西方电气公司开展的"霍桑实验"（Hawthorne Studies）的推动下提出的。该实验的研究结果表明，影响霍桑工厂生产效率的并不是技术、设备等物的因素，而是人的因素，特别是人的意志、情感和动机等非理性因素。因此，人本主义管理理论重视人的主体性和能动性，强调人在组织决策过程中的参与以及组织与个人的合作等。人本主义管理思想反映到教育领域就表现为注重学生和教师的管理潜能，充分发挥学生和教师在大学事务管理过程中的作用，等等。清华大学校长王大中指出，以人为本包含四个方面的意义：其一，重视人在学校各项工作中的位置，正确认识人的价值，发挥人的主观能动性；其二，学校的根本任务是培养人，教育是一个以人为中心的过程；其三，人是最重要的教育资源；其四，应充分发挥教师在学校管理过程中的积极作用。③ 在功利主义、理性主义管理思想弊端

---

① 刘述礼、黄延复编：《梅贻琦教育论著选》，人民教育出版社 1993 年版，第 70 页。

② 中华人民共和国教育部：《国家中长期教育改革和发展规划纲要（2010—2020 年）》，2010 年 7 月 29 日，http://www.moe.gov.cn/srcsite/A01/s7048/201007/t20100729_171904.html。

③ 王大中：《关于在中国建设世界一流大学的若干问题》，《清华大学教育研究》2000 年第 1 期。

日益显现的时代背景下，人本主义管理思想为中国大学校长指引了方向，能够有效促进中国高等教育管理的科学化、规范化和民主化。

(二) 中国大学校长治校的实践经验

基于以上思想基础，中国大学校长开展了一系列实践探索以促进大学教学职能的回归、国际交往范围的扩大以及民主管理程度的提高。这些实践经验不仅对校长所领导的大学产生了积极影响，同时也获得了国家和社会的认可，为中国其他大学的发展建设提供了有益经验。

第一，促进教学职能的回归。人才培养是大学的本质职能和核心使命，也是大学存在的根本理由。但一些大学目前过分强调科研项目数量和论文产出数量的评价导向却消解了大学的教学职能，甚至将教学视为某种意义上的负担。在此背景下，许多校长开始呼吁重拾丢掉的教育传统，促进大学人才培养职能的回归。例如，北京大学校长林建华指出，大学培养出来的人在国家发展中所做的贡献是大学最直接也是最重要的声誉。[1] 为了保障大学教学质量，中国大学校长进行了一系列卓越的实践探索。南京大学校长陈骏为保障本科教育质量，从2009年起开始在南京大学实施"三三制"本科教学改革方案。该方案不仅对人才培养模式、课程模块以及教学内容与方法进行了改革，还改革了管理支持体系和本科教学质量保障体系。该方案规定，教授必须给本科生上课、在评价院系时须将教学作为核心指标、对教师进行评价时要同等对待教学工作和科研工作，以及学校应通过自评和他评，在学校、院系和教师三个层面开展各有侧重的教学评估和质量监控等。[2] 陈骏校长领导的改革不仅对南京大学的本科教学产生了积极而深远的影响，同时也获得了国家和社会的认可。

第二，加强国际交流与合作。开放办学是提升大学教育质量和国际影响力的重要途径。近代以来，中国大学校长采取了一系列举措来加强大学的国际交流与合作。民国时期，北京大学校长蔡元培主张"兼容并包"的办学方针。他不仅积极聘请留学生和外籍学者来校任教，还主张

---

[1] 黄达人等：《大学的根本》，商务印书馆2015年版，第305页。

[2] 陈骏：《三合一·三元结构·三三制——南京大学三次重大教学改革的百年审思》，《江苏高教》2015年第1期。

设置中外文化比较课程以拓展学生的国际视野。东南大学校长郭秉文广求英杰于世界，不仅招揽了一批外国学者来校任教，还邀请了杜威、罗素、孟禄以及泰戈尔等知名学者来校演讲，使当时的东南大学成为中西文化的荟萃之地。新中国成立之后，复旦大学校长谢希德坚持"走出去"和"引进来"相结合。她不仅积极鼓励教师出国进修，还多次约请国外知名学者来校讲学。在担任校长期间，谢希德还多次代表复旦大学参加高水平国际会议，为复旦大学赢得了良好的国际声誉。严济慈担任中国科学技术大学校长期间，推动了"中美联合招考赴美物理学研究生项目"的开展。该项目是中国改革开放后大规模、有计划地选派硕士研究生赴美攻读博士学位的开端，为中国学子架起了赴美留学的桥梁。[1] 除此之外，严济慈还领导中国科学技术大学与全球近百所大学建立了稳定的合作关系，拓展了中国科学技术大学的国际交流范围。"一带一路"倡议提出后，中国又与"一带一路"沿线国家开展了高等教育领域的合作。例如，西安交通大学在王树国校长的领导下发起成立了丝绸之路大学联盟。该联盟目前有近30个国家的百余所大学加入，并持续收到新的加入申请。

第三，推动师生共同参与治校。为了促进中国高等教育管理的规范化、科学化和民主化，众多大学在其校长的领导下开展了一系列民主改革。民国时期，北京大学在蔡元培的领导下设立了评议会和教授会来管理大学教务，以实现专家治校、民主治校的办学目标。清华大学校长梅贻琦严格履行教授治校制度，使得教授治校理念在清华大学得到了空前的发展，民主气氛蔚然成风。南开大学则在张伯苓的带领下形成了开放的管理体系。该体系具有校务公开、师生合作等特点，教师和学生群体可以广泛地参与学校管理，为学校发展建言献策。改革开放后，复旦大学校长杨玉良院士于2009年主持起草了《复旦大学章程》以限定校长和其他行政管理者的权力，推行教授治校。天津大学和华东师范大学先后于2012年和2014年分别在李家俊校长和陈群校长的倡议下设立了"学生校长助理"，鼓励学生参与学校管理事务。以天津大学为例，该校每年从

---

[1] 程斯辉、刘立德：《新中国著名大学校长的治校办学之道管窥》，《教育史研究》2021年第2期。

全体在校生中招募10位"学生校长助理"。学生校长助理负责在学校决策过程中为校长提供多角度的信息支持和建议,他们不仅会列席校长参与的学生活动、学生座谈会,也会列席学校有关教学、科研、内部管理、师资建设等重要会议。这一系列改革措施完善了大学民主管理的权力结构,有效地调动了大学中组织成员的积极性,能够切实增强大学的内部凝聚力,进而促进大学管理质量的提升。

四 世界一流大学校长的治校经验

世界一流大学的崛起和发展,离不开优秀的校长治校。世界一流大学校长治校的主要特征因文化、国家、历史等因素而有所不同,但概括而言,世界一流大学的治校经验主要包括以下几个方面。

(一)人才培养的跨学科性

培养跨学科人才是世界一流大学提高学生创新能力、突破国际先进科学技术与顺应时代趋势的关键举措。从社会层面来讲,21世纪人类面临的问题日益复杂,单一学科、单一知识体系难以解决复杂的现实问题。从高校自身发展来讲,高校传统的人才培养体系已无法满足学生的需求,高校需要采取新的人才培养方式来提高学生解决现实问题的能力,以增加学生在就业市场上的竞争力。为满足社会和高校自身发展的现实需求,世界一流大学校长将培养跨学科人才作为其治校的任务之一,强调从多个方面推动跨学科人才培养。

第一,在培养层次方面,注重本硕博三个层次的跨学科人才培养。例如,斯坦福大学第十任校长约翰·亨尼斯不仅注重本科生参与跨学科研究,而且尤为重视研究生的跨学科能力培养。第二,在教学方式方面,以小班制教学为主,采用研讨式教学法。斯坦福大学第九任校长杰拉德·卡斯帕尔创立了斯坦福导读制,为本科生提供不同学科的阅读内容和研讨话题,加强了学生的跨学科能力。第三,在跨学科研究项目方面,坚持问题导向,创建跨学科研究平台,开发跨学科研究项目,鼓励学生参与相关研究,以提高学生解决实际问题的能力和创新能力。例如,约翰·亨尼斯为推动跨学科人才培养,建立跨学科研究大楼,从而为师生的跨学科研究提供基础设施保障。新加坡国立大学校长陈永财曾言:"世界一流大学的教育必须迅速变革,以便让学生做好准备去迎接一个更加多变、不确定和复杂的世界。"① 基于这一治校理念，新加坡国立大学的人才培养目标是使毕业生学会将不同学科的知识相联系，以解决现实问题，并成为问题探索者和问题解决者，进而在充满变化的社会中取得成功。

(二) 师资队伍建设的卓越性

卓越的教师队伍不仅能够吸引世界各地优秀的学生，还能产出高质量的科研成果，给大学带来更大荣誉，提高大学的知名度。正如南开大学校长张伯苓所言："大学最重要者即良教师。"② 也就是说，卓越的师资队伍是建成世界一流大学的基础。具体来讲，世界一流大学校长关于建设师资队伍的实践，主要有以下特点：

第一，大量网罗学有造诣、术有专攻的著名专家和学术领袖人才，以提高高校师资水平。哈佛大学校长艾略特在40年的校长任期内，致力于招揽国内外一流的、有才能的教师，这些学术大师为提高哈佛大学的学术地位、提升大学教育质量、奠定现代研究型大学基础等作出了巨大贡献。正如剑桥大学副校长艾莉森·理查德（Alison Richard）所言，世界一流的教师作为学术前沿的优秀学者，不仅能带领学生超越知识的边界，也能激发学生对一门学科的兴趣和热情。③ 第二，注重教师队伍的多样性。多样化的师资队伍既可以增加教师之间经验、观点的交流，提高教师研究和教学的广度和深度，也可以为学生提供多元的教育体验。为打造多样化的教师队伍，世界一流大学校长在招聘教师时尤其关注教师的性别和种族。密歇根大学校长詹姆斯·杜德斯达在治校期间不仅增加了少数族裔和女性教师的数量，还对这些教师的任期和晋升条件进行了有利的调整，旨在为这些教师提供公平的机会。又如，在悉尼大学多任校长治校理念的指导下，2021年该校的教师招聘和任命文件明确规定：

---

① *NUS News*, "Two New Colleges at NUS to Deliver Flexible, Interdisciplinary Education More Accessibly, and at Greater Scale", (2021-08-27), https://news.nus.edu.sg/two-new-colleges-at-nus-to-deliver-flexible-interdisciplinary-education-more-accessibly-and-at-greater-scale/. (2023-03-11).

② 崔国良编：《张伯苓教育论著选》，人民教育出版社1997年版，第102页。

③ 深圳国际教育书院：《真正理解任何一种现象都是很难的——专访剑桥大学副校长艾莉森·理查德》，2009年11月17日，https://www.alevel.com.cn/news/372/。

为支持大学教师队伍多样化战略,大学要充分考虑教师群体的性别、种族与文化等多种因素。① 总的来说,建立多样化的师资队伍既有利于提高大学师资队伍的质量,提高大学的学术地位,也有助于向社会传播公平正义的社会价值观。

（三）大学发展方向的国际化

在充满竞争和挑战的全球化时代,促进高校全球化与国际化发展是世界一流大学校长治校的重要任务之一。高校校长推进大学国际化进程不仅是对全球化趋势的回应,也是提升高校国际竞争力的战略举措。世界一流高校校长在提高大学国际竞争力方面所采取的措施,主要具有以下特征:

其一,鼓励教师开展国际学术交流和国际研究。世界一流大学校长致力于为教师提供国际化的学术体验,以提高教师的教学和学术能力。美国西北大学校长莫顿·夏碧落（Morton Schapiro）认为,大学与国际的同频共振是建设世界一流大学的重要推动力,因而他定期安排教师到国外学习交流。在夏碧落的支持下,西北大学的教师与中国北京大学、清华大学与浙江大学等高校开展了不同形式的合作。

其二,搭建国际交流平台。世界一流大学校长通过开发国际交流项目、建立国际研究中心与海外分校等方式,丰富了师生的国际经验,并提高了学校的国际知名度。例如,在斯坦福大学多位校长的努力下,斯坦福大学的海外校区已经覆盖了欧洲、亚洲及拉丁美洲等多个地区。

其三,为学生留学提供多种途径的资金支持。出国学习有助于学生接触不同国家的文化,拓展学生的国际视野,增强学生的国际性跨文化交流能力。曾任加拿大麦吉尔大学和滑铁卢大学校长的戴维·约翰斯顿（David Johnston）,在其治校期间为学生出国学习或工作提供了强大的资金支持,以鼓励学生走出国门,增加对不同文化的了解,缩小不同国家间的文化鸿沟。

其四,营造国际化的校园氛围。国际化的校园氛围主要表现为教师和学生的国际化。哈佛大学校长内森·马什·普西（Nathan Marsh Pu-

---

① University of Sydney,"Recruitment and Appointment Policy 2021", https://www.sydney.edu.au/policies/showdoc.aspx?recnum=PDOC2011/120&RendNum=0.（2023-03-12）.

sey)、德里克·博克（Derek Bok）与尼尔·陆登庭等采取了多种措施以提高哈佛大学外籍教师和留学生的比率，进而推进哈佛大学的国际化程度。能够看到，世界一流大学校长推进高校国际化进程有助于培养具有全球胜任力的教师和学生，提高大学的全球竞争力，进而巩固其世界一流大学的地位。

（四）大学管理的民主化

民主的校园氛围是世界一流大学的基本特征。世界一流大学校长营造高校民主管理氛围主要体现在加强高校共同治理机制与崇尚学术自由这两个方面。首先，加强高校共同治理机制能够减少行政权力和学术权力的矛盾，有利于建立校长与教师的良好关系，促使校长在重大问题上更好地与教师进行民主协商。基于此，世界一流大学校长通常在其校长行政权力不受威胁的情况下，让教师行使学术权力，提高教师参与大学学术事务的积极性，更好地为建设世界一流大学而服务。北京大学蔡元培在担任校长期间设立评议会与组织教授会，旨在通过间接民主和直接民主的方式保护教师的学术权利。这种民主的共同治理机制有助于大学校长和教师各司其职，共同促进大学的发展。其次，崇尚学术自由有利于知识生产的创新性。世界一流校长大多是学者出身，深知学术自由理念对高校学术发展的重要意义。学术自由是大学教师探索高深学问的动力要素。大学校长给了教师学术自由的权利，不仅能够激发教师教学和研究的热情，进行高质量的创新性研究，还有利于培养学生的创造精神和创造性潜力[①]。基于此，世界一流大学校长基本坚持学术自由的治校理念。柏林大学的三位校长洪堡、费希特与施莱尔马赫都将学术自由作为其治校原则，为学术研究和现代大学树立了典范。仅观中国可以发现，北京大学校长蒋梦麟、清华大学校长梅贻琦与浙江大学校长竺可桢也崇尚学术自由的原则，他们为大学教师提供了教学、研究和言论自由，让教师享受轻松自由的学术氛围，不受约束地进行学术创作及发表言论。

---

① 眭依凡：《大学校长的教育理念与治校》，人民教育出版社2001年版，第292页。

第 一 章

哈佛大学第 21 任校长艾略特的治校理念与实践

哈佛大学是世界上颇负盛名的大学之一,而查尔斯·威廉·艾略特(Charles W. Eliot,1834—1926)则被誉为哈佛大学史上最伟大的校长。艾略特针对当时美国社会发展的态势以及高等教育的发展状况,阐释了大学为国家和社会服务、高等教育本土化、更新教学内容和方法、确立大学科研职能和教育自由理念;实施了改造和发展专业学院、改革本科课程,全面推行选修课制度、开设研究生院等措施。

第一节 艾略特治校理念与实践的时代背景

哈佛大学成立于 1636 年,其历史比美国的国家历史还要长一个半世纪。在其 360 多年的历史中,哈佛大学共培养出六位美国总统,在国会议员、政府部长以及大公司财团的总裁中,有大约十分之一是哈佛的校友。[①] 在学术界,哈佛大学是美国产生诺贝尔奖获得者最多的大学。哈佛大学的崛起正是在 1869—1909 年期间,这 40 年也是艾略特担任校长的时期。艾略特治校理念与实践的形成有着独特的时代背景,与当时美国的社会发展、经济提升、文化思潮和高等教育发展的情况密切相关。

一 美国社会发展的态势

19 世纪末 20 世纪初,美国正处于历史上前所未有的社会巨变和转型

---

① 刘宝存:《哈佛大学办学理念探析》,《外国教育研究》2003 年第 1 期。

时期。随着19世纪末工农业的发展，经济的迅速腾飞，新一轮的移民潮随之而来，促进了美国城市化的发展。加之进步主义及实用主义的出现，极大地推进了这一时期美国教育的发展。工业化的快速发展给美国带来了繁荣，但也带来贫富差距过大、道德衰败等社会问题，这要求美国联邦政府承担起必要的社会职能，以解决社会上存在的问题。在此背景下，联邦教育行政职权在一定程度上得到了强化，美国教育也开始呈现出"国家干预"的色彩。

（一）联邦政府权力的加强

很多美国历史学者认为，南北战争是美国历史上的一道分水岭。内战之后，美国成为单一的、联合的、强大的国家，这奠定了美国在20世纪成为世界第一强国的基础。经历了内战的美国改善了国家机构和政治制度，使美国原来宪政机制中分裂的主权得到了统一，使之更加适应美国工农业资本主义的发展，加强了联邦的统一，保证了工业资本主义的统治。随着垄断资本主义的产生，资产阶级两党之间的原则差别日益消失，现代意义上的两党制最终形成。而且，随着南北战争的结束，州权论、州权派日趋衰落，国家相对于州的至尊地位得以确立，联邦政府也从"旁观者"转向了"参与者"。除了加强对社会和经济发展的掌控外，联邦政府还通过制定和实施全国性的教育法案，采取不断增加与地方合作项目以及对地方教育的拨款等措施，把联邦政府的教育政策渗透到各州，以加强对各州教育的实际控制，美国教育系统随之开始变得更为法治化、组织化和官僚化。

（二）经济处于高速发展期

内战结束后，美国进入了为期60多年的经济高速发展时期。1869—1873年，美国国民生产总值平均每年增长91亿美元。到了1889—1893年，美国国民生产总值平均每年增长273亿美元，生产总值增加了两倍。而到了1897—1901年，美国国民生产总值平均每年增长371亿美元。在近30年间，美国生产总值翻了两番。1904年，美国国民财富为1071亿美元，相当于1870年的4.45倍，远远超过1903年英国的730亿美元和1908年德国的778亿美元。[①] 随着工业化进程的不断加快，美国的钢产量

---

① 黄安年：《美国的崛起：17—19世纪的美国》，中国社会科学出版社1992年版，第353—354页。

不断增加。钢产量的激增引起机器制造业的质变，美国机械工业的投资从 1879 年的 2.4 亿美元增至 1899 年的 9.24 亿美元。此外，石油工业也成为美国 19 世纪末最为突出的新兴部门。在整个 19 世纪 60 年代，原油开采企业从 64 家猛增到 2300 多家，到 1900 年原油产量已近 1 亿桶，其中 300 万桶以上供出口。①到 19 世纪末，美国完成了近代工业化，赶上并超过了世界上最先进的工业国家。在美国工业化的过程中，南北战争后电力工业技术的突破既推动了美国近代工业化的完成，又使美国在由近代向现代转化中跨上一个新台阶，还使美国科学技术发展由蒸汽机时代跨入电气时代，对近代文明产生了深远影响。

（三）实用主义文化的盛行

美国社会经济的大发展对美国思想文化产生了多方面的巨大影响，包括哲学、文学、史学、教育、宗教等方面。特拉登堡认为，19 世纪三四十年代美国"最深刻的变化发生于文化这一层次上"②。其中，最为突出的是资产阶级上升时期进步文化的超验主义走向衰落，实用主义社会文化思潮开始出现。

实用主义社会文化思潮的哲学基础是实用主义哲学。作为一种哲学，实用主义的特点在于强调行动、实践、生活，有着强烈的实用性，它把确定信念当作出发点，把采取行动当作主要手段，把获得效果当作最高目的。在威廉·詹姆斯看来，哲学有一个主要的实用的目的：赋予一个人的生活以意义。

> 一个实用主义者坚决地、永远地背弃职业哲学家们所珍视的许多根深蒂固的习惯。他避开抽象的和不充分的东西，避开字面上解决问题的方案，避开各种根据定义式原理而来的不充分的理由，避开一成不变的原理与封闭的体系，避开那些假冒的绝对和起源之说。他求助于具体的和充分的东西，求助于事实、行动和力量。③

---

① 丁则民主编：《美国内战与镀金时代：1861—19 世纪末》，人民出版社 1990 年版，第 81 页。
② 王锦瑭编著：《美国社会文化》，武汉大学出版社 1996 年版，第 191 页。
③ 转引自冯景源主编《现代西方价值观透视》，中国人民大学出版社 1993 年版，第 184 页。

19世纪下半叶实用主义在美国的兴起，有着其深刻的社会基础。恰如实用主义的代表人物米德所宣称的："美国的开辟者在精神上毫无束缚地从事于一个新大陆的物质征服和一个民主社会的形成"，美国资产阶级的个人主义"是这样一种个人主义，它使灵魂面对着'创造主'，开辟者面对着社会，经纪人面对着市场，它们之间的关系都是契约"①。美国学者卢瑟·宾克莱（Luther J. Binkley）在《理想的冲突——西方社会中变化着的价值观念》中指出："美国人常常被称为注重实际的人民。他们希望把事情做成；他们关心一样东西或一种理论有无用处的问题胜似关心有关人生终极意义的比较理论性的问题。……生活是根据下一步必须解决的具体问题来考虑的，而不是根据人们会被要求为之献身的终极价值来考虑的。"因此，"实用主义的方法，如威廉·詹姆斯和约翰·杜威所发展的那样，给美国人之关心实际行动而不关心崇高理想提供了一个哲学根据""实用主义方法在使人从过去各种神话和教条的束缚中解脱出来这一点上已经起了很大作用"②。可以说，实用主义抓住了美国开放社会的实质，即人人都可以自由选择自认为合适的生活方式。因此，实用主义作为美国资产阶级思想方式的象征，实质上被当作美国的国家哲学。实用主义价值观渗透于美国人的精神、心理、意识之中，深深地影响着人们的行为。诚如亨利·S. 康马杰（Henry S. Commager）所指出的：

> 实用主义的特点是切实可行、民主作风、个人主义、机会主义、天然形成而不露人工痕迹、对未来抱乐观态度，所有这一切都奇妙地同一般美国人的气质一拍即合。实用主义拨开神学、形而上学和宿命论科学的云雾，让常识的温暖阳光来激发美国精神，有如拓荒者清除森林和树丛等障碍物，让阳光来复活美国的西部土地一样。从某种意义上说，美国过去的全部经历已为实用主义的诞生做好准

---

① 转引自冯景源主编《现代西方价值观透视》，中国人民大学出版社1993年版，第177页。

② 转引自冯景源主编《现代西方价值观透视》，中国人民大学出版社1993年版，第176页。

备，如今好像又为它的存在提供基础和依据。①

作为一种文化思潮，实用主义对这一时期的高等教育变革产生了深刻的影响。

二　美国高等教育的改革

南北战争后，随着美国社会工业化、都市化和专业化步伐的加快，整个社会的思想文化也日益发生了深刻的变化。在这种情形之下，要求创办现代大学的呼声不断高涨，美国高等教育开始发生前所未有的变革。

（一）大学化运动的影响

按照阿瑟·柯亨的观点，在学院转变为大学之前，高等教育必须改变其自殖民地时期沿袭下来的一些观念：缩小宗教对大学的影响，尤其要缩小宗教派别对大学的影响；与初期的专业团体相联系；发挥服务社会的作用；鼓励专业化教师队伍的形成；将研究和促进知识的发展作为大学的目的；提升农业、机械和工业研究领域的地位；提升科学的地位；建立研究生院并授予高级学位；从公共财政和私人捐赠中获得大量的资金。② 尽管在19世纪70年代前，美国高等学院已有建立现代大学的尝试，但是，许多美国高等教育专家认为1876年之前美国没有大学，只是在约翰·霍普金斯大学创立之后，美国才有了现代意义上的大学，才标志着美国大学时代的开始。艾略特曾对约翰·霍普金斯大学在美国高等教育中的榜样作用做出高度评价，他指出："哈佛大学研究生院只有在约翰·霍普金斯大学迫使我们的教师努力发展他们的研究生教育机构之后才得以发展。对哈佛如此，对于美国其他大学也是如此。"③ 到了19世纪下半叶，受到社会政治、经济和文化等诸多因素的推动，美国开始改革旧的办学理念，开展了一系列大学化运动。

1825年，由托马斯·杰斐逊创办的弗吉尼亚大学正式拉开了美国大

---

① [美] H. S. 康马杰：《美国精神》，南木等译，光明日报出版社1988年版，第142页。
② Arthur M. Cohen, *The Shaping of American Higher Education*, San Francisco: Jossey-Bass Publishers, 1998, pp. 103 – 104.
③ 转引自王英杰《美国高等教育的发展与改革》，人民教育出版社2002年版，第19页。

学化运动的帷幕，被美国教育史学者一致公认为是美国第一所真正的州立大学。之后，《莫里尔法案》（Morrill Act）的颁布直接推动了赠地学院的建立，推动了美国大学教育向世俗化、现代化、多元化的方向发展。再加上艾略特等人在19世纪曾在德国学习德国大学的办学理念和办学实践，加快了美国大学化运动的发展，并促成了美国历史上第一所具有现代意义的研究型大学——约翰·霍普金斯大学的建立，奠定了现代大学制度的基础，进而促进了哈佛、耶鲁、普林斯顿等学院从传统模式向现代大学模式的转变。19世纪的大学化运动是美国高等教育的第一次飞跃，美国的学院和大学取得了令人瞩目的进步，对于美国大学发展具有不可估量的意义，基本上形成了具有美国特色的大学办学理念，为美国高等教育迅速赶超世界先进水平奠定了坚实的基础。

（二）赠地学院的办学理念

美国联邦政府拨地兴学始于西进运动时期。自1787年制定的《西北土地法令》（Northwest Ordinance）开始，增拨土地成为联邦政府扶助各地兴学的措施。正是由于联邦政府的这一措施，才促成了州立大学的出现。但是，在美国高等教育发展史上真正具有划时代意义的联邦赠地是1862年通过《莫里尔法案》后开始的。

《莫里尔法案》的颁布在美国高等教育史上具有划时代的意义。第一，该法案是联邦政府大规模干预高等教育的开始，它导致了一大批赠地学院的产生，开启了高等教育服务于社会经济发展的先河，为美国工农业的现代化奠定了基础。赠地学院不仅为美国经济和社会的发展培养了大批实用人才，而且对学术事业的发展作出了重大的贡献。美国内政部曾宣称："赠地学院对现代美国的建立作出了如此巨大的贡献，致使人们难以想象，假如没有它们的出现，我们的国家会是怎么一个样子。"[①]第二，《莫里尔法案》的颁布指引着美国高等教育的办学方向和培养目标。由于赠地学院针对美国工农业发展的需要，旨在培养高水平的专业人才，使得实用知识在高等院校受到重视，扭转了重理论而鄙视生产的大学传统，实用知识和应用科学开始登堂入室，赫然进入大学的神圣殿

---

① 厦门大学高等教育科学研究所编：《高等教育论文集》，厦门大学出版社1989年版，第442页。

堂。第三，《莫里尔法案》的颁布对美国高等教育的民主化起到了一定的促进作用，进一步淡化了高等教育的贵族化倾向。第四，《莫里尔法案》的颁布和赠地学院的建立在促进老式学院与时代精神保持一致上发挥了极大的推动作用。美国学者 S. 亚历山大·瑞帕曾这样评价道："莫里尔的建议是美国高等教育将职业性课程与自由艺术课程结合起来的最初的成功的尝试。"① 这种成功的尝试促使了美国综合性大学的出现。

（三）哈佛大学的内忧外患

在 19 世纪末 20 世纪初这段时间里，美国的大学发展迅速，大有超越哈佛大学的趋势。譬如，当时的耶鲁大学已经建立了研究生院和科学学院，普林斯顿大学和哥伦比亚大学正在大力改革，康奈尔大学、密歇根大学快速发展，就连建立较晚的西部大学，如加利福尼亚大学也大有后来居上势头。而这一时期的哈佛大学虽然名义上是大学，但实际上却是一所小型的本科学校，每班招收 150 名学生。学校有一个建立时间相对较晚的"科学学院"以及三个关联不大的专业学院：法学院、神学院和医学院。以前的校长通常把全部的精力放在教授课程以及传道说教上，对科学发展和建筑设施等也疏于管理。例如，有三位教职员递交给校长的学院年报十年来一直有以下这句话："学院在组织和课程学习方面一直没有新的安排。"② 尽管当时哈佛大学的教员是美国十分著名的人士，但是耶鲁大学更有资格成为一所国家级学校，因为哈佛大学只有 30% 的学生来自新英格兰以外的地区，而在耶鲁大学却超过了 60%。③ 这对哈佛大学无疑是巨大的压力。哈佛大学的教授都充满了危机感，正如 1866 年一位教授所指出的，哈佛大学甚至还不如建校只有 25 年历史的密歇根大学，"与之相比，我们好像是一所地区性小学校。除马萨诸塞收养我们，我们不要梦想去和西部的学校竞争"④。

---

① S. Alexander Rippa, *Education in a Free Society: An American History*, New York: Longman Inc., 1984, p. 340.

② Henry James, *Charles W. Eliot, President of Harvard University, 1869 - 1909*, Boston: Houghton Mifflin Company, 1930, p. 267.

③ Edward D. Page, "Two Decades of Yale and Harvard: A Retrospect", *The Nation*, February 1886, pp. 3 - 4.

④ 谷峰：《哈佛的故事》，中国电影出版社 2005 年版，第 176 页。

第二节　艾略特的生平及治校理念

艾略特对改革美国传统大学做出了诸多影响深远的贡献。艾略特一改大学固有的"象牙塔"形象，用"服务"一词来重新定义哈佛大学的精神，并在此之下革新教学内容和方法，确立了大学科研的基本职能，提倡学术自由的大学理念。

一　艾略特的学术生涯

艾略特1834年出生于波士顿一个富裕的家庭，其家庭和哈佛大学有着密切的关系。艾略特的爷爷塞缪尔·艾略特（Samuel Eliot）是个商人，捐款资助了哈佛大学的希腊语讲座教授——后来担任哈佛大学第16任校长的爱瓦莱特到德国哥廷根大学留学。艾略特的父亲是哈佛大学的经费审计员，而他的两个姑姑都嫁给了哈佛大学的讲座教授，其中一位就是19世纪20年代主张哈佛大学课程改革的乔治·蒂克纳。艾略特10岁入波士顿文法学校学习，15岁考入哈佛大学，1853年以全班第一名的成绩毕业。

艾略特从小性格孤僻，沉默寡言，这与他出生时右脸上的一块疤痕有关，以至于他常常遭到别人的嘲笑。在进入哈佛大学学习之后，他接受了许多文学作品的熏陶。艾略特毕业之后留校任教，五年后被聘为化学科助理教授，并于1861年主政哈佛大学劳伦斯理学院。经过哈佛大学的学习、工作和生活的洗礼，艾略特逐渐克服了内向的性格问题，开始敢于接受挑战。1863年，由于哈佛大学将化学讲座的教授席位给了艾略特的竞争对手，艾略特失意地到欧洲游学。两年内，他先后游学法国、德国和英国。艾略特所学专业虽为化学，然而，在旅欧期间他对法、德、英三国的教育制度尤感兴趣。1865年，罗马一家棉纺厂拟聘他做主管，年薪5000美元，几乎相当于当时美国一般高校教授薪水的两倍。而艾略特对教育事业满腔热忱，情有独钟。因此，一接到麻省理工学院的聘书，他旋即回国担任化学教授。1868年，艾略特作为校友当选为哈佛大学校监委员会成员。1869年，他因为在《大西洋月刊》（*Atlantic Monthly*）发表了《新教育》（*The New Education*）一文而一举成名。是年，哈佛大学校长黑尔（T. Hill）离职，校长职位空缺。校内各派力量经过反复酝酿，校监委员会终于以16票赞成8票反对的压倒性优势，任命年仅35岁的艾略特出任哈佛大学校长。① 此后，艾略特担任哈佛大学校长达40年，成为哈佛大学历史上任期最长的校长。

艾略特担任校长期间，在哈佛大学实施了一系列卓有成效的改革，把哈佛大学由一个地方性大学发展成为全国性大学，并为哈佛大学日后跻身于世界一流大学奠定了坚实的基础。他被美国思想家爱默生称为"美国大学改制的先驱者"②。塞缪尔·E. 莫里森（Samuel E. Morrison）曾评论艾略特说：他的思想是罗马式的，而不是希腊或希伯来式的。具体来说，首先而且最重要的是，他是一位实干家，而不是理论家和立法家。③ 就此而言，艾略特的治校理念是蕴涵在他对哈佛大学的改革之中的。

二 艾略特的治校理念

艾略特初任哈佛大学校长就发表了振奋人心的演说，详细地阐述了把哈佛大学发展成为世界性学府的治校理念，并明确指出美国大学的生命力在于成功地接受新时代的挑战，哈佛大学的前途取决于正确而灵活的改革。基于此，艾略特提出了大学为国家服务、高等教育本土化、革新教学内容和方法、确立科研职能和学术自由的治校理念。

（一）大学为国家服务

英国著名高等教育家埃里克·阿什比（Eric Ashby）指出："任何类型的大学都是遗传和环境的产物。"④

> 在过去，每所大学都是独立的有机体，各按其内在规律去吸收

---

① 郭健：《艾略特与哈佛大学选修制》，《河北师范大学学报》（教育科学版）2000年第3期。

② 施晓光：《19世纪美国大学改革的旗帜——查理斯·艾略特的高等教育理论与实践》，《沈阳师范大学学报》（社会科学版）2003年第1期。

③ ［美］劳伦斯·A. 克雷明：《美国教育史：城市化时期的历程》，朱旭东等译，北京师范大学出版社2002年版，第424页。

④ ［英］埃里克·阿什比：《科技发达时代的大学教育》，滕大春、滕大生译，人民教育出版社1983年版，第7页。

营养和发育成长。如今的大学已成为经济发展和国家生存绝对不可缺少的事物……它们在向前演化的过程中，正经历着遗传体系经常遇到的进退两难的困境：一方面它们本身必须改变以适应社会的新形势，否则将遭受社会的抛弃；另一方面，它们在适应社会的改变中，又不能破坏大学的完整性，不然将无法完成它们所承担的社会职责。①

可以看到，大学总是处于一定的社会环境之中，大学与社会的发展息息相关。19世纪之前，大学更多地按照其自身的内在逻辑向前演进，大学往往被视为"象牙塔"。"象牙塔"的存在，在一定的历史条件下有其合理性。但是，当19世纪来临之后，大学作为"象牙塔"愈来愈多地遭到社会的诟病。大学为了其自身的发展，就必须适应社会的要求，在为社会服务的过程中使其自身不断发展壮大。

在一个社会快速发展的时代，哈佛大学应如何发展？对此，艾略特认为：

> 如果说美国人民有着特殊的使命并在这个世界上发挥特殊作用的话，那就是在特别有利的条件下，努力尝试并解决一个由复杂的、富裕的、多种成分的人口所组成的、疆域辽阔的国家的各种自由的机构所面临的问题。我们的确需要培养出学者、艺术家、诗人、历史学家、小说家、工程师、物理学家、法理学家、神学家以及演说家，但是，我们首先要孕育出一个独立的、自力更生的、能够帮助、指导并控制美国自己的民族。②

根据这一认识，艾略特改革哈佛大学的首要目标是要使哈佛大学成为一所"拥有广泛的民主的学院"，不仅要适应社会发展的要求，而且要

---

① [英]埃里克·阿什比：《科技发达时代的大学教育》，滕大春、滕大生译，人民教育出版社1983年版，第12—13页。

② 转引自 Richard Norton Smith, *The Harvard Century: The Making of a University to a Nation*, New York: Simon and Schuster, 1986, p.28.

引导社会的发展。

艾略特用"服务"一词来定义哈佛大学的精神。"服务"理念曾充分体现在赠地学院和部分州立大学的办学活动之中。这一理念成为19世纪60年代后美国高等教育发展的主导性理念。赠地学院和州立大学通过为当地经济建设和社会发展服务,既促进了当地的经济和社会发展,又增强了其自身的办学实力。但是,赠地学院和州立大学所强调的服务,是大学直接为当地的经济和社会发展服务。艾略特是这样解释他所领导下的哈佛大学的:"我们希望训练出实干家和有成就者,这种人在事业上的成功会非常有益于公众利益。我们对于培养无精打采的世界的观察者、生活游戏的旁观者或者对他人的劳动指手画脚的评论者不感兴趣。"[①] 可以说,艾略特的治校信条是:"入校增长智慧,出校服务国家和人类。"[②]

当康奈尔宣称要建立一所所有人都可以学到知识的大学时,艾略特对康奈尔的做法表示赞同。对赠地学院和州立大学的办学方向,艾略特同样表示了赞同。在艾略特的思想中,他考虑得最多的是如何使哈佛大学跟上国家发展的步伐。在他看来,"大学必须迅速适应其赖以生存的环境中的人们的各种巨大变化"[③]。不然,大学终将为时代所淘汰。唯有确立大学为国家服务的理念,大学才能与社会发展同步。

(二) 高等教育本土化

英国学者霍尔丹在《大学和国民生活》一书中指出:"大学是民族灵魂的反映。"[④] 所以,大学若要获得真正意义上的持久发展,就需要将其发展深深地植根于民族文化土壤,并从中获得永恒的精神动力。究其实质,民族文化实际上是一个民族的生命结构、生命信念和思想体系,它代表着族体的最高境界和层次。在大学演进的过程中,独特的民族文化是大学精神、大学理念的不竭之源。翻开西方文明史自然会发现,在西

---

① 转引自 Richard Norton Smith, *The Harvard Century: The Making of a University to a Nation*, New York: Simon and Schuster, 1986, p. 29.

② Richard Norton Smith, *The Harvard Century: The Making of a University to a Nation*, New York: Simon and Schuster, 1986, p. 29.

③ 转引自 Richard Hofstadter and Wilson Smith, *American Higher Education: A Documentary History*, Chicago: The University of Chicago Press, 1961, p. 622.

④ 转引自〔美〕亚伯拉罕·弗莱克斯纳《现代大学论——英美德大学研究》,徐辉、陈晓菲译,浙江教育出版社2001年版,第2页。

方高等教育发展的坎坷历程中,发端于中世纪,发展于近代,鼎盛于第二次世界大战后的西方大学,在数百年的时间里积淀而成的大学传统,是深藏、生长于其所在国家深厚的历史文化之中的民族精神。巴黎大学、牛津大学、剑桥大学至今约有800年的历史,哈佛大学、耶鲁大学等也有300多年的建校经历。岁月积淀为文化传统,传统又生成大学独有的风貌。

大学独有的精神品格深藏于其所在的国家、民族深厚的历史文化传统之中。美国是一个移民国家,在哥伦布发现美洲大陆后,英、法、德、西班牙、葡萄牙、荷兰等欧洲移民纷纷登陆美洲,来此定居。多民族的杂居以及相互生存的需要,在各民族之间形成了克制和宽容的文化心理特性,并在岁月的流逝中演化为民族文化特征。宽容、开放、多元的民族文化传统在美国高等教育中表现为类型多元、层次多元和管理多元。早在美国建国之初,许多有识之士就已经指出,按照英国大学模式建立起来的美国学院尽管在近一个半世纪的时间里已经产生了一些变化,但是仍然不能适应美国建国后社会迅速发展的要求。按照德国大学模式对传统学院进行改造,事实证明也不能完全适应美国的国情。艾略特强调:"任何国家的大学都像一面忠实的镜子,准确地反映出这个国家的历史和特性。"① 因此,大学的重建决不应该是修修补补的,而应触动大学的根基,要将大学植根于美国社会特有的文化基础之上。"大学并非空中楼阁,而是建立在传承于世世代代的社会文化基础之上的。如果要重新构建大学的结构,那么就必须从根基开始。"②

艾略特激烈地批评了美国高等教育一直没有能够摆脱欧洲大学的窠臼,致使真正的美式的大学迟迟没有产生,美国教育实践远远落伍于时代。这种落后的教育与美国社会发展的要求相距甚远。因此,艾略特期望独具特色的美国新型大学的产生。这种新型的大学既不是英国式的和法国式的,也不是德国式的,而是纯粹的美国式的。他说:"美国的大

---

① 转引自 Richard Hofstadter and Wilson Smith, *American Higher Education: A Documentary History*, Chicago: The University of Chicago Press, 1961, p.622.

② Richard Hofstadter and Wilson Smith, *American Higher Education: A Documentary History*, Chicago: The University of Chicago Press, 1961, p.604.

学至今仍未从美国自身的土壤中成长起来。它必须从种子开始生长。它不能从英国、法国或者德国移植过来……美国大学将是美国社会和政治习惯的产物。美国的学院是独一无二的机构,美国的大学同样具有独创性。"① 能够看到,艾略特治校理念的根本目的是要形成适应美国政治、经济、文化发展和社会生活需要的、具有美国特色的现代大学。

(三) 革新教学内容和方法

建设为国家服务的本土大学就不能沿袭旧有的教学体制,必须更新教学内容,改善教学方法。当时,哈佛大学和其他美国古典大学一样,大学的目的是培养精英贵族,古典课程占据着主导地位,主要教科书是《圣经》,目的在于训练学生的思维方式、行为习惯,以及对基督教的虔诚,其主要教学方法是教师的填鸭式讲授和学生的机械式记忆。这种教学体制到19世纪中期已越来越不能适应工业化发展的需要,新的科学知识越来越多,而社会对学生的实用知识的需求也越来越大。但大学里的传统势力很强大,古典课程占据着主导地位,对哈佛大学加以改革并不容易。

关于哪些课程应进入大学课堂,哪些课程对学生更为重要,艾略特明确指出:

> 那些喋喋不休的关于究竟是语言、哲学、数学,还是科学能提供最好的智力训练,普通教育究竟应是文科的还是科学的,凡此种种讨论,都是不切实际的空谈。哈佛大学认为,在文学和科学之间并不存在真正意义上的对立,我们反对在数学与古典文学、科学与形而上学之间做出非此即彼的狭隘的选择。我们要兼容并蓄,并使它们发挥出最大益处。②

即使现有学科的学习也不应局限在原来的范围内,例如,语言学的

---

① 转引自 Richard Norton Smith, *The Harvard Century: The Making of a University to a Nation*, New York: Simon and Schuster, 1986, p. 27.

② 转引自 Richard Hofstadter and Wilson Smith, *American Higher Education: A Documentary History*, Chicago: The University of Chicago Press, 1961, p. 602.

学习不能再抱着以希腊语和拉丁语为主的传统,而且要研究和学习东方语言、德语、法语、意大利语,尤其要全面研究和学习母语——英语。艾略特相信通过良好的教育方式,不仅可以使学生学习关于未来职业的课程,而且可以使学生广泛涉猎其他主要学科。这样一来,大学的教学内容就会更广泛、更深入、更具活力。

在教学方式的革新上,艾略特认为,在任何学术领域内哈佛大学都必须采用改进教学的最有成效的方法,从而把语文课程教授得更富于体系,把自然科学教授得更富有归纳性的阐述,把数学和历史教授得更富有生气,把哲学教授得更少武断性判断。[①] 艾略特提倡"选修课制度",让学生自由选课,从而充分改革大学的课程结构和教学方法。他认为,大学的教学内容和教学方法应该总是处于不断革新的状态。这是由于大学十分重要的功能之一是保存和创新人类所积累的知识,所以大学不仅不能忽视人类积累的知识财富,还应该关注人类新发现的知识领域,并引导学生走上新的创造之路。

(四) 确立大学科研职能

纽曼认为,大学"是一个传授普遍知识的地方。这意味着,一方面,大学的目的是理智的而非道德的;另一方面,它以传播和推广知识而非增扩知识为目的"[②]。基于这一认识,纽曼强烈反对大学的科学研究职能。然而,随着社会的发展,特别是随着科学技术的发展,纽曼的大学职能观显然已不合时宜。19世纪,德国柏林大学确立了教学与科研相结合的原则,科学研究日渐成为大学的重要职能。"柏林大学最初就把致力于专门科学研究作为主要的要求,把授课效能仅作为次要的问题来考虑;更恰当地说,该校认为在科研方面有卓著成就的优秀学者,也总是最好的和最有能力的教师。"[③] 到19世纪中期,实际上所有的德国科学家不是大学教师就是大学里的研究者,研究工作已成为大学学历所必须具备的资格,并且是教授的功能的一部分。德国大学教学与科研相结合的思想对

---

① 参见滕大春《美国教育史》,人民教育出版社2001年版,第489页。

② [英] 约翰·亨利·纽曼:《大学的理想》,徐辉等译,浙江教育出版社2001年版,第29页。

③ [德] 弗·鲍尔生:《德国教育史》,滕大春、滕大生译,人民教育出版社1986年版,第125页。

美国高等教育产生了深刻的影响。1876年，约翰·霍普金斯大学以德国大学为榜样，力图将大学建成自由从事学术研究的场所，科学研究成为大学的一个重要职能。艾略特重视大学科研的治校理念深受德国大学的影响。

艾略特认为，美国大学的学术水准远远低于欧洲大学，要重建美国大学，就必须提高美国大学的学术水平，大学必须强调科学研究的职能。唯有如此，才能使美国大学成为真正的现代大学。对于大学的职能，艾略特强调："大学有三个主要的直接功能。首先是教学，其次是以书籍等形式大量汇集已获得的系统知识，第三是研究，或者是把目前的知识疆界向前推进一步，年复一年，日复一日地掌握一些新的真理。大学是教师的集合体，是知识的仓库，是真理的寻求者。"① 在艾略特的思想中，尽管教学职能与科研职能同样重要，但是相对于教学职能，他更为强调大学的科研职能。他相信，通过科学研究，不仅能够推动大学的进步，而且能够推动学术和人类的进步。基于这一认识，艾略特要求哈佛大学的教师承担起研究和教学的双重任务，以不断提高学术水准和教育的质量。

（五）倡导教育自由理念

关于学术自由的含义，存在着各种说法。迈克尔·波兰尼在《自由的逻辑》(*The Logic of Liberty*) 中给学术自由作了如下定义："学术自由在于选择自己研究的问题的权利，不受外界控制从事研究的权利以及按照自己的意见教授自己的课题的权利。"著名科学家阿尔伯特·爱因斯坦也对学术自由问题阐述过他自己的观点。他指出："我所理解的学术自由是，一个人有探求真理以及发表和讲授他认为是正确的东西的权利。这种权利也包含着一种义务：一个人不应当隐瞒他已认识到的是正确的东西的任何部分。"② 《国际高等教育百科全书》对学术自由的界定是：学术自由是教师在其学科领域内的自由。它是赋予高等学校中的研究者和教师在免受政治的、基督教会的或其他行政当局的阻止、戒律或指令从

---

① 转引自王英杰《大学校长与大学的改革和发展——哈佛大学的经验》，《比较教育研究》1993年第5期。

② 转引自石中英《教育哲学导论》，北京师范大学出版社2002年版，第271—272页。

事其工作的保证，而不考虑（不注重）他们个人的哲学观点、行为习惯或生活方式。它是授给这些个人的一种自由，以保证他们为了发展知识从而有益于整个社会的目的来检验和质疑各种学说和各种公认的见解的机会。① 综上可知，学术自由是指教师和学生免除受政府和学校各种规定的限制或者不合理干预，而进行教学、研究和探求知识的自由。

西方学术自由思想虽然萌芽于古希腊时期，但是西方大学学术自由思想传统的真正形成始于近代，它是伴随着近代资产阶级启蒙运动和资产阶级革命而发展起来的。倡导思想和言论自由是近代社会的一个重要特征，因为"思想自由和言论自由是进步的条件，人的发明和智力是钥匙，科学经验则是最有力量的触媒剂。"② 18世纪，德国哥廷根大学的创办者格拉赫·阿道夫·冯·明希豪森是近代西方大学学术自由思想的早期践行者。该大学声称不欢迎任何教派间的恶毒争论，并制定章程严禁任何教师斥责所谓"异端"的观点。为保证学校内部相对宽松、自由的学术空气，削弱宗教机构的介入力度，明希豪森主张将教师的任命权掌握在政府和它的代理人手中。③ 继明希豪森之后，柏林大学的创办者洪堡进一步阐发了学术自由的思想。洪堡认为，"每一个人的最高和最终目的就是对其力量的个性特点进行最高的和最均匀的培养"，而实现这一目的的必要条件就是行动的自由和环境的多姿多彩。④ 洪堡强调，只有给予人们以精神的自由，使之独立地面对困惑和疑难，"整个科学的认识由于自由和启蒙而获得的拓展也会扩大到他们身上，自由的、不受限制的研究的良好效果也会扩展到整个民族的精神和性格上去，直至扩展到各个人的最微不足道的精神和性格上去"⑤。在洪堡的积极倡议下，德国柏林大学很快成为19世纪大学学术自由思想的一面旗帜。由此开始，研究自由和教学自由成为西方大学所认同的核心价值和基本的行为准则。

---

① B. R. Clark and G. Neave, *The Encyclopedia of Higher Education*, Vol. 3, Oxford: Pergamon Press, 1992, p. 1834.
② ［英］阿伦·布洛克：《西方人文主义传统》，董乐山译，生活·读书·新知三联书店1997年版，第89页。
③ 参见贺国庆《德国和美国大学发达史》，人民教育出版社1998年版，第24页。
④ 参见阎光才《识读大学：组织文化的视角》，教育科学出版社2002年版，第45页。
⑤ 转引自阎光才《识读大学：组织文化的视角》，教育科学出版社2002年版，第46页。

19世纪下半叶，德国大学对美国的高等教育产生了广泛而深刻的影响。德国大学的学术自由理念随着大批留德学者的归国而在美国大学扎下了根。曾经留学欧洲的艾略特是学术自由理念的倡导者和捍卫者，他所倡导的"教育中的自由"就是学术自由的体现。按照"教育中的自由"理念，教师有教的自由和探索的自由，学生有学的自由和探究的自由。

1. 教师的自由

艾略特认为，教师在哈佛大学具有不受政府、社会和学术权威限制的绝对的思想和言论自由，有按照他们自己的兴趣和意愿运用教学方法的自由，有摆脱陈规陋习束缚的自由，享有安全保障、固定薪水和退休金的自由。为了尊重学术探讨的自由，使教授发挥专长和献身学术，艾略特指出：

> 哈佛教授在他的领域内是主人。他既可以采用一种纯粹的讲座方法，也可以要求学生翻译、背诵或回答问题。他既可以严格课堂纪律也可以放松课堂纪律。他既可以培养学生与社会广泛联系，也可以不讲课堂以外的任何东西。因为他的学生中有不同的观点和背景（宗教的、政治的和社会的），所以他将自然而然地给予其他人他自己享受的同样的自由。他可以竭力陈述他自己的观点，但不能独断地把他自己的观点强加给学生。[①]

此外，统一课程往往会使十分优秀的学者趋向平庸，而自由选修会给予优秀者以充分发展的空间。艾略特坚持推行选修制正是为了给教授更大的自由。例如，当哈佛大学校监委员会干涉教师使用教科书的事件发生后，艾略特明确表示，校监委员会无须采用极端方式干涉教师的著作或言论，在哈佛大学教师可以自由地表达他们自己的思想。所以在艾略特任校长期间，虽因改革校务和保守派展开了多次激烈争辩，但却未曾因师生持不同意见而挫伤任何人，更未曾有人因在学术上和校长有不同见解而受非难或排挤，其结果是哈佛大学的学术自由蔚然成风。

[①] 转引自 M. Lipset and D. Riesman, *Education and Politics at Harvard*, New York and London：McGraw-Hill Book Company, 1975, p. 100.

2. 学生的自由

艾略特曾经激烈抨击美国大学未充分考虑到学生个人的天赋、意愿和兴趣的现象。他说道：

> 几年以前，从这个学院毕业的所有学生都必须完成学校统一的课程，按照同样的比例。每个学生都学习同样的课程，丝毫不考虑他们各自的意愿和兴趣。每个学生都没有机会自由选择老师或者学科。这种教育体制在美国的大学里还很盛行，也很普遍，甚至还可以找到有力的辩护，因为它具有简单化的特点……精心地选择一种符合众人需要的大众化课程让学生修习，在许多美国人看来，甚至在一些成年人看来，是一件非常恰当和自然的事情。①

然而，这种体制的弊端是显而易见的，因为它不能充分照顾到学生的个人特点。在艾略特看来，"整个青春期的教育中，学校的学习应该具有代表性，而且学习的知识应该涉及所有主要的领域。而作为一个19、20岁的年轻人应该知道什么是他自己的喜好，什么最适合他自己。如果他从前的学习涉及的内容足够广博的话，他自然就会知道他最擅长的是语言、哲学、自然科学还是数学。即使他无所爱，至少也应该有所恶……对于一个人来说，专注并深入地发展他自己的特殊才能是唯一明智的选择"②。作为19世纪的一个古典自由主义者，艾略特深信"教育中的自由"理念。他认为，大学应该给予学生三样东西：选择课程的自由；在一门课程或某个特殊的学科领域赢得学术荣誉的机会；使学生形成他们自己的习惯，为他们自己的行为负责。③

事实上，艾略特全面推行的选修制体现了其推崇教育自由的治校理念。学生可以根据他们自己的天赋和兴趣自由地选择所要学习的课程，

---

① 转引自 Richard Hofstadter and Wilson Smith, *American Higher Education: A Documentary History*, Chicago: The University of Chicago Press, 1961, p. 608.

② 转引自 Richard Hofstadter and Wilson Smith, *American Higher Education: A Documentary History*, Chicago: The University of Chicago Press, 1961, pp. 608–609.

③ 参见 Richard Hofstadter and Wilson Smith, *American Higher Education: A Documentary History*, Chicago: The University of Chicago Press, 1961, p. 701.

"它为学生自然倾向和天赋资质提供自由发挥的空间,并使学生对所选课程充满热情,同时也解除了教授与那些强制学习他们不感兴趣学科的学生打交道的负担。它可以通过小而生动的课堂,讲授丰富多彩、各具特色的课程,扩大教学范围"①。但是有人认为,选修制十分适合于那些勤恳而颇具雄心的学生或那些对某一学科感兴趣的学生,而对于那些学习马虎、态度冷漠且在学习上毫无雄心的懒散的学生,选修制是不适合的。对此,艾略特认为,强制性的课程体系对那些学习马虎、态度冷漠且在学习上毫无雄心的懒散的学生同样不适合,而选修制能比固定课程在唤醒学生兴趣方面发挥更大的作用。选修制并不意味着学生拥有不做任何事情的自由,即便是那些学习态度最敷衍的学生,他们每年都必须通过考试。这实际上体现了艾略特的基本态度,即大学必须给学生选择学习的自由,必须给学生在单一学科表现突出的机会,必须让每个学生都形成他自己的行为习惯并培养为他自己的行为承担责任的能力。

在艾略特看来,一所大学是否能够取得成功,取决于其所营造的自由的学术氛围。大学"首先是包罗万象的,一所大学必须既反映当地文化,又富含外来文化,但首要的是它拥有自由。去伪存真的自由之风必须吹遍它的各个角落,真理永垂不朽。文化和科学就是最基本的学术知识的自由。大学应把为国家培养敬业务实和思想独立的人作为它们的目标"②。

第三节 艾略特关于大学建设改革的实践

艾略特认为:"一所大学出现停滞现象是十分可怕的,假如良好的过去使我们满足于现状而不思进取,那将尤为可怕。"③ 基于上述思考,艾略特立足于哈佛大学的实际,批判性地吸取欧洲大学的经验,大刀阔斧

---

① Richard Hofstadter and Wilson Smith, *American Higher Education: A Documentary History*, Chicago: The University of Chicago Press, 1961, pp. 609–610.

② Richard Hofstadter and Wilson Smith, *American Higher Education: A Documentary History*, Chicago: The University of Chicago Press, 1961, p. 619.

③ 转引自 Richard Hofstadter and Wilson Smith, *American Higher Education: A Documentary History*, Chicago: The University of Chicago Press, 1961, p. 619.

地进行了一系列改革。

一 改革专业学院

早在担任哈佛大学校长前，艾略特就对其所观察到的美国专业学院的教育状况大为吃惊。他在其发表于《大西洋月刊》上的文章中写道："'学术的专业'一词逐渐带有讽刺的意味。在全国范围内，只有一小部分律师、医生和牧师是文学士。平均说来，法学士和神学士学位所代表的文化内涵明显低于文学士，而且人们发现，用一年或18个月的时间就可能使缺乏教育的年轻人成功地登上讲坛布道。"[①] 艾略特引用密歇根大学的例子指出，密歇根大学只有12%的法学学生与5%的医学学生在录取时持有学士学位，而法律的正式研究课程只有一年时间，入学的标准与研究课程的持续时间都不足以培养真正博学的专业人才。在担任哈佛大学校长之后，艾略特发现，哈佛大学传统学院存在着师资薄弱、教学质量低下等问题。为了提高专业学院的办学水准，艾略特改造了传统的专业学院，建立了新型的专业学院。

（一）改造传统的专业学院

1869年之前，法学院的教学工作一直由三名教授承担，他们都有各自的律师事务，因而教学工作具有极大的随意性，既无严密的教学计划，更无一定的学术标准。法学院学生的学习状况同样非常糟糕，其中一半以上的学生不具有大学文化水准，学生所学课程单一，他们可以在一年中的任何时间入学，只要在校学习18个月，甚至可以不上隔年开设的基础课，就可以获得法学士学位。

法学院的改革始于艾略特起用一流的法学家克里斯托弗·哥伦布·兰德尔，并说服其余两位资深教授选兰德尔出任法学院院长。兰德尔将艾略特提出的目标视为己任，将学生学习的时间由一年延长至两年，并要求考试合格方能毕业。他将全部课程分为两部分，即一年级与二年级课程，并改进了法学教育。此外，兰德尔还开创了新的法学教学法，即通过已判定的"案例"进行教学，而不是依靠论文。兰德尔将法学视为

[①] Charles W. Eliot, "The New Education", *Atlantic Monthly*, Vol. 23, No. 136, 1869, pp. 203–221.

一门科学,认为学生学习法学必须通过案例研究的方法。通过兰德尔的改革,法学院一改传统的培养模式,制订了两年制课程计划,建立了书面考试制度,采取案例教学方法,从而提高了学术水准。这样,传统的学徒制培养模式被彻底废除,一种全新的培养方式开始出现。但是,法学院改革的起步是艰难的。由于传统力量的制约,兰德尔的改革既遭到部分教授的反对,也遭到了学生的反对,法学院学生的入学率一度下滑,兰德尔也被视为不受欢迎的教师。在艾略特的支持下,兰德尔顶住了各方面的压力,坚持改革不辍。到1886年,法学院的改革取得了明显的成效,学生入学人数继前期的大幅度下滑之后开始成倍增长。法学院的学术水平也不断提高,不仅于1887年创设了《哈佛法学评论》(*Harvard Law Review*),而且创办了哈佛法学学会。1893年,法学院提高了入学标准,具有本科学历成为进入法学院的必要条件,法学院同时也成为专业的研究生院。1895年,哈佛法学院声誉日隆,吸引了来自全国各地的学生,同时也吸引了许多优秀学者到哈佛大学任教,成为美国大学中首屈一指的法学院。

医学院的改革是所有专业学院改革中最为重要和最为困难的。自1810年迁址波士顿后,医学院几乎断绝了与哈佛大学的关系,完全按照它自己的一套办法运转。医学院的教师全部是执业医生,学生入学无须考试,他们大多没有接受过高中教育,有的甚至是文盲。虽然学生需要三年时间才能取得学位,但是实际上他们只需参加为时16周的讲座和临床实践,即可获得学位。在学业结束时,参加九位教授每人10分钟的口试,只要通过其中五门考试,就可以获得医学博士学位。正如理查德·诺顿·史密斯(Richard Norton Smith)所描述的:"医学院在入学条件上并不要求学生接受过大学教育,任何人在接受完一年的散漫学习以后,都可例行地得到一个治愈或者谋杀一个患者的执照。"① 美国其他大学的医学教育状况也大体如此。在艾略特眼中,哈佛大学医学院的风气比大学中所有学院的风气要坏得多,而且,医学院及其附属的牙医学院是哈佛大学质量最差的学院。在考察了法国和德国的医学教育后,艾略特下

---

① Richard Norton Smith, *The Harvard Century: The Making of a University to a Nation*, New York: Simon and Schuster, 1986, p. 37.

决心要改变医学院的状况。

艾略特对医学院的改革措施包括：制定正规的学费和薪金制度；向学生提供三年制高级课程；严格的入学考试；每年举行学生必须通过的书面考试。然而，尽管校务委员会采纳了艾略特的改革计划，但是校内的保守势力却反对改革。医学院的亨利·J. 比格洛（Henry J. Bigelow）教授等人坚持认为，医学是一门艺术而非科学，医学院是招募人员的基地而非训练专业人员的场所。因此，他们坚决主张保留学徒制的医学教育传统，对于所有改革措施均持反对态度。甚至有教师认为："既然一半以上的学生不能正确地书写，就没有指望他们通过严格的书面考试。"①改革方案最终交由校监委员会表决。校监委员会召开三次会议讨论医学院的改革方案，均未能达成一致意见。当委员会主席查尔斯·弗朗西斯·亚当斯（Charles Francis Adams）向委员们陈述毕业于医学院的执业医生因医术低劣、盲目增大药剂量而接连使三位病人死亡的事实，并认为这是九分之五课程的培养、十分钟的考试所带来的恶果之后，改革方案才被大多数委员所接受。到了1871年，医学院的改革全面展开。1877年，医学院首次实施入学考试。除前述各项基本的改革之外，医学院开始注重医学研究，先后建立起生理学实验室、解剖学实验室和其他专门实验室，同时开始提供研究生教育。此外，在提高师资质量方面，医学院聘请了一些专业人士，例如从欧洲学成归来的亨利·皮克林·鲍迪奇（Henry Pickering Bowditch）博士执教于医学院，成为医学院第一位专职教授；留学德国的著名的解剖学家托马斯·德怀特（Thomas Dwight）于1883年加盟医学院；两年后哈罗德·恩斯特（Harold Ernst）博士亦执教于哈佛医学院。如同法学院改革之初的情况一样，在医学院改革之初学生人数锐减，1872年降到最低点，仅有170人。但随着改革效果的显现，学生人数开始回升，1879年学生人数达到251人，研究生比例也不断增长。哈佛大学医学院彻底摒弃了传统医学教育模式，在美国医学教育领域建立起了良好的学术声誉，成为美国著名的医学院，宾夕法尼亚大学医学院和密歇根州立大学医学院很快开始仿效哈佛大学医学院进行改革。

---

① Samuel Eliot Morison, *Three Centuries of Harvard*, 1636-1936, Cambridge: Harvard University Press, 1936, p. 339.

神学院的改革相对比较顺利，它早已将艾略特所追求的目标奉为规范。艾略特认为，神学院的主要职责是培养学识渊博的人才，学生在专业入门阶段就要具有拉丁语、希腊语、德语、哲学和历史基础。1870年，神学院重新将拉丁语和希腊语作为学生入学的必考科目，并对在校学生定期举行考试，通过毕业考试的学生才能获得学士学位。在艾略特的指导下，神学院的改革使其地位逐渐恢复。

除此之外，艾略特还对劳伦斯理学院的教学和行政进行了改革。艾略特毕业之后曾就职于劳伦斯理学院，担任数学和化学系的助理教授。劳伦斯理学院虽然是一个独立的单位，但其实是一个由数门学科专业所组成的学院。1871年至1872年，艾略特首先改革了劳伦斯理学院的教学模式，包括以下几个方面：第一，重组了应用科学学院，合理规划了专业课程学习年限；第二，培训任课教师，提高教师运用观察法和实验法开展教学的能力；第三，为有能力的毕业生提供深造的机会，设立理学博士学位；第四，将化学系和物理系的课程转移至哈佛学院的实验室进行教学，各系之间的课程对外开放。其次，艾略特改革了劳伦斯理学院的行政管理模式。为了加强各学院之间的联系，艾略特规定理学院和地矿学院的学生有权入住哈佛大学的宿舍。艾略特对劳伦斯理学院的一系列改革，使得该学院的课程种类越来越丰富，提升了理科教育的质量。

（二）建立新型的专业学院

除改革传统的专业学院之外，艾略特还致力于发展新的适应社会需要的专业学院。哈佛大学商学院最初是库里奇（A. C. Coolidge）计划的政治科学学院的一部分，但未能付诸实践。30年后，卢修斯·利特尔（Lucius N. Littauer）的捐赠使得该计划再次提上议事日程。经过1907年的经济恐慌之后，哈佛大学认为必须使商业成为一个专业，通过培训工商管理人员，促进美国社会经济的发展。

纽约银行家乔治·贝克尔（George Baker）捐资500万美元，资助建立哈佛商业管理学院。同时，泰勒的科学管理思想风行一时。泰勒化的管理模式及其对效率的强调，为哈佛商学院的成立奠定了理论基础。于是，哈佛商学院于1908年秋季成立，附设于文理研究生院，提供两年制商业管理硕士学位课程。哈佛大学商学院的成立与艾略特的治校理念是一致的。按照大学为国家服务的理念，哈佛大学致力于推进商业管理教育的专业化，符合社会对实用技术的需求。尽管商学院宣称其目的是要致力于创设一个专业，强调商业管理的道德，为改善商业标准提供一个新的起点，但是，商学院的成立仍然遇到了来自哈佛大学校内外的强大阻力。按照传统的教育理念，大学是人类文化的守护者，应致力于保存人类的文化。随着社会的发展，现代大学不仅应保存人类的文化，而且要发展人类的文化。但是，商学院毕竟是与赚钱紧密联系在一起的，让商学院进入大学的神圣殿堂是一件让人难以接受的事情。因此，哈佛商学院成立之初就遭到牛津大学的激烈反对。

在牛津大学看来，商业根本就不能成为一个专业，因为"商人必须了解的大多数事实都可在进大学以前获得——如果它们属于一般性的知识内容的话，也可在他进入商界后获得——如果它们碰巧对他的行业有特殊价值"①。美国高等教育家亚伯拉罕·弗莱克斯纳（Abraham Flexne）也对哈佛大学商学院的建立提出了质疑。弗莱克斯纳认为，商学是不是一个专业，这是值得怀疑的。他认为："专业是学术性的，它们拥有文化的根基，拥有体现一种理想的准则。在漫长的历史进程中，它们表现出一种解决问题的理智本性。商科的情况则有所不同。赢利的动机必须起主导作用；广告推销是获得成功必不可少的因素。"② 在弗莱克斯纳看来，现代商业的特点是精明、充满活力和机敏而非有理性，它着眼于其自身的利益，而不是其自身的崇高目的，因而不符合成为一个专业的标准。因此，弗莱克斯纳批评道：

> 哈佛商学院既未提出伦理性的问题，也未提出社会性的问题，这种做法不仅浪费了学习文化的机会，而且，即使从纯商业性的观点来看，也缺乏想象力和远见。哈佛大学是美国历史最悠久并且总的来说也是最有成就的大学，但它的这一自负的研究生层次的学院却坚守一种十分狭隘的基础与精神，仅将广告术作为一种促销的

---

① ［美］亚伯拉罕·弗莱克斯纳：《现代大学论——英美德大学研究》，徐辉、陈晓菲译，浙江教育出版社2001年版，第146页。

② ［美］亚伯拉罕·弗莱克斯纳：《现代大学论——英美德大学研究》，徐辉、陈晓菲译，浙江教育出版社2001年版，第144页。

工具。①

哈佛大学内部亦有种种反对意见，总的来说就是担心商学院会办成一个纯粹教授赚钱方法的专业学院。

但是，商学院却受到工商界人士的欢迎，得到财政部长汉密尔顿、银行家贝克尔、金融大亨摩根等人的支持。艾略特顶着各方的压力，终于促使商学院开始运行。商学院成立之初，其总体状况并不好，教师通常是利用部分时间教学，而且这些教师往往是商业上的成功者而非教学上的专业者。不过，不同于法学院和医学院的是，商学院的准学徒制培养方式很快便得到了改善。商学院完善了教学方法，聘任了一批有胜任力的专业教师，充实了图书资料，建立了研究机构，拥有了一批对该专业充满热情的学生，开始展现出良好的发展势头。无论如何评价哈佛商学院，必须肯定的是，哈佛大学商学院的建立顺应了美国资本主义市场经济发展的需要，充分体现出大学为国家服务的精神。事实上，从哈佛大学商学院日后的发展情况来看，商学院日渐成为哈佛大学极其重要的一个专业研究生院，其毕业生活跃在全球经济舞台上。

二　改革本科课程

艾略特在哈佛大学所取得的成就中，最著名的就是对本科课程的改革，他将本科课程从起初的大量必修课改为一套完全不受限制的选修课。艾略特并非选修制度的创始人，也非将选修课引入哈佛大学的发起者，但是他把这一想法变成了更为合理、更为清晰的改革实践。

（一）课程改革的背景

1779 年，当选为弗吉尼亚州州长的托马斯·杰斐逊向州议会提交了改革威廉玛丽学院的计划，对古典语言和文学在大学课程中占据主导地位表示强烈不满。在这一计划中，杰斐逊提出了关于选修制的建议，允许学生自由选择感兴趣的课程、活动或讲座。与杰斐逊交往甚密的年轻学者乔治·蒂克纳（George Ticknor）在得知杰斐逊改造弗吉尼亚大学的

---

① ［美］亚伯拉罕·弗莱克斯纳：《现代大学论——英美德大学研究》，徐辉、陈晓菲译，浙江教育出版社 2001 年版，第 147 页。

计划后，表示了极大的关注与兴趣。在游学欧洲之后，蒂克纳回国执教于哈佛大学，并担任现代语言教授。任教伊始，他就要求哈佛大学仿效弗吉尼亚大学进行改革。他认为，大学不仅应承担传承知识的责任，而且不能忽视学生的兴趣和学习成就的差异。这一观点成为哈佛大学课程改革的基石。后来艾略特每次提及蒂克纳，都称他是超前时代50年的教育改革家。但是，当时弗吉尼亚大学和哈佛大学的课程改革都遇到了很大的阻力，其主要阻力是传统教育势力从中作梗。因此，哈佛大学的能力分班及选修制只能在蒂克纳的系里试验，并没有在全校实施。①

1868年至1869年，哈佛大学一年级的所有课程都属于必修课程，包括拉丁语、希腊语、数学、法语、雄辩术、伦理学等课程。二年级必须学习物理和化学、德语、雄辩术、作文、背诵爱德华·吉本的作品以及斯戴沃特的著作。此外，学生每周必须选修8个小时的拉丁语、2个小时的希腊语、4个小时的数学、1个小时的意大利语、1个小时的英语。三年级的课程表与二年级的较为相似，增设了德语和自然历史、哲学和物理为必修课程，其他必修课程还有赫谢尔的《天文学》、拉德纳的《光学》、博文的《逻辑学》、沃克编选的《苏格兰形而上学家》，化学讲座和辩论练习写作。如果学生不要学分，可以将西班牙语和意大利语作为额外课程，但是，若学生准备在四年级获得西班牙语和意大利语的学分，这两门课程就成了三年级的必修课。四年级学生每周必须利用5个小时修习历史、哲学、博文的《经济学》和作文，学生可以从同三年级相似的选修课表中选修两到三门课程，地质学和解剖学讲座是面向四年级学生的"额外课程"，但不能算作选修课。每门课程的学习都严格地同某个特定班级联系在一起，有着严格的次序。②

艾略特注意到以上课程情况，试图通过改革教学体制来改变这种状况。针对当时僵化的教学体制，他指出，教与学并不是单向的灌输，而是一种互动关系。因此，教师提供课程，而学生有选课的自由，这是教师和学生可以共享的学术自由权利。当时美国的中小学已经做到尊重学

---

① 单中惠主编：《外国大学教育问题史》，山东教育出版社2006年版，第158—159页。
② 郭健：《艾略特与哈佛大学选修制》，《河北师范大学学报》（教育科学版）2000年第3期。

生的个性,而大学却非如此,在他看来,这已经大大落后于当前教育发展的形势,所以应当全面推行"选修课制度"。

(二) 推行选修课制度

在艾略特当选为哈佛大学校长时,反对者曾担心艾略特将哈佛大学办成一所技术学院。但是事实上,艾略特并无意将哈佛大学变成一所技术学院。他说:"大学的基调和精神应不同于多科技术学院和科学学院。大学需要最广泛的文化,致力于形成完善的心智和丰富的知识,需要出于对各门学科的热爱而非其他的目的所倾注的学习热情,需要基于其自身对学习和研究的热爱,这些都是大学应有的主导性的观念。"[1] 在艾略特的大力推动下,1870年至1871年,哈佛大学开始打破按固定的班级和次序开列规定课程的做法,把所有课程都按阿拉伯数字进行逐一编码排列,以利于学生选修。从此,每年都有一些必修课变成选修课,每门新增的课程也自然而然地成了选修课,必修课不断减少,选修课不断增加。1872年,哈佛大学取消了四年级所有的必修课程。到1874—1875学年时,哈佛大学只剩下修辞学、哲学、历史学和政治学等少数的必修课,主要是一年级学生的课程,而二、三、四年级的学生可以选修其他课程。到1883—1884学年,一年级的学生也可以选修课程,选修课占课程总量的60%。1885年,哈佛大学又压缩了一年级的必修课。到了1886年,哈佛大学本科生学院才在真正意义上确立了选修课制度。任何学生只要修满18门课程,且要求有四分之一的课程成绩在C或C以上,就可以获得学士学位。当时这18门课程可以从学校已扩充到153门课程和61门"半门课程"(half-course)体系中选择。到了1894年,所有课程中只有修辞学和外语是必修课。1897年,外语作为必修课的要求也被取消,整个哈佛大学规定的课程只有一年级的一门修辞学,新的课程不断进入课程体系。[2] 到了20世纪初,选修课制度已牢固地确立下来。

在实施过程中,选修课制度遭到校内外保守势力的激烈反对。艾略

---

[1] Samuel Eliot Morison, *Three Centuries of Harvard*, 1636–1936, Cambridge: Harvard University Press, 1936, p. 328.

[2] 历志红:《艾略特的课程选修制改革思想及其实践探析》,《中国高教研究》2003年第10期。

特被一些人误解、诽谤甚至憎恨。校务管理委员会的马丁·布莱默（Martin Bremer）甚至要用长剑刺艾略特，约翰·昆西·亚当斯（John Quincy Adams）要用木棍殴打艾略特。1885年至1886年是艾略特最为困难的时期，稍有失误就可能终止他的执政生涯。校务管理委员会曾试图从两位候选人中物色一位新校长。只要有一位候选人同意出任校长，那么校务委员会就要求艾略特辞职。普林斯顿大学校长麦克·考什（James McCosh）说:"我与艾略特博士一样渴望自由，但是我所要的自由是有规则的自由。我要求的是自由而不是放纵。"① 麦克·考什坚持认为，教育本质上就是训练人的心智，把学生培养成有教养的绅士。因此，他公开嘲笑说，一群进入哈佛大学的心理怪物拒绝吞食真正的精神食粮，只会沉溺于美术、音乐和法语的游戏之中。② 波特甚至指责艾略特及其追随者是"异教徒"，并决心在耶鲁大学坚持传统教育。以耶鲁大学校长诺亚·波特（Noah Porter）为首的新英格兰八所大学的校长联合要求哈佛大学校监委员会保留希腊语作为文学士学位的必要条件。归根结底，反对者认为，选修制没有对基本知识的共同核心做出要求，不能防止学生追求职业类型的学术训练。

但是，艾略特以坚定的信念和近三十年不懈地努力，终于使选修课制度稳稳地立足于哈佛大学。选修课制度代替了原先由教师为学生安排学习课程的制度，从最初给学生几门课程的选择权逐渐实现了完全由学生选择他们感兴趣的课程。显然，将课程选择权交给学生是哈佛大学注重学生心智训练和职业能力锻炼的一大创举，并为现代学科在哈佛大学课程中取得与古典学科同等的地位扫清了道路。而且，此举对美国其他大学产生了深刻的影响。到20世纪初，选修课制度原则上已占据美国大学的主导地位，大多数大学都效法哈佛大学实施选修制。1910年的一项调查表明，在被调查的有代表性的97所高等院校中，34所美国一流的大学和学院中选修课程占全部课程的70%以上。③

---

① 转引自 Richard Hofstadter and Wilson Smith, *American Higher Education: A Documentary History*, Chicago: The University of Chicago Press, 1961, p.717.

② 参见 S. Alexander Rippa, *Education in a Free Society: An American History*, New York: Longman Inc., 1984, p.315.

③ 王英杰:《美国高等教育的发展与改革》，人民教育出版社1993年版，第25—28页。

此外，艾略特还谴责了高压教育的缺点，支持采取激励措施使毫无组织的课程学习连贯起来。于是，他另辟蹊径地采取了一种特别的办法，即只将"优等生荣誉"颁发给在单一学科上选修足够数量的课程并获得高分的毕业班学生。因此，艾略特管理下的哈佛大学成为第一个安排本科"核心"课程（哈佛大学现在仍然这样称呼这类课程）或"专业"课程（美国其他大学对此类课程的称呼），而实际上并不要求学生选择专业的美国大学。

（三）选修课制度的意义

选修制的推行在美国高等教育史上具有深远的意义。第一，由于选修制的推行，传统的古典课程体系长期盘踞甚至垄断美国高等学校的局面被彻底打破，导致古典教育彻底走向没落。新的适应社会政治经济文化和科技发展需要的学科源源不断地进入大学的课程体系，并取得与传统学科同等的地位，从而使大学的课程体系更加贴近社会的现实需要，显示出勃勃生机和活力。第二，选修制打破了沿袭已久的年级制教学组织方式，催生出了不同于欧洲的、以学分制和选修制为核心的新型教学组织方式。①选修制的实施促进了教学方法的改进。传统的背诵方法为新的教学方法所替代，从而使得教学质量不断提高。第三，选修制的推行有益于营造良好的学术氛围。一方面，学生不再被强迫学习他们自己不感兴趣的课程，而可以按照他们个人的兴趣和爱好自由选择课程，深入学习和探索他们自己喜好的学科或专业，最大限度地发挥个人潜能，追求个人的学术成就。这样，选修制实际上就为学生个人的发展提供了较大的空间。另一方面，由于选修制所带来的学科分化，促进了教师的专业分化，"通才"为"专才"所替代，教师对其自身所教专业的探索和研究成为发展的主要趋向，从而为大学学术水平的不断提高创造了条件。第四，选修制的推行也推动了专业编制的改进，由相关学科组成系的建制成为大学基本的教学单位。总之，选修制的实施可以说是现代大学形成的标志。诚如约翰·布鲁贝克（John Brubacher）等所言，"1870 年至1910 年选修制的发达是因为它适应了这个时期美国文化的需要""艾略特

---

① 赵婷婷、郭曼瑞：《哈佛大学的三次转型：美国世界一流大学生成的历史经验》，《中国高教研究》2021 年第 10 期。

的选修制具有革命性的意义,是时代精神的符合逻辑的体现"①。

当然,选修制也存在着不足与弊端。1902年,哈佛大学任命了一个委员会研究选修制的实施状况。该委员会发现,学生选择课程时过分放任自流,他们往往不是根据学习内容的内在联系和逻辑,而是以尽早或容易获得学分为目的,避难就易、随心所欲、漫无方向地选择课程。因此,学生学习内容虽然非常宽泛,涉及知识面也比较广博,但所学知识支离破碎、蜻蜓点水、泛而不精、博而不专。另外,艾略特过分推崇"自由"在选修制中的意义,学生往往依据其个人兴趣或职业规划决定其选择课程的趋向,课程的学习也局限在某一专业或学科领域,造成了学生知识面狭窄的问题,难以适应复杂社会的需要。虽然选修制在实行之初遭到了来自校内外保守势力的猛烈攻击,但是到了19世纪末,几乎所有美国高校都采取了选修制,选修制的优越性和先进性逐渐体现出来。

三 改革研究生教育

在艾略特改革哈佛大学的蓝图中,建立研究生院是一项十分重要的工作。艾略特认为:"要维护哈佛大学的声誉,提高其影响力,必须加强面向少数人的最高等级的教育。"② 艾略特的欧洲考察经历使其开始关注研究生教育,认为研究生教育的水平是现代大学的重要标志,德国大学正是通过研究生教育,在学术水平上使欧洲其他大学难以望其项背,这些经历为其在哈佛大学的研究生教育改革奠定重要的思想基础。艾略特的研究生教育改革思想初步成形于他接任哈佛大学校长之际,发展研究生教育成为艾略特实现哈佛大学转型使命的重要改革内容。

(一)开设系列讲座

在任职第一年艾略特就表现出伟大的领导才能,主要依托于他自身宝贵的品质:敢于尝试,并且在失败面前坚定不移。他的前一任校长托马斯·黑尔在哈佛大学开设了大学讲座,该讲座是由哈佛大学本科生院

---

① John Brubacher and Wilis Rudy, *Higher Education in Transition: A History of American Colleges and Universities*, 1636-1976, New York: Harper & Row Publisher, Inc., 1976, p.116.

② 转引自[美]亨利·詹姆斯《他缔造了哈佛——查尔斯·W.艾略特传》,朱建迅等译,广西师范大学出版社2017年版,第314页。

的教师和其他外校教师教授的短期课程,主要为本科生和研究生等学生提供接触先进思想的机会。艾略特决定采用这一制度以提高学生的研究素养。

具体来说,艾略特为哈佛大学的本科毕业生开办了有组织的高级课程讲座,参加讲座的学生需要支付每个系列150美元的费用。艾略特邀请波士顿和纽黑文一些知名的学者举办了两个系列的讲座,分别是哲学、文学。拉尔夫·瓦尔多·爱默生、查尔斯·桑德士·皮尔斯、詹姆士·拉塞尔·洛威尔和威廉·迪恩·豪威尔斯都在被邀请之列。艾略特所开设的讲座不仅面向进修生,而且对公众开放,包括女性。在讲座的推行过程中,艾略特并未受到教职工的反对或阻止。这是由于这些讲座并不是大学或其他任何学院课程的一部分,无须修改已有的课程大纲,因此艾略特得以自上而下地推行这一讲座制度,而无须获得教职员的同意。然而,在讲座制成效方面,艾略特对研究生教育的第一次尝试以惨败告终。哈佛大学招收了155人参与一门或两门哲学和文学课程的学习,使讲座在得到经济保障的情况下得以进行。但是学校只招收到4名刚从哈佛大学本科毕业的学生攻读哲学课程,6名攻读文学课程。这些年轻人是仅有的通过参加有关讲座内容的考试而被录取的人,余下的都是些希望丰富他们知识的成年男女,而非艾略特想吸引的有远大抱负的教授和教师。但是,艾略特并未退缩,在第二年他改变了实验的形式,提供大量的短期课程,每期均不超过10美元。但结果仍然令人失望。在年度报告中,艾略特写道,大学讲座"并未能使本校的文学学士留在剑桥开展独立的研究,也未能将其他地方的优秀学生吸引过来"[1]。

(二) 成立研究生院

尽管哈佛大学劳伦斯理学院在过去的20年中已在自然科学方面提供了高级课程教学,但并不授予高级学位,也没有专门的研究生教育设施,接受学士教育后的教育者仍要远赴欧洲接受更高层次的学习。艾略特认为,非专业教师的知名学者缺乏授课经验,无法保障课程质量,哈佛大学需要的是专业的长期教师,优秀学生需要深层次、连续、系统地研究

---

[1] 转引自 Henry James, *Charles W. Eliot*, *President of Harvard University*, 1869–1909, Boston: Houghton Mifflin Company, 1930, p. 251.

生教育。在艾略特之前，哈佛大学的蒂克纳、希尔等人就曾经进行研究生教育的相关尝试。例如，蒂克纳规定，本科毕业生可以以住校研究生的身份参加学校的活动。"只要付一笔费用，他们就可以参加他们喜欢的任何讲座，使用大学图书馆。"① 希尔通过开设"大学讲座"系列课程，致力于为所有的学生和学者提供发展的机会。这些早期的尝试为艾略特全面改革研究生教育奠定了基础。艾略特通过创建现代化的研究生教育机构，提高了研究生教育的地位，促进了教学和科研相统一。

于是，1872年春，在艾略特的争取下，哈佛大学校务管理委员会决定成立研究生部（Thomas Hare），标志着哈佛大学研究生教育进入了新的阶段。艾略特首先区分了本科生教育和研究生教育，明确了两者是学生学习的不同阶段，并规定申请医学院、神学院、法学院和商学院等研究生学位的学生必须获得学士学位及一定的专业能力。研究生部的设立让本科毕业生可以在人文艺术、自然科学等领域继续深造，也促进了相关学位体系的建立和学科知识更新。② 1873年，威廉·比尔利获得哈佛大学第一个哲学博士学位；1874年，詹姆斯·阿弗瑞尔获得新颁授的第一个硕士学位。同时，哈佛大学也开始授予理学博士和理学硕士学位。在研究生部初创时，研究生只能凭兴趣自学或者自行选修课程，并没有专门的教师引导。直到1878年，哈佛大学安排了专门的教师来对研究生进行单独指导，研究生开始通过参与研究工作来探究和学习。到了1883年，研究生部的教学工作取得了一定进展，但是存在着两个重大问题：一是研究生部是一个新成立的、不为人熟知的部门，大部分师生还不了解它的作用；二是研究生部没有奖学金和其他形式的资助，不利于扩大学生规模。③ 而且，这一时期哈佛大学文理学院和研究生院是一体的，研究生部处于本科生教育的从属地位，日常事务仅由一位教学秘书监管。它并不像美国其他大学那样将本科生院与研究生院截然分开，研究生课程向

---

① Samuel Eliot Morison, *Three Centuries of Harvard*, 1636–1936, Cambridge: Harvard University Press, 1984, p.237.

② 李子江、鲁婵：《哈佛大学校长艾略特的研究生教育改革探索》，《学位与研究生教育》2021年第3期。

③ Harvard University, *Annual Reports of the President and Treasurer of Harvard College* (1882–83), Cambridge: Harvard University Press, 1883, p.15.

那些有能力的本科生开放。为了提升研究生教育在学校的地位，改善研究生部的发展状况，艾略特开始进一步强化科研工作，建立完善的研究生组织形态。

1890 年，艾略特将研究生部改组成研究生院，将劳伦斯理学院并入哈佛文理学院。同时，艾略特对文理学院、研究生院和劳伦斯理学院的资源进行了整合：第一，将三个学院的教师合并到文理学院中，建立完整的教师团队；第二，增设文理学院院长和研究生院院长；第三，将全体教师分成三个部门，这些部门有着独立的行政委员会，委员会分别由一位院长领导。研究生院的改组整合了原有的行政管理模式，提高了研究生管理效率，形成了清晰的管理层级，也增强了与文理院、劳伦斯理学院乃至其他专业学院的联系。到了 1905 年，艾略特又对研究生教育进行了分类，以明确不同类型研究生教育的职能。艾略特将原有的研究生院更名为文理研究生院，偏重科研训练，培养学术人才；又设立了应用科学研究生院，包含工程学、建筑学和应用化学等学科。经过改组，研究生院规模持续扩张，研究生人数大幅增加。

建立研究生院是艾略特最富有意义的改革。正是通过这项改革，艾略特改造了哈佛大学传统的英式学院模式，使哈佛大学转变为具有教学和科研双重职能的高等教育组织，将哈佛大学带入了现代大学的行列。但是，由于传统教育理念的影响，研究生院的建立从一开始就遇到了重重阻力。反对者认为，研究生教育并非美国社会所急需，"耶鲁大学开展研究生教育已有 20 年之久，但仅有 30 人，我希望哈佛大学不要向耶鲁看齐"[1]。另有一些教师因其自身能力无法为研究生上课而反对研究生教育。还有一些教师提出质疑，约翰·霍普金斯大学由于得到了 350 万美元的捐赠才开办了文理研究生院，为什么哈佛大学在本科生教学缺乏经费的情况下也要建立研究生院呢？这些老师认为，研究生院的建立可能会削弱本科生院的教学。在种种反对意见面前，艾略特毫不退缩，并坚持认为研究生院的建立不但不会削弱本科生院，反而能加强本科生教育。他说："研究生院的建立只会加强本科生院的质量。如果我们的教师仅把他们的工作简单

---

[1] Samuel Eliot Morison, *Three Centuries of Harvard*, 1636 – 1936, Cambridge: Harvard University Press, 1936, p. 335.

地看作给本科生开设一些课程，我们的大学就绝不会有一流的教学。如果我们的教师必须既教研究生又教本科生，那么他们就会将他们所教的学科视为永无止境的，不断进行研究是一流的教学所必需的"[1]。在哈佛大学，本科生院和研究生院的教师既从事本科课程教学，也从事研究生课程教学。

为了促进研究生教育的发展，保证研究生教育的水准，哈佛大学采取了一系列措施，如增加图书馆的藏书量，增添实验室，营造学术氛围，提高教师的薪金待遇，吸引著名的学者到哈佛大学任教等。到1900年，哈佛大学成为美国大学中授予哲学博士学位最多的大学。随着研究生规模的不断扩大，研究生教育开始逐步占据哈佛大学的中心地位。到20世纪中叶，哈佛大学研究生规模超过了本科生规模，成为一所现代研究型大学。哈佛大学的研究生教育制度也为美国传统大学树立了榜样，耶鲁大学、哥伦比亚大学、普林斯顿大学等都走上了同哈佛大学一样的改革道路。可以说，艾略特改革哈佛大学研究生教育制度，对美国现代研究生教育体系的形成起到了关键的引领作用。

四 网罗精英人才

艾略特清醒地认识到大学精英人才对大学发展的反哺作用。他不仅挖掘优秀教师人才，提高教师待遇，建设高水平的教师队伍，还提高了大学入学门槛和入学标准，录取学业优异的学生，为国家发展培养栋梁之材。

（一）建设高水平教师队伍

艾略特坚信在影响大学发展的因素中，教师是最关键的因素。他认为，大学的真正进步必须依赖于教师，教育水平和质量的高低取决于教师。尤其是高水平而且恪尽职守的教授不仅会推动大学的进步，而且是推动人类知识和学术进步的重要力量。哈佛大学数百年的辉煌，不仅仅得力于广泛的学生来源、较高的学生素质，而且更重要的原因在于它有着一支其他学校都无法匹敌的教师队伍。在他40年的任期里，艾略特费

---

[1] 转引自 Samuel Eliot Morison, *Three Centuries of Harvard*, 1636–1936, Cambridge: Harvard University Press, 1936, p. 335.

尽心思为哈佛大学网罗世界一流的、有独特才华的教师。在他刚接任校长时，哈佛大学只有23位教师，而在他卸任时哈佛大学已经有了169位教授。

在任期间，艾略特大胆聘任了许多观点独特、富有创新精神的教师。事实证明，艾略特的眼光是独到的。艾略特对法学院进行改革时，发现其中一些教师所教的课程内容数十年也没有革新。对此，他试图对现有的教师队伍进行改革，开始聘请一些优秀的人才进入哈佛大学教师队伍。例如，艾略特向哈佛大学毕业生兰德尔发出了邀请。兰德尔家境贫苦，才智突出却行为怪异，他后来不但担任了改革后的法律学院院长，而且革新了法学院的教学研究方法，重视法律案例分析，对之后的法律教学和科研发展产生了深远的影响，进而改变了美国的法学研究体系。再如，艾略特不顾众人的反对，重用从未发表过论文的查理斯·斯伯拉格·萨珍特（Charles Sprag Sargent），给予其新建的阿诺德植物园的管理权。而正是这位从未发表过文章的学者，使这座植物园闻名世界。此外，艾略特在4年的时间里就聘用了24名以上的新教师，包括历史学家亨利·布鲁克斯·亚当斯（Henry Brooks Adams），宪法学者小奥利弗·温德尔·霍姆斯（Oliver Wendell Holmes，Jr），哲学家和心理学家威廉·詹姆斯，法学界克里斯托弗·哥伦布·兰德尔以及艺术史学家查尔斯·艾略特·诺顿（Charles Eliot Norton）。

当时，要建立和维持一支优秀的教师队伍并非易事，最大的障碍就是大学教师工作量与薪资失衡的问题。在艾略特的就职演说中，他明确指出："对于哈佛大学来说找到一位称职的教授比登天还难，因为有卓越才华的美国人都不热衷于这一职业。"这是由于大学教师的工资低，而且与其他知识型职业的薪资不同，教师在努力工作一段时间后，工资并不会逐渐增长。因而，他提出提高大学教授地位的改进措施：其一是必须提高教师的薪金，其二是减少重复的课程。在提高教师的工资方面，艾略特把教授的年薪由3000美元提高到了4000美元。而当时美国其他重点大学教授的年薪都在3000美元以下。凭着优渥的工资待遇和条件，哈佛大学几乎可以聘请到国内任何优秀学者来校执教，这对哈佛大学在短时间内建立起实力强大的教师队伍起到了决定性的作用。

另外，艾略特还积极改善教师的治学措施，例如扩建图书馆，增加实验室，提供专门的学术奖励基金等。在艾略特及其支持者的努力下，哈佛大学很快荟萃了一批学术大师，取得了一定的学术地位，奠定了现代研究型大学的基础。之后，哈佛大学第23届校长科南特在总结哈佛大学以教师为本的经验时说："大学者，大师荟萃之地也，如果学校终身教授是世界著名的，那么这所大学必定是最优秀的大学。"①

(二) 录取高素质能力的学生

大学的发展不仅需要高水平的教师队伍，还必须招收优秀的学生。艾略特认为，大学是学生从青少年过渡到成年阶段最理想的环境。大学充满了教育的氛围，有着各种富有活力的活动，对于青少年品性的养成、知识的积累、价值和习惯的形成至关重要。然而，受种种客观条件的限制，社会并不会把接受高等教育的机会给予所有青年，大学录取学生的原则不是出身门第和财富多寡，而是青年自身的天赋和能力。因此，他主张保证入学考试的严格性，提高入学标准，以录取优秀的学生。凡是具备良好品性和能力的青年，都不应由于经济原因而被大学拒之门外或中途辍学。艾略特许诺，哈佛大学将继续坚持和不断完善奖学金制度，决不轻易地让任何具有天赋的学生因经济问题而与大学教育失之交臂。艾略特一再申明，哈佛大学的贵族性特点，绝不是植根于欧洲传统、建立在财富基础之上的，而是在民主基础上聚集起一大批精英之士，他们将是社会各种活动和领域中的佼佼者。

然而，艾略特的改革理念遭到了来自校内外保守人士的强烈反对。在各种激烈的反对意见面前，艾略特毫不退缩，以坚定的改革信念坚持改革的主张。艾略特在各种场合阐述他自己的改革理念，努力使人们理解他所采取的各项改革措施，因为艾略特深知，如果不能将他自己的主张转变为哈佛大学全体教师的共同意愿，改革将会举步维艰。因此，艾略特展开了一系列说服工作，通过赢得大多数教师的支持而使得改革不断深入。莫里森曾这样评价艾略特：艾略特不是独裁者，他所需要的是

---

① M. Lipset and D. Riesman, *Education and Politics at Harvard*, New York and London: McGraw-Hill Book Company, 1975, p. 154.

共识,而不是强迫改革。① 在艾略特实施改革的岁月里,他与教师们建立了真诚的人际关系,也成为学生心目中的英雄。艾略特之所以能够取得改革的巨大成效,不仅是因为他具有正确的教育理念和明确的改革目标,也是因为他的领导艺术,更是因为他的坚定信念、坚持不懈的精神。

第四节 艾略特治校理念与实践的影响与意义

艾略特的治校理念和实践不仅使哈佛大学一跃成为美国的顶尖大学之一,而且促使美国高等教育走出象牙塔,形成了独具特色的美国高等教育体制,获得了国内外的赞誉。

一 艾略特治校理念与实践的影响

经过艾略特40年的改革,哈佛大学终于成为一所真正的美国大学。根据20世纪研究美国卓越大学的报告,可以看出19世纪末的哈佛大学业已位居美国所有大学之首。艾略特改革哈佛大学的一系列举措,对美国大学产生了深刻的影响,并获得了国外诸多的赞誉。

(一)国内的影响

哈佛大学从一所规模较小的英式古典大学发展成为以文理学院为基础、重视研究生教育以及经过改造的若干专业学院所组成的现代大学。哈佛大学是在长期借鉴外国经验的过程中,根植于美国文化和社会沃土而创立的一种新型高等教育机构。可以毫不夸张地说,没有艾略特就没有今天的哈佛大学,就没有当今的美国高等教育。正是由于艾略特改革了哈佛大学,建立了真正的美国大学,改变了美国大学只效仿于英国、法国、德国的状况,真正地推动了美国高等教育的改革与发展,使美国大学适应了美国社会的政治、经济与文化的发展。正如一本关于艾略特的传记《土地与种子》所说:"是他犁好了美国高等教育这块肥沃的土

---

① Samuel Eliot Morison, *Three Centuries of Harvard*, 1636 – 1936, Cambridge: Harvard University Press, 1936, p. 346.

地,并撒上了希望的种子。"①

在哈佛大学改革的影响下,美国高等教育不仅开始向德国学习,朝着发展学术的方向前进,同时结合它自己的国情,朝着为国家社会服务的方向发展,最终形成了独具特色的美国高等教育体制。美国学者威力斯·S. 鲁迪（Willis S. Rudy）说:"在这些年中,新世界土壤的土生的力量与来自西欧的影响相结合,产生了一种高等教育机构,它包括许多源于英国学院和德国大学的要素,经融合和改造,成为世界教育史上独一无二的机构。"② 20世纪初,美国高等教育已取得举世公认的成就。正如威力斯·S. 鲁迪所说:"它提供了高质量的专业训练,实现了工业化时代所要求的较早专门化;通过提供高级技术和科学教育,提高了国民经济的效率;为普通大众提供了接受高等教育的机会。这与1865年的情况相比,在大多数美国人看来,取得了极大的进步。"③

（二）国外的赞誉

受到哈佛大学改革的影响,美国大学纷纷开始进行改革,改革成效显著,受到了国外对美国高等教育的诸多赞誉。例如,法国院士亨利·穆瓦桑（Henri Moissan）到美国旅行之后,于1897年在法国科学院发表演说,对美国大学成功地将智力文化和爱国精神融为一体表示了尊敬,建议法国的大学以美国大学为榜样,并期盼法国高等教育通过同样的改革从而获得新生。英国史学家爱德华·奥古斯都·弗里曼（Edward Augustus Freeman）在19世纪80年代初曾访问美国,发现"美国在各个知识的分支部门都有引以为豪的具有健全知识的人"。1905年,德国心理学家于果·明斯特伯格（Hugo Münsterberg）在写给德国公众的书中宣称:民众的积极性和不同机构之间的自由竞争,保证了美国大学不断地进步。④ 1909年,德国布雷斯劳大学派往哈佛大学的交换教授库认为:"美

---

① M. Lipset and D. Riesman, *Education and Politics at Harvard*, New York and London: McGraw-Hill Book Company, 1975, p. 155.

② Willis S. Rudy, "The 'Revolution' in American Higher Education 1865 – 1900", *Harvard Educational Review*, Vol. 21, No. 3, 1951, pp. 155 – 174.

③ Willis S. Rudy, "The 'Revolution' in American Higher Education 1865 – 1900", *Harvard Educational Review*, Vol. 21, No. 3, 1951, pp. 155 – 174.

④ 转引自贺国庆《美国高等教育现代化的奠基——南北战争后到1900年间美国高等教育的变革》,《河北师范大学学报》（教育科学版）1998年第1期。

国大学着眼于培养新型的受过科学训练的人,以适应美国生活中各种新的需求。"①

二 艾略特治校理念与实践的意义

艾略特的治校理念和实践为哈佛大学发展做出了卓越的贡献,如坚持大学改革本土化的思想、提倡选课制、发展研究生教育、强化教师队伍建设等,为哈佛大学建成世界一流学府奠定了思想基础和实践基础,并对推进美国大学改革发展起着重要作用,具有一定的历史意义。而且,时至今日,艾略特的治校理念和实践仍然具有强烈的时代意义,对现今大学校长治校有着一定的借鉴价值。

(一) 历史意义

哈佛大学在其成立之初是一所小规模的教学型本科学院,经过艾略特的一系列改革措施,成功实现了从教学型向现代研究型大学的转型发展。首先,基于大学为国家服务、高等教育本土化等治校理念,艾略特通过重塑传统专业学院,增设新型专业学院,使哈佛大学彻底摆脱了欧洲大学的窠臼,构建了现代哈佛大学的基本架构。同时,艾略特改革专业学院的举措,为哈佛大学建设新的学院提供了经验基础,使得之后的哈佛大学进一步拓展了专业学院,成立了新闻学院、教育学院等更多新兴专业学院,构建了现代研究型大学的基本模式。

其次,艾略特重视大学科研职能的治校理念,改革研究生教育制度的治校措施,改造了德国教学与研究相结合的理念,引领了美国大学研究生教育制度的创新。与约翰·霍普金斯大学、芝加哥大学等以研究生教育为主的新型大学不同,艾略特探索了一条新的发展研究生教育的道路,即创设研究生部,区分了本科生教育和研究生教育的不同,以及强调了两者之间的互补作用。艾略特创设的研究生教育制度为美国传统大学树立了榜样,耶鲁大学、哥伦比亚大学、普林斯顿大学等以及一些州立大学都纷纷学习哈佛大学的创新研究生教育制度。可以说,艾略特对美国现代研究生教育体系的形成发挥了关键的引领作用。

---

① 转引自 Willis S. Rudy, "The 'Revolution' in American Higher Education 1865 – 1900", *Harvard Educational Review*, Vol. 21, No. 3, 1951, pp. 155 – 174.

(二) 时代意义

艾略特以育人为本、以学术为基、以师资为要的治校理念与实践，使得哈佛大学被逐渐改革成为国内一流大学，对现今大学校长治校有着诸多方面的启示，具有不可磨灭的时代意义。首先，艾略特的一系列治校措施都是围绕学生的成长成才而开展的，将育人视为哈佛大学的根本任务。大学教育的目的不仅在于科学研究和专门人才培养，而且在于铸就学生的高尚人格。现今大学校长要树立"科学素养和人文素养相统一"的治校理念，以培养具有广博学识和优秀品格的人才。其次，艾略特重视大学科研职能的治校理念和实践，革新了研究生教育制度，提升了研究生教育质量，对美国大学研究生教育的发展具有重要的奠基作用。研究生教育是创新人才培养的基地，是教育强国的重要人才支撑。因此，发展研究生教育、提高研究生教育质量应成为现代大学校长治校理念之一。最后，艾略特尤为重视教师的质量，认为校长的首要任务就是善于利用一切机会募集资金，以网罗有造诣的专家学者。因而，现今大学校长要树立"教师是第一资源"的治校理念，建立合理科学的教师遴选和培养机制，为大学未来发展建设打下更好的人才基础。

本章小结

19世纪后半期，随着美国社会的转型，美国高等教育进入了改革时期，为之后美国高等教育的腾飞奠定了基础。在这一过程中，于1869—1909年担任哈佛大学校长的艾略特扮演了非常重要的角色。他的大学治校理念和改革措施不仅使哈佛大学一跃成为美国的顶尖大学，而且对整个美国高等教育的发展都有着重要的推动作用。从艾略特的哈佛大学改革中，能够发现一流大学校长应具备的品质。

其一，坚忍不拔的改革信念。艾略特是在美国政治经济形势发生重大转折，哈佛大学处于极为困难的境地时出任哈佛大学校长的。他充分把握了时代的精神，不失时机地提出了改革哈佛大学的目标，将哈佛大学带入了现代大学的行列。大学校长最应具备的品质，用艾略特的话说，就是"承受痛苦的能力"。艾略特最初在哈佛大学的任教以及之后担任校长进行改革的经历并非顺利，但是他仍坚持改革哈佛大学的理想，最终使哈佛大学彻底成为真正的大学。

其二，独特的人文关怀。艾略特对于校长角色有着清晰的定位：校长是哈佛大学章程的坚定执行者，是管理者和服务者，但绝不是大学的主人。正是这样的人文情怀，艾略特坚持学术自由原则，维护学术自由权利，营造了一个良好的学术氛围，从而吸纳诸多优秀的教师和学生，进而为哈佛大学蓬勃发展提供了持续的人才动力，使得哈佛大学转型成为一所现代研究型大学。从艾略特追求学术自由的理念和实践可以看出艾略特对教育自由、人文关怀的重视。

其三，对科学知识的敬畏之心。曾留学欧洲的艾略特是教育自由理念的倡导者和捍卫者，教师有教的自由和探索的自由，学生有学的自由和探究的自由。这些都体现了艾略特对于大学生产科学知识的追求。这些品质正如艾略特曾经对追求知识和真理的渴望那样：

> 我很乐意把各种思想传达给别人；发现对方头脑中灵光骤现，这本身便是一种快乐……恰当地从事科学研究，能使人的心灵变得崇高和纯净……始终恪守那些能使我们个人幸福和自身品质臻于完美的生活准则，并且潜心研究能够达到这些目标的途径，是我们自己应当履行的一项最重要、最广泛的职责。①

基于对科学知识的追求，艾略特提出哈佛大学的改革既要顺应世界文明发展的潮流、融入世界文化，同时也要深深扎根于美国本土文化，遵循高等教育发展规律。正如艾略特所强调的："任何国家的大学都像一面忠实的镜子，准确地反映出这个国家的历史和特性。"②

由此可见，大学校长的独特品质是与大学发展紧密联系在一起的，大学校长的治校理念在很大程度上决定了其治校的方向、重点和着力点，乃至治校的具体实践。可以说，大学校长所发挥的作用关系着大学未来

---

① 转引自［美］亨利·詹姆斯《他缔造了哈佛——查尔斯·W. 艾略特传》，朱建迅等译，广西师范大学出版社2017年版，第57页。

② 转引自 Richard Hofstadter and Wilson Smith, *American Higher Education: A Documentary History*, Chicago: The University of Chicago Press, 1961, p. 622.

的发展状况。目前,中国正处于建设世界一流大学的过程中,要实现中国高等教育强国的转变,大学校长责无旁贷。因此,中国大学校长要具有开阔的教育视野、敏锐的眼光、管理家的魄力和教育家的襟怀,从而推动大学不断向前发展。

第二章

哈佛大学第 23 任校长科南特的通识教育思想与实践

詹姆斯·布莱恩特·科南特（James Bryant Conant，1893—1978）于 1893 年 3 月 26 日生于美国马萨诸塞州的多彻斯特，1978 年 2 月 11 日逝世于新罕布什尔的汉诺威。1913 年，科南特在哈佛大学获得文学士学位，1916 年获得哲学博士学位，1919—1933 年在哈佛大学化学系从事教学工作，1929 年担任有机化学教授，自 1931 年起兼任化学系主任。1933—1953 年，科南特担任哈佛大学第 23 任校长，此后一直是该校的名誉校长。1933 年 5 月，经过劳威尔和大学委员会激烈的讨论和详细的考察，最终任命科南特为哈佛大学第 23 任校长。科南特的通识教育思想对美国教育改革产生了深刻的影响，对哈佛大学跻身于世界一流大学行列，时至今日仍然居领先地位，作出了不可磨灭的贡献。20 世纪中叶，科南特针对美国高等教育中存在的问题，提出加强通识教育等一系列改革措施。

第一节　科南特通识教育思想产生的时代背景

科南特通识教育思想的产生受到当时国内外社会背景的深刻影响，包括第二次世界大战的影响、美国社会对通识型人才的需求以及进步主义教育运动弊端的凸显等，这些背景使其开始反思美国教育的问题。由此，科南特指出，通识教育在培养学生关注社会问题、处理社会矛盾、养成独立思考与判断能力等方面切实迎合了社会对高等教育的需求。科南特通识教育思想深受实用主义哲学、清教主义和要素主义思想的影响，形成其独特的高等教育理念。

一 国内社会政治经济与思潮

科南特生活在自由竞争的资本主义社会，当时的政治、经济、文化对其通识教育思想的产生起到了重要作用。此外，科南特的通识教育思想深受实用主义哲学、清教主义和要素主义的影响，饱含着进步主义、民主主义和人文主义的成分。但是，科南特并未全盘吸收实用主义哲学、清教主义和要素主义的内容，而是有选择性地择取其中符合美国高等教育改革需要的部分，对通识教育思想进行完善和补充。可以说，科南特的思想是美国传统文化与当时国际社会发展相结合的产物。

（一）自由教育的奠基作用

自1636年美国仿效英国制定古典学科的自由教育而建立高校开始，到19世纪受德国大学的影响，美国高校开始把科学教育应用到入学课程中并占据重要地位。虽然自由教育的内容与学习方式发生了改变，但自由教育的传统和精髓却始终成为贯穿美国大学的主旋律。自由教育是由亚里士多德提出的，也是通识教育思想的本源。亚里士多德认为，自由教育是自由人应受的教育，它的主要目的在于发展人的理性、心智以及探究真理，而不是为了谋生和从事某种职业做准备；他把后来成为自由艺术的有关文化修养基础课作为教育内容，反对刻意学习对劳作、生活有用的知识与技艺，认为那将使人的身心变得粗鄙、偏狭而不自由。[①]但是，后来社会的变迁给自由教育带来了不同的挑战。工业革命以后，随着经济和科技的迅速发展，职业分工越来越细化，知识越来越专门化，使人们越来越注重学习为职业准备的知识和技能。至此，自由教育受到专业教育的致命冲击，大学打破了统一进行自由艺术教育的旧传统，出现了选科制、选课制等新模式。在这种新旧思想的冲突之下，美国阿尔弗斯·斯普林·帕卡德提出要在大学设立公共课，使学生得到共同的培养，并将这部分能保证学生具有一定广度的知识和技能的教育称为"通识教育"。

---

① 李曼丽：《通识教育———种大学教育观》，清华大学出版社1999年版，第1页。

(二) 要素主义思想的影响

在20世纪，战争的影响和国内外局势的激化使越来越多的教育家看到通识教育在大学教育中的重要地位。20世纪20年代末，美国陷入经济危机，经济萧条、失业上升和种族问题使美国陷入混乱，美国人民一度陷入对前途的无望与恐惧中。1933年，富兰克林·罗斯福总统上台后提出新的经济政策，并很快在混沌的美国见效，使美国逐渐从经济危机的阴影中走出来。在第二次世界大战结束初期，美国的经济出现了短暂的繁荣，对掌握新知识和新技术的工人和管理人员的需求日益增加。再加上战争和工业对科技的催化与激励，美国科技尤其是军事科技实现了质的飞跃。其中，科南特不仅在美国科技的发展和军事化的进程中起了关键的作用，而且协助建立了美国科学协会和科学基金会，同时大力提倡科学教育。

另外，科南特还直接参与和主持国防科技研究，参与国会冷战政策的制定。1957年，苏联的第一颗人造卫星上天，直接刺激了美国战后的教育改革。而且，由于当时美国人口急剧膨胀，社会流动性增强，因此激化了教育上的种族矛盾和大城市贫民窟的教育问题。从教育本身来看，知识的扩张要求改变课程组织、更新教材内容、注重教学方法以及培养学生的学习态度和思维能力。而科南特认为，当时的大学过于注重专业划分的课程设置，忽视了对人类共同文化遗产的传授，导致学生在知识剧增时期无法掌握合适的学习方法，工作上缺乏专业外相关的知识背景致使工作效率不高。科南特在阅读本科教育材料及在多次教育家会议的讨论中，逐渐形成了他自己的通识教育思想，主张通识教育课程的使命就是找到能代替过时的古典学科的自由教育课程，并为目前混乱的教育状态提供秩序保障。

科南特虽然受当时流行的进步主义思想的影响，承认教育对社会的改造作用，以及教育过程中要尊重学生的需求，但是与进步主义不同的是，他是典型的要素主义教育家，反对简单的生活适应原则，强调教育内容中要有永恒不变的文化与价值观，同时重视知识爆炸时代教学内容选择的重要性。科南特认为："教育是一个社会过程，教育的目的是自由民主制度的延续。"[①] 虽然他不排斥进步主义的某些观点，但在具体的教

[①] 转引自李曼丽《通识教育——一种大学教育观》，清华大学出版社1999年版，第135页。

育主张上，科南特认为人类文化遗产中应该有知识的基本核心，即在人类文化遗产里永恒不变的、共同的要素。要素主义所认为的"文化共同的要素"其中"包括各种基本知识（数学、自然科学、人文科学以及本国语、外国语）、各种记忆以及传统的态度、理想等"[①]。在教育观上，要素主义者强调将教育的政治功能、经济功能放在第一位，在这一观点上科南特与要素主义者是完全一致的。

但是在教育中，科南特并不注重抽象的理论思辨，也不喜欢无谓的派别之争，而是努力融合各种教育哲学流派的观点或主张来为现实社会服务，属于典型的现实主义者。科南特虽然属于要素主义者，但是他并不同于早期的要素主义者。早期的要素主义者主张照搬欧洲课程模式，他们以学科为中心而不是以儿童为中心，以自然科学为核心建立了统一严格的学术标准。科南特则主张开展综合课程，既要有学术课程又要有专业课程，学生可以自由选择课程，制订课程计划；既要有必修课程又要有选修课程，能力不同的学生可以学习不同的课程。这些主张弥补了早期要素主义者的不足，注意给予学生充分的选择自由，同时还强调必修课的重要性。不管怎样，科南特都属于要素主义教育家，他和其他要素主义者一样认为文化的价值具有永恒性，所以在他所主张开设的课程中也推崇使学生学习共同的要素，并采用名著为主要教学材料。

（三）实用主义哲学的影响

科南特深受美国实用主义哲学的影响，在教育目标的追求中也表现出这种倾向。这一倾向可以说是20世纪整个美国文化思潮的主流。"从皮尔斯开始到杜威达到顶峰的美国实用主义与其说是一种哲学，不如说是美国文化的核心。"[②] 在很多美国人看来，实用主义是看待问题的方式和立场，而不仅仅是一种哲学派别，美国人的行为与政府运作都具有明显的实用主义特征。科南特性格中的进取和求实精神正是从实用主义哲学中汲取了学术和实践的力量。而且，美国的实用主义主要关注对现实社会的效用，而不关注哲学命题中假定的永恒状态。这样，在对社会的

[①] 上海师范大学教育系《外国教育发展史资料》（近代史部分）编译组编：《外国教育发展史资料》（近现代部分），上海人民出版社1976年版，第275页。

[②] 黄明哲等：《梦想与尘世——二十世纪美国文化》，东方出版社1999年版，第60页。

改造中实用主义表现出强烈的现实主义精神。"科南特好像不轻易陷入任何特定的意识形态阵营,他基本上属于现实主义者,综合了理性主义和经验主义的传统。"① 由于科南特思想中包含进步主义和民主主义的成分,因此他既强调教育机会均等,也重视精英教育,着重提高教育质量,追求教育卓越。

此外,科南特还受20世纪心理学发展的影响,关注心理学在教育中的运用,尤其是能够及早发现人才的各种测量手段,更是成为科南特寻找精英人才的重要工具,而他的这种思想也是受了实用主义的影响。在以实用主义为哲学基础的进步主义教育运动中,美国实验教育学对个体的差异进行了大量的测量和研究,结果表明个体的智力差异确实存在。科南特接受了智力差异的思想,但从某种程度上说,他的天才教育和能力分组却加重了教育的不平等。同时,科南特在工业实践中发展起来的效率观念及其本身所具有的科学主义倾向也影响了教育改革建议。科南特的思想基础及其产生的特定历史条件,促使科南特对教育的研究由宏观转向微观,"他的贡献不在于他的抽象的理论架构,而在于他经过丰富实践而建立起来的教育现实观"②。

但美国教育长期受杜威理论的指导,直到第二次世界大战结束初期,实用主义仍然影响着美国教育。随着时间的推移,实用主义越来越显示出其固有的弊端。由于过分重视直接经验的教育作用,忽视间接经验对学生形成系统的知识结构体系的重要性,导致了这一时期美国中小学生的基础知识薄弱,这也直接影响到高等教育的生源质量。这一时期,科南特预见到国际国内形势的变化,强调美国教育对外要发挥作为美苏争霸工具的作用,对内要发挥促进经济和科技发展的作用。他一再强调指出,美国人今天所面临的世界不同于以往,更应充分认识"这个时代改变了的地理情况对美国教育的重要意义"③。所谓的"重要意义",就是通过通识教育使学生具有共同的信仰和文化基础,传承共同的社会遗产。

---

① Harold Full, *Controversy in American Education*, New York: The Macmillan Company, 1967, p. 9.
② 刘传德:《外国教育家评传精选》,北京师范大学出版社1993年版,第169页。
③ [美]科南特:《知识的堡垒》,载华东师范大学教育系、杭州大学教育系编译《现代西方资产阶级教育思想流派论著选》,人民教育出版社1981年版,第118页。

科南特除了深受实用主义哲学的影响之外，还带有明显的新英格兰清教主义倾向，在他的思想中处处有对传统的尊重和对现实的关照。科南特把他自己称为冷酷固执的新英格兰人，或"暴躁易怒的新英格兰人"①。新英格兰人的典型特征就是移民始祖的清教主义，清教主义的核心就是现实性与独立性，这恰恰是美国传统文化的精髓，所以有的美国学者认为是清教主义造就了美国。清教徒崇尚自由，不迷恋教义和教条，注重求实、创新和试验，强调勤俭致富，达到拯救灵魂的目的。清教徒的苦行伦理观造就了资产阶级精打细算、兢兢业业的作风和追求财富的动力，养成了开发新疆土、征服大自然的冒险精神。这种精神在科南特的教育思想和实践中就被引申为对传统的尊重和对现实的关注。他尊重美国教育的传统和历史，珍视美国特有的公立教育制度，并且敢于创新和改革。在教育上，他把教育机会均等作为教育的政治目标。科南特在重视精英教育的同时，还吸收了政治家杰克逊的政治民主思想，既强调教育机会均等的重要性，又关注美国现实社会对精英人才的需求，更重视提高教育质量培养卓越的学生。

二 国际局势矛盾重重

20世纪初期，虽然资本主义国家飞速发展，但由此产生的矛盾也层出不穷，世界局势极不稳定。在第一次世界大战刚刚结束之时，德国法西斯主义就开始蔓延，推崇德国大学模式的科南特也对德国大学进行了重新的思考。1933年，希特勒掌握政权，迅速开始了灭绝人性的种族压迫和民族侵略。紧接着第二次世界大战给人类社会带来了空前的震撼和破坏。

科南特在任驻德国大使时十分崇拜德国的高等教育，认为德国的大学才是真正自由研究的场所，而就是在这样一个高等教育如此发达的国家，究竟为何大学会成为产生集权统治的温床？是什么原因导致自由德国的灭亡？大学教育在其中到底扮演了什么角色？大学教育的目的和功能究竟应该是什么？美国高等教育界的领导人不得不面对这些问题，科

---

① James G. Hershberg, *James B. Conant: Harvard to Hiroshima and the Making of the Nuclear Age*, California: Stanford University Press, 1995, p.9.

南特也在寻找答案，以防止美国陷入同样的灾难。他在演讲中以及在《德国与自由》一书中都对德国纳粹的兴起与衰落进行了论述。其中，他最担心的是失业与社会平等问题，他认为，失业是产生无产阶级的温床，社会不平等是引起社会不稳定的要素，只有这两个问题得到妥善解决，才能维持自由社会的稳定与发展。德国、意大利和日本法西斯发动的第二次世界大战，以及苏联社会主义国家的建立，让科南特看到了一个分裂的世界，这更加坚定了科南特维护美国国际地位的决心，在他看来，国家利益需要成为所有美国公民优先考虑的事情。从地理位置上看，美国地处遥隔千里之外的美洲大陆，远离欧亚战场，多次战争都没有受到直接影响。但是，太平洋战争的爆发打破了美国偏安一隅、隔岸观火、坐收渔翁之利的幻想。为了确立其霸权地位，美国不得不更多地参与国际事务，比如参加反法西斯战争。对包括科南特在内的诸多美国人来说，这一时期的美国需要抛弃孤立主义的外交战略，直接或间接地投入反法西斯战争以维护美国的国家利益。第二次世界大战结束后，美国开始了与苏联的冷战，科南特此时也处于冷战的前沿。他的许多演讲和著作都烙上了冷战的标记，如《分裂世界之教育》（1948 年）、《教育与自由》（1953 年）等。

当然，科南特通识教育思想的产生除了时代背景的影响外，还有个人因素的作用，即他对教育问题长期不断地思考。科南特生长在工业迅速发展的黄金时代与进步主义时期，他关于科技的空前发展对社会生活、物质生产和世界交往的影响深有体会，这些都激发了他对科学的浓厚兴趣。科南特意识到，科技发展和文化交流正在使世界发生革命性变化，工业结构、社会结构乃至思维模式都正在发生变革。他认为，教育不应是仅仅传授知识，还要培养学生具有完善的人格，"教育，就是当所有的知识都被遗忘掉而保留下来的东西"[①]。因此，为了适应这样的社会变革必须培养有独立判断能力并了解人类自身特点的通识人才，才能适应世界发展的要求。

---

① James G. Hershberg, *James B. Conant: Harvard to Hiroshima and the Making of the Nuclear Age*, California: Stanford University Press, 1995, p. 20.

第二节 科南特的通识教育思想与实践

科南特教育思想强调培养完整的人,并根据知识分类要求在自然科学、社会科学和人文科学中设置通识教育课程。为了选拔和培养优秀的教师和学生以达成通识教育的目的,科南特还提出了革新招生政策、遴选优秀教师、实施导师辅导制等通识教育实践措施。

一 科南特的通识教育理论

科南特在充分认识到大学教育过度专业化这一问题的基础上,提出通识教育在培养"全才"方面的重要作用,并指出通识教育是为了培养完整的人,即有全面的知识、广阔的视野和完整的人格的"有教养"的人。

(一)通识教育的目的

科南特在任职的 20 年中,哈佛大学经历了美国经济困扰的萧条、纳粹集权主义的威胁、新政后的经济复苏、第二次世界大战的冲击、麦卡锡主义的侵扰以及与苏联开始冷战后的影响,这些使科南特越来越感觉到教育对社会发展的重要性。为了使哈佛大学从一个关注新英格兰贵族教育的地方学校发展成一个全国范围乃至世界范围的一流研究型大学,科南特克服诸多困难,巧妙地利用内外因素为哈佛大学发展创造契机。

第二次世界大战时期乃至战争结束后,美国要求开展通识教育的呼声高涨。通识教育在培养学生关注社会问题、处理社会矛盾、养成独立思考与判断能力等方面切实迎合了社会对高等教育的需求,影响了许多高校的课程改革,它也成为当时课程设置的潮流。作为著名教育家和学者,尤其是作为哈佛大学校长,科南特与许多通识教育改革家相互熟知,在学术领域经常有所交流,不仅熟悉他们的思想还对通识教育本身和这些通识教育家的思想有着独到的见解,因此,广泛的通识教育改革和进步主义教育思潮的衰退增强了科南特开展通识教育的信念。

在各种因素的作用下,科南特凭借哈佛大学校长的地位优势以及对哈佛大学和美国的忠诚与责任,开始策划自由社会通识教育的研究工作。1941—1942 年,哈佛大学的许多教授开始在政府部门或各高校由政府资助的实验室工作。1942年秋,科南特与文理学院的院长保罗·巴克(Paul H. Buck)教授开始筹划,希望那些还没有参与政府工作的教授和文理学院的教师能在本科教学中花费更大的精力,以提高本科生的教学质量。1943年春,他组建了由12个人组成的委员会,任命巴克做主席,为委员会申请了6万美元的资金,致力于以科南特通识教育思想为基础,研究并撰写了《自由社会通识教育目标》报告书。由于考虑到通识教育不仅涉及大学课程,还牵涉中学课程,必须听取教育学教授的意见。因此,在委员会成员中,科南特任命了两位教育学教授,期望他们能与文理学院的教师通力合作,而其余成员都是文理学院的教师。1945年夏,他与巴克等人一起奋斗的委员会的工作终于有所成就,提出了名为"自由社会的通识教育"的报告,后被称为哈佛大学"红皮书",是美国通识教育的"圣经",对美国大学今后的发展方向产生了巨大的影响。该报告贯穿着科南特对通识教育的基本理解、指导精神和独特理念,凝聚着全体成员特别是巴克的心血,该报告对通识教育的阐述以及课程设置得到了全体哈佛大学教师的认可,于1949年通过了教师投票并付诸实施。

"红皮书"指出:教育过程不仅是一个传授知识信息的过程,而且是一个关注个体美德形成的过程。由此,"红皮书"认为,大学教育的目标应该是培养"完整的、有教养的人"。同时,要培养学生的各种能力,必须给予学生全面的知识,因此,通识教育课程应该包括人文科学、社会科学和自然科学三大领域。[①] 科南特认为,通识教育与专业教育相反,具有非职业性、非专业性的特征。通识教育的内容广泛,涉及人文科学、社会科学、自然科学等多种学科领域的基本知识与技能,保证大学生获得相当程度的共同培养。"红皮书"认为,通识教育的目的是培养完整的人,这种人需要具备四种能力:(1)有效思考的能力,即逻辑推理能力。无论学生将来从事什么职业,都应该具有在任何实际事务中运用逻辑推理思考问题和处理问题的习惯。(2)清晰沟通思想的能力,即表达自己以使别人理解自己的能力。在民主社会中,交流能力极为重要,公民之间、公众与政府之间交流的成功与否对民主社会发展的整体进程产生着

---

① Report of the Harvard Committee, *General Education in a Free Society*, Cambridge: Harvard University Press, 1946, pp. 64 – 73.

直接影响。(3) 做出明确判断的能力，即运用已有的理论知识、观念对实际情形或事物的发展状态、趋势、问题以及解决途径等做出正确估计的能力。(4) 辨别价值的能力，教育的目的不仅是使学生掌握有关价值观的知识，还要使他们学会如何把这些观念运用到个人的行为、感情和思想中。① 哈佛大学的通识教育着眼于学生身体、道德和智力的和谐发展，致力于把学生培养成为全面发展的人，即有着全面的知识、广阔的视野和完整的人格的"有教养"的人。正如哈佛委员会报告所说："通识教育是自由和文雅教育传统的承续，既不是取得信息，也不是特殊技能的发展，重要的是保护我们的文化。"② 哈佛大学于1946年秋天开始推行通识教育计划，经过三年的试行期，1950年通识教育被正式列入哈佛大学课程体系的必修部分。

1947年，杜鲁门总统成立的高等教育委员会发表了《致力于美国民主的高等教育》报告，特别强调了通识教育对美国社会发展的重要性，并列出了通识教育的十项目标，要求学生不仅在理念层次上认识自由民主，而且更重要的是在行为生活中展现公民的责任以及捍卫民主自由。该报告指出：

> 通识教育的目标，用指定任何某一形态的课程以要求全体学生必修，是不能达成的，培养学生的公民责任，是出自对人性的尊重而非强迫共同必修某一类的科目，如果那样，反而是极权国家的做法；要使学生能护卫民主自由，课程和教学本身就要依据民主和自由的原理，达成通识教育的方法与途径，就如学生各式各类的不同才质与个性一样，是多样而广泛的。③

受哈佛"红皮书"和杜鲁门总统高等教育委员会报告的影响，从20世纪40年代末期起，美国大学纷纷调整和更新通识教育课程，加入了许

---

① 李曼丽：《通识教育——一种大学教育观》，清华大学出版社1999年版，第132页。
② Report of the Harvard Committee, *General Education in a Free Society*, Cambridge: Harvard University Press, 1946, preface.
③ 转引自项锷《美国大学通才教育的历史演进》，《深圳大学学报》（人文社会科学版）2004年第1期。

多新的科目和内容。这些新的课程内容不再拘泥于经典著作,而是更具体地反映战后美国社会所关心的实际问题,使学生能拥有更广泛的学科视野,包括对美国以外其他区域和国家的研究、整合新旧学科的尝试、以问题的解决方法为中心的讨论、专门讲述思考方法的课程。由此,美国的通识教育进入了黄金时期。

科南特并非第一个在哈佛实施通识教育的校长,在他之前也有许多校长进行过尝试。在邓斯特任职时期通识教育思想开始萌芽,艾略特时期通识教育理念开始浮现。劳威尔时期废除了艾略特的自由选修制,取而代之的是分散集中制,但是,应当在哪些领域中选修、学生应达到哪些具体要求、课程的教学目标是什么、能够达到最佳效果的教学方法是什么等问题,经过20多年的探索,直到科南特上任时,这些问题仍没有得到妥善解决。于是,科南特开始有计划有步骤地实施通识教育,并使通识教育和专业教育具有同等重要的地位。当时,其他大学有些也开设了为通识教育目的服务的概览课程,科南特认为,那些太过肤浅,"最近在某些大学,采用概览课程为学生提供众多领域的广博知识以开阔眼界。听说,这些课程不是很受欢迎,有些学生声称,在行的人认为它们是肤浅,哈佛大学教师也没有人支持概览课程,我也不打算采用""即使在许多人心里,容易把'通识教育'术语与概览课程联系起来,30年代的哈佛大学仍不欢迎概览课程"[1]。之后,博克加深了通识教育的理念,而陆登庭使通识教育有了新发展,其中科南特起到了承上启下的作用,使通识教育深深地扎根于哈佛大学。

(二) 通识教育的必要性

随着社会分工的发展,大学专业分类也越来越细。专业教育培养出来的学生,只熟悉他们自己的专业领域,对其他领域的知识非常陌生甚至认为与己无关。在专业教育的培养中,教育往往表现出只强调专业知识和技能,形成单一的培养模式。学生一般不能按照他们自己的爱好和兴趣选修不同的课程,也不能跨专业学习,发展他们的个性和才能。哈佛大学"红皮书"指出:"我们必须认识到一个由专家控制的社会是一个

---

[1] James Bryant Conant, *My Several Lives: Memoirs of a Social Inventor*, New York: Harper & Row Publishers, 1970, p. 365.

不健全的社会。"① 为了解决这个问题,科南特成立了通识教育委员会,专门研究通识教育问题,并提出了通识教育计划。科南特认为,实施通识教育是必要的,这是因为:

第一,过度专业化不利于学生全面认识社会。专业教育的目的是培养某一领域的专门型人才,为学生提供该领域的知识和技能。然而,本科教育的过度专业化会造成学生知识面窄、人文底蕴和创新能力不足等问题,不利于学生全面认识和了解社会,无法满足新时代社会对综合型人才的需求。这种情况对学生个体的发展和社会发展都十分不利。只有在精通其自身专业的同时,也了解其他领域的知识,才能对社会事务有更深刻的理解,从而促进社会发展。

第二,过度专业化不利于个体生活的正常发展。本科教育过度专业化使学生的知识和技能仅仅局限于某一领域,当学生不熟悉某个领域时,便会听取和信任这一领域专家的意见。但是,在接受专家意见时,需要学生具备一定的辨识力,以辨别哪些意见是明智的,而这种辨识力正是基于对普遍知识的理解。这正如哈佛大学"红皮书"所指出的:"通识教育……不是指一般知识的教育这种空泛的含义,也不是指对所有人的普及教育。它被用以指学生在整个教育中首先要关注他作为一个负责任的人和公民的生活的教育。"② 但是,这并不是说要完全放弃专业教育,"这样的教育培养的人,既应掌握专门职业或技术,又要具有自由人和公民的一般素养。因而,两类教育虽然曾为不同阶层服务,现在则必须共同为所有人服务。"③ 因此,专业教育只是大学教育的一部分,而不是全部,只有与通识教育相互融合,大学才能培养出社会所需要的综合型人才。

第三,过度专业化不利于社会经济的发展。专业化人才是促进社会发展的重要因素之一,但本科过度专业化的局限性和负面效应也是不容忽视的。"在某一职业上的专业化使得整个社会的人力资源流动不具有弹

---

① Report of the Harvard Committee, *General Education in a Free Society*, Cambridge: Harvard University Press, 1946, p. 53.

② Report of the Harvard Committee, *General Education in a Free Society*, Cambridge: Harvard University Press, 1946, p. 52.

③ Report of the Harvard Committee, *General Education in a Free Society*, Cambridge: Harvard University Press, 1946, p. 101.

性。社会事业的发展需要能够适应各种环境的人。以目前经济增长的速度、技术发展的速度来看，一个学生在学校所学的专业到谋生时或者不久后就可能不再有用了。"① 课程过度专业化显然会影响学生的社会适应性，这将不利于社会经济的良性发展。

二 科南特改革通识教育的路径

科南特根据知识分类，要求在自然科学、社会科学和人文科学中设置通识教育课程。为了能吸引更多的优秀人才，科南特开始革新学校招生政策，遴选优秀教师，并实施导师辅导制，为通识教育的开展打下人才基础。

（一）改革课程设置

哈佛大学"红皮书"认为，传统知识分类有三种，即自然科学、社会科学和人文科学。自然科学教育包括科学知识的传授、科学能力的培养、科学方法的训练、科学精神的陶冶，从而使学生养成实事求是、开拓创新、坚持不懈地追求真理的科学精神，掌握现代科学技术的基本知识和技能，培养学生分析和解决问题的能力，形成科学的实验方法和思维方法。社会科学教育能够使学生具备社会共同的社会遗产，形成社会归属感，从而在社会中能够更好地履行公民责任，具有民主意识。从这个意义上说，通识教育还包含一种重要的现代观念，即培养学生的社会意识，养成他们的整体思维方式，从而为他们对社会以及对个人都抱有积极态度奠定坚实的基础。人文科学教育的目的是通过文学或者艺术作品，为学生提供接受通识教育的机会，使学生具备共同的人文基础，从而挖掘学生的潜力。

知识的分类并非为了使各类知识间有清晰的界限，而是为了明了各类知识的学习目的和方法，使各类知识能够更好地融合。科南特认为，学生学习这三部分知识的目的和手段都有很大不同：学习自然科学是为了分析、解释事物；学习人文科学则是为了判断、评估、批判事物；而社会科学可以说是结合了自然科学和人文科学的方法，用陈述和评价的

---

① Report of the Harvard Committee, *General Education in a Free Society*, Cambridge: Harvard University Press, 1946, p. 52.

方法分析其他事物。学生能对各类知识都有所涉猎，能把各类知识融会贯通，在各类知识的学习过程中掌握各种学习方法，才是科南特在通识教育中所强调的知识分类的目的。

科南特根据知识的分类，结合哈佛人才培养的具体目标，组织专门的委员会研究通识教育问题，以适应大学复杂的结构与组织。根据委员会的建议，学生必须学习文学名篇、西方思想与制度以及一门生物学或物理学方面的课程，并在人文科学、社会科学、自然科学三个领域各选一门课程。具体来说，这三个领域的通识教育课程的内容主要包括以下方面。

1. 社会科学领域的课程

社会科学课程主要包括对重要历史事件的历史分析、西方社会的变化以及相关政治、经济和社会思想的学习，目的是使学生传承社会的共同文化遗产，承担一定的社会责任。科南特认为，"任何一个关于西方遗产特性的课程都必须提出比可能的回答要多的问题。这些问题应该是开放型的，包括社会的组织方式、价值、目标等，当然也要包括一些尝试性的分析。"[①] 因此，科南特指出，社会科学领域的课程应该包括社会运动和发展、美国民主和人类关系的内容，科学的课程设置要由教师选取课堂讨论的话题和写作的题目，课堂教学要激发学生的批判意识。

首先，社会科学课程内容要包括社会运动的历史分析，以及西方社会的政治、经济和社会思想的读物。学生需要掌握关于社会发展的课程内容，包括"社会和政府改革的影响、信仰的变化、人们处理人类自身问题的逻辑能力的增长、人文主义的扩张、工业社会中技术改革的影响、人口扩张、法律的增加和完善，等等"[②]。这些课程的学习并不是使学生试图研究所有的历史、政治和社会思想，而是通过问题的讨论了解社会发展的特点和思想发展的历程。社会科学课程内容还要包括哲学和文学名著。"学生要完全地理解导师所选择的作品，当学生阅读作品时可以充

---

① Report of the Harvard Committee, *General Education in a Free Society*, Cambridge: Harvard University Press, 1946, p. 180.

② Report of the Harvard Committee, *General Education in a Free Society*, Cambridge: Harvard University Press, 1946, p. 206.

分感受到作家所处时代的经济、社会、政治的情况,这是非常有价值的。"① 换句话说,学生在阅读这些著作时,应该关注的是作家思想的表达。其次,美国民主课程内容主要包括美国公民对社会问题的思考,目的是使学生具备一定的社会文化素养。该课程以讲座形式展开,主要由不同的、交叉的社会学科共同完成。这一课程主要倾向于非社会科学专业的学生。最后,人类关系课程内容有助于学生更深刻地了解人类之间的内在联系,理解作为文明人的社会责任。

2. 自然科学领域的课程

自然科学领域的课程主要是培养学生的科学素养,训练学生的科学逻辑思维能力。"科学所做的远非只是给人类的美好生活提供物质基础,事实上,它在精神层面直接培育了人道主义的价值观……科学的习惯反对权威的武断性,其基本原则是直接和持续不断地追求事物的本来面目。因此,它培养了自由人的诸多品质。"② 基于此,科南特指出,自然科学课程要纳入科学技术的发展历史、基本概念和科学事件,以帮助学生理解科学史的整体发展,培养其思维逻辑能力,从而将这一能力迁移到人文科学和社会科学的学习中。其中,代数和几何的引导性课程是进入科学领域的最佳选择。因此,哈佛大学尤为重视数学方面和科学方面的课程,要求学生对数学和科学形成一个全面的理解,以完成通识教育的计划。其中,引导性的通识教育课程要包括以物理原则为基础的课程和以生物原则为基础的课程,这两种课程的目的是使学生更深入地了解科学的特性。教授途径包括讲座、由学生单独完成的实验以及话题形式的讨论。除了这些形式,科南特也强调生物学的经典名著要成为课程学习的一部分,他认为,名著是使普通学生认识生物学的最有效的方式。

3. 人文科学领域的课程

人文科学领域的课程主要是通过阅读和学习名著,了解人文思想,以培养学生的人文素养。为了更好地提升学生的人文素养,哈佛委员会

---

① Report of the Harvard Committee, *General Education in a Free Society*, Cambridge: Harvard University Press, 1946, p. 208.

② 哈佛委员会:《哈佛通识教育红皮书》,李曼丽译,北京大学出版社2010年版,第38页。

提出人文科学课程领域中导师的重要作用。导师不仅要在既有的水平上理解和研究文学名著，而且要了解学生的学习水平，根据学生的能力选择需要精读的著作，引导学生进行思维分析。科南特指出，人文科学领域课程应该包括文学领域的课程、哲学领域的课程、可视艺术领域以及音乐领域的课程，每门课要选择八本西方文学著作，教学形式主要是课堂教学和小组讨论。其中，文学领域的课程需要和其他学科领域的课程内容结合起来学习。

在文学课程领域，哈佛大学提供了两种类型的课程。一类是为专业学习者设计的，另一类是为通识教育设计的。为通识教育设计的课程通常是由通识教育委员会决定的，主要分析哪些课程是可行的、哪些课程是需要重新设计的、通识教育的要求是否能满足等。而且，文学课程内容比较注重国际性，即在广阔的国际视野下对文学作品和作者进行分析和比较，从而为学生提供了对不同文化的学习机会，以及对人类文化的整体把握。

在哲学课程领域，哲学课程主要是为了给学生提供有价值的思考方式，加深学生对文明世界的生活原则、个人信仰、人类价值等问题的理解。通识教育委员会提议："要在通识教育课程单目上至少列出两个哲学课程，并且给一、二年级想在通识教育课程中学习哲学的学生提供此类课程，另外，一些课程提供给三、四年级想上哲学课的学生。"[①] 这是由于"如果哲学的教法适合学生学习背景和需求，哲学必然是十分重要的智力训练之一。"[②] 在通识教育课程中开设哲学课主要是使学生形成自我批判的习惯，具备分析和概括的能力。科南特指出，学习哲学主要是关注伟大的哲学家的作品，并能从其著作中更好地了解哲学家的思想。学习哲学的方式包括：第一，对6—7个伟大哲学家的著作进行分析和讨论，以加深对哲学家思想的理解；第二，对哲学问题的学习，例如诱因、变化、自由意志以及真理等问题；第三，对哲学类型的学习，例如理想

---

① Report of the Harvard Committee, *General Education in a Free Society*, Cambridge: Harvard University Press, 1946, p. 216.

② Report of the Harvard Committee, *General Education in a Free Society*, Cambridge: Harvard University Press, 1946, p. 215.

主义、实用主义、自然主义等。

在可视艺术课程领域通识教育中的艺术课程设置的目的主要是发展人类的感知力和理解力，掌握理解艺术的方法，使学生形成独立分析学习的能力。"艺术通过发展感官来促进人的大脑的发育，它能使年轻人在理性思维发展成熟之前以最直接的方式理解他们的传统……艺术能为那些可能从来不会通过抽象概念理解传统的人开启理解传统的窗户。"[1] 具体来说，艺术教育包括三个部分：首先是学生对历史上积淀下来的各种艺术传统的学习；然后是学生对这一传统的学习程度，从而对已有的经验进行扩充；最后是打开学生的心智和眼界，帮助学生进入普遍的价值领域。[2] 可视艺术课程领域的教学方法通常是历史和分析相结合，以培养学生的创造力和思维能力。科南特认为，艺术是人类文化的一个重要组成部分，与文学、哲学的课程具有同样的价值。

在音乐课程领域，音乐技术本身并不能成为通识教育课程，而音乐理论却能成为通识教育课程的一部分。这是因为音乐课程对于学生的审美观、社会化等方面的发展来说至关重要。例如，哈佛大学的管弦乐团能够为有音乐技术的学生提供展示的机会，以培养学生的合作能力和沟通能力等。值得注意的是，音乐课程是为了培养学生的综合素养，而非为了专业的技术训练。

以上各个课程领域不是孤立的，它们彼此是综合的、联系的。科南特所提出的这四类通识课程的目的都在于反映人类文化的共同价值观，使学生能对文化传统形成共同的理解。基于此，1945年，哈佛大学批准了通识教育计划，并于第二年开始实施。这一计划包括以下内容：第一，大学一至二年级的学生要从他们所在的系中选修六门专业课，再从人文、社会、自然三大类别的通识教育课程中各选一门，共三门课，另外还须从其他系的课程中至少选三门课程；第二，大学三至四年级设置通识教育课程，没有学过一至二年级通识教育课的学生，不得选修三至四年级的通识教育课；第三，攻读硕士、博士学位的学生可以选修部分三至四年级的通识教育课；第四，学生不得选修属于同一个考试级别的两门课。

---

[1] 哈佛委员会：《哈佛通识教育红皮书》，李曼丽译，北京大学出版社2010年版，第103页。
[2] 哈佛委员会：《哈佛通识教育红皮书》，李曼丽译，北京大学出版社2010年版，第104页。

从这一课程设置中可以看出，它的重点是为了给学生未来的生活打下宽泛的知识基础，使学生形成共同的文化认知。

（二）革新招生政策

科南特认为，通识教育的目的是在自由社会中培养自由的人，即没有阶级和地位的限制，使那些在智力与品德方面具有优势的学生得到充分发展。为了能吸引住更多的优秀人才，科南特开始革新学校招生政策，为通识教育的开展打下人才基础。

1. 提高入学标准，提升通识教育质量

在当时激烈的国际竞争背景下，人才成为国家的巨大财富，培养优秀人才越来越受到社会各界的普遍关注。然而，在20世纪30年代经济大萧条的环境中，社会现实压抑了人们的求学欲望，也使哈佛大学经费紧缩，无法扩大招生规模。因此，科南特希望从广泛的招生地域与社会来源中，招收更多有学术成就的学生，这也是其精英教育理念中的教育机会均等的原则。科南特的精英教育不是以出身或社会经济地位，而是以才学作为接受高等教育的衡量尺度。科南特认为，优秀的学生更能理解什么是自由知识，怎样才能达到通识教育的标准，发挥通识教育的作用。

为了吸引更多的优秀人才，科南特开始干预哈佛大学的招生政策。首先，科南特通过设置国家奖学金项目来吸引美国南部和西部城镇以及小城市的中低收入家庭有才能的男孩。1934—1940年哈佛大学共招收161位获得国家奖学金的学生，54%来自城镇或小城市，三分之一来自收入低于2000美元的家庭。[①] 其次，为了提高大学招生标准，科南特主要采取了"能力测验"这一工具，采用标准化试题，选拔最有前途的青年入学，在一定程度上保证了招生的质量与公平。在1953年科南特离任时，哈佛大学虽然仍有大量上层与中上层阶级出身的学生，但是，学生群体的来源已基本接近他的才学统治理想。

2. 扩大学生来源，扩展通识教育实施范围

在科南特看来，通识教育是未来全体公民的基础教育，可以使所有学生接受同一种文化，追求共同的社会理想与目标。他强调，在培养公民能力方面，通识教育与传统的自由教育一样，重视掌握基本知识与技

[①] 刘向荣：《谈科南特与哈佛大学学术优势地位的确立》，《教育与职业》2006年第11期。

能,使学生具有对自我以及对个人与社会做出正确判断和选择的能力。但是,与自由教育不同的是,自由教育是绅士的教育,其教育对象是社会中衣食无忧的少数人,而通识教育针对全体公民,是一种学生普遍能接受到的教育。对此,科南特认为:"教育的目的,应该培养这样的人,既应掌握专门职业技术,又要具有自由人和公民的一般素养。因而,两类教育虽曾为不同阶层服务,现在则必须共同为所有人服务"①。在此思想基础上,科南特认为,通识教育正是扩大教育机会的一种途径,也是体现教育公平的重要方式。可以说,科南特倡导的通识教育具有普及教育的特点,是大多数人在教育目标、教育内容方面公平的体现。

1945年8月到1946年6月,由于《退伍军人权利法案》(Servicemen's Readjustment Act of 1944)的实施,哈佛大学在招生方面扩大了学生来源的社会与地理范围。为使哈佛大学录取更多优秀的学生,科南特提高了劳威尔时期制定的12%犹太学生录取比率,使20世纪50年代犹太学生的比率保持在15%—25%。此外,他还为哈佛大学的女性教育提供了合理的保障,在教育学院首先招收了女性研究生。以上举措打破了种族、性别和地域的界限,哈佛大学录取了来自不同地域和社会背景的学生,提高了通识教育的普及度,加深了学生对社会和人的理解。

(三) 遴选优秀教师

课程设置体现了科南特的通识教育目标,选择何种学生入学体现了科南特的通识教育理念,而聘任何种规格的教师则成为科南特实现通识教育目标的重要手段。科南特在任职期间经历了20世纪30年代美国的经济大萧条和第二次世界大战,深刻体会到高质量的教学、科研和研究生教育对国家的重要作用,也意识到建设一流教师队伍的迫切性。为此,他采取了一系列大胆的改革措施,制定了以学术水平(含研究与教学两个方面)为唯一标准的教师聘任和晋升制度。同时引入了竞争机制,即如果已任职的教师在两个聘期内(一般为8年)不能晋升到上一级职位或永久性职位,就必须离开哈佛大学。这一制度保证了哈佛大学的教师既具有一流的水平,又充满了奋斗进取的精神,保持着队伍常新和流动

---

① Report of the Harvard Committee, *General Education in a Free Society*, Cambridge: Harvard University Press, 1946, p. 53.

的活力。如今,这一制度已经逐步成为世界各大学在师资队伍建设中效仿的范例。

1. 制定遴选标准,提高通识教育水平

科南特认为:"大学乃大师荟萃之地,若大学拥有一流的教授,那么必是最优秀的大学。"① 他在接任校长之时,哈佛大学的教师在学术研究方面稍逊于与其实力相当的芝加哥与哥伦比亚大学。美国其他大学为了吸引优秀教师任教,开展了一系列改革措施,例如提高工资标准等,以提升其教学和科研水平,这使得哈佛大学"从其他大学及研究所中吸引所期望的人才变得日益困难"②。

基于以上情况,科南特认为:"保留一般人员在大学是错误的仁慈,必须变革才能使最优秀的教师升到顶端"③。科南特为了把大学教授、知名学者从各系呆板的束缚中解脱出来,授予校长和大学委员会干预教师任命、提拔优秀的年轻讲师进入高级职位以及重新制定聘任标准的权力。科南特要求各系根据它们的学科特点制定聘任标准,基本的聘任原则是重视科研、保证聘任标准与程序的公平合理。这一原则保证了哈佛大学能够拥有一支高素质的教师队伍,营造了自由竞争、积极奋进的学术氛围。此外,科南特还要求提高教师的薪资待遇。甚至在美国经济危机期间,哈佛大学教师的工资仍能处于缓慢的增长态势,加之对资深学者的优惠政策,哈佛大学吸引了大批有前途的青年学者。但是,由于资金限制与机构的惰性,科南特在改革过程中也不可避免地遇到了经济困难和部分在校师生的反对。尽管如此,他的教师聘任方式体现了通过选拔优秀教师,提高通识教育水平的愿望。在1953年科南特离任时,哈佛大学已拥有了一支出色的教师队伍,极大地保证了通识教育课程的有效进行。

2. 坚持晋升标准,保证通识教育品质

在1924—1925年度和1934—1935年度,哈佛大学文理学院教师中非

---

① M. Lipset and D. Riesman, *Education and Politics at Harvard*, New York: Mcgraw-Hill Book Company, 1975, p.153.

② M. Lipset and D. Riesman, *Education and Politics at Harvard*, New York: Mcgraw-Hill Book Company, 1975, p.154.

③ James Bryant Conant, *My Several Lives: Memoirs of a Social Inventor*, New York: Harper & Row Publishers, 1970, p.157.

永久性职位数量从原来的三分之一跃升到一半以上,人文和社会学系讲师比例高达60%以上。1935年,哈佛大学文理学院共有102个终身教职。为了控制教授席位,选拔优秀教师,科南特把教师晋升标准定为:教师不仅应具有卓越的学术研究能力,同时还要具有出色的教学能力,但仅具有教学能力不能成为晋升的条件。科南特还制定了严格的晋升程序,要求在任职限期内仍不能升迁的教师必须辞职,即"非升即走"的原则。晋升程序是基于正规考察和系内投票,并由外部专家组成的特别委员会考察各系推荐的晋升教师名单,然后交由校长和管理委员会定夺。特别委员会要求在聘任教师时要兼顾教学与科研,各系要根据学科的特点聘任教师,但基本的聘任原则是重视科研、保证聘任标准与程序的公平合理。正是这一原则保证了哈佛大学能够拥有一支高素质的教师队伍,为教师营造了自由竞争、积极奋进的学术氛围。

虽然有很多教师由于严格的晋升程序而被迫离开,但正是科南特坚持教师晋升的学术标准,保证哈佛大学教授皆为本专业或本学科的学术带头人或杰出学者,才能提高通识教育的质量,巩固了哈佛大学在美国乃至世界大学中的学术地位。1945年,新经济学派的阿尔文·约翰逊(Alvin Johnson)告诉科南特:"我认为,在现代大学教育的发展中,你发明的特别委员会是最重要的一步……它会打开学术成就的大门……"[①]

(四) 实施导师辅导制

科南特尤为重视在通识教育中实施导师辅导制,认为通识教育的开展需要导师的指导,以帮助不同能力的学生制订个性化的课程计划。科南特认为,导师辅导制能够使学生在某一领域与导师进行讨论和思想交流,激发学生的学习热情,提高学生的思维能力,并及时发现学习中存在的不足。"在导师指导下的讨论,特别是和协作与批判性分析结合在一起时,比取得专业领域的相关材料有用,同时,这也能帮助扩大学生视野,提高判断力。"[②]

[①] Morton Keller and Phyllis Keller, *Making Harvard Modern: The Rise of America's University*, New York: Oxford University Press, 2001, p. 70.

[②] Report of the Harvard Committee, *General Education in a Free Society*, Cambridge: Harvard University Press, 1946, p. 230.

由于学科不同，哈佛大学每个学院采用导师辅导制的程度也不尽相同。一般来说，导师辅导制通常是课程教学的补充。经过哈佛大学和其他机构将近20年的调查研究，他们认为，导师辅导制是一种合理的教学方式，它不仅帮助学生通过考试，也能够帮助学生弥补学习的不足之处，为进一步深入学习做准备。然而，在实践中导师辅导只针对学习优异的学生才会有良好的效果，正如1931年哈佛大学学生委员会的报告所说："……一半的学生虽然能从导师辅导工作中得到一些帮助，但得不到最大的益处。剩下的学生即使当时能得到最大的益处，也无法达到最大的实践性目标。"[①] 一些学院通常把导师辅导的任务委派给了教工、辅助教员等，但是，由于"非升即走"的遴选方式，许多教师并没有足够长的任职时间来充分了解导师辅导制的要求，因而无法更好地实施导师辅导。尽管如此，1934年哈佛大学检查委员会报告仍然提出要加强导师辅导制。1936年，教师委员会提出导师单独辅导并不是为了所有学生。该委员会提出两个计划供学院选择：第一个计划是全职的导师辅导，第二个计划是一年内在某个时期进行导师辅导。委员会建议，有能力取得学位的学生从三年级开始可以接受导师辅导，而成绩不理想的三年级学生如果有证据证明他们的学习是进步的，在四年级时也可以接受导师辅导。

　　除了导师单独辅导外，顾问辅导也是导师辅导制的一部分。由于参与导师辅导的学生大部分都是成绩优异的学生，因此有必要为没有参加导师辅导的学生提供建议，这就需要顾问导师的帮助。哈佛大学为每个学生都设有顾问导师，这些顾问导师一部分是导师，一部分是技术人员。在一般情况下，各个学院的顾问导师由各个学院委任。顾问导师的职责包括对学生的课程选择提供建议、推荐阅读材料、给予学术支持等。

　　总体来说，导师辅导和顾问制度的目标是发展学生的个性，通过为学生制定个性发展策略，挖掘其学习需求和兴趣，从而提高学生学习的积极性和持久性。导师辅导只面向成绩优异的学生，即有能力面对问题并找到解决方法的学生。对这些学生来说，导师辅导是有价值的。而顾问辅导是给不同的学生提出最恰当的建议，期望每个学生都能在其专业

---

① Report of the Harvard Committee, *General Education in a Free Society*, Cambridge: Harvard University Press, 1946, p. 230.

领域掌握更多的学习内容。导师辅导和顾问辅导对于通识教育来说必不可少,它能有效地帮助学生正确地认识他们的学习需求、学习不足和学习兴趣,提高学习效率,使学生与学院和专业能够保持紧密的联系。

三 科南特通识教育思想与实践的评价

科南特自改革哈佛大学通识教育以来,拓宽了本科生的知识基础,防止了本科生过早专业分化的问题,使哈佛大学学生的思想和价值观念适应了美国当时国内外形势的要求。科南特的通识教育思想与实践使得美国各高校掀起了改革通识教育的浪潮,也为哈佛大学闻名于世的核心课程的出台奠定了基础。与此同时,科南特的通识教育思想与实践也存在着一些不足之处。

（一）可取之处

第一,强调通识教育的普及性。科南特认为通识教育是普遍的而非特殊的,是为了所有人而非为了某个阶层的人。科南特认为,真正的通识教育是对大多数青年的教育而不是仅仅针对少数大学本科生的教育,甚至中学生的通识教育比大学生的通识教育问题更加重要。因此,他认为,通识教育必须上下延伸至高中阶段和研究生阶段,哈佛大学"红皮书"也充分体现了科南特的这一想法:"为包括高中阶段的大多数青年提供通识教育比仅仅为四年制本科生提供通识教育更为重要……我们并不仅是为着哈佛学院的通识教育,而是为全美国的教育而寻求通识教育的真实含义。"[1] 科南特强调通识教育的普及性,这与他主张的通识教育"为美国的社会成员提供共同的知识体系,增强社会凝聚力的基础"的目的是分不开的。科南特改革哈佛大学招生制度,为学校引入更多的学生而努力,也证明其追求教育公平的理念。

第二,拓宽了通识教育的理论基础。科南特为美国人民缺乏某种共同的知识和经验而深感不安,他认为,一个社会若是其成员缺乏一个共同的知识体系,那就是没有基础文化的社会,人类之间的共同联系就会减弱。再加上20世纪五六十年代以来,随着社会和科学技术的迅速发

---

[1] James Bryant Conant, *My Several Lives: Memoirs of A Social Inventor*, New York: Harper & Row Publishers, 1970, pp. 363－373.

展，高等教育种类和结构也随之发生着变化，以适应社会的发展需求。这一时期，高等教育的紧迫任务是为学生提供统一的通识教育，学习社会共有的文化遗产，培养学生适应未来职业变动的能力。基于此，科南特的通识教育思想深受实用主义哲学、清教主义和要素主义的影响，饱含着进步主义、民主主义和人文主义的成分，尤为强调教育的政治功能、经济功能等，要求教育改革符合社会发展需要。但是，科南特并未全盘吸收实用主义哲学、清教主义和要素主义的内容，而是有选择性地择取符合美国高等教育改革需要的部分，对通识教育思想进行完善和补充。

第三，使学生掌握"西方文化遗产"的知识、理论和价值观，以及自然科学过度发展的社会后果。哈佛委员会的报告书指出："今天美国教育的首要问题是把博雅和人文的传统注入我们整个教育体制。"① 高等教育的主要目标应是：为着充分实现生活的各个方面民主化的教育；为着国际理解与合作的教育；为着创造性想象力的应用，培养解决社会问题和管理公共事务能力的教育②。目前人类社会危机的产生是因为自然科学的发展大大超出了人文科学和社会科学的发展。哈佛大学的报告认为，如果把大量的资金和科研资源投入自然科学，而继续忽视社会科学和人文科学，人类的文明延续就会遇到诸多问题。为了解决上述问题，科南特的通识教育课程尤为重视自然科学、人文科学和社会科学领域的知识，强调三者的并驾齐驱、相互融合。

第四，促进通识教育和专业教育的完美结合。科南特的通识教育课程要求二者有机结合起来，共同为培养民主社会的合格公民服务。通识教育的课程设置主要按学科进行分类，学生除学习本专业的课程外，必须学习通识教育课程。"专业教育和通识教育搭配严谨得当，避免了散乱、零碎、庞杂而缺乏内在联系的知识结构，形成了广泛、全面、有序、系统的知识结构。"③ 可以看出，科南特通识教育课程思想的本质是解决

---

① James Bryant Conant, *My Several Lives: Memoirs of A Social Inventor*, New York: Harper & Row Publishers, 1970, pp. 363–373.

② James Bryant Conant, *My Several Lives: Memoirs of A Social Inventor*, New York: Harper & Row Publishers, 1970, pp. 363–373.

③ 郭健：《哈佛大学发展史研究》，河北教育出版社2000年版，第175—176页。

本科课程中人才培养通与专的矛盾，学科发展整合与分化的矛盾、共性与个性的矛盾，学生必修与选修的矛盾，是在新的历史条件下对自由教育传统的继承与发展。

第五，为通识教育设计新的教学方式。科南特十分注重为通识教育课程设计一种最为恰当的教学方式，他主动担任了自然科学课程的教学工作，并在教学实践中总结了一种以历史事实（案例）法作为通识教育课程的教学方式。为了让教师更好地理解他的教学方式，在几位年轻人的协助下，科南特为自然科学课程编写了大量的历史案例，并于1948年和1957年各出版了一卷《哈佛实验科学历史案例》。科南特认为，即使在自然科学课程的教学中，也应采用这种历史案例法，这种方法有别于通识教育中的科学史课程，要求所选择的案例必须足够简单，尽量少涉及该学科的前期知识，必须描述历史上的重大变迁过程中所体现出来的逻辑分析、观察和实验与富于想象的洞察力之间的紧密结合。科学史课程实际上着重于对科学发展史的事件进行描述和分析，而历史案例法则试图通过对科学发展史上有重大意义事件的分析来探究人类文明发展历程中所体现出来的"方法的变迁"。例如，科南特曾建议开设一门"现代社会的知识发展"的通识教育课程，其目标是"以经过选择的各学科门类的案例来表明过去四百年里人类发展知识的方式，这种方式在未来仍然可以沿用，并最终将回答一些目前无法回答的问题"[①]。

（二）局限性

科南特的通识教育思想的提出正值美国与苏联冷战时期，毫无意外，科南特的通识课程设置也受到冷战的影响。比如，科南特的通识课程倾向于认为西方的意识形态是正向的，并只注重西方的历史文化的学习，而对东方的文化只字未提。另外，科南特的思想颇受要素主义的影响，反映在课程中表现为注重名著的学习，社会科学和人文科学的学习主要通过名著来完成，这就不免存在着一定的局限性。

第一，与政治联系过于紧密。科南特总是把教育与保卫美国的民主制度联系起来，其通识教育思想也不例外，这从他主持发表的《自由社会的通识教育》这一报告的名称中就可见一斑。在该报告中，科南特极

---

① 张东海：《科南特教育思想述评》，《中国大学教学》2005年第1期。

为强调通识教育要帮助美国建立自由的社会,而且这里所指的自由社会便是西方世界的资本主义社会。另外,他在《教育与自由》一书中也曾提到:"必须把教育看作一个社会过程;它在每个国家都是与当时的政治局面、与国家的社会、与国家的理想分不开的。"他的通识教育思想便是如此。此外,科南特的通识教育思想也充斥着对共产主义的排斥。1950—1954年在威斯康星州议员麦卡锡的煽动下,美国国内右派势力强大,残酷迫害共产党和左派进步人士,严重摧毁了第二次世界大战后一代人的精神世界,使战后青年变成"沉默的一代""垮掉的一代"和"颓废的一代"。在20世纪50年代"麦卡锡主义"和"赤色恐怖症"中,大学校园首当其冲成为殃及的"池鱼"。比如,全美教师联合会和各大学都拒绝聘任共产党员为教师,一些州立大学还强迫大学生举行忠诚宣誓等。同时代的科南特也受此社会环境的影响,他的通识教育思想或多或少都有为抵御共产主义服务的倾向。

第二,科南特所倡导的共同的人类经验更多地注重西方文化遗产。这种狭隘的视角当然也有其历史原因。当时美国与苏联正处于冷战时期,他认为,美国等西方国家要抵抗苏联就要有共同的认识、共同的观点和共同的经验。在此基础上,科南特所倡导的通识教育思想就深受当时政治的牵制。

总体而言,科南特的通识教育思想迎合了当时美国政治、经济、文化的发展需要,也为通识教育思想拓宽了思路。但是,正是由于当时社会条件的限制,科南特的通识教育思想不免有着一定的历史局限性。然而,这些局限并不能遮住科南特通识教育思想的光辉,他的通识教育理论对现在的教育实践仍有着很大的指导意义。

第三节 科南特的通识教育思想及实践的特征与影响

科南特作为美国20世纪五六十年代的思想家和教育家,他敏锐地观察到了第二次世界大战以及战后美国国内的经济、科技发展变化和世界政治的新局面,在前任校长改革的基础上,他适时对哈佛大学进行了新一轮与时俱进的改革。在科南特主导下的哈佛大学通识教育改革呈现出人本化、革命性和长远性等特点，并对美国高等教育思想和实践产生了深刻的影响。

一 科南特的通识教育思想及实践的特征

从科南特的通识教育改革理念、举措及成效来看，他对大学功能的认识、师资队伍建设、人才选拔、课程改革等方面具有独到的见解和思考。在科南特主导下的哈佛大学通识教育改革呈现出人本化、革命性和长远性等特征。

（一）通识教育思想和实践的人本化

关注"人本化"是科南特通识教育思想的重要特征之一，并始终贯穿于科南特改革哈佛大学的实践之中。从课程设置来看，科南特的通识教育思想是建立在人性基础之上的，通识教育课程通过培养人的完整性和开发人的智慧，旨在为学生成就完美的人生和幸福生活奠定基础，以人的发展为终极教育目的。同时，实施通识教育也旨在培养自由社会的公民，陶冶和训练学生的心智，使学生具备独立的判断、理性的分析和思考能力。从大学管理视角来看，科南特尤为注重教师和学生对于哈佛大学发展的重要性。他主张教育机会均等和高遴选标准，为哈佛大学通识教育实践择取一流的学生。科南特认为，通识教育不同于自由教育，其教育对象是全体公民，通识教育是所有优秀的学生普遍能接受到的教育，它不仅是在大学阶段实施的一种教育，而且延伸到中学阶段。因此，从教育对象上说，科南特倡导的通识教育具有普及教育的特点，这正是教育机会均等的体现。在学生录取方面，科南特取消了传统的以家庭背景、社会地位、财富程度等来衡量的招生标准，而是以才学为统一招生的标准，并建立奖学金制度鼓励学生发展，充分体现了科南特教育机会均等的人本性。

（二）通识教育思想和实践的革命性

科南特通识教育思想与实践的"革命性"主要体现在其破除精英统治、改革教师聘用制度等方面。在破除精英统治方面，科南特的通识教育思想打破了过去哈佛大学强调学生的出身和经济地位的局面，提出了"才学统治"的招生措施，扩大了哈佛大学的招生范围。在教师聘用制度方面，科南特实施了"非升即走"制度，通过营造激烈的学术竞争环境，淘汰平庸的教师，对于保证哈佛大学学术卓越的教师队伍、通识教育的良好开展发挥了关键作用。从"非升即走"这一制度的影响来说，科南特的这一改革实践具有革命性的意义。在高等教育市场的激烈竞争中，科南特保证了教师人力资源的最大化利用，极大地实现了教师队伍的优胜劣汰，保证了教师队伍的质量，为哈佛大学赢得世界性大学的地位铺垫了人才基础。同时，科南特的这一改革措施也成为美国国内外其他大学纷纷效仿的榜样，"非升即走"教师聘用制度也就成为大学教师管理制度改革历史上具有革命性意义的一个里程碑。

（三）通识教育思想和实践的长远性

科南特发起的以哈佛大学本科课程体系为核心的通识教育改革运动，其本身就具有深远的历史意义。科南特认为，教育除了考虑学生自身的发展之外，还应该更多地考虑国家和社会的需求。虽然传统的专业教育能够帮助学生解决具体的实际问题，但是缺少对历史、民族文化等统一科目的学习，使得学生较难形成国家和民族凝聚力。由此，科南特在哈佛大学"红皮书"中提出通识教育的目标是培养学生的四种能力，即有效思维、交流沟通、做出正确的判断、分辨多种价值，并将这些能力的培养与自然科学、社会科学、人文科学三个领域联结起来。科南特对哈佛大学的通识教育改革前瞻性地解决了专业教育与人文教育的割裂，目的在于使学生的思想更加自由、心灵更加高贵。在科南特通识教育思想和实践的影响下，当时有十几所大学和学院根据科南特报告的建议，设置了适合其自身发展的通识教育课程。而且，到了1947年，由杜鲁门总统成立的高等教育委员会发表了一份报告，该报告认可了科南特的通识教育改革方向。这一时期，改革大学课程的风潮席卷全美国，科南特也因此被称为"通识教育之父"。

二 科南特的通识教育思想及实践的影响

科南特的通识教育思想及实践对美国高等教育产生了深远的影响，不仅传承并创新了通识教育思想内容，也在一定程度上打破了当时美国高等教育界重术轻学、重实用轻基础的局面，甚至影响了美国大学和中学课程的改革。

（一）对高等教育思想的影响

首先，科南特的通识教育思想是对其他教育家通识教育思想的完善和修正。在科南特同时代的高等教育界，赫钦斯关于通识教育的主张极有影响，但是，赫钦斯的通识教育思想是其理智训练的逻辑产物。在他看来，通识教育的基本内容只能是"永恒学科"和"理智遗产"。赫钦斯以永恒的人性为基点，在课程设置上倡导"伟大名著"计划，在知识学习上推崇理性知识而排斥经验事实和现代科学技术知识，在专业教育与通识教育的关系上，更多地强调二者的区别。显然，赫钦斯极端推崇理性思辨，这种脱离教育实际的通识教育具有形而上学的致命弱点。与赫钦斯的通识教育课程比起来，科南特在课程设置上重视传统要素与现代科学知识的结合，重视通识教育与专业教育的联系。在处理大学基础教育课程和专业课程、传统文化和现代科学知识、理智训练和经验积累的关系上，科南特比赫钦斯更尊重教育规律和社会现实。

其次，科南特关于通识教育目标的表述有助于澄清通识教育的概念。他对"通识教育"这一概念进行了详细的阐述，澄清了通识教育与自由教育之间的关系。科南特认为，通识教育与自由教育有着共同的培养目的——培养自由人，它们之间最根本的差别就是通识教育是面向大多数人的教育，而自由教育是少数贵族才可以接受的教育。另外，科南特对通识教育目的、教学方法、教师选聘等都有明确的表述。科南特的通识教育思想得到了其他教育家的认同，因此使得美国后来刮起了通识教育旋风，很多高校都开始借鉴科南特的思想。

最后，科南特的通识教育理念在一定程度上打破了当时美国高等教育界重术轻学、重实用轻基础的局面，逐步扭转了高等教育的培养方向，使美国高等教育从片面重视专业化向重视传授基础知识和基本技能过渡。科南特的通识教育理念比较重视教育开发和培养个体对共同文化遗产的理解力，以及基础知识的学习和基本技能的培养，具有一定的现实价值。尤其是在20世纪50年代苏联人造卫星上天后，美国朝野震惊，随后进行了一系列教育改革，高等教育改革的指导思想在很大程度上是受以科南特为首的要素主义通识教育理念的影响和启发。

（二）对高等教育实践的影响

科南特并不是在哈佛大学第一个推行通识教育的人，但他是在第二次世界大战后面对满目疮痍的大学教育率先要求开展通识教育的教育家。1949年哈佛大学正式推行通识教育计划，它吸取了以前课程制度的优点，形成了以通识教育为基础、以集中与分配为指导的自由选修制度。该教育计划在美国各高校掀起了进行通识教育改革的浪潮，也为哈佛大学闻名于世的核心课程的出台奠定了基础。

首先，科南特对当时美国高等教育界有着较深的影响。这从戴维·D.亨利（David D. Henry）的描述中可见一斑："在高等教育发展方面，任何明智的考察者都愿意听到所有讨论者的不同声音，可以肯定的是，1930—1970年，任何讨论者的名单中都包括怀特海、塞缪尔、卡彭、科南特、李普曼、加德纳、里斯顿、约翰逊"①。1946年，杜鲁门总统成立了一个高等教育委员会，该委员会于1947年发表了题为"致力于美国民主的高等教育"的报告，提出高等教育必须对学生进行通识教育，为其社会成员提供共同的知识体系，并要求通识教育与专业教育密切结合起来。此外，该报告主张大量扩充高等教育，各州增设各类高校，特别是社区学院，认为高等教育不应该受到种族、宗教、地区、学历等方面的限制。高等教育委员会的报告在第二次世界大战期间和战后科学技术跨入新的发展阶段的关键时刻，提出了迫切需要改革美国高等院校课程的建议，在全美引起了强烈的反响。② 由此，美国大学本科生的通识教育得到加强，各个大学也纷纷开设适合各自学生的通识教育课程。

其次，科南特关于通识教育的课程改革影响了美国的课程改革。科南特要求通识教育与现代大学课程设置相融合，并在课程设置中科学地处理了通识教育与专业教育之间的关系，他认为："生活中这两方面不是截然分开的，臆想其中一种教育与另一种教育分开是错误的。"教育的目的是把"个人培养成既是某一特殊职业艺术的专家，又是自由人、公民的普通艺术的专家"③。因此，通识教育与专业教育并不是两种割裂的教育，它们应该相辅相成，使大学培养的人才能够适应复杂多元的社会需

---

① 参见 David D. Henry, *Challenges Past, Challenges Present*, San Francisco: Jossey-Bass Publishers, 1975, p. 156.
② 马骥雄主编：《战后美国教育研究》，江西教育出版社1991年版，第157页。
③ 转引自张凤娟《"通识教育"在美国大学课程设置中的发展历程》，《教育发展研究》2003年第9期。

要。哈佛大学"红皮书"发表之后，对美国高等教育的影响极大，有十几所大学和学院根据该"红皮书"的建议设置了它们的通识教育课程，把许多新的科目或内容引入通识课堂。如布兰迪斯大学开设了自然和社会学科交叉学科"20世纪的物理及其哲学的意义"以及其他以解决人类共同问题为中心的科目。安提亚克学院开设了"人类存亡问题的全球观点"以及其他注重思考方法的培养而非传述内容的科目。[1] 1947年，白宫高等教育委员会发表了一份报告，认可了哈佛大学"红皮书"的通识教育改革方向，同时，一股改革大学课程的风潮席卷全美，科南特也被称为"通识教育之父"。从此，通识教育在美国大学课程设置中奠定了它的地位，开始与专业教育平分秋色。同时，科南特关于通识教育课程应该延伸至高中阶段的思想直接影响了美国的中等教育改革，很多中学根据科南特的设想开设了通识教育课程。

本章小结

科南特在担任哈佛大学校长的20年里，一方面以超前的眼光和政策解决美国高等教育中的种种问题，另一方面通过贯彻他自己鲜明独到的教育信念——大学应是学术和研究的中心，在哈佛大学的现代化发展中发挥了承上启下的作用。科南特不朽的贡献和历史地位是不容置疑的，他为美国的高等教育尤其是哈佛大学的发展作出了巨大的贡献，其通识教育思想不仅影响到美国的高等教育，也深深地影响到中等教育的课程改革。综观科南特的通识教育思想与实践，能够发现科南特作为教育家的独特品质：其一，对教育改革的热忱。在科南特的一生中，教育一直是他长久关注的重要内容，强调要把教育与社会需要、国家安全、社会稳定与经济繁荣紧密地联系在一起。其二，对哈佛大学的强烈责任感。在其就职典礼上，科南特说："我不打算像罗威尔那样在公众大型集合场

---

[1] 田雪芹：《科南特基于"全人类共同利益"的哈佛大学通识教育改革》，《高教探索》2017年第4期。

发表就职演说，因为我对哈佛大学的改革还没有一套完整的事先计划。"①能够看到，正是出于对哈佛大学的高度责任心，科南特并未一上任就大刀阔斧地进行改革，而是选择先充分了解哈佛大学的情况和问题，进而为哈佛大学量身定制合适的改革方案。事实证明，科南特的改革是成功的。1933年，当科南特出任校长时哈佛大学还只是东海岸的一所普通大学，在他上任之后哈佛大学成了一所全国性的著名大学。其三，对教育问题的反思。科南特生活在自由竞争的资本主义社会，当时的政治、经济、文化的变化使其开始思考美国大学教育的改革方向。为了进一步推动通识教育改革，科南特还与许多通识教育改革家展开交流。这些优秀品质不仅影响着科南特本人的教育实践经历，也深刻地影响着哈佛大学未来几十年的发展。中国正处于建设一流大学和一流学科的改革发展进程中，科南特的哈佛大学治校理念与实践为中国大学校长治校提供了一定的启示，例如注重学生综合素质发展、注重学生公民教育、改革通识教育课程、建立优秀教师队伍等。

在注重学生综合素质发展方面，中国高等教育担负着向社会输送人才的使命，为了适应社会迅猛发展的形势，高等教育培养的人才既要具有广博的知识，又要有专深的业务理论；既具有较强的创新意识和解决实际问题的能力，又要具有广泛的适应能力及较强的社会责任感。总的来说，社会需要具有综合能力的人才。综合能力包括组织能力、沟通能力、协调能力、思维能力、实践能力、创新能力等，大学生在充分而自由地发展个性时，由于其本身包含了积极性和主动性，这些综合能力会自觉或不自觉地习得。② 科南特所提出的通识教育课程既保证了学生获得系统而广博的知识，同时又反映了个别差异，较好地适应和满足了个体的需求，目的是培养学生的综合能力，使学生具备一定的分析能力、认知能力及学习能力。学生还可以通过导师辅导制的方式补充课堂学习的不足，给予学生较大的学习选择空间和自由度。

在注重学生公民教育方面，中国目前针对大学生群体的公民教育从

---

① James Bryant Conant, *My Several Lives: Memoirs of A Social Inventor*, New York: Harper & Row Publishers, 1970, p.86.
② 徐星美：《大学生全面发展的内涵及其诠释》，《江苏高教》2014年第6期。

教育目标的确立、教育内容的设置到教育实施路径的选择都已经表现出了一定的滞后性。① 培养合格公民并不仅仅是开设政治课或者进行课堂理论学习，而是需要培养学生的公民性，即有责任心，了解所在社会的共同文化。科南特开设通识教育课程的主要目的就是培养合格的公民，让学生掌握西方文化，对西方世界文化有共同的认知，懂得人类社会的秩序性。特别是在社会科学领域，科南特所主张的课程更是彰显了大学对社会发展的责任，即大学不仅仅要造就高等人才，而且要塑造合格的公民。伴随着全球化时代的到来，中国需要完善现有的大学公民教育体系，并要对其教育内容进行丰富与拓展，构建起多元化的大学公民教育平台。

在改革通识教育课程方面，目前中国大学通识教育还在不断探索中，没有形成成熟的通识教育模式，还存在很多问题，需要高校结合其实际构建切实有效的通识教育理念、目标、课程、评价体系等。② 并且，中国大学教育存在着过度专业化问题。专业化使各学科的学生所学内容的差异非常明显，狭窄的专业教育使得大学生难以走出他们各自专业知识领域的小圈子，认识不到知识之间的联系，甚至学生在四年大学学习中从未接触过专业外的知识领域。因此，学生缺乏从广阔的角度思考和处理问题的知识基础和能力。如前所述，科南特的通识教育思想要求打破知识的壁垒，在各个领域开设通识教育课程，为学生提供全面的知识教育。要解决中国大学在通识教育课程体系、课程内容等方面存在的问题，可以借鉴科南特通识教育的改革措施，为中国大学校长治校提供一定的借鉴，例如设置专门的通识教育部门，总体规划通识课程；强化通识与专业课程的融通，促使学生均衡发展等。

在建立优秀教师队伍方面，目前中国大学通识教育面临着教育模式过于精英化、课程供给质量参差不齐、优秀师资匮乏等难题。③ 其中，一流的师资是建设通识教育的根本。通识课程内容的选择和开发依赖于教

---

① 卢丽华、姜俊和：《"全球公民社会"视阈下我国大学公民教育的缺失》，《教育探索》2012年第11期。
② 林琳、王志学、安泽会：《大学通识教育的中国模式》，《中国高校科技》2018年第3期。
③ 聂保平：《通识教育面临的共性问题与现实使命》，《南京社会科学》2020年第11期。

师的科研能力，通识课程教学倚仗教师充分的学术积累和教学投入。科南特为了保障通识教育的水平、提高通识教育的品质，坚持高标准的教师遴选和晋升标准，以高资历教师为主力，展现出对通识课程质量的重视、对文理教育传统的坚守。对中国大学校长治校来说，要聘任各个领域的专家和学者为学生讲授通识课，选拔各学院的优秀教师加以培养，提高教师通识教育水平，进而保证通识教育的整体质量。

第 三 章

加州大学第 12 任校长克拉克·克尔的高等教育趋同模式理论与实践

克拉克·克尔（Clark Kerr，1911—2003）是美国 20 世纪十分杰出的高等教育家之一，他于 1952—1958 年出任加州大学伯克利分校校长，后于 1958—1966 年出任加州大学总校长。由于学生运动等政治原因，1967 年克尔离开加州大学，并先后出任卡内基高等教育委员会主席、卡内基政策研究理事会主席，任期长达 13 年，直到 1980 年退休，为美国高等教育贡献了毕生的精力。在第二次世界大战后美国极其复杂的社会背景之下，克尔以其独具前瞻性和开创性的高校治理思想及其卓越的高校领导实践，为美国乃至世界的高校改革和发展做出突出的贡献，被称为"高教界的福特""当代美国高等教育改革的设计师"。本章主要论述以克尔的高等教育趋同模式理论与实践：第一节主要阐述高等教育趋同模式的理论内涵；第二节探讨高等教育趋同模式的实践途径，主要从高等教育系统功能的分化、学生的分化和管理的分化三个角度加以分析；第三节通过研究高等教育趋同模式的应用案例，从实践上进一步证实高等教育系统分化的重要性；第四节分析评价高等教育趋同模式理论与实践的价值和局限性。

第一节　高等教育趋同模式的理论内涵

第二次世界大战后，美国社会趋于稳定，人们对生计的需要转变为对知识的追求，公众接受高等教育的意愿不断增强，进而导致高校入学人数增加，高校规模持续扩大。但已有的高等教育体系无法适应新的变化，许多问题随之而来，最主要的问题是如何在实现高等教育普及化的同时，保证高校对优秀人才的培养。针对这一问题，克尔立足于高等教育全局，把握发展趋势，提出"既普遍入学又促进优秀"的高等教育趋同模式，运用高等教育系统分化的方法，解决普及教育与精英教育的矛盾，为加州高等教育发展指明了方向。

一 高等教育趋同模式提出的背景

第二次世界大战是美国历史上的一个重大转折点。第二次世界大战后，美国的政治、经济、军事和科技实力飞速发展，美国一跃成为整个西方资本主义世界的霸主。但随着冷战和国际竞争的发展，美国社会危机不断加深，许多全国性的民主权利运动在这一时期爆发。例如，在20世纪五六十年代，黑人群体开展了大规模的民权运动，促使美国政府于1964年颁布《民权法案》（Civil Rights Act of 1964），在法律层面上保障黑人的基本公民权利。美国民众在政治民主斗争取得成功后，将追求平等的愿望进一步扩展到教育领域，要求政府给予公民平等的受教育权利，扩大教育对象的范围。从1945年到1975年，美国政府相继出台《退伍军人权利法案》《国防教育法》（National Defense Education Act）等法案，使高校面向更多公民开放。同时，随着经济的发展，学者与政府领导人认为，人力资本与实物资本在经济发展中具有同等重要的地位。[1] 教育和经济被紧密地结合在一起，提高教育经济效益成为高等教育的主要目标。克尔指出，在这一时期，"经济发展所产生的教育需求已经超出传统大学所能满足的范围……政治民主的发展，也导致了传统大学无法有效满足民众受教育愿望"[2]。因此，美国政府十分注重高等教育的发展，从规模上对传统大学进行改革，不断加大教育资源的投入力度，促使美国高等教育系统获得前所未有的扩张和发展。哈佛大学校长内森·马什·普西

---

[1] Clark Kerr, "The Internationalisation of Learning and the Nationalisation of the Purposes of Higher Education: Two 'Laws of Motion' in Conflict?" *European Journal of Education*, Vol. 25, No. 1, 1990, pp. 5–22.

[2] Clark Kerr, "A Critical Age in the University World: Accumulated Heritage versus Modern Imperatives", *European Journal of Education*, Vol. 22, No. 2, 1987, pp. 183–193.

曾将这一时期称作美国高等教育的"黄金时期"。

20世纪60年代，美国高等教育完成从大众化到普及化阶段的转变，高等学校在校生数量由322万人猛增到692万人，平均年增长率达到7.9%。高等学校在校学生在18—24岁人口中所占的比例由21.2%上升到30.4%。①但入学人数的大幅增加，给高等教育系统带来极大的冲击，高校原有的教育资源无法应对校园人数增长所带来的压力，高等教育质量大打折扣。进入20世纪80年代后，为解决教育质量问题，美国进行了一次高等教育改革。1983年，美国高等教育质量委员会发布《国家处在危急之中：教育改革势在必行》的报告，该报告的发表正式拉开教育改革的序幕。该报告要求美国高校提高入学标准，改革原有的课程体系，整合通识课程与专业课程，并提高人文学科的地位，将学生培养成为能够胜任医生、科学家等职业的精英型人才。总的来说，这场教育改革发轫于公众对美国高等教育的平庸表现和低劣质量的不满，并试图通过提高教学标准和评价标准的方法，提供高水平教育，培养高素质人才，实现教育改革的目标。

第二次世界大战后，美国高等教育总体朝着普及化方向发展，同时，迫于国家对优秀人才的需要，精英教育再度成为社会关注的焦点。高等教育普及化与精英化共同发展，已然成为美国高等教育的一个必然趋势，但是，当两种截然不同的教育模式同时存在于一个高等教育系统中时，它们又会产生一定程度的对抗，那么，怎样才能更好地实现二者的平衡发展呢？克尔通过高等教育趋同模式实践，总结相关经验，为高等教育发展提供可资借鉴的解决方案。

二 高等教育趋同模式的具体内容

美国高等教育体系历经战后几十年的发展，已经趋于完善，但高速发展的现代社会不断向高等教育提出新要求，因此各种教育问题也接踵而来。"克尔认为传统、平等和优秀是影响高等教育对抗的三角关系"②，

---

① 黄福涛主编：《外国高等教育史》，上海教育出版社2003年版，第331页。
② 旷剑敏、刘立夫：《〈高等教育不能回避历史〉在中国之现象学分析——基于CSSCI（2002—2015）论文引用研究》，《现代大学教育》2017年第2期。

而如何将入学机会平等与优秀人才培养这两个发展主题结合起来，是高等教育面临的最大问题。1987年，克尔在罗马的一次演讲中提出"既普遍入学又促进优秀"的高等教育趋同模式，此模式不仅满足了经济社会发展对高素质劳动力不断增长的需求，还对广大适龄青年的平等入学要求做出回应。

（一）高等教育普及化

在中世纪，大学处于社会的边缘地位，主要为追求高深学问者和高级文职人员服务，学生则根据社会阶级地位入学。随着工业化进程的不断推进，知识在提高生产效率方面所发挥的作用，受到社会各界的广泛关注，各国逐渐认识到高等教育对国家发展的巨大作用。克尔指出："国家的财富，过去从来没有像现在这样依靠高等教育的工作，通过高等教育做出的贡献，开发人力资本和积累知识，以及直到最近，有助于大国之间的军事竞争。国家政治的兴旺发达过去也没有像现在这样依靠高等教育帮助在全体人口中创造更大的机会，和打破遗留下来的阶级界限。"[①]社会变革为高等教育发展提供了良好的机遇，高等教育逐渐成为社会关注的中心问题。特别是在第二次世界大战后，美国经历了一次重要的高等教育改革，深化了美国教育的发展成果。这次改革始于1960年左右，伴随着民主化思潮的发展而逐步扩大，此次改革讨论的要点在于如何为民众提供更多的入学机会。针对这一问题，克尔认为，公民应广泛地接受包括高等教育在内的教育，他主张在高等教育阶段实施普遍入学，增加高校入学人数，提高高等教育的多元性与开放性，使更多美国公民能够享受到高等教育。随着教育改革的进行，美国少数族裔进入高等院校学习的人数不断增多，高等教育普及化实现进一步的发展。但是，建立在平等基础上的普遍入学不能以损害教育质量为代价。在保障高质量教育的基础上，提高高等教育的普及程度，是克尔思想体系中的重要观点。

（二）高等教育精英化

高等教育实现普及化发展是时代的必然选择，与此同时，精英教育也有其存在的必要性。作为马丁·特罗划分的高等教育发展阶段之一，

---

① [美]克拉克·克尔：《高等教育不能回避历史：21世纪的问题》，王承绪译，浙江教育出版社2001年版，第48页。

高等教育精英化阶段并不与普及化发展阶段相冲突，而在客观存在的高等教育发展的各个阶段之中，高等教育精英化对国家和社会发展起到了至关重要的作用。在克尔看来，教育尤其是高等教育服务于民族国家的行政及经济利益，但最终以人类社会的福祉为目的。首先，精英教育能满足工业发达国家在经济、智力和文化领域对优秀人才的需求。在当今世界上，国际竞争不仅仅局限在传统的政治、军事等领域，而是更多地涉及科技与经济层面。归根结底，这是综合国力的竞争，是教育与人才的竞争。大学作为影响一个国家核心竞争力的重要因素之一，不仅是创新知识的发源地，还是培养人才的摇篮。世界各国很少像现在这样要求高校发挥学术研究成果在国际竞争中的关键作用，因此，承担科研职能的精英教育就成为国家大力发展的对象。美国希望通过高等教育精英化的发展，达到在冷战中获胜的目的，巩固世界霸主的地位，并为经济社会和综合国力的发展提供强有力的战略支撑。克尔指出："我们不是唯一一个探索知识的民族。全世界，包括我们的主要竞争对手，都在积极从事研究……今天，有高技能的人口对于一个国家的幸存是必要的。"[1]

其次，精英教育能够提高个人素质和社会发展水平。克尔认为：

> 为了我们民族面临的全球竞争的挑战我们必须改进高等教育，但是我们已经从全国得到了很多人才，超过了我们的许多竞争对手，我们也在世界范围内最高水平的智力技能和最先进的基础研究方面有着最好的训练。我们应当提高我们的表现，但不只是为了全球竞争，更主要是为了我们全社会的质量。[2]

其一，精英教育能够满足个人发展的多样化需求。人们天生所具有的智力差异要求高等教育系统提供不同层次的教育，这不仅是社会民主的体现，而且是充分发挥个人能力的一种有效手段。其二，精英人才在

---

[1] John Aubrey Douglass, *The California Idea and American Higher Education: 1850 to the 1960 Master Plan*, California: Stanford University Press, 2000, p.261.

[2] Clark Kerr, *Troubled Times for American Higher Education: The 1990s and Beyond*, Albany: State University of New York Press, 1993, p.137.

政治、文化、环境等方面具有重要的影响力，他们能够充分发挥智力因素的作用，引领社会未来发展趋势，带领国家走向繁荣稳定的发展道路。因此，美国政府通过加大财政资助、给予充分自治权等方法，大力推进高等教育的精英化发展。但是，普及化和精英化能否实现良好的同步发展呢？克尔通过分析两者之间的关系，给出了答案。

（三）高等教育普及化与精英化的关系

在大学和学院成为现代社会的重要组成部分之前，他们的教育对象在很大程度上只限于少数社会精英。[①] 起初，精英指的是社会特权阶层，接受高等教育是上层人的特权。但托马斯·杰斐逊认为，推行精英主义不应当考虑社会地位，并主张从初级和中间学校的众多学生中挑选出高智力水平的人，选送他们去接受高等教育。此后，精英更多的是代表拥有高超知识水平以及强烈的责任感和使命感的人才。随着社会经济的发展，知识成为提高劳动生产率的第一要素，接受教育成为人们的普遍要求。高等教育逐渐从社会的边缘走向社会的中心，青年人认识到只有接受高等教育，他们才可能在以后的职业竞争和社会生活中占据优势地位。许多精英之外的人开始进入高校学习，接受高等教育不再只是地位上或者智力上占优势的人的特权，高等教育规模扩张成为社会发展的必然趋势，高等教育普及化的时代已经到来。但随着高校入学人数的增多，坚守高质量教育的精英教育体系无法满足学生带有功利性质的教育目的，高等教育普及化与精英化的矛盾逐渐加深。克尔通过辩证分析，对二者的矛盾与联系进行论述，主要包括以下观点：

首先，在克尔看来，高等教育普及化与精英化之间存在着以下矛盾。第一，前者可能从精英教育拿走教育资源，特别是政府的财政资助。财政资助作为高校的主要资金来源，关键看教育质量。而民众对于广泛入学机会的需求，导致政府优先考虑普及教育的扩张与发展，将部分原本属于精英教育的资金用于扩大高校规模，损害精英教育的利益，导致教育质量下降。第二，前者采取的外部管理措施，可能会影响到精英高等教育的自治权。普及性的高等教育更多地受国家与政府的管控，依赖外

---

① [美]约翰·S·布鲁贝克：《高等教育哲学》，王承绪等译，浙江教育出版社2001年版，第65页。

部因素管理学校,政府的教育政策也会更多地偏向这类教育。而精英院校为争取政府对其自身发展的支持,会逐渐丧失管理自主权。第三,前者的内部管理机制会破坏精英教育的自治理念。普及性高等教育院校多选任非专业学者进行管理,随着此类院校的扩张,这种管理模式的应用范围逐渐扩大,这无疑会对精英院校的传统治理理念造成严重破坏。第四,前者可能会使精英院校培养的专业人员过剩,而社会并不能提供与之相对应的工作岗位,这在一定程度上会造成严重的资源浪费,并带来经济上和政治上的消极后果。克尔以德国为例,指出毕业生过剩的危害:"现在高等院校的84万名学生仍旧指望差不多自动地进入专业职位,而五年前仅仅提供少于40万个就业机会。"①

其次,高等教育普及化与精英化之间固然存在着矛盾,但是两者之间并不是敌对关系。第一,普及化的高等教育能够大量招收学生,并从中发现和选拔更多精英人才进入精英教育院校,使其自身才能得到最大限度地发挥,促进精英高等教育朝着更加优秀的方向发展。第二,高等教育普及化发展能够增加社会中接受过高等教育的人数,从而减轻受过教育阶级与未受教育群众之间的尖锐矛盾,这有助于缓和阶级差别与对立,而阶级态度的延续也与精英阶级接受高等教育的机会的延续相关。② 在社会中建立一个稳定的阶级分层基础,有效减缓与未受教育阶级的对抗与冲突,促进社会和谐稳定。第三,普及性教育的扩张能够保持精英教育的学术领导力。随着入学机会的增多,大量学生涌入高等教育系统,精英教育院校被迫接受许多资质一般的学生,这对精英教育学术功能的发挥是极为不利的。而普及性的高等院校扩充,可以分化入学人数的压力,保证精英教育的学术研究质量。克尔以1960年指定的加州高等教育总体规划为例作进一步说明:"当我1959年和1960年正在指导加利福尼亚州高等教育总体规划时,我把社区学院的庞大扩张看作有国际学术声誉的加利福尼亚大学的第一条防线,否则加利福尼亚大学将被大量学术造诣较低的学生所淹没,或者被攻击为试图坚持对进入高级地位

---

① [美] 克拉克·克尔:《高等教育不能回避历史:21世纪的问题》,王承绪译,浙江教育出版社2001年版,第82页。

② Clark Kerr, "Higher Education: Paradise Lost?" *Higher Education*, Vol. 7, 1978, pp. 261–278.

的垄断。"①

总的来说，高等教育普及化与精英化二者之间相互补充，但又不可避免地存在一定程度的对抗，如果采用恰当的方式，就可以弱化它们之间的矛盾，增进两者之间的正向联系。这就要求高等教育在保证普及化发展大方向不变的前提下，尊重学生的个体差异，重视优秀人才为社会发展做出的贡献，大力推进精英教育的发展。正如克尔所总结的：

> 政体需要更大的平等，经济需要更大的优秀。平等和优秀虽然不是绝对对立的，但在某种程度上却存在冲突。我们的任务是使它们尽可能地协调并相互促进……高等教育系统的分化将为其做最好的服务——一些机构主要致力于发现和激励有才能的人，其他机构则致力于发展和提高这些被发现人的才智。②

第二节　高等教育趋同模式的实践途径

高等教育的普及化发展，导致精英教育质量下降，普及教育与精英教育之间的界限逐渐模糊，高等教育系统内部开始朝向同质化发展。针对这一现象，克尔认为，高等教育应维持一种趋于相同但保留差异的状态。趋同是教育发展过程中出现的一种特征，而绝不是教育的最终目的。因此，克尔主张在高等教育系统内部建立完整的分化体系，通过内部分化的方法，实现各类高校的良性发展。

一　高等教育系统功能的分化

克尔认为，现代研究型大学已成为多元学术群体，其功能和作用不

---

① [美]克拉克·克尔：《高等教育不能回避历史：21世纪的问题》，王承绪译，浙江教育出版社2001年版，第80页。

② Clark Kerr, *Troubled Times for American Higher Education: The 1990s and Beyond*, Albany: State University of New York Press, 1993, p.29.

断增强,也应继续分权给各个治理主体。① 因此,克尔主张以高等教育趋同理论为依据,对高等院校进行功能划分,并主要从高等教育系统功能分化的必要性、原则以及方法三个方面展开论述。通过功能的分化,不仅能够明确各类高校的不同职能,在高等教育系统内部建立起有序的等级结构,还能实现高等教育体系的多样化发展,满足现代社会的多种教育需求。

(一)分化的必要性

传统的高等教育主要从社会精英阶级或者拥有优秀才能的群体中选拔少量学生,并且以培养优秀人才和开展科学研究为主要任务。而当今的高等教育不仅要培养社会所需的高层次专业人才,还要培养大量技能型和应用型人才,并满足广大青年平等地接受高等教育的愿望。但传统大学本身无法满足这些新需求,如果高等教育系统继续保持原本的结构,不进行功能分化,那么传统大学本身已有的功能结构将会被完全破坏。克尔以意大利的大学为例,指出意大利的高等教育系统没有跟随时代发展及时调整结构,仍然保留一类精英高等教育机构,并只颁发学士学位。在这种情况下,大量学生涌入意大利的精英高校中,对高等教育系统造成严重的破坏。在高等教育系统内部,只保留传统的精英教育院校已经不合时宜,甚至会阻碍高等教育系统功能的正常发挥。注重传统精英教育的做法,只适用于12世纪到19世纪这一阶段的时代背景,在进入20世纪以后,这一做法就无法再满足社会的需求了。②

解决这一问题的关键在于,要着眼于整个高等教育系统,而不是仅仅依靠培养高层次人才的传统大学。通过对高等教育系统进行合理分化,使普及化高等教育区别于传统大学系统,这样才不会对实施精英化发展的高等教育体系造成破坏,能够培养更多优秀的人才,同时满足民众对于高等教育的需求,起到推动社会发展的作用。

(二)分化的原则

克尔依据"差别原则"与"选择型原则",将高等教育分为高度选择

---

① 张炜:《从单一职能大学到现代研究型大学的演进——克拉克·克尔关于'Multiversity'的语义与特征探析》,《中国高教研究》2021年第5期。

② [美]克拉克·克尔:《高等教育不能回避历史:21世纪的问题》,王承绪译,浙江教育出版社2001年版,第101页。

型的高等教育、选择型的高等教育、非选择型的高等教育三个层次，分别代表精英高等教育、普通高等教育以及职业高等教育，而实施各个层次的高等教育部门则分化为高度选择型部门、选择型部门和非选择型部门，它们分别承担不同的职能。

高度选择型部门建立在精英教育的基础上，主要指美国研究型大学，如哈佛大学、斯坦福大学以及加州大学等。这一部门主要承担智力训练和科研工作，具体任务是招收和培养研究生、开展科学研究并对部分经过筛选的具有优秀才能的本科生进行教育。其招收范围面向全国和国际，主要教学目标是培养社会所需要的优秀研究型人才。选择型部门则介于保障平等机会与培养优秀人才两者之间，主要指美国一般性的综合大学，例如加州州立大学、爱达荷州立大学等。这类教育部门拥有丰富的课程以及众多学生，承担现代社会众多职业所需要的高级知识和技能的培养任务，是美国高等教育系统中的重要力量。其主要教学目标是依据社会对职业提出的要求，针对本科生进行普通知识教育以及职业技能训练，并依据学生的个性化需求开展教学活动。非选择型部门建立在平等基础上，主要指美国社区学院，如圣莫妮卡学院、戴尔波罗谷学院以及迪安萨学院等。这一教育部门主要提供普遍的入学机会，满足人们对于高等教育的需求，同时开展一些应用性的科研活动，面向地区和州开放，其目标是培养实用型人才，满足个人与社会发展的需求。

高度选择型部门的持续发展以较次选择型部门的扩张为基础。随着选择型部门以及非选择型部门地位的提升，其招生规模与人数不断扩大，并获得更多的政府资金支持。虽然这会造成高度选择型部门在高等教育系统中部分"统治"地位的丧失，但却使高等教育系统得到极大的丰富。选择型部门与非选择型部门还能帮助高度选择型部门分担入学人数压力，使其能够专注于高层次人才的培养。正如美国高等教育普及化的主要参与者是美国综合性大学与社区学院，而并非研究型大学。1960年到1980年，仅公立社区学院注册学生总数就增长了十倍以上，从40万人增加到400万人，占高校所有注册学生的百分比从11%增加到35%；而研究型大学全部注册学生的百分比则从近

20%降到10%以下。① 在这一过程中，美国研究型大学保留高度的招生自主权，入学条件变得更加严苛，形成完整的、多元的招生体系。学校不仅对申请者的学术水平有很高的要求，还会对他们的道德品质、学习态度、社会责任感等各个方面进行三个月左右的考察。提高入学标准的策略保障了研究型大学的卓越生源，为研究型大学的长远发展打下了坚实的人才基础。

（三）分化的方法

克尔主要介绍了两种高等教育系统功能分化的方法。一种是指在一所大学内部进行分化，也即在同一所大学内部同时包括高度选择型部门、选择型部门和非选择型部门，这是一种基于多元巨型大学观的分化方法。在这类大学中，拥有多元的机构以及培养目标，并致力于发展学生的多样性。另一种是在院校之间进行的分化，也即一些高校作为高度选择型部门，一些作为选择型部门，其他的作为非选择型部门。美国按研究型大学、综合型大学以及社区学院的方式进行分类，不同机构要承担特定的任务，实现特定的目标。在克尔看来，院校间的功能分化更具有优势，他还指出在院校内分化所存在的弊端，主要有以下几个方面：

首先，不利于管理者对高校各部门的有效治理。倘若将高度选择型部门、选择型部门和非选择型部门三个层次都放在同一所大学内，会导致学校规模过大，进而难以保证对每个部门实施合适的管理措施。高度选择型部门、选择型部门和非选择型部门三者存在本质上的差异，导致它们所追求的目标不同，所承担的责任也有所区别，因此需要不同的管理方式。高度选择型部门由于其研究高深学问、追求卓越水平的特性，需要具备高度的学术自由以及院校自治权；选择型部门要开设广泛的课程，为社会培养大量的合格的职业者，所以需要更高的效率；非选择型部门的主要职责是满足大众接受高等教育的需求，以个人需求和市场导向为发展依据，所以更注重管理的实用性。将这三个部门混合在同一所高校中，会导致管理难度的进一步加大。

其次，弱化精英教育培养学生智力的作用。如果将不同层级的高等

---

① ［美］Clark Kerr：《大学的功用》，陈学飞等译，江西教育出版社1993年版，第109页。

教育部门安排在同一所院校内，会使拥有不同智力水平以及兴趣的教师和学生混合起来，拥有优秀才智的学生难以通过普通的课程学习与实践获得深入发展才能的机会，从而被淹没在众多学生之中。同时，高校内不同部门之间的竞争加剧，会导致高度选择型部门很难有效发挥创造传播知识的作用。学生与社会对于精英高等教育的期望无法得到满足，最终导致精英高等教育的普遍衰退。克尔又以德国综合大学为例，指出将所有高等教育部门综合在一起，会导致最高等级部门的智力培养功能退化，而其他部分的功能也无法得到发展。

最后，导致优秀人才遭到不平等的待遇。假如把高度选择型部门、选择型部门和非选择型部门放在同一所机构，就会导致部门之间的同质性增加，学生培养成本也会趋于一致。同时，不同部门教师的工资以及科研活动的经费等也会趋于同一水平。但给予不同水平的学生相同的培养成本，则无法保证为优秀学生提供所需要的先进教学资源，这是对优秀人才的不平等对待，同时也会造成资源的浪费。形成高等教育体系中普遍的低层次现象，最终导致教育水平的倒退。

在同一所院校内部进行分化，造成的后果就是高等教育机构的均质化，使高等教育机构变得单一并且缺乏竞争性。而院校间的功能分化，能够使不同的院校明确其职能、职责和奋斗目标，促进高等教育机构的多样性发展。而多样化正是高等教育系统长久繁荣的重要影响因素之一，不仅体现着社会民主化的进展，与普及化的高等教育相伴而生，还代表人们对于个性发展的追求，促进高等教育精英化的进步。总而言之，高等教育系统需要通过功能分化实现健康有序地发展，分化出的部门也能够以不同的方式达到人才培养的目标。

二 高等教育系统学生的分化

学生是教育教学活动的组成因素之一，对学生发展规划也是教育改革的重要组成部分。高校学生的分化是克尔高等教育趋同模式实现的重要路径之一。在对学生进行分化时要注意区分职业教育院校、综合性院校以及研究型院校对学生水平要求的区别。同时，还要注重发挥社区学院对于实现教育公平的重要作用，满足社会对于高等教育普及化发展的要求。

(一) 分化的原则

克尔认为，学生分化应注意以下原则：第一，选择型部门与非选择型部门在招生时更强调平等的原则。第二，高度选择型部门比选择型部门更注重学生的学术能力，并且学术工作的层次愈高，在入学时愈重视学生智力水平的优秀。第三，学生的期望、其自身能力以及已获得的成绩，可以作为能否转学至高层次院校的判断依据。因此，以专业训练和科学研究为主要职能的研究型高等教育机构，应根据学生个人智力水平的高低，挑选才智出众的优秀人才。例如，美国的研究型大学既是高级人才聚集中心，也是精英人才的培养中心。在第二次世界大战期间，美国研究型大学通过严格选拔，挑选优秀人才入学，培养了众多顶尖科学家，为美国科研发展源源不断地注入新的活力，成为美国重要的科技创新基地。另外，以实施普通知识教育为职能的高等教育机构，应以较为宽松的入学标准为基础，从大量适龄青年中挑选合格的学生。以美国综合型大学为例，这类学校在录取学生时不会使用过于严格的筛选标准，而是以促进教育普及为主要原则；以进行职业技术训练为主要职能的高等教育机构，会根据社会和个人的需要，实施普遍入学。美国社区学院广泛地吸纳学生，并通过设置社会发展所需的各类专业，满足学生日后不同的发展和就业需求，为社会输送具有过硬专业素养的职业性人才。

(二) 分化的途径

由于高等教育系统职能的分化是在不同的校区进行的，对于只能进入较低层次院校但拥有较高才能的学生，可以给予转学至较高层次院校的机会。特别是非选择型的高等教育机构的学生，他们可以凭借其爱好和能力获得转到四年制大学的机会。例如，美国社区学院的学生要先在社区学院接受两年的大学入门知识课程，通过积攒学分或者获得一定的协士学位，就可以转入普通学院或大学。社区学院的这一转学职能也被称为预备功能，体现着教育民主化的理念，社区学院以平等主义为办学原则，只要学生达到一定的成绩，就能给予其平等的转学机会。在进入社区学院学习的学生中，有很大一部分希望获得学士学位，而转学课程可以帮助那些暂时不能进入大学的学生最终实现他们的大学梦想。在高等教育普及化的过程中，社区学院发挥的作用是任何一类机构都无法替代的。

三 高等教育系统管理的分化

在高等教育系统进行功能分化和学生分化后，不同类型的部门会依据不同的组织目标和价值取向对学生开展教学活动，这就需要不同的运行机制和管理模式来满足学生多样化的教育需求。克尔以高等教育功能的分化为基础，论述了不同层次教育类型的管理方式。

（一）精英高等教育机构的管理

研究型大学作为探究高深学问的场所，与其他教育机构的最大区别就在于它所具备的学术性——对知识和真理的探求，而过多的权力管控会限制学者在学术中发挥创造能力。同时，独立自治作为中世纪以来大学一直坚守的最高办学原则，能够保护高校免受外部侵犯。为保持研究型大学的独特性，学者必须坚守其自身独立，避免政治、经济等因素对学术活动的干扰，做到为真理而不是利益服务。所以，一切校内科研活动都必须紧紧围绕保持学术自由的主题展开。这不仅能保证知识的创造与传播不受外界因素的影响，将外部错误信息对研究的干预降至最低，还能发挥研究型大学在经济社会以及人类文化创新发展中的主阵地作用。因此，克尔认为："高度选择型的功能必须在高度卓越的水平上执行，他们必须有一个单独的内部和外部管理模式。"[①]

在外部管理上，克尔认为，研究型大学要有充分的自治权利。当今社会对于知识更新和升级的需求逐渐加大，研究型大学肩负着科技创新和人才培养的重任。因此，"与其他高等教育部门相比，社会压力对研究型大学的发展具有更大的影响，因此这类高校也需要更大的自主权来履行其职责。"[②] 政府作为高等教育中重要的主导力量，需要通过"放手"来取得更好的教育效果。从上至下地严密监管不会产生好的效果，反而会将思想的创造力束缚在规则的牢笼中。以美国加州大学为例，它作为一所公共教育机构，却不受州长或州政府的管辖，而是由学校董事会首

---

① [美]克拉克·克尔：《高等教育不能回避历史：21世纪的问题》，王承绪译，浙江教育出版社2001年版，第91页。

② Clark Kerr, "A Critical Age in the University World: Accumulated Heritage versus Modern Imperatives", *European Journal of Education*, Vol. 22, No. 2, 1987, pp. 183 – 193.

接管理。每年除去接受政府的财政资助外，它享有高度的自治权利。在法律意义上，《加利福尼亚州宪法》规定加州大学虽然是公立院校，却不属于州政府，也不属于加州人民，几乎将所有不受政府管控的权利全部归由加州大学自身保有。这一管理模式使加州大学在学术研究上具备更大的自主性，为其成为世界一流研究型大学打下了良好的基础。

在内部管理上，克尔认为，研究型大学应该以学科为主，采取学院式管理。由于高校内部存在学术权力和行政权力两种基本权力，高校内部的管理可分为学院管理和科层管理两种基本管理模式。学院式管理以学术权力为中心，强调相关学术组织和人员按照规定，自主管理决策学术事务，体现学术性与民主自治性的特点；科层制管理以行政权力为中心，由行政组织和人员对学校管理事务进行决策，更加强调强制性和效率性。研究型大学的知识创新和学术发展的特点表明，急功近利和行政命令式的管理对学校发展是无济于事的，它需要的是一种学术氛围和自由的环境。在以学术权力为主的学院式管理方式中，所有的学术问题都要由教授、系、院自下而上地提出。教授可以行使学术权力，自主决定跨学院乃至跨学校的科研合作。这种学术民主和学术自由的氛围，能够使高校的科研工作得到充分的保障，有利于高校的学科发展和学术繁荣。

（二）普通高等教育机构的管理

在外部管理上，克尔主张发挥政府的监管作用。对于综合型的大学，州政府不会像对待研究型大学一样给予很大程度上的自治权。以加州为例，政府在州立大学的财政资助预算规划中，详细规定了高校不同部门、职位以及活动。而与之形成鲜明对比的是州政府直接给予加州大学财政拨款，并允许加州大学自由规划资金的用途。这是政府出于政治的需要，不可避免地对综合型大学实施的管理措施。但是考虑到高校作为学术性机构，自治权对其发展具有重要作用，克尔认为，政府应该尽量避免对综合型大学实施具有长期性、基础性以及针对性的微观管理，而应当适当保有高校的自主权。政府应主要通过颁布政策或高等教育系统运行准则等，实施宏观管理。政府及领导者也应该改变其作为高校所有者的思维模式，而更多地将其摆在高等教育消费者的位置上，思考高校管理的有效措施。

在内部管理上，克尔主张在院校内实行等级制管理。这种管理模式的优点在于它具有清晰的组织结构与责任分工，同时内部权利分配也比较明确，整体结构稳定。这类模式运行起来也较为简单，通过合理的组织安排，就可以达到最佳效率。综合型大学等选择型高等教育机构的主要任务是通过教学培养社会所需要的实用型人才，并以满足经济社会发展的需求以及学生希望通过高等教育获得好工作的期望为办学的中心主题。它们对学术自由的要求相较于高度选择型的高等教育机构要稍低一些，但对效率要求却很高。选择型教育机构要在大学期间对学生进行系统完整的文化课程以及专业技能课程培训，培养大量具备高素质水平的劳动型人才。因此克尔主张此类机构实施等级制管理，实现加州高等教育的高效发展。

（三）职业高等教育机构的管理

在外部管理上，克尔认为，社区学院的管理权应该主要保留在当地社区，实现"集中管理、地方主动权和社区需求三大导向的协调关系"①。虽然当地社区、州政府以及联邦政府都对社区学院的发展负有责任，但由于当地社区政府对于本地区高等教育的情况有更充分的了解，能够做出比州政府官员更加明智的政策决定。所以，社区学院应由所在地的政府直接管理。但在实际管理过程中，州政府很难在为社区学院提供财政支持的同时，又为地方政府保留一定的高等教育自治权利。以美国社区学院为例，州政府完全掌控社区学院的管理，已经发展成为高等教育的主流趋势之一。因此，克尔主张给予当地社区一定的自治权，在保障社区学院作为高等教育机构拥有必要的自治权利时，加强地区对社区学院的合理管控，与地方发展相适应，尽可能地平衡高等教育自治与集权的关系。

在内部管理上，克尔认为，应依据市场需求的变化，实行实用型的管理。由于社区学院这类非选择型高等教育机构，满足学生的就业需求是其存在的价值，学院本身具有极强的市场性，所以应对社会职业发展对人才的要求是社区学院内部管理组织的要点。随着教育普及化发展，社区学院走向开放办学，规模不断扩大。许多新成立的社区学院没有校

---

① 韩颖、杨天平：《地方高校之"地方"探究：高等教育分类的国际视角》，《比较教育研究》2020年第8期。

舍，很多教学项目是通过电视等媒体来进行的，甚至有些院校在工厂企业等单位直接办班。针对这一情况，社区学院实行包括教学项目负责人、院长以及社区主任在内的三级管理模式。学校的教学项目负责人主要在不同教学地点进行管理，他们直接向院长负责；院长主要抓咨询、信息服务等工作，并对社区主任负责，直接向社区主任汇报工作。这种内部管理能够紧密地将社区学院办学与社区发展相联系，充分调动教学项目负责人等中层干部的积极性、主动性和创造性，具有极强的实用性特征。同时社区学院课程设置更依赖于消费者的选择[①]，具有灵活多样的特点，能够充分满足学生职业训练的要求和社区群众文化的需要。

第三节 高等教育趋同模式的案例研究

1960年《加利福尼亚州高等教育总体规划》（简称"总体规划"）正式颁布。总体规划以克尔的高等教育趋同模式为理论基础，对加州高等教育的组织结构、各部分功能、规模以及质量等进行详细规划。这一规划不仅在加州高等教育内部建立起一套系统完整的发展模式，确立高等教育未来发展格局，还比较成功地解决了高等教育普及化与精英化的协调发展问题，为美国高等教育发展提供参考经验。

一 总体规划的背景

第二次世界大战后，受政治、经济政策的影响，美国高等教育进入大发展时代。加利福尼亚作为美国人口数量最多、经济最为繁荣的州，拥有全美最大的公立高等教育系统。为实现全州高校的统筹发展，应对战后新变化，时任加州大学总校长的克尔依据社会现实，结合其丰富的教育实践经历，制定了《加利福尼亚州高等教育总体规划》。规划制定的相关背景主要包括以下几个方面。

（一）高校入学人数的增长

战后初期，美国社会出现许多新变化。首先，美国社会由战乱进入相对稳定的发展状态，社会安定催生着经济蓬勃发展。其次，受民主思

---

① Clark Kerr, "Higher Education: Paradise Lost?" *Higher Education*, Vol.7, 1978, pp.261–278.

想发展的影响，美国的民主政治主张给予更多公民平等的社会地位，许多弱势群体因此获得基本民主权利。这些社会变化的出现导致第二次世界大战后的美国出现"婴儿潮"现象，国内新生儿数量持续增长，人口总数达到了前所未有的水平。与此同时，美国高等教育对战争的胜利结束起到了重要作用，公众坚信高等教育体系具有极强的优越性，能够培养高质量的人才。到了20世纪50年代，这些新生儿已经到了可以接受高等教育的年龄阶段，民众接受优质高等教育的需求使美国高校面临着数量巨大的新生压力。

位于美国西部太平洋沿岸的加州，拥有优越的地理位置、丰富的自然资源环境以及东西通达的铁路交通运输网络，每年都会吸引大批海外移民定居于此。这些来自不同国家和地区的新移民，带着对美国高等教育质量的高期望进入加州高校学习，使加州高等教育的规模迅速扩张，学生构成也朝向多元化发展。到了20世纪50年代末，民主思想对教育的影响进一步深化，高等教育入学率不断提升，实现从大众化向普及化的转变。为满足更多加州青年平等接受高等教育的需求，加州原有的高等教育体系必须尽快改革。

（二）社会用人标准的提升

19世纪末20世纪初，美国进步主义教育运动兴起，全美广泛建立起新式学校。这场运动不仅改革了美国基础教育，还对高等教育产生了深远影响，奠定了美国高等教育发展的基本方向。进步主义教育在美国教育体系中的主导地位一直持续到第二次世界大战结束后。战后美苏两极争霸局面形成，而美国的经济和科技在此期间一直处于世界领先地位，美国各界一直为美国所取得的成就而骄傲。直至1957年10月4日，苏联第一颗人造卫星成功发射，美国人的优越感在一夜之间被打破。美国政界、军界、科技界、教育界乃至公众都陷入恐慌之中，社会各界开始反思与苏联教育的差距，以及进步主义教育的弊端。公众认为，美国教育体系中原有的教育思想，不利于高校发挥知识的创造与提升功能，从而导致美国教育质量下降，影响国家国防科技的发展。为拯救国家危机，美国的研究型大学被号召肩负起挽救民族兴亡的重任。政府通过给予高校巨额财政支持的方法，要求研究型大学提高教育质量和学术研究标准，产出比过去任何时候都更多、更好的研究成果，培养大量掌握尖端技术的专业人才，为国家发展提供创新动力源。

（三）高校竞争程度的加剧

第二次世界大战后，美国社会正值改革与发展的时期，加州各大高等教育机构都想借此机会大显身手，扩大办学规模并提高学术地位，实现院校升级。因为这不仅关乎学校获得的资金支持和学术声誉，还关乎学校未来的发展。因此，加州高校竞争逐渐加剧，彼此之间的矛盾不断升级。

首先是加州大学与州立学院之间的矛盾。加州州立学院于1857年建立。最初的加州州立学院是一所师范学校，主要培养中小学教师。随后，该学院在规模、在校生人数及所提供的课程等方面有所扩展，于1921年改名为州立师范学院。后来，在教师培养之外，该学院的职业技术教育和通识教育也不断发展，并于1935年正式改名为州立学院，实现从师范院校到综合学院的转变。第二次世界大战结束后，州立学院不仅在学院规模上得到扩充，其自身学术水平也获得提升。为实现院校的进一步发展，州立学院准备开设新的工程以及其他领域的专业课程，并向由加州大学以及加州州立学院共同组成的联络委员会提出办学申请。但加州大学对此极力表示反对，认为州立学院的这一举动会威胁到加州大学在学术领域的领导地位。而州立学院院长认为，联络委员会不通过州立学院的专业申请是一个巨大的错误，这不仅让州立学院局限于二流院校的地位，而且对于所处区域甚至是整个州的发展，都将是极为不利的。同时，州立学院具有丰富的教师培训经验，能够满足加州高校对专业管理者以及教师的大量需求。因此州立学院实现其自身的扩张与发展，不仅合理而且具有必要性。

其次是社区学院与州立学院之间的矛盾不断发展。社区学院招生门槛低，面向当地社区中有教育需求但没有充足的时间、财力的学生开放。同时课程设置具有较强的实用性和兼容性，主要传授普通文化知识以及进行必要的职业技能训练，能够满足学生就业与升学的多样化需求。虽然社区学院每年接纳大批学生，为加州高等教育普及化发展做出重大贡献。但是由于其所授的知识层次较低，社区学院在高等教育体系中的地位也较低，无法得到州政府足够的重视。1958年，招收学生占16%的加州大学享有州政府高等教育拨款的62%，州立学院享有38%，而社区学院则没有获得来自州政府的建设资金,所有的资金都来源于当地政府。①这就导致社区政府的财政压力加大,教育资金短缺成为社区学院发展的主要障碍。为改变这一状况,许多社区学院都想升级为四年制学院,扩大招生范围,提高学术地位,从而可以获得更多高等教育经费。

总的来说,社区学院想成为四年制学院,四年制州立学院想通过开展研究和提供博士学位变成研究型大学。院校间的无序竞争迫使加州高等教育的管理者不得不对其进行改革。实际上,并不只是加州陷于这般困境,其他各州也都处于类似境地。克尔曾指出:"竞争在美国高等教育中是普遍存在的……但在不同部分存在很大的差异,竞争的激烈程度也因时而异,但在即将到来的时代,高等教育的所有竞争都将变得特别激烈。"② 哈佛大学校长科南特在对美国高等教育进行考察后,认为高等教育系统内部的混乱状态会导致美国高等教育最终走向低质量发展,因此,各州必须进行详细的高等教育规划。

(四) 政府干预力度的增强

第二次世界大战后,政府逐渐意识到高等教育在促进经济增长方面的作用,并开始介入高等教育的管理之中。1960 年,美国联邦政府向高等教育提供了约 15 亿美元的资金支持,这在 20 年中增长了 100 倍,在 20 世纪 50 年代末 60 年代初,许多州开始对高等教育内部系统进行改革,以增进高校间的协调性,节省高等教育资金预算,同时削减公立高等教育机构的自治权。例如,在高校财政资助方面,政府希望建立由非高校内部人员组成的委员会,专门对高校发展状况进行调查并分析,以更好地分配政府资金,实现高等教育系统的高效发展。在政府集权控制愈加明显的国内气候下,加州政府也日益表现出对公立高等教育系统的不满和进行集权改革的愿望。1959 年,新任加州州长帕特·布朗曾提到:"如果它们(指公立高教系统)不提出个什么计划,我们就自己干……我们

---

① John Aubrey Douglass, *The California Idea and American Higher Education*: 1850 *to the* 1960 *Master Plan*, California: Stanford University Press, 2000, p. 281.

② Clark Kerr, "The New Race to Be Harvard or Berkeley or Stanford", *Change*: *The Magazine of Higher Learning*, Vol. 23, No. 3, 1991, pp. 8 – 15.

不得不着手进行这个总体规划"。① 政府和立法机关试图接管高等教育的计划，令加州大学的管理者感到不安。对美国大学来说，联邦政府发挥着重要的作用，特别是政府对科学研究的资金支持，已经成为许多大学发展的主要推动力之一……同时，这些资金也影响着大学的研究形式与性质。② 他们担心政府会直接干预大学的管理事务，削弱大学的自治权，施加更大的控制。同时他们还担心州立学院因此提升地位，获得更大的专业发展权利，这将严重损害加州大学在高等教育系统中的领导地位。

总而言之，社会发展向加州高等教育提出了许多新的要求。首先，民众普遍地有接受高等教育的需求，需要公共高等教育实现规模扩张。其次，高等教育还需要培养经过高度训练的科学家、律师和管理者等社会精英，并充分发挥他们在促进社会进步中的重要作用。再次，高等教育需要明确各级各类学校的职能，保证高等教育系统的多样性和有序性。最后，研究型大学自治权利的保留，需要通过政府与高校间管理权的合理划分来实现。因此，克尔倡导制定高等教育总体规划，以满足社会的诸多需求。

二 总体规划的理论依据

《加利福尼亚州高等教育总体规划》的指导思想并不是无源之水，而是受到经济学、社会学以及哲学等学科领域的多种基本理论的影响，主要包括杰斐逊关于"人生而平等"的哲学理论、本杰明·富兰克林关于"有用的知识"理论、凯恩斯主义经济学理论以及高等教育机构的自治理念。

（一）杰斐逊"人生而平等"的哲学理论

美国第三任总统托马斯·杰斐逊是一名优秀的政治家、思想家、军事家。他为美国资本主义民主发展奋斗终身，并形成了系统的民主理论思想，被誉为美国资产阶级民主传统的奠基人。建国后，杰斐逊担心美

---

① John Aubrey Douglass, *The California Idea and American Higher Education: 1850 to the 1960 Master Plan*, California: Stanford University Press, 2000, p. 265.
② Clark Kerr, "The Frantic Race to Remain Contemporary", *Daedalus*, Vol. 93, No. 4, 1964, pp. 1051 – 1070.

国的政治民主制度会遭到破坏，便围绕国家权力分配以及民主制度保障问题，提出一系列主张和建议，对美国后世民主社会的发展方向产生了深远影响。杰斐逊在1776年草拟《独立宣言》时写道："我们认为这些真理是不证自明的：人人生而平等，他们被造物主赋予他们所固有的（某些）不可转让的权利，其中有生命权、自由权以及追求幸福的权利。"[1] 他主张"人生而平等"，认为普遍的教育机会是社会民主思想的重要表现形式之一。同时，他肯定接受过良好教育的公众是民主最可靠的保障，是民主社会的坚实基础，所以人人都应有平等地接受教育的权利。但是，这并不意味着给予每个学生同样平等的教育，因为那些具有优秀才能的少数人需要接受特别的教育，学习包括医学、法学等课程，以培养他们成为社会的领导力量，最大限度地保障他们的优秀才能得到充分发挥。因此，在杰斐逊民主思想的影响下，克尔主张在保证民主社会公民普遍获得高等教育入学机会的前提下，为优秀人才提供精英式高等教育。

（二）富兰克林"有用的知识"理论

18世纪，美国殖民地经济快速发展，社会急需大量具备优秀实用知识技能的人才，来满足工商业快速发展的要求。与此同时，欧洲启蒙思想传播到美洲大陆，人们对科学理性的崇拜开始超越对基督教神学的信仰，实用主义逐渐占据社会思想的主流。而当时美国推行具有浓厚宗教性和阶级性的古典主义教育，这完全与社会思想发展的要求背道而驰。在这种背景下，著名的政治家、思想家、科学家本杰明·富兰克林提出了实用主义教育思想，主张教育要符合个人和社会发展的利益，并面向社会全阶层开放。他认为，教育的目的应该是培养普通劳动者，在课程设置方面要注重教授"有用的知识"，让学生在有限的时间内多学习时代发展所需要的实用知识，以便进入社会后更容易获得工作。这种有用的知识不仅仅是指最具理论性的知识，而是包括了一切实用性知识。富兰克林的这一理论强调的是知识的质量，而不是知识的类型，一切有用的

---

[1] ［美］梅利尔·D. 彼得森注释编辑：《杰斐逊集：自传 英属美利坚权利概观 弗古尼亚纪事 政府文件 演说 咨文和答复 杂集 书信》，刘祚昌、邓红风译，生活·读书·新知三联书店1993年版，第22页。

知识都是值得尊重的。这就为美国社区学院的发展提供了强有力的理论支撑,保障其实现特色化发展。克尔指出,衡量社区学院价值的依据不是知识水准的高低,而是学校教学质量的好坏,州立大学和加州大学也是如此。美国三级学校在高等教育体系中都发挥着重要的作用,而高等教育系统的完备发展则在于各级学校实现其自身优势的最大化。

(三)凯恩斯主义经济学理论

20世纪30年代以前,世界资本主义国家主要采用英国古典经济学家亚当·斯密的自由主义经济思想作为经济发展的指导原则,主张政府尽可能少地参与到经济活动之中,而应让市场充分发挥主导作用。在这种经济模式下,西方资本主义国家迅速积累大量财富,但同时无节制的市场扩张也带来了巨大的危害。20世纪20年代末,美国爆发了资本主义国家历史上最严重的经济危机,社会经济发展遭到严重破坏。直至1936年,英国著名经济学家约翰·梅纳德·凯恩斯出版《就业、利息和货币通论》(*The General Theory of Employment, Interest and Money*),提出将宏观调节与微观调节相结合,在宏观上通过国家干预经济,调节供需关系来实现充分就业;在微观上通过个人自主的经济管理,实现经济复苏。这一理论被时任美国第32任总统富兰克林·罗斯福采纳,并在全国范围内推行,带领美国逐渐走出经济危机。凯恩斯理论最根本的创新点在于,为国家干预经济提供了一整套合理、科学的经济学证据。克尔将凯恩斯的理论类比于高等教育,认为完全由市场进行调节的自由竞争的高等教育,可能会导致所有高校都致力于将其自身升级成研究型大学,而普遍入学和高级技能训练等对社会发展具有重要作用的职能将会被忽视。因此,克尔在制定《加利福尼亚州高等教育总体规划》时,规定高等教育要在宏观层面上实行统一管理下的高校分化制度,在微观层面上则给予高校充分自主权,并允许院校间存在有序的竞争。

(四)高等教育机构的自治理念

大学自治理念起源于中世纪的高等教育机构,并在近现代西方民主社会的发展进程中逐渐成形。中世纪大学作为一种"与世隔绝"的文化共同体,独立于世俗和宗教势力之外,其管理思想是一种相对狭隘且保守的自治理念。随着19世纪科学知识的蓬勃发展,大学与社会的联系日益紧密,政府对于高等教育的管控也在这一时期加深。大学的自治逐渐变成一种相对的、有条件的自主，需要通过其生产社会劳动知识的职能来实现。但高校作为研究高深学问的场所，与社会其他组织类型不同，具有其独特的内在规定性，并以追求真理为主要任务。为实现高等教育的学术目标，学者在开展科研活动时，只能服从于真理的标准，而不能受任何外界压力的影响。因此，为保证教育质量，高等教育机构要努力保持其自身的独立性。从加州高等教育体系的发展历史来看，加州大学、州立学院以及社区学院虽然在院校升级以及资金分配等问题上存在争执，但在维护高校自治权的问题上，它们却能保持高度统一。克尔认为，总体规划不仅要保留高校的自治权，还要尽可能地扩大权利的范围。但由于高校很难从社会中独立出来，因此高等教育的自治并不是绝对的，而是有限制的。自治并不是一种权利，自治必须不断地获得，而且要通过负责的行为和对社会有效的服务获得。①

三 总体规划的过程和内容

总体规划的形成是加州高等教育各个部门共同努力的结果。在总体规划制定的过程中，各方代表尽全力为他们自己争取最大利益。最后，出于对高等教育发展的全局考虑，各方达成一致意见，总体规划最终确立。这次规划为高等教育发展过程中长期存在却难以协调的各种问题提出解决方案，为加州高等教育未来的长远发展扫清障碍。

（一）规划的制定过程

1959年2月1日，克尔和加州教育总监罗伊·辛普森为拯救混乱的高等教育系统，主张从加州高教全局角度出发进行一次总体规划。随后，众议院通过一项决议，要求由加州教育理事会和加州大学董事会组成的联络委员会编订一个高等教育总体规划，以满足加州未来高等教育发展的需求。

克尔主张由联络委员会下属的联合咨询委员会制定总体规划，在就加州公立高等教育面临的问题展开广泛讨论后，联络委员会最终决定接受州立学院代表马科姆·拉夫的提议。拉夫建议，在州立学院开展本科

---

① ［美］克拉克·克尔：《高等教育不能回避历史：21世纪的问题》，王承绪译，浙江教育出版社2001年版，第145页。

生教育的同时，给予它们在特定专业中培养硕士、博士以及开展科研活动的权利。而加州大学则要削减本科招生规模，把主要精力放在高级人才的培养上。总的来说，这一计划实现了州立学院的大部分目标，而加州大学的利益却遭到了损害。对此，克尔表示坚决反对，并于1959年5月底成立了一个由加州各级各类高校代表组成的总体规划调查小组，任命与加州大学和州立学院都没有利益关系的私立学院院长亚瑟·孔斯（Arthur Coons）为主席。总体规划在设计过程中面临着许多现实问题，包括各级各类高校中的招生问题、功能分化问题、校园建设问题、成本预算问题、政府资助问题以及管理问题，为此，调查小组分设六个专门委员会进行具体调查。

在总体规划制定过程中，调查小组难以形成统一意见，规划工作进展缓慢。最后，出于对规划时间限制与成本的考虑，克尔与州立学院达成共识。调查小组顺利完成总体规划方案的草拟，草案先后被提交给委员会、州议会以及州长。在得到各方的普遍认可后，以总体规划为依据制定的法律方案《多纳霍高等教育法案》（Donahoe Higher Education Act）正式形成。最后，经过加州全民投票，总体规划最终以法律的形式被确定下来，加州高等教育改革正式拉开序幕。

（二）规划的主要内容

总体规划立足于加州高等教育发展过程中所存在的现实问题，经多方院校代表共同商讨，寻找出最佳解决方案。为加州高等教育的管理与协调、招生与校园建设以及系统功能划分等问题提供可行答案。

1. 高校管理及协调问题

针对管理问题，调查小组认为，美国高校存在着三种管理模式。第一种是非中心化管理，即采用自由放任的方式，每所高校都有其自己的委员会直接对立法机构负责。全国大约有十个州采用这种管理模式。第二种是中心化管理，即在高等教育系统内部建立单一委员会，管理所有的高校。对于已经建立的学校委员会，则设置一个总管的超级委员会，美国大约有20个州采用这种管理方式。第三种模式介于前两者之间，即为大学和州立学院分别建立一个委员会。包括加州在内，全国大约有18个州采用这种管理模式。加州大学和州立学院代表都对中心化管理模式表示反对。加州大学代表认为，单一委员会不利于加州高等教育系统的功能分化，而这对高等教育发展是极为不利的。州立学院代表格伦·杜姆克（Glenn Dumke）认为，单一委员会的建立无法改变州立大学所处的二流地位，也无法使州政府给予州立学院更多的关注。虽然原因不同，但是州立学院代表和加州大学的代表第一次站在同一战线上。最终，总体规划决定让加州大学与州立学院各自保有单独的委员会。同时，为州立学院系统建立一个与州教育理事会分离的公共托管机构，名为加州州立学院系统托管理事会，而社区学院则继续由地方政府进行管理。

针对高校间的协调问题，调查小组认为，加州教育理事会和加州大学董事会联络委员会自成立以来，能够充分发挥其协调功能，帮助加州高等教育各部门实现共同发展。但是这个协调机制仍存在不足之处。它不仅忽视社区学院的利益，而且没有足够的权力保证协调结果的充分落实。因此，调查小组建议成立一个法定的协调机构——高等教育协调委员会，它由各类高校的代表共同组成，并拥有充分的自主权和影响力。由于高等教育问题的协调需要一定的专业知识，而来自各类高校的代表凭借其丰富的实践经验，能迅速深入问题的核心。所以调查小组主张协调委员会应由加州大学、州立学院系统、初级学院系统和私立大学各出三名代表组成。同时，协调委员会具有以下职能：审查加州大学与州立学院的资金预算，并将其提交给州长；依据各类学校的不同职能，向学校主管部门提供相应的课程咨询；为高等教育制订发展计划，并依据高校需求，向学校主管理事会提出建议。①

2. 学生招收及新校园建设问题

在完成高校管理与协调问题的协商之后，调查小组开始着手解决学生招收及新校园建设问题。自高等教育实现普及化发展以来，高校入学人数开始与政府的财政资助挂钩，二者呈现出正相关的发展趋势。而政府的财政支持作为高校资金的重要来源，直接影响着学校的发展。因此，如何分配不同高等教育部门的新生人数，成为高等教育发展中的一个重要问题。

针对不同层次高校招收人数的问题，调查小组向相关技术委员会寻

---

① 《美国加利福尼亚州高等教育总体规划（1960—1975）》，教育部国家教育发展研究中心组译，人民教育出版社2005年版，第61页。

求建议。技术委员会依据现状做出预计,认为未来州立学院在低段、高段、研究生段三个层次将实现最高入学人数增长;加州大学低段和研究生段在校生人数将有所增长,而高段学生人数会出现略微下降;社区学院的在校生人数会有较大的增长,但它在所有院校的在校生总数中所占的比例会出现下降趋势。① 可以看出,除非对州立学院和加州大学加以某种限制,否则这两类高校的在校生人数将持续增长。但这两类高校的扩展并不符合加州高等教育发展的最大利益。因为许多州立学院为了消化新增学生,会大大扩建其规模,这将会增加州的经济负担。因此,调查小组建议,社区学院应接纳最多的低段学生,而加州大学和州立学院应保持接纳40%的低段学生和60%的高段学生的比例。② 基于这个比率,加州大学将不再从高中毕业生的前15%中挑选学生,而是从前12.5%中挑选学生。同样,州立学院需要从高中毕业生的前33.3%中招收学生,而不是从以前的40%中招收学生,初级学院则允许所有的高中毕业生入学。③ 这种做法不仅保证学生能够获得普遍入学的机会,还能大大提高进入高校学习的学生质量。

关于新校园的建设问题,调查小组建议高校应在州政府财政条件允许时,加快已经批准设立的四所州立学院和三所大学的建设进程。但是在建设好能够容纳大量学生的社区学院前,不再设立新的州立学院和加州大学校区。同时,州政府必须充分考虑到社区学院的需求,提高社区学院的财政预算,因为加州高等教育建立在平衡的三级体系之上,而社区学院在这一体系中发挥着基础性、不可替代的重要作用。

3. 高等教育系统各部分的功能问题

随着调查小组在高校管理与协调、招生标准设定、新校园建设等方面取得重大进展,加州高等教育中存在的许多问题基本得到了妥善解决,但关于高等教育三个层级的功能划分问题,仍未制定一个合理的解决

---

① 教育部国家教育发展研究中心组译:《美国加利福尼亚州高等教育总体规划(1960—1975)》,王道余译,周满生校,人民教育出版社2005年版,第73—74页。

② John Aubrey Douglass, *The California Idea and American Higher Education: 1850 to the 1960 Master Plan*, California: Stanford University Press, 2000, pp. 283-284.

③ John Aubrey Douglass, *The California Idea and American Higher Education: 1850 to the 1960 Master Plan*, California: Stanford University Press, 2000, p. 284.

方案。

对于州立学院是否要提供博士学位并开展科学研究这一问题，加州大学和州立学院各执一词，互不相让。直至克尔做出让步，同意州立学院和加州大学联合授予博士学位，准许州立学院教师进行与学院职能相关的科研活动。至此，高等教育系统三个层级的不同功能得以确立：加州大学作为首要的学术科研机构，必须坚持开展研究生教育和专业教育。同时，在法律、医学、牙医学和兽医学等专业拥有唯一的教学权力，并能够独立授予博士学位；州立学院的首要使命是为本科生和硕士研究生提供文理课程、专业课程以及应用课程，并开展师范教育。同时，州立学院可与加州大学联合授予博士学位，学校教师还可以从事符合州立学院首要功能的研究活动；社区学院应提供四年制院校中前两年的专业课程教学。同时，它们必须为学生提供能够转学到四年制院校的课程学习，不仅包括通识教育，还有面向就业的职业技术教育。总体规划使社区学院在加州历史上首次由中等教育的一部分变为高等教育的一部分，真正成为高等教育的重要部门之一。

总体而言，由克尔倡导发起的1960年的总体规划，渗透着克尔的"既普遍入学又促进优秀"的重要思想，对当时加州高等教育的发展产生了重要的作用。总体规划的实行，使加州公立高等院校的入学人数实现成倍增长，但是经费支出却保持稳定。同时，各层级高校充分发挥其自身特点，高等教育质量也得到提高。加州大学的许多分校在学术研究以及教学方面取得优异成绩，克尔对此曾自豪地表示："在全国20所顶尖的私立或公立研究型大学中，加州就有5所。加州州立大学系统是培养教师、工程师和其他专业人员的主要资源。加州的社区学院是美国50个州社区学院的榜样。"[1] 经济合作与发展组织也曾在其1990年的报告中指出，1960年的加州总体规划将平等的入学机会与优秀人才培养很好地结合在一起，真正实现逻辑与历史的统一。

但是，总体规划也存在着一些问题，例如，转学职能在实际操作过程中并不如理论所设想的那般有效。在总体规划实施的前25年里，每年

---

[1] Clark Kerr, *Who Will Take Responsibility for the Future of California Higher Education?* Sacramento: California Postsecondary Education Commission, 1993, p. 21.

社区学院转学到加州大学系统的学生数在1973年最高时才刚超过8000人，相对于进入社区学院系统的100万名学生而言，这是一个极小的数目。而且，转学职能有进一步萎缩的趋势，到1985年，从社区学院转学到加州大学的学生数逐步稳定在5000人左右。[①] 迫于形势，立法机构在80年代末期不得不制定一些政策来提高转学率。另外，总体规划在内容上注重对公立高等教育机构的改革，忽视了私立高等教育机构的利益，以及功能分化的教条主义思想对个别有能力的高校造成阻碍，等等。

第四节 高等教育趋同模式理论与实践的价值及其局限性

高等教育趋同模式理论作为加州高等教育总体规划的基础，是加州高等教育应对战后新挑战的重要指导思想。它针对高等教育发展过程中产生的内部与外部问题，提供一种创新性的解决方式，实现高等教育在规模与质量、集权与自治等方面的发展，为美国乃至世界的高等教育实践提供可资借鉴的成功经验。但由于时代的局限性，这一理论也存在着一些不足之处。因此，在这一理论的运用过程中要注意取长补短，辩证地看待其价值。

一 高等教育趋同模式理论与实践的价值

克尔通过总体规划实现其高等教育趋同模式的应用，将高等教育的普及和多样化发展有效地结合起来，推动了美国高等教育现代化的进程。这一理论不仅超越了前人的高等教育改革理论，还建立了一套完整合理的高等教育层级结构，为实现高等教育从单一化向多样化转型提供强有力的支持，使加州高等教育体系成为美国其他各州高等教育改革借鉴的对象，促进了美国高等教育的普及化发展。

（一）超越布鲁贝克的二元论哲学观

布鲁贝克将西方的高等教育哲学概括为两种内涵截然不同的高等教

[①] Arthur Levine, *Higher Learning in American: 1980－2000*, Baltimore: Johns Hopkins University Press, 1994, p. 122.

育哲学观：认识论和政治论。认识论的高等教育哲学把追求知识本身作为高等教育的目的，坚持纯粹的高深知识研究，并主张实施精英高等教育。而政治论的高等教育哲学认为，人们关注高深知识是因为它对国家发展有着深远的影响，也就是要考虑知识的社会价值，如果没有社会价值，那么高等教育就没有必要存在了。这两种高等教育哲学观在美国不同的历史时期交替发挥着作用。

认识论者认为，高等教育只能为有才能的人提供服务，它们的对象应限于少数的学术精英。因为认识论高等教育哲学把高深学问研究本身作为高等教育的目的，而"高深学问忠实于真理，不仅要求绝对忠实于客观真实，而且要尽力做到理论简洁、解释有力、概念文雅、逻辑严密"[①]。高等教育知识具有复杂性，并不是所有的人都有能力接受，只有那些有能力接受的人才能进入高等学校，被培养成为学术精英。政治论者认为，人人都应该有平等地接受高等教育的权利。因为高等教育存在的价值就在于为社会服务，而"高等教育可以培养出更好的公民、更有生产能力的工人、更有欣赏力的闲暇利用者"[②]，并且高等教育机会的平等也能够满足民主国家的政治需要。所以，政府应该满足广大人民普遍接受高等教育的需求。认识论者把高等教育机构作为培养学术精英的"象牙塔"，政治论者则把高等教育机构当作满足大众需求的"服务站"。

如今，高等教育逐渐从社会的边缘走进社会的中心，社会经济的发展要求高等教育不仅提供普遍入学的机会，还要培养学术精英。克尔提出"既普遍入学又促进优秀"的高等教育趋同模式，满足了上述社会需要，在一定程度上实现了对布鲁贝克二元论高等教育哲学观的超越。对此，克尔曾自豪地表示："与其他任何国家相比，我们为最大多数的年轻人提供了高等教育的机会，提供了高等教育的最大选择范围。我们的社区学院向所有的公民开放。我们的州立学院和大学对劳动力市场的响应

---

① ［美］约翰·S. 布鲁贝克：《高等教育哲学》，王承绪等译，浙江教育出版社2001年版，第14页。

② ［美］约翰·S. 布鲁贝克：《高等教育哲学》，王承绪等译，浙江教育出版社2001年版，第69页。

能力比任何国家都强。"① 经济合作与发展组织也认为，加州高等教育总体规划通过整个加州高等教育系统的努力，在实现高等教育的普及化发展的同时，又保证高校人才培养质量处在高等教育的顶尖地位。这是一种前所未有的发展模式，是世界上任何一个国家都无法超越的高等教育实践。

（二）建立合理的高等教育层级结构

高等教育在面临规模的急剧扩张时，既要保证给予公民普遍的高等教育入学机会，又要培养优秀人才，对此，形成一个合理的高等教育层级结构至关重要。如果将高等教育系统比作一座金字塔，那么精英教育就是位于最上方的塔尖部分，而底部的结构则是由其他高校组成的。这种高等教育结构足够稳定，并且能够保证少数精英院校的独特领导地位，以及普通院校对于普及化教育的巩固作用。美国加州大学伯克利分校前校长田长霖也曾指出："办学需要层次，而且层次和层次之间要有较大的梯度，一定要有非重点大学、重点大学和重点中的重点大学之分。"② 克尔提出高等教育系统功能分化的思想，通过区分公立高等教育系统三大部分的不同职能定位，明确各部分的发展目标、权利以及义务，形成一个多层的"金字塔式"的高等教育结构。

处于"塔尖"的研究型大学只占少数，以培养研究型人才和开展国家重点项目研究为己任。这类院校日益向着"高、精、尖"方向发展，追求综合化、国家化，满足社会对优秀高等教育的需求；位于中间的综合型大学，数量众多，以教学活动为主，培养高素质的劳动者；处于"塔底"的社区学院数量最多，主要职责是满足广大民众接受高等教育的需求。这类院校在美国高等教育普及化进程中发挥着重要作用，是高等教育体系中不可或缺的组成部分。例如，1960年，美国有社区学院509所，学生数近40万人。而1970年，社区学院已增至1000所，学生近200万人，占高等教育机构学生总数的四分之一。③ 而且，社区学院既能保持

---

① Clark Kerr, *Who Will Take Responsibility for the Future of California Higher Education?* Sacramento: California Postsecondary Education Commission, 1993, p. 21.
② 陈厚丰：《中国高等学校分类与定位问题研究》，湖南大学出版社2004年版，第10页。
③ 滕大春主编：《外国教育通史》（第六卷），山东教育出版社1994年版，第100页。

与上一个层次的联系，培养可以转入大学或学院的三年级学生，又可以独立成为一个层次，培养社会急需的熟练工人、初级技术人员等各类人才，同时还能通过大力发展成人教育，成为所在社区的文化和职业教育中心。

高等教育的职能分化主要以"层次内竞争、层次间合作"为原则，鼓励在同一层次内的各院校之间进行良性竞争，争取先进；处于不同层次的院校实现跨校联系与合作。正如《加利福尼亚州高等教育总体规划》所提出的州立学院系统和加州大学系统可以合作进行博士培养一样，社区学院系统的学生可以转学到上述两类系统。

(三) 促进高等教育机构的多样化

克尔的高等教育系统分化的思想，为普及化时期的美国高等教育建立了合理的层次结构，同时也促进高等教育机构的多样化发展。特别是克尔指导制定的加州高等教育总体规划，在美国历史上首次实现把高等教育划分为两年制的社区学院系统、四年制的州立学院系统和授予博士学位的研究型大学系统三个层次。从此，两年制的学院教育开始成为高等教育系统中一个公认的重要组成部分。美国联邦政府、州政府、地方政府也开始重视并大力资助两年制学院的发展。

现代社会具有一定的复杂性，对于人才的需求也具有多样性。高等教育机构通过三级分层，可以实现每一层级培养一类人才的目标。这种多样化的高等教育机构，不仅能为社会提供足够多的合格人才，而且可以提供合理的人才结构。研究型大学能够培养社会需要的一流科学家、政治家、教授等高级专门人才；综合型的本科学院培养大量高素质的综合型、应用型人才；两年制的学院培养厨师、高级技工等技能型人才。同时，两年制学院的发展，能够使其培养的人才适应更多基础工作岗位的要求，减少"高才低用"现象的出现及其所带来的高等教育投入的浪费。

二 高等教育趋同模式理论与实践的局限性

克尔通过高等教育系统分化的方法，有效地对加州高等教育系统内的院校进行层级划分，比较成功地实现了加州高等教育的普及化发展和优秀人才的培养。但是这种系统分化的方法也有其局限性，主要表现为各层级高校间的整合效率低下以及投资水平差距加大的现象。

（一）各层次高校间整合效率低下

克尔利用高等教育系统分化的方法，将高等教育系统分为三个层次，但只有当每个层次都稳定地发挥其职能时，整个系统才能有效地运行。更重要的是，这种分化制度下的高等教育系统，其内部各层次院校之间的联系必须是紧密而活跃的。但实际上，分层的方法更强调各院校自身的角色，而忽略了各层次院校之间的合作。例如，在制定加州高等教育总体规划时，规定社区学院的学生有转学的权利、加州大学和州立学院系统之间有开展合作研究的必要性，但事实上各层次都只为其自己的利益考虑，而没有为高等教育的共同目标进行坦诚合作。高等教育系统中这种低效的整合，削弱了高等教育全州性合作的可能，不利于其公共教育目标的实现。

（二）各层次高校政府投资水平差距加大

克尔提出的高等教育系统分化方法，容易在高等教育系统内部产生马太效应，造成高等院校在资金分配方面出现严重的两极分化现象。原本就拥有丰富资源的院校，能够吸引更多的投资，获得更多的有利条件。而原本条件就不足的学校，会因为州政府倾向于把资源投向声誉更好的"最顶层"院校而变得资源更为匮乏。例如，由于美国经济衰退，加州大学在20世纪90年代遭遇到了经费缩减的问题，但这种经费不足的状况已经在社区学院持续了十几年。同时，州立大学与加州大学之间也存在着巨大的待遇差别，州立大学在政府资金投入等各个方面，从未享受过与加州大学相同的待遇。

本章小结

第二次世界大战后迎来黄金时代的美国高等教育，在数量扩张与质量提升的均衡发展上取得了卓越的成就。时任加州大学校长的克尔在这一阶段发挥了重要作用，他提出的高等教育趋同模式不仅帮助加州高等教育系统取得长足发展，还成为美国乃至全世界高等教育改革效仿的对象。从他的高等教育改革实践中，可以看到他本人所具有的优秀品质。其一，敏锐的洞察力。面对战后美国出现的一系列社会危机，克尔能够对社会现象进行本质分析，发现高等教育与社会之间的联系，并在此基础上明确高等教育的发展方向；同时，还对高等教育系统中各类院校间的联系与矛盾形成深刻认识，为教育规划的形成提供现实基础。其二，长远的眼光。克尔在对加州高等教育系统进行规划时，是立足于高等教育发展的整体格局，结合社会未来发展趋势，为加州高等教育的长远发展进行布局。其三，坚韧的毅力。在总体规划制定的过程中，克尔面临着许多困难与阻碍。不仅包括院校间的利益冲突，还有政府与高校间存在的管理权矛盾。最终，克尔以其对改革的强大意志力与决心，一一解决这些现实问题，为改革扫清了障碍。

此外，克尔的高等教育改革实践也具有极强的现实意义。中国高校在政府的主导下从1999年开始连年扩招。到目前为止，中国高等教育已进入马丁·特罗关于高等教育三阶段论中的普及化阶段。但是，伴随着新生院校数量的增加，中国高等教育出现了质量下降和系统混乱等问题。这是由于中国高等教育没有处理好实现普遍入学与培养优秀人才之间的关系，同时存在高校对其自身定位不清，以及求大求全、追逐"一流"等问题。为解决这些问题，中国各级各类高等教育学校校长可以通过借鉴克尔高等教育趋同模式思想，结合其本校具体发展情况，实现高校有效治理，促进高等教育的可持续发展：

首先，高校校长在学校治理过程中要明确本校职能，找准高校的立足点和最佳发展空间，坚持"有所为有所不为"的原则。研究型大学校长应当把赶超世界一流科研型大学、培养高层次科研人才作为发展目标，并针对当前中国缺少拔尖型专业优秀人才的情况，在招生过程中吸纳大量优质生源，开展高水平科学研究项目，提高其自身科研能力与高校自主创新能力；综合性学校校长应该把开展普通教育、培养综合性的高水平人才视为己任，立足于学校自身的发展，争当本层次内的排头兵，而不是升级成为研究型大学；高职高专学校校长则应根据社会的需求培养大量的技能型人才，发挥高校推动高等教育大众化的职能，满足广大青年接受高等教育的需求。此外，校长要注意采用多元化的学生评价模式，招收合适的学生进入高校学习，并持续深入推进学校的课程质量改革工作，构建多样化的课程体系。同时，各层级高校校长要借鉴美国高校的办学经验，在高校治理的过程中注重层次内的竞争，即与同一层次高校以办学质量和办学特色为中心展开竞争，同时避免层次间恶性竞争的出现。通过这种方式，可以更好地刺激高校办学水平的增长，促进中国高等教育的整体繁荣发展。

其次，高校校长要着力提高其自身的管理能力与学术能力，并要在教育领域有一定的成就。校长是一名管理者，作为高校管理组织结构中的上层领导者，校长对于学校各种事务有着管理权和决定权。在日常的管理中，校长要承担起组织校园建设、制订工作计划等职能，还要负责干部选任、教师队伍建设等工作。这就要求校长在管理学等学科领域具备丰富的知识，同时拥有丰富且高效的管理能力，能够对已有的管理经验加以总结并更好地将其应用于实践。校长还是一名学术领袖，大学作为高深知识的创造地，其领导者也必然是一定学术领域中的专业学者，这样才能更好地带领大学发挥其学术功能。因此，高校校长必须具备过硬的专业知识与素养，熟悉科研流程以及开展科研活动所必需的各类准备条件，以便更好、更高效地推动科研活动的进行，实现科技创新。校长还应是一名教育家。开展教育教学工作是高校最本质的职能，高校校长作为一名教育家，要具备基本的教育学知识，按照教育规律指导日常教学工作，形成并发挥其自己的教育理念，建设符合其自己标准的、理想型的大学，带领高校走向全面发展。

1963年，克尔在哈佛大学的一次演讲中将大学校长在治校过程中的角色描述为领导者、教育家、创造者、带头人、行使权力者、水泵；也是官员、管理者、继承者、寻求共识者、劝说者、瓶颈以及调停者。[①] 纵观克尔的治校历程，他用行动践行着这些角色和职责，为高等教育事业奉献终身。对此，中国高校校长要积极吸取经验，在高校治理的过程中，立足于高等教育发展全局，充分发挥主观能动性，提升治理专业化水平，努力为高校进步以及中国高等教育事业的繁荣发展贡献他们的力量。

---

① ［美］Clark Kerr：《大学的功用》，陈学飞等译，江西教育出版社1993年版，第23页。

第 四 章

康奈尔大学第 9 任校长罗德斯的大学治校理念与实践

弗兰克·罗德斯（Frank Rhodes，1926—2020）是国际知名地质学家和教育家，曾任康奈尔大学第 9 任校长（1977—1995）。罗德斯一生致力于康奈尔大学的发展，关注国家教育和科学政策。在他任职的 18 年中，罗德斯对康奈尔大学进行了一系列改革，使康奈尔大学在调动办学资源、培养协作交流意识、保持大学的开放性、强调国际合作与交流、利用信息科学技术、促进科学研究等方面，都取得了长足的进步。这次改革不仅使康奈尔大学从一所中等大学转变为世界级的研究型大学，还确立了康奈尔大学在美国以至于世界高等教育领域中举足轻重的地位，为世界高等教育事业树立了榜样。当罗德斯卸任康奈尔大学校长时，他被称为"任职最长的常青藤联盟的校长和提倡教育研究的知名领导者"[①]。

第一节 罗德斯大学治校理念的形成基础

美国哈佛大学第 24 任校长内森·马什·普西在《学者的时代》（*The Age of the Scholar*）一书中曾经指出："凡是需要人们进行理智分析、鉴别、阐述或关注的地方，那里就会有大学。"[②] 大学作为人类创造的一种

---

① Cornell University, "Frank H. T. Rhodes, President Emeritus of Cornell, Is Elected President of the American Philosophical Society", （1999 - 05 - 25）, https://news.cornell.edu/stories/1999/05/president-emeritus-frank-ht-rhodes-elected-president-american-philosophical-society. （2022 - 11 - 05）.

② 刘宝存：《大学理念的传统与变革》，教育科学出版社 2004 年版，序言第 1 页。

独特的文化传承机构，对社会的发展具有十分重要的推动作用。罗德斯在美国社会变革的大背景下，对美国高校发展的历史与未来趋势进行考察与分析，并结合时代特点，为美国高校的治理提出建设性意见，促进了美国高等教育的长久发展。

一　罗德斯治校理念的形成背景

第二次世界大战后，美国在经历战后初期的高等教育大发展后，国内高校入学人数不断增加。但在20世纪70年代，美国教育质量的下降以及在校生减少等问题逐渐引起社会的广泛关注。而这些问题与当时的社会背景有着密切的联系，主要包括"学生消费者观念"的盛行、经济萧条下的财政危机、知识经济时代下的大学课程的日益分化三个方面。

（一）"学生消费者至上"观念的盛行

20世纪60年代初，美国发动越南战争，国家招收大量青年入伍。与此同时，美国国内反战运动、民权运动逐渐发展起来，大批高校无法正常办学，许多学校被迫关停，高等教育受到严重打击。到了20世纪70年代，美国高等教育出现了严重的财政危机、适龄青年入学人数减少和教育设施的相对过剩问题，并从战后大规模扩张的"黄金时代"进入"危机时代"。这一局面的产生，致使许多高校一方面不断地进行办学规模调整，改革学校管理；另一方面为获得政府的财政支持，在学生招收方面展开激烈的竞争。随着竞争的发展，许多高校的办学理念在20世纪70年代发生重大变化——从注重学术价值转向注重保护学生作为消费者的利益。从此，"学生消费者至上"的观念在美国高等教育界盛行起来。进入20世纪80年代以后，这种观念进一步发展。所谓"学生消费者至上"，是将学生与学校看作买方和卖方的关系，注重保障学生各项权益（如获得知识权、对学校与专业的选择权、提出诉讼权、安全保障权等）的"市场管理哲学"，旨在为学生提供高质量的教育。[①] 这是高等院校在面临财政、生源和信誉危机时所采用的一种谋求生存与发展的策略，主要通过借鉴工商企业的"销售技术"，在激烈的院校竞争中增强其自身实力，招收更多的学生。

---

① 黄福涛主编：《外国高等教育史》，上海教育出版社2003年版，第451页。

实际上，早在20世纪60年代，由于高等教育的普及化发展，高校入学人数增加，学校课程不断增多，但对学生的要求却不断降低，这就导致高校变成教育的"超级市场"，能够为所有人提供广泛的教育服务。因此，高校学生开始被当作教育的"消费者"。与此同时，随着民主运动的发展，更多少数群体获得平等的公民权利，美国社会变得越来越多元化，高校的学生群体也体现出多样化特点，如年龄、性别、种族和社会背景的多元化等。于是，学生队伍的构成也发生显著变化，"新型"学生（指那些在高中成绩一般或较差的学生、少数族裔学生、低收入家庭出身的学生）和"非传统"学生（指年龄在22周岁以上的学生以及参加非正规教育计划的学生等）的数量大大增加，高校生源不再以中产阶级和上层阶级的高中毕业生为主。同时，这些新生中还有大量已经成家并有工作的成年人，这些学生往返于校园和工作单位之间，在线下课堂中开展学习活动，而有些则借助网络空间，学习工作发展所必需的教育知识与职业技能。这些新入学的成人学生对高质量的高等教育有着更大的期望，并期盼接受更贴近现实的技能训练。以往传统的高等院校主要为全日制、在校住宿并且年龄在18—21岁的学生服务，而随着学生构成的变化，高等教育必须在学生在校安排、授课时间、教学方法乃至培养目标和学位授予要求等方面做出变革，以适应这些新型学生的不同要求。① 为满足学生消费者对高等教育愈发严格的需要，美国高等学校校长必须采取应对措施以改进高等教育质量，提高人才培养水平。

（二）经济萧条下的财政危机

进入20世纪90年代，美国经济出现严重的衰退现象，高等教育的经费危机也随之逐渐凸显。2003年，美国金融、财政和商业方面的专业期刊《商业周刊》（*Business Week*）刊登了一篇文章，这篇文章大篇幅深入报道了美国高校所面临的空前的财政危机，作者威廉·西蒙兹以"美国高校，岌岌可危"为题目对高校财政问题进行深刻的剖析。该文指出现在的美国高校存在着资金消耗过高、学校开支过大、院校收入减少、财政资助短缺以及学校机构设置过多、功能重复等问题。而这些财政问题主要由以下原因引起：

---

① 王英杰：《美国高等教育的发展与改革》，人民教育出版社1993年版，第124页。

其一,政府财政资助减少。首先,受经济不景气的影响,联邦和各州财政收入锐减,并出现收支失衡的状况,政府对高等教育的财政资助也因此逐渐减少。政府希望通过削减对高等教育的财政支出,以达到短期内收支预算平衡的目的。其次,居民医疗补助代替高等教育成为州政府第二大财政支出项目,这就导致高等教育在州政府的财政资源竞争中失去优势地位。政府将关注点更多地放在社会安全、医疗卫生等领域,对于高等教育的关注度持续下降,严重影响了高校的长期发展。罗德斯曾指出:"其他社会优先事项现在都集中在公共和私人资金的需求上,据报道,加州在监狱方面的支出比在教育方面的支出更多。"[1] 再次,政府的高等教育观念发生了很大的转变,政府官员认为,高等教育是一项私人投资,所以应主要由受教育者承担其所需的各项教育费用,这一观点直接影响到政府对高等教育的资助。政府还倾向于对学生个体进行直接资助而不是对院校进行资助。因此,高等院校不得不大幅度提高学费标准,希望通过学费增长来扩充收入,保障学校的顺利运行。以 1989—1990 年度为例,康奈尔大学的学费收入占其总经费的 21.7%。[2] 由于学费持续攀升,从 1980 年到 1985 年,美国高校学费增长率达到 50%。到了 1994 年,与 1976 年相比,学生学费及其他费用已上涨 100%。[3] 除此之外,为促使大学发挥带动地区经济增长的功能,各州对公立研究型大学的财政资助相继减弱,而对地方以及社区大学和学院给予大力支持。最后,政府的资助还与高校的业绩挂钩,各高校为获得有限的政府资助,不得不展开激烈的竞争。在这场竞争之中,知名研究型大学与普通大学之间的竞争使许多私立院校的利益受到严重损害,最终导致美国高等教育界形成研究型大学与普通综合类高校两极分化的局面。

其二,慈善机构对高等教育领域的捐赠持续减少。长期以来,慈善机构的大量捐赠是高等院校的重要财源。但随着 20 世纪 90 年代美国经济下滑,各基金会纷纷调整其资助计划和项目,逐年减少对高等教育的资

---

[1] Ronald G. Ehrenberg, ed., *The American University: National Treasure or Endangered Species?* Ithaca: Cornell University Press, 1997, p.165.

[2] 陶爱珠主编:《世界一流大学研究——透视、借鉴、开创》,上海交通大学出版社 1993 年版,第 38 页。

[3] 乔玉全编著:《21 世纪美国高等教育》,高等教育出版社 2000 年版,第 149—150 页。

助。以高等教育项目的主要资助者大西洋慈善总会为例,它在2002年3月宣布放弃高等教育项目,这标志着基金和大学开始分道扬镳。①

其三,捐赠投资的收益减少。自1984年以来,各大学将获得的捐赠用于投资的收益在2001年第一次出现缩水,并呈现出逐年下降的趋势,这导致高校不得不重新调整财政预算,以减少开支。

总的来说,由于经济衰退,许多州政府都面临着60年来最为严重的财政预算危机,公立高等教育系统的财政收支严重失衡。同时,美国国内1600余所私立学院发展遇阻,它们获得的赠款和捐助日益减少,而越来越多的学生又无力或不愿支付全额学费。面对美国社会中有限的公共教育资源、高校发展日益增长的财政需求以及家庭贫困学生对于受教育的要求,美国各高等院校不得不在夹缝中求生存,一方面要极力满足社会的高期望,甚至是难以实现的期望,另一方面又很难得到必要的经费支持,这无疑是对高等教育的巨大挑战。②

(三) 大学课程的日益分化

21世纪是知识经济时代,知识经济是以知识为战略主体的经济,是以信息化、网络化为发展基础的经济,是以人才为关键要素的经济。知识经济与高等教育之间的关系极为密切,两者相互依赖,相互促进,尤其是计算机、教学交流网络、多媒体与虚拟现实等新信息技术的出现,对高等教育的发展产生了深刻影响。而大学作为知识创造与传播的场所,是唯一能涉及知识应用所有环节的机构。在密歇根大学校长詹姆斯·杜德斯达看来:"从某种程度上说,知识是大学的媒介,是发现、塑造、获取、传播和应用知识的活动。知识与受教育者已经成为国家繁荣与安定的关键。……通过新知识的产生和应用,大学成为经济增长的发动机。"③

知识经济时代下的社会呈现出高度综合化的特征,主要表现在信息综合、理论综合以及学科与知识综合等方面。因此,在人才培养方面,高等教育要培养新时代最需要的通才,这种通才具备在信息、知识的获

---

① John L. Pulley, "Crumbling Support for Colleges", (2002-03-29), https://www.chronicle.com/article/crumbling-support-for-colleges/. (2023-04-19).
② 王英杰:《美国高等教育的发展与改革》,人民教育出版社1993年版,第117—118页。
③ [美]詹姆斯·杜德斯达:《21世纪的大学》,刘彤等译,北京大学出版社2005年版,第13页。

取、运用和创新等方面的综合能力。同时，高等教育改革要以培养目标综合化为目的，在课程设置上应打破学科中心主义，实行"学科综合""文理渗透""专博结合"，帮助学生形成综合的知识和智能结构，培养多角度分析问题、解决问题的能力，具备综合性的思维能力，促进学生成为"一专多能""能说会做"的通才。

20世纪70年代，美国社会通货膨胀严重，失业人数激增，这使得学生在选择专业时普遍存在着一种现象：学生对专业的选择越来越具有功利性质，选择就业机会多的专业的人数逐年增加，而选择有关人文科学、自然科学、社会科学以及教育的人数逐年减少。对于这种现象，美国著名教育家欧内斯特·博耶批评道："今天的大学生是一个从各方面提倡个人满足，而缺少共同责任感的社会产物。"① 为此，他提出在大学设置多样化的综合核心课程来解决这一问题。另外，据美国人文科学基金会1988年的调查报告，有78%的大学毕业生没有学过西方文明史；37%的毕业生没有学过任何历史知识；45%的毕业生没有学过英美文学；41%的毕业生没有学过数学；77%的毕业生没有学过外语；33%的毕业生没有学过自然科学和物理科学。② 所以，美国高等教育学家认为，在大学本科课程中建立跨学科的课程是十分必要且紧迫的。跨社会科学及人文科学的新学科能为学生理解社会发展及公共政策奠定思想理论基础，随着理解的深化，学生综合看问题的能力会逐渐增强，解决复杂问题的能力也会逐渐得到提高。可见，知识经济时代下的高等教育必须与知识经济时代的特征相适应，高校校长也需要对高校课程进行改革以适应经济时代的发展。

二 罗德斯对美国大学发展历程的分析

罗德斯的治校思想基于他对现实社会背景的考虑及其丰富的工作和学术经历，主要包括对美国大学兴起的评述、对现今美国大学的评价以

---

① [美]欧内斯特·博耶：《美国大学教育——现状·经验·问题及对策》，复旦大学高等教育研究所译，复旦大学出版社1988年版，第98页。

② Lynne V. Cheney, *Humanities in America*, a Report to the President, the Congress, and the American People, Washington D. C.: National Endowment for the Humanities, 1988, p. 5.

及对未来美国大学的展望,并对美国大学的起源、发展和现如今研究型大学的繁荣,以及未来高质量新型美国大学的特点进行分析和展望。

(一) 对美国大学兴起的评述

大学自中世纪出现以来,历经历史的洗礼和社会变迁,仍顽强地保持着其自己的基本功能和特有的性质。美国知名教育家菲利普·阿特巴赫在《比较高等教育:知识、大学与发展》中准确地概括了大学的性质:"大学是一个具有坚固的民族根基的国际机构,大学的发展深受全球的影响。"[①] 美国相较于世界其他大部分国家而言,是一个比较年轻的移民国家,它的文化和教育主要受欧洲的影响,早期美国大学的设立主要继承英国大学的传统。罗德斯认为,美国大学的起源问题与人类的起源问题一样充满着激烈的争论,所以只能从其发展历程中挑出一些突出的里程碑式的事件作为代表进行阐述。因此,他选取博洛尼亚大学、哈佛大学、弗吉尼亚大学、康奈尔大学和约翰·霍普金斯大学作为现代美国大学发展中的重要标识。同时,罗德斯对美国大学的发展历程进行了概括分析。在19世纪的最后25年里,美国大学的雏形初步显现。大学成为包括人文科学学院、自然科学学院、研究生院和职业教育学院在内的一个学习社区。同时,大学将教学与科研相结合,面向社会办学,广泛招收学生,为社会发展服务。从20世纪50年代开始,美国大学在办学形式和校园文化等方面发生很大变化。在罗德斯看来,主要表现在以下几个方面:首先,学校入学人数的比例得到扩张,包括继续职业教育、远程教育在内的终身教育得到快速发展,这也使得美国大学加速其融入社会的进程;其次,为容纳不断增多的在校学生,大学在数量和规模方面也得到相应的发展,同时,为适应不同类型学生的教育需求和社会发展的要求,大学类型不断分化;再次,由于传统学科的职业化发展,以及传统行业、新兴行业的专业化发展,大学也相应地呈现出多样化发展趋势;最后,由于联邦政府加大对大学研究经费的投入,自然科学专业和以自然科学为基础的行业得到迅速发展。19世纪末,世界顶尖的10所大学当中只有一两所美国大学,然而,到了21世纪,美国大学已经占据世界一流大学

---

① [美] 菲利普·G. 阿特巴赫:《比较高等教育:知识、大学与发展》,人民教育出版社教育室译,人民教育出版社2000年版,第2页。

的多数席位。罗德斯认为，美国大学特有的使命与发展模式在这一过程中发挥着重要的作用，主要包括坚持本科生、研究生培养和专业教育多重使命的统一；发挥大学董事会管理制度和校长的作用；发挥院系的优越性，允许教师平等参与学校治理工作；规模化发展各个专业，提升学科团队协作能力；获得联邦研究活动资助经费、校友强大的财政支持和慈善基金会的广泛支持；秉持竞争精神和自主开拓的态度；传承赠地大学所具有的面向工业和社会发展开放的优良传统等。这些重要的因素使美国研究型大学取得了长足进步。

（二）对现今美国大学的评价

美国大学尤其是研究型大学在美国经济和社会发展中发挥着极其重要的作用，它们所取得的突出成就和做出的贡献是其他国家的高等学校无法相比的，其影响力已超越美国国界，成为其他国家特别是发展中国家在发展它们的大学时研究、学习和借鉴的对象。这类高校具有明显的特征，并在其发展过程中积极解决存在的问题。对此，罗德斯进行了简单的概括：首先，由于学生数量迅速攀升，高校办学规模不断扩大，各种类型的学校得到扩充发展，但学生数量的增长给高校带来巨大的压力。为应对这些压力，高校开始增加学科类型，扩展专业规模。其次，为保证研究型大学的学术研究功能正常运行，高校开始有意识地营造学术氛围，鼓励各种各样的学术观点"百家争鸣"，支持教师和学生积极开展跨学科教学和科学研究，在校园里形成一种探究的氛围。这些举措既能够保证高校的研究生培养工作顺利进行，为美国高等教育输送大批优秀师资力量，还能够通过教师教学研究水平的提升，增加联邦政府投资等外部财政收入。再次，为了克服专业教育和通识教育之间的矛盾，高校应通过开设综合性课程，加强两者之间的联系，发挥内在一致性。在日常教学中，不仅要发挥人文科学对专业教育发展的引领作用，增进学生精神领域的进步和对社会规律的正确认识，还要通过加强专业教育，实现学生理性思维的发展。最后，针对高校中重科研轻教学的现象，大学主张教授在利用大量时间开展科研活动以外，还应该拿出更多的时间进行教学，将科研与教学合理地结合起来，更好地发挥大学教授在知识创造与知识传承方面的作用。罗德斯对现今美国大学尤其是研究型大学的独到见解，既发现了高校治理过程中存在的问题，又观察到其教学与研究、通识教育与专业教育之间存在的联系，为世界高校治理的发展研究提供了可资借鉴的角度。

(三) 对未来美国大学的展望

进入21世纪，国家发展不再仅受地理、人口和自然资源等因素的制约，知识成为发展过程中更重要、更具有决定性的因素。科学知识作为现代社会的第一生产要素，是推动经济增长的主要原动力。因此，大学必须把促进学生的知识学习作为学校发展的中心任务，培养社会发展所需的知识型人才。罗德斯认为，接受大学教育依然是美国人实现未来就业理想的主要手段，这是因为在现代社会中，许多具有良好发展前景的工作，例如通信、生物科技原料等工作，都是以科学知识为专业基础，都对从业者的专业知识水平提出了很高的要求。而这些专业通常具有高回报、高收益的特点，这就激励研究型大学不断开展科学研究，创造并应用先进的科学知识，以此获得更多的教育资源。所以，大学的中心任务和教育概念的核心就是将事实变为有用的知识，再将信息转变成为有意义的知识，最后将知识转变为有用的判断。[1]

既然社会发展的未来与大学有着紧密的联系，那么民众应该对大学持有什么期望呢？将来的美国大学将以什么样的面貌出现在人们的面前呢？这些新型的大学又有什么样的本质特征呢？对此，罗德斯预言，未来大学将具有本土化与国际化的特征、独立自主的自治权力、通识与专业相结合的课程以及以学生为活动中心的原则。具体内涵主要如下：成功的大学将拥有在学术研究、校园建设等各个方面充分的自治权力，以及强有力的公共管理和具有责任感的校长领导；成功的大学应该得到私人捐赠支持，同时还要承担一定的社会责任，为社会发展服务；成功的大学除了具有本国特点以外，还要在其成员和视野上趋于国际化，积极参与国际合作与竞争；成功的大学应把创造、传播知识作为办学基础，同时坚持以学生、教学为中心，以学术研究为学校发展的推动力；成功的大学同时追求具有高质量和高效率特征的教育，并在课程设置上，将通识课程和专业课程相结合；成功的大学应该与企业和政府建立良好的

---

[1] ［美］弗兰克·H.T.罗德斯：《创造未来：美国大学的作用》，王晓阳、蓝劲松等译，清华大学出版社2007年版，译者序第26页。

合作伙伴关系，不仅能够在大学内部形成各学院间的合作关系，还能够在外部与州政府、联邦政府以及工厂、公司等各类机构建立联系。由此可见，如果大学校长能够使高校在发展过程中坚持上述发展理念，那么就可以促进新型美国大学的持续发展，为社会进步作出贡献。

第二节 罗德斯对大学治校主体的认识

现代大学的发展离不开开明、富有经验以及具有高度责任感的大学管理者的领导。美国大学在发展的过程中，形成了主要由董事会与校长参与的管理体系。因此，大学的有效管理需要董事会和校长两者之间的协调配合，在高校治理过程中承担不同的角色，发挥各自的作用。

一 罗德斯对大学董事会职能的认识

美国是大学董事会管理制度的发源地，也是这一制度得到充分发展与完善的国家之一。董事会是美国大学内部管理制度的一大特色，是美国高等教育管理的重要基石，无论是在公立大学还是在私立大学，董事会都处于整个管理系统的顶端，是学校最高决策机构，被称为大学里的"最高法院"。

美国大学的董事会一般由具有较高社会地位且非教育专业的人员组成，主要管理大学内部的公共事务。这一管理机制不仅调动了美国社会各界的办学积极性，为高校提供了充足的物质保障和资金来源，还开创了由校外人员管理高校的先河。美国高等教育能够取得享誉世界的成绩，与这一管理体制有很大的关系。正如美国著名高等教育专家维克多·鲍德里奇等人所指出的："理解校外人士的管理在美国高等教育中所起的作用是理解美国学院和大学管理的关键。"[1] 罗德斯作为康奈尔大学的校长，十分重视大学治理过程中董事会职能的发挥，他对大学董事会的认识主要包括以下几点：

首先，关于董事会的角色定位。罗德斯曾明确表示："董事会的责任

---

[1] 陈学飞主编：《美国 日本 德国 法国高等教育管理体制改革研究》，教育科学出版社1995年版，第2页。

是管理而不是经营。"① 他认为管理和经营是有区别的，管理包括对确定的政策进行主持和监督，确保其能够正常落实，同时还需要管理者统筹协调并安排组织系统内的各类活动。而董事会作为大学的主要管理者，对学校关键政策的制定与实施拥有最终决定权，其职责包括审批大学的任务和目标，任命、考察和扶持校长，监督大学项目运行、资源的使用和各类活动等。② 董事会能否实现有效管理，也关系着大学能否健康运行。为此，罗德斯指出，为保证董事会的有效管理，必须在董事会内部制定合理的行为规范，并将其应用于实践，同时加强董事会的自我监督能力，保证规范的确切实施。他还通过举例加以说明，如董事会可以在内部设立一个独立的甄别委员会，专门处理董事会成员遴选事务，以此确保参与选拔的董事会成员能够获得公平对待；董事会还可以重新设置其成员规模，将人数保持在8—12人，这样可以保证每位董事会成员真正参与到学校的管理事务之中，加强成员的责任感，避免由于人数过多而导致意见流于形式的情况发生。

其次，对于董事会与大学校长的关系问题。罗德斯认为："在大多数高校中大学校长的选择和任命……是董事会扮演的最重要的一个角色。"③ 同时董事会还要定期考察校长，并支持其各项决策。因此，董事会与校长之间应具有明确的分工和良好的协作关系，对于校长的优秀表现，董事会要给予其有力的支持、真诚的建议和鼓励。同时，董事会是大学的最高决策机构，主要负责制定学校发展的方针政策。而校长作为大学主要的行政领导人，由董事会在几名候选校长中挑选聘用，负责学校日常事务的管理，并实施董事会制定的各类方针政策，是董事会和学校之间的重要纽带与桥梁，而董事会与校长关系的好坏也在某种程度上决定着大学能否实现顺利经营与长久发展。

最后，罗德斯认为，董事会能否为学校筹集更多的资金是判断其是

---

① ［美］弗兰克·H.T. 罗德斯：《创造未来：美国大学的作用》，王晓阳、蓝劲松等译，清华大学出版社2007年版，第258页。
② ［美］弗兰克·H.T. 罗德斯：《创造未来：美国大学的作用》，王晓阳、蓝劲松等译，清华大学出版社2007年版，序言第25页。
③ Luc E. Weber and James J. Duderstadt, ed., *Reinventing the Research University*, London, Paris and Geneve: Economica Press, 2004, pp. 217–218.

否合格的重要标准之一。现代一流大学的发展离不开大量的资金投入，丰富的资金来源能够为大学的科研、教学等活动提供强有力的保障与支持。为大学筹措资金是董事会的基本职责之一，公立大学的董事会主要由政府机构推选设立，所以其主要任务是对政府的高等教育财政政策施加影响。而在私立学校，董事会主要由学校内部人员自主选任，成员来自各行各业，董事会成员通常会花费相当多的时间和精力用于资金筹措，不仅需要他们出资资助学校，而且要游说各类公司、基金会、政府部门以及个人，为学校争取资助和捐赠。因此，一些学校的董事会将"捐钱，找钱，否则走人"奉为基本法则，以此激励董事会不断扩大学校资金来源。

总的来说，董事会在校长选任、资金筹措等方面发挥着重要作用，同时，它在管理体制与运行机制方面的创新发展能够保证美国大学在保持其自身独立的同时，兼顾社会发展的需求。这一制度的高效运行不仅保证了大学内部结构的稳定发展，还为大学发展提供了强大的动力保障。

二 罗德斯对大学校长职能的认识

中国著名教育家陶行知认为："校长是一个学校的灵魂，要想评论一个学校，先要评论它的校长。"[①] 大学校长是大学的重要资源，在大学的改革和发展中起着重要的作用。罗德斯强调："学校是社会的引擎器，而大学校长是大学的真正引擎器。"[②] 校长不仅需要明确其自己的职责，对学校的未来发展具有独到的见解，同时还需要制定发展目标，调动教师与学生的积极性，让他们共同参与到学校建设中；并创造良好的校园氛围，肯定学生的个人价值，为其提供发展空间与资源，并尽最大努力实现促进学生长远发展的目标。

（一）大学校长的使命

在罗德斯看来，大学校长承担着"经营者"的角色，他能够将董事

---

① 华中师范学院教育科学研究所主编：《陶行知全集》（第一卷），湖南教育出版社1984年版，第473页。

② University of California, "Adaptation and Change in the American University", (1999 - 03), http://globetrotter.berkeley.edu/people/Rhodes/rhodes-con0.html. (2022 - 11 - 05).

会的各项决策付诸实际行动，是"大学有效管理的重要催化剂"①。其工作涵盖了学校发展的方方面面，主要包括确定大学发展的长远目标、创造良好的校园氛围、招收优秀教师与学生并为大学寻求各种资源等。

其一，罗德斯认为，确定大学的长远发展目标是大学校长最重要也是最困难的一项任务，这主要是由于大学的发展任务和目标是学校内一切事物运行发展的中心。因此，这一目标"必须雄心勃勃、与众不同，并与校园成员的需求和利益相关"②。但这一目标的制定不是在短时间内就可以完成的，也不是单靠一方面的努力就可以实现的。首先，这需要校长本人具有丰富的管理经验，具有丰富的创造力与应对困难的勇气，能够克服学校发展中的困难，并培养符合时代发展要求的各类学生。其次，校长在制定大学目标的过程中还需要大学内部与社会各界的支持与鼓励，能够将批评的声音转化为进步的动力。最后，校长在制定学校发展目标前必须熟悉大学发展的历史与传统，在综合大学发展现状与社会背景的基础上确立发展目标，同时能够把握新需求、抓住新机遇、营造新环境、建立新机构，并不断对这个目标进行实践与检验，最终为大学的长久发展总结经验。

其二，营造良好的校园氛围是大学校长十分具有挑战性且主要的任务之一。这要求校长能够与学生建立一种相互信任、相互合作的伙伴关系，同时，学校要努力创建一种鼓励性的氛围，为学生的各种创造性活动提供支持与帮助，并对学生的活动成果给予奖励等。罗德斯指出，无论是在校园里散步，还是与同学们共进早餐，或者是和教师一起吃午饭，或是与校友团聚，甚至是在校园里遇见任何一个人，大学校长都要善于发现他们的闪光点，理解他们的目标与追求，并对其给予鼓励。因此，校长几乎是没有休息时间的。同时，校长还应该有旺盛的精力、强烈的进取心、乐观的精神和开放的态度，这些特质都能够增强校长的感染力，使周围的人都能受其影响，进而创造出良好的氛围。

---

① [美]弗兰克·H.T.罗德斯：《创造未来：美国大学的作用》，王晓阳、蓝劲松等译，清华大学出版社2007年版，第260页。

② Frank Rhodes, "The Art of the Presidency", *The Presidency*, Vol. 1, No. 1, 1998, pp. 12 – 18.

其三，校长需要招揽能够引领学校发展的优秀教师与学生。校长要善于发现各领域中的人才，并能够将他们聚集在大学之中，形成一个合作团体。在这个团体中，校长要发挥领头人的作用，构建团体的结构框架以及运行准则，并协调各成员之间的关系，明确各部分任务，加强合作与联系，并通过团体活动，为促进学校发展而服务。团队中的成员不仅包括优秀教师，还包括优秀学生，他们不仅在教学以及科研方面拥有优秀的能力，还具有极强的服务精神，愿意为学校里的其他成员服务，并始终将大学的利益摆在第一位。

其四，校长需要不断为学校发展寻求更多的资源。研究型大学的发展是建立在丰富的教育资源基础上的，科研经费的增长在一定程度上能够带动学校综合实力的提升。同时，时代发展会不断对教育提出新的要求，大学里各种课程与研究项目需要不断地革新发展，而这就会产生源源不断的资金需求。因此，大学校长必须不断为学校筹措更多的资金。同时，罗德斯指出，成功的大学校长需要通过有效和富有想象力的资源管理，不仅在机构层面而且在部门层面，显示出更大的威慑力，以限制和减少不断增长的成本。[1]

虽然大学校长承担着制定学校发展规划、构建新型校园文化、吸纳优秀人才，与筹措办学资金等众多责任，但美国校长任期缩短的趋势却使校长无法很好地完成这些任务。在此基础上，罗德斯对影响大学校长任期的因素进行了深入分析。

（二）影响大学校长任期的因素

罗德斯指出，现今美国人学校长的任期正在不断缩短，其中公立大学校长任期要比私立学校短得多。公立大学校长的平均任职时间约为五年，由于任职时间不够长，校长的作用无法有效发挥，并且平均任职时间还出现了逐渐下降的趋势。[2] 罗德斯认为，这种现象的出现可以归结于许多因素，其中，公众对于大学校长的高期望是影响校长任期的主要外

---

[1] Ronald G. Ehrenberg, ed., *The American University: National Treasure or Endangered Species?* Ithaca: Cornell University Press, 1997, p. 167.

[2] Frank H. T. Rhodes, "The Landscape for Higher Education in the New Millennium", http://www.arestrategies.com/wag-archive/practiceareas/universityconsulting/pdf/land_pub.df.pdf. (2022 - 12 - 16).

部因素之一。他指出,现今公众对于大学校长的要求不仅仅限于其要对大学发展负责上,还要求其在政治和经济领域同样担负起责任,他们不仅要关注大学内部发展,还要分出精力分析社会变化,这导致校长要肩负起更大的责任,承担更大的压力。同时,罗德斯对影响任期的内部因素进行了分析,主要包括以下几点:

其一,睡眠的缺乏以及假期的缩短导致校长的工作状态下降。长时间的高强度工作以及低效的工作方式使大学校长一直处于疲劳状态,而这会进一步影响学校日常决策制定与活动的开展,阻碍大学的进步与发展。因此,大学校长必须制定严格的作息制度与科学的日程表,协调好个人休息与工作的时间安排。同时,校长可以通过建立高效率的行政管理团队分担日常压力,避免过度疲惫状态的出现。

其二,无法正确安排工作的先后顺序会导致校长任期缩短。对于不同的工作,校长要分清紧急程度,先专注于那些需要尽快完成的工作。如果校长在处理工作时完全不考虑事情的轻重缓急,工作就会变得杂乱无章,进而会影响大学各项事务的完成进度,结果导致校长在管理上的失败,影响校长的任期。

其三,忽视家人的作用也会缩短校长的任期。校长的家庭成员往往是他们工作最有力的支持者和鼓励者,在其工作中发挥着不可替代的作用。但在一些校长眼里,工作远比家人重要,他们会因为忙于工作而忽视陪伴家人,这往往会导致校长在工作中失去情感上的支持。

其四,与他人联系与沟通的缺失也会影响大学校长的任期。如果一位大学校长长期处于一种自我孤立状态,忽视与同事间的沟通与交流,甚至无法熟悉工作团队中的成员,会严重影响大学管理团队的有效运行,导致集体合作意识的缺失,大学管理就会处于一种散乱的状态,各部门的职能无法有效发挥出来,从而影响高校的发展。

罗德斯以其在康奈尔大学任职18年校长的切身体会为例,指出大学校长不仅要承担起确立学校发展目标的重任,还要为学校发展吸引到更多的教育资源。同时,大学校长要注意运用其领导力量,保证大学在一种简明、高效的管理框架下运行。而校长本人在工作之余也要注意加强其自身修养,通过保持学习与科研的方式丰富其自身的精神世界,提高工作效率与质量,促进大学向前发展。

第三节 罗德斯的大学建设实践

学科建设是大学校长治校的核心和主线任务，也体现着一所学校的办学水平和学术实力。通过学科建设，不仅可以促进高校优势学科的发展，还可以提高科研水平以及教师的教学能力，进而从整体上推进高校进步。罗德斯在康奈尔大学担任校长期间，尤为重视高校的学科发展，不仅提出要重构本科课程，还十分注重提升大学教学和科学研究的质量。在他的治理之下，康奈尔大学的学科建设在美国教育界享有极高的声誉。

一 重构本科课程

罗德斯对本科课程结构的创造性改革，不仅能够促进学生在本科阶段对知识的吸收和运用，还可以改变许多学校重视研究生培养而忽视本科生教育的现状，为美国研究型大学的发展奠定坚实的基础。在改革过程中，罗德斯积极应对困境，建立起极具特色的课程体系，为美国社会输送大量优秀人才。

（一）重构本科课程的必要性

大学本科生教育是整个教育过程中的一个重要阶段，对于它之前的中学教育和之后的研究生教育都是至关重要的。[①] 然而，罗德斯认为，美国本科生教育存在着许多不足之处，例如课程设计零碎、地方高校管理部门忽视全局利益、高等教育结构性改革长久未取得显著成果、公立大学逐渐衰退以及高等教育质量下降等。而大学作为知识传播的重要场所，其核心任务是开展教学活动。其中，本科生教育更是所有教学活动中最为重要的一环。罗德斯在对美国大学本科生教学进行考察后，仅仅给出 B 级评分，认为美国本科生教育缺乏有效的课程设置。现如今，美国大学中的本科生需要翻阅近 2 英寸厚的课程目录手册，从数千门课程中选择他们感兴趣或需要的课程。更可怕的是，面对这种大范围的课程选择，学校几乎没有开展面向学生个人的选课指导，而任凭学生在对课程并不明晰的基础上进行选择。由此可见，虽然学校提供了数以千计的丰富课

[①] 马骥雄主编：《战后美国教育研究》，江西教育出版社1991年版，第153页。

程，但是却很少向学生告知课程的培养目标以及接受教育后学生智力发展将达到何种程度。在这种情况下，大学开设的课程更像是把所有知识混合在一起的大杂烩，同时许多课程还存在着知识技能重复教授的现象。罗德斯认为："我相信学生选择是成功的本科经历的重要组成部分，但学生的选择，如果没有指导，没有信息，通过一英寸厚的课程目录，可能既令人沮丧，又毫无成效。"① 因此，重构本科生教育是当今美国大学需要面对的主要挑战之一。

与此同时，美国大学的文科教育不断衰退，入学人数与毕业生数量连年下降，而注重技术与理论发展的自然学科每年招收人数却不断增长。对此，罗德斯认为，这一现象的出现，不仅来自一部分学生所具有的功利性质的教育目的论，还来源于人文学科自身的混乱状态。长期以来，人文学科存在教学质量下降、课程结构混乱、教学方法错误等现象，这就导致大部分学生无法真正了解人文学科的内涵与意义，并且不能明确人文学科的正确学习方法，从而造成人文学科的逐渐衰弱。由此可见，重构美国大学的本科课程十分必要。同时，针对人文学科建设，学校要为学生提供具有内在一致性的教育目的和教学方法，推动人文学科复兴，与自然学科共同发展。对此，罗德斯认为："我希望看到我们的本科课程在广泛的意义上提供专业教育，发挥文科精神，将技能作为实现更大目标的手段，关注的不是工作，而是生活本身，以及一个职业所倡导的社会目的和它所要求的道德标准。"②

面对这些问题，罗德斯认为，美国高校改革势在必行，但大学本科课程的改革并不是轻而易举的事情，为保证课程改革的顺利进行，罗德斯对过去20年里美国课程改革所遇到的困难进行了归纳总结，主要包括三方面：

其一，大学应实行基础核心课程还是多元文化课程的争论，影响着课程改革的进程。本科课程应该强调西方文明还是多元文化一直是美国

---

① Frank H. T. Rhodes, "The Advancement of Learning: Prospects in a Cynical Age", *Proceedings of the American Philosophical Society*, Vol. 142, No. 2, 1998, pp. 218–243.

② Frank H. T. Rhodes, "A Neglected Challenge: Minority Participation in Higher Education", Washington D. C.: Academy for Educational Development, May, 1987.

社会的热议话题。有人认为，美国大学本科课程应该回归核心课程。他们提倡大学开设有关西方文明的系统课程，主要教授在西方文化中具有重要影响力的经典书籍。相反，另一部分人则主张在大学设置更具有文化多样性的课程，并对核心课程是否能代表完整的美国文化表示质疑。他们支持学校开设外语课程，强调国际化学习，并认为将西方文明作为美国人的全部历史，而忽视少数族裔历史的做法，存在着很大的偏见。由于这两种观点都坚持其自身的正确性，因此调和起来十分困难，这就导致本科课程改革受到阻碍。

其二，学生将高等教育视为获得一份好工作的跳板，而完全忽视人文学科的学习。随着社会职业的发展，学生对于教育的需求也发生着变化，在功利性质的"职业教育论"的引导下，越来越多的学生将大学看作通往未来职业的必要桥梁。因此，更多的人选择课程范围较窄、具有职业性质的专业教育，而知识范围广阔的通识教育被逐渐遗弃。人文学科与自然学科的不平衡发展，进一步阻碍了本科课程改革的进行。

其三，本科课程结构零散，致使改革步伐放慢。长期以来，美国本科课程设置缺乏可供遵循的共同准则，教授越来越强调以学生兴趣作为开设课程的标准，这就导致知识传授的分散化，学生学到的不是系统的有组织的学术知识，而是一些较为肤浅且贫乏的内容。同时，由于学生缺乏合理的指导，只能毫无方向地选择课程，这也影响着学生对于知识的吸收与运用。

由上可知，本科课程改革是一个长期的攻坚战，而不是一蹴而就的，需要在探索和追求中曲折前进。正如罗德斯所说："我强烈地感觉到本科教育是著名大学尤其是著名研究型大学应严肃对待的十分重要的领域之一。可是，在某种程度上改变这种文化和氛围使每一个人首先考虑到的是需要花费很长的时间。"[①] 尽管美国社会中存在着阻碍本科课程改革前进脚步的多种原因，但是罗德斯对康奈尔大学课程的改革仍然如火如荼地进行着。

---

① University of California, "Adaptation and Change in the American University", (1999 – 03 – 30), http://globetrotter.berkeley.edu/people/Rhodes/rhodes-con0.html. (2022 – 11 – 05).

（二）重塑本科课程目标

那么大学到底应该怎么开展课程改革呢？发展一个新的课程必须考虑什么样的问题呢？罗德斯认为，答案在于"重新掌握课程，虽然教书是很个人化的事情，无法模仿或套用公式，不过教育界必须找出共同目标，列出教育的优先顺序及基本要求，然后设计出有效的方法达成目标，而且设计课程及执行正是教师的特权"①。他曾撰文指出，每一所学校的教师集体都必须决定其教育目的并设计能够有效实现目的的战略。但实践远比理论困难得多。许多教师认为，所有课程具有同等的重要性，并不存在优劣之分，所以决定哪些课程为必修课是一件非常困难的事情，这就会导致教师将许多课程用选修的形式进行，最终造成本科课程过多的现象。在这种情况下，学生对课程的选择变得更为重要，但如果不对学生的课程选择加以指导，就有可能导致学生按照其自己的兴趣爱好进行选择，而无法系统地学习与专业相关的知识，最终导致教学效率与培养质量的下降。罗德斯认为，一门成功的课程设置，就好像一种成功的生活一样，必须严格地按照"依靠自己"的原则。② 这是由于在高等教育中并不存在一个可以适用于所有高校的课程设置模式，它需要当地的同意，它取决于当地的资源，它是由当地的教师进行的，它有利于当地的学生。③ 所以课程应具有地方化特色，立足于具有本土力量、本土特征和本土资源的本地校园，并通过本土化教学活动的开展而形成。在这一过程中，董事会、校长、教务长、系主任只能起到一定的帮助和推动作用，真正发挥决定作用的只有亲自参与教学实践的教师，因此教师要依据实际情况，重新设计课程。对此，罗德斯强调："简单地说，教学成员必须重设课程。他们共同决定教育目标的目录，并且设计有效的方法实现这个目标。说起来容易做起来难，它将需要严密的再思考而不

---

① 高等教育纪事报：《大学改革重点在课程革新》，2001年9月14日，http://www.tw.org/newwaves/63/4-2.html。

② [美]弗兰克·H.T.罗德斯：《创造未来：美国大学的作用》，王晓阳、蓝劲松等译，清华大学出版社2007年版，第115页。

③ Frank H. T. Rhodes, "The Advancement of Learning: Prospects in a Cynical Age", *Proceedings of the American Philosophical Society*, Vol. 142, No. 2, 1998, pp. 218-243.

是微调。"①

在开展课程改革的过程中,大学不仅要决定学生应该修哪些课程,还要思考他们应该培养学生具备哪些能够应对未来挑战的品质。罗德斯认为,本科教育应该提供通识性的入门教育,培养一种批判性思考能力和经过训练的好奇心,以及一些特殊的技能。本科教育的目的是发展学生在一个选定的专业中判断、区分、参与和比较衡量的能力。② 既然教育的关键在于人,而不在于课程设置和课程内容,那么学生应该具备什么样的特质呢?罗德斯指出,有教养的人应该具有七种特质。

第一,具有开放的态度,能够进行阅读、分析以及理解等活动,并能通过语言文字清晰地表达他们的想法和观点。这一品质中所包含的开放、理解以及表达是三种相互联系的能力,其中,开放态度的形成,是另外两种能力发展的基础。当个体进入一种完全区别于先前生活的环境中时,他们会将其与周围人所拥有的思想价值体系进行比较。同时,当周围人也同样持有开放态度时,个体会在这个过程中逐步发展出一种交流沟通的能力,进一步促进开放型氛围的形成。但仅有开放的态度是远远不够的,在进入信息时代和全球化竞争时代后,社会发展对学生的交流与思考能力提出了更高的要求,但美国教育所培养出来的学生在这一方面的表现有所欠缺。所以,罗德斯主张将学生的理解力训练渗透到大学课程的每一个部分。同时,在新生中开设讨论课程,通过分组让学生自由挑选感兴趣的话题进行讨论,锻炼学生的理解与表达能力。

第二,具有自信心和好奇心,并且有保持自信和满足好奇心的能力。随着个体能力的不断增长,他们会得到来自父母、老师的鼓励与赞扬,他们的自信心也会随之增长,但是这种自信的出现有赖于教师对学生个人的充分了解。在大学中,一名教师通常要负责20名左右的学生,这需要教师对学生的兴趣、能力以及性格特点进行深入了

---

① Cornell University, "University Must Adapt to Deregulated Society, Frank Rhodes Says in New Book", (2001 - 10 - 18), https://news.cornell.edu/stories/2001/10/universities-must-adapt-deregullated-society (2022 - 11 - 05).

② [美]弗兰克·H. T. 罗德斯:《创造未来:美国大学的作用》,王晓阳、蓝劲松等译,清华大学出版社2007年版,第116页。

解，并以此作为因材施教的依据，充分调动学生学习的积极性与热情。罗德斯认为，大学要培养学生的积极态度，使他们对知识学习具有极大的热情，并在此基础上培养学生的个人能力，为未来社会发展打下坚实的人才基础。

第三，具有对自然界和社会的正确认识。教师要通过加强自然科学课程对非科学专业学生的吸引力，增进学生对于自然环境的认识。同时，大学也要注重开展社会学课程的学习，这类课程不需要严密组织的课程结构，而是要让学生在生活中理解各种社会价值观念。通过教授自然与社会知识，使学生形成对国家政策、法律以及社会道德规范的多角度认知，为社会改革建设提供更为合理有效的建议，推动社会整体向前发展。

第四，理解人类经历和表现形式的丰富性与多样性。艺术创造作为人类表达情感与经历的一种方式，具有丰富的表现形式。同时，艺术所包含的丰富的想象力与创造力，对于个人品格和精神的成长具有重要的熏陶作用。大学作为学生探索知识的重要场所，要能够满足学生对于艺术的需求，并将艺术渗透到教育的每个角落，丰富教育内容与表现形式，使学生对学习产生长久的兴趣。

第五，具有对于某一特定领域专业知识的热情，了解并熟知该领域的基本理论知识与内容。学习某个专业的知识是本科生的重要任务，而专业论文写作则是对学生在整个大学期间学习成果的综合运用。对此，罗德斯认为，本科生在进行论文撰写时，要使用广泛的专业研究方法，并与相关学科建立联系。同时，还要发挥教师的指导作用，帮助学生撰写出科学完整的论文。

第六，具有强烈的责任感，能够尊重他人，并与他人友好相处。美国的发展历史是一部多元文化史，多元文化主义也是当代美国社会中的主流文化思想。而大学作为不同社会群体的集合，应该是一个具有多样性知识与文化的地方。因此，罗德斯主张在校园中建立一种相互信任、相互促进的氛围，把校园建设成为一种容纳成员差异的更大的共同体。

第七，具有自我约束、个人价值观和道德信仰的方向感。大学作为一类重要的社会机构，促进学生的社会化是其主要任务之一。在日常学习中，大学除了要对学生进行知识教育外，还要重视学生价值观的培养。

通过对社会中已有价值观的挑选,培养学生形成良好的品德信念与价值观。①

人是教育的重点,而课程是发展人的品质的一种手段,同时,大学开设何种课程、培养何种人才又是社会民众关注的焦点问题,关系着社会发展的整体走向。罗德斯认为,虽然希望20岁的年轻人拥有完整、成熟的人格可能会过于乐观,但是,这些特质的养成对个人成长与社会发展有着极为重要的作用,大学应该提供相关课程,营造能够促进特质培养的校园环境,满足不同学生的发展需求。

(三) 改革本科课程设置

为实现学生优秀品质培养的教育目的,罗德斯在本科课程领域开展了改革行动。他注重结合学生与社会发展化的需求,力求克服以往改革中存在的障碍,主张实现本科课程的多样性发展。同时,罗德斯还聚焦于人文学科的发展,试图改变许多研究型大学"重理轻文"的现象,提高文科教育的地位,实现文理学科的共同发展。

1. 实现课程多样化发展

为了适应学生的不同需求,美国大学的课程设置具有多样性,"注意同一课程的多样化,同一门课程为学生开出不同难度的若干课程,同一难度的课程由不同风格的教师讲授,同一领域的课程开设不同方向的课程供学生选择"②。罗德斯在担任校长期间,十分注重课程设置的多样性,坚持理论创新与应用开发相结合,其建校宗旨是:探究艺术、科学和文学,提供农业、机械工艺以及其他所有学问的训练和教育。根据这一宗旨,罗德斯在课程设置方面力求为学生提供多学科课程,并在美国率先实行学生自行选修课程的办法,以尽可能地满足不同的学生对高等教育的不同要求。在康奈尔大学四年本科学习生涯开始之时,学生可以在注册时选一门主修课程,只要其达到主修课程所要求的考察标准,其他的学习课程可以根据其兴趣爱好决定。如在文理学院攻读物理学的学生可以选读生物学、生理学等医药学院的课程作为补充科目,同样,医学院

---

① [美] 弗兰克·H. T. 罗德斯:《创造未来:美国大学的作用》,王晓阳、蓝劲松等译,清华大学出版社2007年版,第116—139页。

② 刘宝存:《世界高等教育的个性化趋势述评》,《清华大学教育研究》2000年第4期。

的学生可以去工学院选修相关的课程。由于康奈尔大学新颖丰富的课程类型和活泼的教学形式，吸引了许多其他著名大学的客座教授前来授课。一直以来，罗德斯都遵循着康奈尔大学创办人埃兹拉·康奈尔的办学理念：康奈尔大学将成为一个满足个人选择的地方，没有固定的课程和严格的要求，而是由个人决定他或她的学习方式。[1] 学校要保证每位学生都能够在其感兴趣的领域得到发展，并为校园中的所有人提供一种最多样化、最广泛的学术体验。在康奈尔大学求学的学生可以充分享受到康奈尔大学的学术宽容与自由，不管是本科生还是研究生，都可以在这里选择他们感兴趣的任何科目，从天文探索到舞台美术，从核能研究到养蜂种草。在罗德斯卸任校长前，康奈尔大学的几所学院每年都开设多达4000多门课程，康奈尔大学成了"学科汇集之地"。同时，康奈尔大学也因为其开设的广泛的课程而吸引着世界上其他国家的莘莘学子来这里攻读。

但是，与其他著名大学一样，康奈尔大学也有其名牌学科。在历年举行的美国大学评比中，康奈尔大学的许多学科都排在全美前10名之内，例如化学系、数学系、农业系和宾馆管理系。康奈尔大学第11任校长杰弗里·莱曼认为："我们拥有一些特殊的研究领域，如酒店管理、劳资关系以及建筑学，这些专业是其他常春藤名校所没有的，康奈尔校园也因此更生机勃勃、富有魅力。"[2] 直至今日，康奈尔大学的这些学科在全美乃至在全世界都处于领先地位。

2. 重视人文学科的发展

康奈尔大学在建校之初就注重文理科目的共同发展，第一任校长安德鲁·迪克森·怀特（Andrew Dickson White）就建立了以通识课程为核心的"康奈尔计划"，并规定康奈尔大学中所有的学科与课程具有同等重要的地位。他在确定康奈尔大学的教学计划时既考虑到人文教育的发展，又保障为农业、工业和商业发展服务的职业教育的进步。怀特还为康奈尔大学设计了一套广泛的课程体系，其中包括科学与人文的学术性课程，

---

[1] Frank H. T. Rhodes, "The Ideal of Modern Scholarship", *American Scientist*, Vol. 74, No. 5, 1986, pp. 532–534.

[2] 芒刺：《充满爱心和革命性的康奈尔大学》，《教育与职业》2006年第31期。

并在此基础上设定了五种平行课程,主要包括人文与古典课程、哲学与文学课程、科学课程、科学与文学课程以及不规定具体学科的选修课程,其中拉丁语、希腊语、现代语、文学、哲学以及数学和科学等为必修科目。由此可见,康奈尔大学从建校之初就有重视文科教育的习惯。

罗德斯注重文理学科共同发展的思想受其爱好的影响,他在年轻的时候就喜欢文学和科学,虽然他选择科学作为专业方向,但是依然保持着对文学的爱好,这对他的课程改革举措有着重要影响。与此同时,罗德斯建设文理并重的课程体系的思想还受到当时社会背景的影响。罗德斯指出,由于现代社会发展呼唤更多优秀科学技术型人才,因此,在美国本科教育中,普遍存在着重视自然科学而忽视人文学科的现象。但在罗德斯看来,文科教育能够鼓舞学生深度、严肃地思考伦理问题,树立正确的价值观,并将之付诸实践。仅仅依靠文科,并不能使傻瓜变得聪明,也不能使无赖变得贤惠,它们所提供的是一个基础,我们可以在此基础上加强那些使我们成为人的品质,这个基础具有巨大的价值和独特的重要性,它既美丽又实用,既重要又无形。[①] 如果大学忽视文科教育,将会造成道德教育在高校中的缺失,而这对于学生与社会的发展是极为不利的。因此,罗德斯认为,应通过开设人文学科达到这一目的。此外,学生在选择专业课程时往往带有功利主义思维,具有实操性的自然科学课程更容易受到学生的青睐,而人文科学往往受到冷落。但自中世纪出现第一所大学以来,人文学科就在人才培养方面发挥着重要的作用,它能够培养学生的批判、理性思维,激发学生的创造力,从而能够在其他科目学习中表现得更为出色。因此,罗德斯认为,大学应在鼓励自然科学发展的同时,给予人文学科课程应有的重视,充分发挥课程的人文关怀作用,使学生能够学习到在人生发展进程中具有持久价值的知识。罗德斯在职期间,不仅重视自然科学课程的发展,还在康奈尔大学的人文学科设置方面展开一系列改革,有效提高了文科教育的地位,为美国社会培养出大批具有综合能力的人才。

[①] Frank H. T. Rhodes, "The Selling of the Liberal Arts", *National Forum*, Vol. 65, No. 3, 1985, pp. 3−5.

二 促进优质教学

加州大学伯克利分校校长田长霖认为:"大学领导必须牢记两个准则:一是学术至上;二是教学质量绝对不能降低。如果这两点可以保证,其他方面可以五花八门,变化、创新、创造其自己的特色。"[①] 其中,教学作为大学的基本职能,是高校培养学生的最基础的活动。罗德斯任职期间,尤其强调提高康奈尔大学的本科教学质量,他指出,大学要尽可能地提升教学质量,实施高质高效高水平的教学,从教学过程的各个方面入手,改进教学方法,让学生能够具备基本知识与技能,从而可以更加自如地应对人生中的各种挑战。

(一) 实施优质教学方法的影响

罗德斯认为,由于大学中培养精英人才、发挥服务社会的职能以及招收优秀学者等其他事情都依赖于教学活动的展开,因此,在大学的改革建设中,要对教学加以优先考虑。具有优质特征的教学有什么影响呢?罗德斯指出,其主要有三个方面的影响:

其一,优质教学能够在课堂中形成相互促进、鼓励批判而开放的局面,还可以使教学研究关注的范围扩大,并提高教师的精神境界。成功的教学是在多种因素的影响下形成的,这需要教师在课前具备良好的课堂创意与想法,通过长时间的备课,在课堂中充分发挥教学技巧,对学生进行合理评价,激发学生的学习动机,并使用恰当的班级管理方法。在这一过程中,教师不仅要关注知识传授的效果,还要对学生在课堂中的各种表现给予充分的关注。

其二,出色的教学要能够把握平衡,包括高标准和过分要求之间的平衡、学习乐趣和学术规范之间的平衡、学生自学和教师引导之间的平衡以及个人信念之间的平衡等。教师在开展教学活动时,要把握好以上原则,使学生在符合学习标准的情况下,感受学习的乐趣,充分激发学生的积极性,培养学生的综合能力,最终达到最佳教学效果。

其三,有效的教学不仅仅是知识的传递,而且需要教师和学生的共

---

① 宋晓梦:《田长霖教授谈21世纪如何创新重组研究型大学》,《光明日报》2000年1月12日第B1版。

同参与，通过讨论提出问题，并在团队合作之中激发学生的合作积极性，使学生形成正确的团队概念和合作精神。学习不是学生单向地接受知识的过程，而是需要与周围的环境和人进行交流。现代社会需要具有合作能力的人才，而通过教学中的合作活动，能够很好地促进学生的全面发展。同时，通过课堂合作，还能够培养教师对课堂的整体把握能力，使其充分发挥课堂组织与引导的能力。

（二）实施优质教学的方法

既然成功的教学有如此大的作用，那么大学应采取怎样的措施来改进现有的教学呢？罗德斯认为，教学不是一个简单的知识传递过程，而是对学生进行鼓励、改变以及挽救的过程。[①] 同时，大学的责任是教会学生学习的技巧。对此，罗德斯指出，大学应做出以下努力：

其一，要使教师与学生明确其自身的角色与任务。罗德斯认为，教师不仅仅是知识的讲解者，还应当是学生学习过程中的引导者，提供知识与技能学习上的帮助。首先，教师应该积极鼓励学生、训练学生、激发学生的潜力，教会他们学习的技能与方法。同时，培养学生的自信心和团队合作能力，从而使他们能够更好地应对各类学习任务。罗德斯以19世纪哈佛大学动物学教授亚历山大·阿加西斯（Alexander Agassiz）为例进行说明。阿加西斯教授常常在课堂上给每位学生一条鱼，并指导他们进行观察，还会根据学生需要随时提供帮助，经过几个星期或几个月的训练，学生就可以成为一位合格的观察者了。通过这种教学方法，阿加西斯不仅将鱼类的相关知识传授给学生，还传授了观察的方法与技巧，为学生的未来成长打下良好基础。因此，罗德斯主张，理想的教育一定要致力于引导学生用他们自己的眼睛去观察，用他们自己的心灵去感悟，用他们自己的头脑去判断，用他们自己的语言去表达。其次，教师应该是学生走向知识领域的向导。教师作为知识学习中的先行者，其丰富的知识与经验在学生的成长道路上发挥着重要的指导作用。因此，在学生对知识领域进行探险时，教师应与其合作，陪同他们并一起分享旅途的艰辛，使他们获得各种各样的成长体验，实现双向的互动成长。最后，

---

① ［美］弗兰克·H. T. 罗德斯：《创造未来：美国大学的作用》，王晓阳、蓝劲松等译，清华大学出版社2007年版，第76页。

教师还应是学生在各领域中的榜样。教师不仅要依据学科标准和专业水平展示出应该如何获取知识与技能的发展，还要拥有高尚的职业道德、对知识的坚定追求以及社会责任感等优秀品质，在各方面为学生树立榜样，促进学生的全方位发展。

在教学中，教学任务应由教师与学生共同承担，学习成果也应该是学生和教师共同努力的结果。如果没有学生的参与与努力，高等教育就无法在学生的未来发展中产生更加深远的效果。作为教育对象的学生，其主要任务是学习，在罗德斯看来，学生在学习过程中并不是消极被动地接受教育，而是会主动地吸收知识。他们是学习的主体，是具有主观能动性、具有不同特殊素质的人。① 因此，教育要通过教师与学生的双边互动来实现，学生在课堂中只听讲是远远不够的，还需要积极参与课堂教学，只有这样，教育才能促进学生自身的发展。

总的来看，教师需要为学生提供教学指导，如果在学习的道路上没有优秀的导师对学生提供帮助和指导，学生就不可能实现学习效益最大化。对于学生本身而言，他们必须是一个具有主动意识的个体，能够依据他们自己的学习步调，主动向教师寻求帮助。这样，他们才能提高对其自我的认识能力，增强判断力，实现更快的发展。同时，为达成这一效果，教师还需要与学生保持良好的关系，发挥各自在教学过程中的重要作用，使教学顺利进行。对罗德斯本人来讲，他是喜欢和学生保持密切联系的，例如，他每周都会与学生一起共进早餐，"我非常喜欢学生……我认为（康奈尔）学生对更大范围的世界表现出很大的兴趣，不仅仅是狭隘地关注他们研究的东西"②。通过这一方法，罗德斯与康奈尔大学的学生建立了深厚的联系，而这也为其教学改革的成功打下了良好的基础。

其二，教师要像对待科学研究一样，以创新和专业的态度研究学生学习的认知过程和教学的实施过程。首先，教师要具备对学习的基本认知，例如对教学方法和评估程序等实践环节有着清晰的认知。同时，教

---

① 袁振国主编：《当代教育学》，教育科学出版社2004年版，第92页。
② Cornell University, "Frank Rhodes: Scientist, Activist, Cornell President", (2007-11-07), https://cornellsun.com/2007/11/07/frank-rhodes-scientist-activist-cornell-president/. (2022-11-09).

师还应认识到影响学生成功的另外两个重要条件——学生的努力和学习动机的激发以及教师的专业指导和管理。教师在保证对学习具有客观认识的前提下，充分激发学生主观学习动机，并参与到学生学习的全过程之中，能够确保学生获得更多走向成功的机会，并让学生终身受益于学习的激励和挑战。

其三，大学要在上述研究的基础上开展行动，对学生学习过程与学校系统结构进行重新评估。例如，康奈尔大学工学院在大一、大二学生的数学学习过程中采用合作学习的方法，成功地促进了学生对知识的理解与运用。这种方法主张学生在学习中通过团队合作共同解决难题，而不是与其他人相互竞争，在这种情况下，学生就不会因犯错而担忧，同时，这些错误也能够促进他们的学习与成长。在学校的系统结构方面，罗德斯主张对影响教学实施的各类因素以及大学的组织形式进行分析，重新分配教学资源，并对各类教职人员的责任和义务进行划分，使其认真履行各项职责，实现大学的创新发展。

其四，大学要对优质教学给予承认和奖励，这不仅是大学的责任，也是各专业团体和包括公众在内的学术团体的责任。长久以来，大学更加倾向于奖励那些在学术研究领域有突出贡献的教师，而那些致力于教学的教师往往会被忽略。但教学作为大学的主要职责之一，应该得到与科研同等的待遇。大学也应该在奖励方面建立起平衡关系，既保障学术研究价值的实现，又激励教师实现创新性教学研究。

其五，大学应考虑如何更好地在教学中运用新的信息技术。随着科技的发展，信息技术在教学中得到了广泛的应用，跨区域乃至跨国的合作成为现实，全球性的教育资源分享也变得更加便利。罗德斯认为，新的信息科技为大学提供了机会，但如果大学一直采用传统的教授角色、教学方法、知识内容、参与方式的话，就会在时代的发展中逐渐被淘汰。罗德斯强调："数字革命已经改变了大学怎么教学和进行研究，康奈尔真正地需要一个'新的变革'。"[1] 新的信息技术学习模式不会取代传统的

---

[1] Cornell University, "Digital Revolution is Driving Universities to Change, Speakers Assert at Reunion Forum", (2007-06-12), https://news.cornell.edu/stories/2007/06/reunion-panel-discusses-universities-future. (2022-11-09).

校园学习模式,反而会为教育创造新的模式,并会不断扩展其影响力,在学生和资源方面与传统模式展开竞争。与传统模式相比,新模式更强调学生技术与能力的发展,教学更加灵活与个性化,也更加注重学生与教师间的双边互动,而传统模式则会受到多方面的限制。罗德斯认为,这种新模式具备多种优势,不仅能够提高学生的学习质量与效率,还能够使课程拥有更大的灵活性,实现更广泛的教学交流与沟通,并使远程教育得到快速发展。

三 重视科学研究

开展科学研究是大学区别于其他教育机构的一项重要特征,这不仅是时代发展赋予大学的重要任务,也是大学本身所具有的重要的学术职能之一。罗德斯在出任康奈尔大学校长期间,始终将科学研究摆在第一位,他不仅对科研活动的重要性进行了详细论述,还通过多种方法完善康奈尔大学的科研设施,同时开展跨学科、跨国的研究项目,使康奈尔大学成为美国乃至全世界科学技术研究的重要基地之一。

(一)开展科学研究的重要性

罗德斯认为,美国研究型大学极其重视研究,始终把"科学研究"作为办学的重中之重,将"以科研立校"视为高校的基本定位,并期望教师是自主的开拓者、探究性学者、创新的实干家,能够在他们整个职业生涯中不停地研究、创新、生产。[1] 他还强调:"我们不能把我们的关注局限在科学专业的学生身上,我们必须向那些对课程的其他领域感兴趣的学生伸出援手"[2]。科学研究应贯穿于现代社会的各个领域,不仅包括科学技术等专业领域,还应该包括艺术、人文和社会科学。在很多情况下,艺术和人文常被人们误解为是"无用"的。但实际上它们能够帮助我们了解自己、理解生命的价值与意义,实现人类在精神层面的进步,进而能够自由应对现实生活中出现的各种实际问题,促进学术研究的

---

[1] [美]弗兰克·H. T. 罗德斯:《创造未来:美国大学的作用》,王晓阳、蓝劲松等译,清华大学出版社2007年版,第196页。

[2] Frank H. T. Rhodes, "Science Education in Different Cultures: Unity and Diversity", Frontiers: The Interdisciplinary Journal of Study Abroad, Vol. 3, No. 2, 1997, pp. 1–12.

发展。

罗德斯认为，科学研究对大学未来发展的重要作用可以从以下几点进行考虑：第一，大学里的著名学者和学术共同体的存在能够为其他研究者树立榜样，激励他们积极投身于科学研究之中；第二，优秀研究者在他们的专业领域中追求自我发展的行动能够为大学增添活力和创造力，促进校园内创新型研究氛围的形成；第三，科学研究的发展孕育了具有开放性的新信息与新思想，能够包容不同的人与不同的观点，并能激发学生对理性知识的渴望，实现学生的长远发展；第四，在科学研究过程中形成的学术共同体能够将大学中的研究者联结起来，使他们的能力得到最大化的发挥，并朝向共同的利益目标努力；第五，跨学科研究的发展能够促进大学中各类学科的交流与融合，从而使学科设置与教学活动更具丰富性；第六，学生通过参与科学研究，能够培养其敢于质疑权威与标准的能力，同样，面对学生的质疑，研究者通过解释与论证，能够获得对问题更加深刻的理解。

（二）完善科学研究设施

罗德斯指出，虽然政府与企业的高校科研投资不断加大，但在大学的实际发展中，仍然存在着许多问题。他认为，虽然近些年来大学在科研设施方面的投入有所增长，但与其实际需求还有很大差距，而研究设备的质量与精度对研究结果有着重要的影响，因此许多大学不得不将科研经费作为一个关键性问题来对待。对此，罗德斯主张，不管将来如何发展，"我们必须保持美国的一些重要研究型大学的健全运转，特别是那些近来——有时是由于其本身的原因——已陷入困境的私立研究大学"[①]。早在1977年，罗德斯在就任康奈尔大学校长时曾为他自己拟定了奋斗目标，其中之一就是"进一步加强康奈尔大学已经确立的作为一个拥有高水平的研究与职业培训计划的高等学府的显赫地位"[②]。罗德斯在就职演说中还把"研究的优先"定为重要目标之一。他十分重视和强调基础科学研究，并将其作为挖掘师资潜力、提高教育质量、扩大社会影响的根

[①] [美]弗兰克·H. T. 罗德斯：《塑造未来——到2030年的科学技术》，周豪举译，《世界研究与发展》1991年第5期。

[②] 徐新义、萧念编著：《康乃尔大学》，湖南教育出版社1991年版，第82页。

本手段和重要基础。1986—1987 学年，康奈尔大学的研究支出总额达到 24410 万美元，比上一年增长 8%，是 1979—1980 学年的两倍，在全国各大学中位列第三。① 其图书馆也成为全美较好的图书馆之一，拥有 500 万册图书和约 6 万种期刊，每年增加图书 12 余万册。同时，学院也在不断进步，并成立了相关基金会，用于资助教学和科研活动的开展。此外，学校还建设了斯塔特勒宾馆，设置了会议中心等。到 1991 年，康奈尔大学共有 90 个研究领域，并成为当时多个领域的全国科研中心，主要包括生物工艺学、超级电子计算机、高能物理、同步加速器辐射、纤细结构、航天器行星图像、先进的人类资源管理、社会和经济研究、应用数学以及其他许多领域。

罗德斯在任职期间，康奈尔大学设立了六个国家研究中心，涉及高能同步加速器、科学工程与模拟理论、核能利用、数理科学、天文学及纳米技术等尖端领域。其中，于 1985 年创办的科学工程与模拟理论中心是美国五个国家超级计算机中心之一，在现代信息技术领域占有重要地位。该中心主要由美国诺贝尔奖获得者、物理学教授肯尼斯·威尔逊领导，他也是康奈尔大学与国家科学基金会、国际商用机器公司以及纽约州于 20 世纪 90 年代初展开合作的参与者和见证人。另外，康奈尔大学还设立了国家纤细结构研究中心，其主要任务是设计、制造和检验体积从 100 毫微米到相当于原子大小的各类仪器设备，这也是全美唯一一所相关领域的国家研究中心。

（三）开展跨学科与跨国别研究

罗德斯上任以后，根据科学技术发展的趋势，倡导打破学科界限，加强学院之间的联系，发挥康奈尔大学综合性的优势，开展跨学科的学习和研究。以康奈尔生物技术计划为例，它的特征就是开展跨学科研究，并主要涉及康奈尔大学、纽约州政府以及工业界之间的合作，旨在研究和推广生物技术方面的最新科技成果，以开发和传播生物工程、细胞组织、基因控制和表达、动植物分子生物学的最新技术和应用方法为主要任务。由于这项计划对美国生物学发展作出了极为突出的贡献，康奈尔大学被指定为纽约州高级生物技术研究中心。

---

① 徐新义、萧念编著：《康乃尔大学》，湖南教育出版社 1991 年版，第 115 页。

罗德斯本人还十分支持开展科学领域的国际研究："科学的发展，也许比人类文化的任何其他产品的发展都更具国际性。"① 罗德斯在任职期间，康奈尔大学开展了多项国际研究，拥有众多国家资源与计划，这是美国其他大学不能与之相媲美的。在开展跨地区综合性研究的过程中，康奈尔大学被美国教育部指定为世界粮食问题分析中心，同时还是中国—日本计划、拉丁美洲研究计划、南亚计划、东南亚计划以及西方社会计划等六项计划的中心。此外，学校开展的中世纪研究计划、"黑色幻想"工程以及有关人文科学协会的工作，在国际上获得了广泛的认可。康奈尔大学还有世界上最大的植物科学家群体，其农业和生命科学学院拥有在全球具有代表性的900多个热门研究项目。罗德斯还主张从美国各地以及其他国家聘请教师，承担科学研究、公共事业、国际研究等工作，使教师能够将教学与科研结合起来，真正实现大学在人才培养与学术研究两方面的繁荣发展。

第四节　罗德斯大学治校理念与实践的特征与影响

康奈尔大学作为美国唯一一所"公私合营"的常春藤大学，被教育家称赞为"美国第一所大学"②。而罗德斯在康奈尔大学的治校实践，不仅深刻地影响了康奈尔大学以及美国高校的未来发展，还为世界各国高校校长治校提供了丰富的经验，促进新型大学的建设由设想走向实际。

一　罗德斯大学治校理念与实践的特征

20世纪70年代以后，美国高等教育人才辈出，而罗德斯的大学治理思想以其鲜明的特点独放光芒。罗德斯作为康奈尔大学改革建设的主要推动力量，其改革措施体现着他治校思想的主要特征，主要包括多元性、实用性以及前瞻性三个方面。

---

① Frank H. T. Rhodes, "Science Education in Different Cultures: Unity and Diversity", *Frontiers: The Interdisciplinary Journal of Study Abroad*, Vol. 3, No. 2, 1997, pp. 1–12.

② 彭小云主编:《康乃尔大学》，军事谊文出版社2006年版，第7页。

(一) 多元性

随着时代的发展,社会对于教育的需求逐渐具有多元性特征,从以往要求人人获得平等的受教育权,到如今呼唤大学关注个人发展需要,多元性已经成为大学发展的必然趋势,这也是罗德斯治校思想中最鲜明的一个特点。多元性主要体现在培养目标、教学内容、管理方式以及办学形式之中。罗德斯的治校思想丰富、深刻、涉及范围广,不仅对大学本科教育要培养什么样的人、开设何种课程、如何加强教学质量以及怎样促进科研发展等问题进行重新规划,还立足于美国大学的办学传统,对大学董事会和校长的有效管理进行分析。其内容广而不乱,多元性特征始终贯穿其中,同时,其治理理念中各部分思想能够相互补充,为大学校长发展提供全面且完整的指导。罗德斯紧密结合时代发展的要求,阐述其在大学治理中的独特见解,表达出其治校思想多元性的一面,从而构成其完整的大学治理体系理念。

(二) 实用性

在当今社会,职业发展对知识技能的依赖越来越强,拥有丰富知识与技能储备的人才能够在社会中占据一席之地。大学每年要为社会输送大量人才,而学生在大学中学习到的知识能否直接转化为社会所需的生产力,也在一定程度上决定其能否找到一份好工作。为此,现代大学越来越注重加强学生对实用性知识的学习。康奈尔大学在建校初就十分注重理论创新与实践应用相结合,在发挥大学创造知识作用的同时,加强与社会生产的实际联系,追求教育的务实性。在此影响下,罗德斯的治校思想也具有明显的实用性特征,他认为,大学的组织和功能必须适应周围人们的需要,大学要与社会保持紧密的联系,能够为社会公众谋求福利。这一思想充分迎合了美国社会生产、生活的需要,具有很强的生命力。同时,在实用性思想的指导下,罗德斯积极拓展康奈尔大学的工业、农业合作项目,这些项目不仅在美国国内的许多州,甚至在拉丁美洲以及非洲等地区都具有重要的影响力。

(三) 前瞻性

在全球化浪潮以及信息技术革命的冲击下,大学面临着前所未有的机遇与挑战。作为大学的领导者,校长必须具有充分的前瞻性,能够在时代变换的大背景下带领大学发展出具有其自身特色的治校体系。罗德斯通过对美国大学的考察分析，并结合时代背景，把握未来方向，不仅形成了对美国大学现实状况的透彻认识，还对其未来发展进行了大胆预测。同时，罗德斯十分重视科学研究以及信息技术在教育中的运用，他还对2030年美国科学技术的发展进行预测，指出美国科技的发展状况将影响未来美国国内与国际生活，并表明："高校必须重申其对本科教学的承诺，包括科学和数学入门课程的教学。"① 由此也可以看出罗德斯大学治理思想中所具有的前瞻性。正是由于罗德斯大学治理思想中同时具备的前瞻性与实用性，使得其治校思想更易于被社会与公众舆论所接受。因此，罗德斯不仅仅是一位伟大的教育思想家，同时也是一位伟大的教育实践家。

二 罗德斯大学治校理念与实践的影响

作为常春藤盟校中任职时间最长的校长，罗德斯的大学治校思想与实践在美国教育史上产生了深远的影响，并指导着世界各国高校校长的治校实践。在担任康奈尔大学校长期间，他以一种严肃的和科学的批判态度，阐述了他自己对大学治理的深刻看法，对美国研究型大学在本科课程、教学、研究及管理等许多方面做出了比较全面的总结，提出了他的深刻见解。这对于美国研究型大学的治理产生了极大的影响。

其中，本科课程的重构是罗德斯治校实践中最突出的亮点，也是其独创性最强并最值得其他高校校长借鉴的地方。在康奈尔大学本科课程的重构过程中，罗德斯凭借其独到的看法和见解，不但指出了本科课程改革过程中所遇到的一些障碍，而且进一步指出了本科课程重新设置的具体要求，明确指出教育的关键在于教育中人的问题，并详细说明了有教养的人应该具备七种特性。同时，罗德斯坚持以学生为教学主体，真正做到了大学教育所追求的以人为本的教育理念，让康奈尔大学的每位学生都能够找到最适合其自己的发展道路，实现综合素质的最大化发展，为其他大学校长解决教育中人的问题提供了很好的指导与借鉴作用。此外，罗德斯在治校过程中十分重视科学研究的发展，极力推动康奈尔大

---

① Frank H. T. Rhodes, "Shaping the Future: Science and Technology 2030", *Physics Today*, Vol. 44, No. 5, 1991, pp. 42–49.

学的研究与学术项目的增长。罗德斯还充分发挥了作为一名大学校长的职责,为康奈尔大学筹集到更多的研究经费。在他任职期间,康奈尔大学的教学经费实现了两倍增长,从最初的 8800 万美元增加到 3 亿多美元[1],这为康奈尔大学的科研活动提供了充分的保障,也为康奈尔大学成为世界一流研究型大学打下了坚实的基础。

与此同时,罗德斯的治校思想在美国国内产生了深远的影响。例如,罗德斯于 2001 年出版了《创造未来》(*The Creation of the Future*)一书,在书中他详细描述了其大学治理思想及其对美国大学的作用,而这些思想与理念对亚利桑那州立大学校长迈克尔·克劳(Michael Crow)设计新美国大学发展模型起到了关键性的作用,也对克劳建立兼具大众性与卓越性的 21 世纪新型公立研究型大学的治校实践产生了影响。此外,罗德斯在任职期间,还十分重视与国外高校的交流与合作,不断加强康奈尔大学的国际影响力,并与多个国家的高校建立了合作伙伴关系。例如,20 世纪 80 年代初,康奈尔大学就曾与牛津大学与中国预防医学科学院的研究人员展开合作,对中国农村人口的饮食营养进行研究。同时,在罗德斯担任校长期间,康奈尔大学还与许多中国高校开展多学科、多领域的合作研究与办学,直至今日,康奈尔大学与许多高校始终保持着良好的合作伙伴关系。

罗德斯对康奈尔大学开展的治理实践,使康奈尔大学在美国以至于世界高等教育领域中有着举足轻重的地位,而他也因为康奈尔大学而更加享誉教育界、学术界,被认为是 20 世纪伟大的知识分子和大学校长之一。罗德斯担任过许多职位并获得许多荣誉,深刻地影响了国家科学政策的发展,他被罗纳德·里根总统任命为国家科学委员会的成员,被乔治·布什总统任命为总统教育政策咨询委员会的成员。康奈尔大学终身受托人、大学创始人埃兹拉·康奈尔的直系后裔埃兹拉·康奈尔曾评价道:"弗兰克·罗德斯是学术卓越的缩影,倡导科学探究,并在近二十年的时间里如此自然、乐观和优雅地领导着康奈尔大学,以至于他为所有

---

[1] Cornell University, "Frank Rhodes, Cornell's Ninth President, Dies at 93", (2020-02), https://news.cornell.edu/stories/2020/02/frank-rhodes-cornells-ninth-president-dies-93. (2022-12-23).

研究型大学校长设定了衡量标准。"①

本章小结

在罗德斯出任康奈尔大学校长的 18 年间，康奈尔大学实现了前所未有的发展，并在美国高等教育质量下滑、在校生人数减少等背景下，将康奈尔大学打造成世界一流的研究型大学，为世界各国大学校长治校提供了宝贵的经验。在这一过程中，罗德斯本人所具有的优秀品质发挥了重要的作用。其一，卓越的领导才能。罗德斯对大学的管理有着深刻的见解，他不仅能够充分发挥优秀的管理能力，还能够将董事会与校内管理团队有效地结合起来，实现大学管理效果的最大化，使康奈尔大学的创造性与开拓性特质得到有效开发。其二，独特的决策能力。罗德斯在正确评估康奈尔大学自身实力与现状的基础上，结合学校实际的发展需求，制定出正确有利的发展决策，充分发挥了校长在大学发展中的核心领导作用，实现康奈尔大学的繁荣发展。其三，深厚的文化素养。罗德斯作为一名优秀的地质学者，在担任康奈尔大学校长的同时，一直致力于地质学方面的研究，不断以其自身的学术经验带动学校的学科发展，并以其终身学习的意识带动学校学术氛围的创建。其四，崇高的人格魅力。罗德斯以其个人所具有的号召力、凝聚力、向心力、亲和力以及高尚的人品与价值观念将全校师生凝聚在一起，带领他们为学校的长远发展作出贡献，开创了大学发展新局面。这些优秀品质不仅影响着罗德斯本人的大学治校实践，对世界各国大学校长治校理念与实践的发展也有着极高的借鉴意义，从根本上影响着现代研究型大学校长的高校治理。

与此同时，罗德斯的治校实践能够为中国大学校长的治理活动提供借鉴。自 2015 年中国颁布《统筹推进世界一流大学和一流学科建设总体方案》以来，建设世界一流大学成为中国大学校长治校的主要目标之一，

---

① Cornell University, "Frank Rhodes, Cornell's Ninth President, Dies at 93", (2020-02-04), https://news.cornell.edu/stories/2020/02/frank-rhodes-cornells-ninth-president-dies-93. (2022-12-23).

而罗德斯作为在康奈尔大学任职时间最长的一名校长，其治校经验能够为中国大学校长实现高校的一流发展提供参考。

首先，要注重本科生教育，重视本科课程的设置与改革。毫不夸张地说，本科生教育对中国人力资源开发以及人才培养有着举足轻重的作用，是国家建设培养人才的"摇篮"。但在一流大学的建设过程中，国内不少高校的校长将扩招研究生的数量当作迈向研究型大学的重要措施，甚至出现了忽视本科生教育的现象。例如，在一些大学中，著名教授不再给本科生授课，而只专注于学术研究。另外，在中国培养的本科生中，有相当一部分优秀学生毕业后选择到国外留学，这对中国研究生的生源质量造成了消极影响，进而也影响到学术研究质量，因此，培养大批优秀本科生是现阶段中国大学校长治校的重要目标之一，本科生教育改革势在必行。而罗德斯对康奈尔大学的本科课程重构的治校实践，为中国大学校长开展本科生教育改革树立了良好的榜样。因此，在课程方面，大学校长可以从注重人文学科建设以及开展跨学科研究两个方面对高校进行治理。大学校长也应努力转变长久以来学生在专业选择中存在的重理轻文的错误观念，积极响应国家号召，在高校中大力发展人文学科，加大文科教育投入，丰富学生的人文素养，在保证专业教育顺利进行的同时，不断提高学生的精神文化修养，培养全面发展的新时代优秀人才。同时，中国大学校长应该注重加强不同学科间的交流与合作，鼓励跨学科的研究项目的开展，开设跨院系的综合性课程，让不同专业的教师进行合作教学。同时，校长还可以积极设立跨学科教学中心和科研中心，为跨学科研究提供场地，并增加跨学科领域的合作，为学生创造多学科融合的学习环境。

其次，着力提高高校的教学质量。不仅要让教授授课，还要使他们在重视科学研究的同时，加强教学工作，特别是要注重本科生教学。通过让一流学者教授一门初级课程、系主任为本科生上课等措施，促进学科长远发展，提高本科阶段的人才培养质量。同时，大学校长要重视学生的主体地位，鼓励教师让学生在课堂中提出问题、表达观点，容许学生持有与教授不同的意见。同时，避免过度强调知识的灌输，注重加强教师对学生的引导，让学生通过他们自己的思考、辨别和判断得出结论，从而达到促进学生思维发展和提高其自主探究能力的目的，实现中国本科生教育质量的提升。另外，大学校长要加强现代信息技术的运用，为课堂教学以及实践配备数字化、网络化的智能教学设备，使之与传统的教学方式相融合，让学生通过视觉化的教学内容加深对知识的理解。同时，要充分利用已有的数字化资源平台，运用大数据分析不同学生的学习特点，进行针对性的教学。在学业评价方面引入信息数据分析模式，利用大数据对学生多方面的发展展开评价，打破唯分数论，加强高校对综合性人才的培养。

再次，充分发挥科学研究对大学发展的推动作用。不仅要加大基础研究，还要推动跨学科研究的进步。许多基础研究能够直接产生积极的成果，它主要关注新知识以及理论体系的发现和建立。同时，在开展基础研究的过程中所发现的新方法也能够为其他研究提供新的思路。从整体上说，开展基础研究是促进科技创新的重要手段，但由于基础研究的成果并不能够在短期内呈现出来，这就导致许多大学不能用长远的眼光对待高等教育基础研究，从而造成高校科技创新能力的落后。此外，由于跨学科研究是一种将各类知识、智慧与技能高度集合的研究领域，也是一种多学科之间相互影响、相互补充的合作研究，因此，校长应不断加大跨学科研究的资金投入，促进跨学科研究成果的转化，促进知识体系的创新与融合，推动社会新生产领域的发展。同时，跨学科研究也是推动研究生教育发展的一个突破口，大学校长应该在研究生培养方面注重与时俱进，解放思想，更新观念，借助跨学科研究提高人才培养质量，整合学校优势学科，拓宽研究生知识面，加强对学生综合能力的培养。

最后，加强校长自身的专业化发展程度。校长是推动高校发展的"关键少数"。因此，作为一流研究型大学的校长，要具备极强的专业素养和管理能力，不仅要在其擅长的领域有很高的造诣，还要具有独特的办学思想和远见卓识，同时要具备崇高的威望和出色的社交能力，能广招天下英才，筹措办学经费等。此外，校长还需洞察社会经济变迁对高等教育发展提出的新要求，并在此基础上主动开展改革行动，使大学能够始终处于社会发展的前端。对此，中国大学校长应不断加强其自身的职业素养，投身于一流大学建设的事业中，充分发挥其自身优越的治校能力，促进高校的长远发展。

总的来说，作为大学治理的关键主体，大学校长要在高校治理过程中充分发挥能动性，积极吸收国外高校的先进经验，并结合中国高校发展的实际情况，开展创新、高效、科学的治理工作，实现大学治理的现代化发展。

第 五 章

密歇根大学第 11 任校长杜德斯达的治校理念与实践

密歇根大学作为美国"公立大学之母"和"公立常青藤",是美国为数不多可以与哈佛大学、耶鲁大学等私立名校比肩的名牌公立大学之一。其中,于1988年至1996年担任密歇根大学第11任校长的詹姆斯·杜德斯达(James J. Duderstadt,1942—)正是推动密歇根大学跨世纪转型、带领密歇根大学迈入美国一流大学行列的校长。杜德斯达的治校理念与实践推动了密歇根大学的历史转型,不仅在密歇根大学发展史上具有重要意义,同时也为新旧世纪之交其他大学的转型树立了样板。

第一节 杜德斯达的一流大学建设理念

杜德斯达是密歇根大学历史上第一位具有工程学背景的校长,他曾于1964年以最高荣誉获得耶鲁大学电子工程学士学位。在1965—1967年的三年时间内,杜德斯达又在加州理工学院获得了工程学与物理学博士学位。在加州理工学院原子能委员会做了一年的博士后研究员后,他于1968年加入了密歇根大学核工程系。凭借其突出的表现,杜德斯达于1981年被任命为密歇根大学工程学院院长,成为密歇根大学核工程学院历史上最年轻的院长。1986年,他又被任命为密歇根大学教务长兼学术副校长,随后于1988年10月被校董事会正式提名为密歇根大学第11任校长。个人的教育经历、工作经历以及当时国际社会全球化进程的加深、信息技术的发展和知识经济的到来为杜德斯达多样化、信息化和终身化大学改革理念的形成和发展奠定了基础。这些理念不仅促进了密歇根大学的跨世纪转型，同时也加快了密歇根大学迈入美国一流大学行列的步伐。

一 多样化建设理念

20世纪八九十年代，随着全球化进程的不断发展及移民人数的持续增加，美国社会中黑人、亚裔和拉丁裔等非白人族裔所占比例明显增加，美国人口结构发生了很大的改变。在此背景下，杜德斯达敏锐地意识到了高等教育变革的必要性。杜德斯达指出，随着美国人口组成的变化，美国大学服务的对象也发生了改变，为了使大学更好地发挥其社会服务功能，高等教育必须在性质和结构方面进行深刻的变革。① 其中，多样化变革正是大学改革的重要方面。在杜德斯达看来，大学多样化变革的重要性主要体现在以下几方面：

第一，有利于公平正义的社会价值观的塑造和传播。在杜德斯达看来，人口的迅速多样化在为美国社会注入新的发展活力的同时，也引发了一系列种族冲突，使得社会公平与正义遭受了严峻的挑战。大学承担着塑造公民道德和树立正确价值观的重任，因此在消除歧视、促进平等的过程中发挥着重要的先锋作用。而大学的多样化改革恰好可以通过增加不同种族、民族和文化群体的参与程度为那些处于边缘地位的非主流群体提供更大的发展机会，进而促进公平正义的社会价值观的传播。②

第二，有利于提高高等教育质量。杜德斯达认为，高等教育的卓越化与多样化是紧密相连的，大学多样性的实现有助于其教育质量的提升。一方面在于大学多样性的实现能够促进多样化学生群体的形成，而这种多样化的学生群体不仅可以促进不同思想观点的碰撞和交流，还能增进不同种族之间的相互理解。另一方面在于这种多样性能够为学生提供丰富多样的教育经验，促进学生思考力、判断力及批判力的发展，进而为

---

① ［美］詹姆斯·J.杜德斯达：《21世纪的大学》，刘彤等译，北京大学出版社2020年版，第187页。

② ［美］詹姆斯·杜德斯达、弗瑞斯·沃马克：《美国公立大学的未来》，刘济良译，北京大学出版社2006年版，第37—38页。

学生参与社会生活做好准备。无论是少数群体还是主流群体，所有学生都可以在这种充满多样性的环境中受益。

第三，有利于增强知识活力。杜德斯达认为，随着知识的进步和时代的发展，新的社会问题层出不穷，同时，这些社会问题也变得越来越复杂。在此背景下，旧有的解决方案已难以有效地应对当前的挑战，只有多途径、多角度地看待问题，大学才能在复杂问题的解决过程中更好地发挥作用。而多样化群体正是为大学提供多样化视角的潜在资源。简而言之，多样性是增强学术活力与拓宽学术领域的基础。[1] 大学只有对不同的观点、经验和方法持有开放性，才能在社会发展过程中更有效地发挥作用。

第四，有利于大学服务变革的社会。杜德斯达指出，人口的增长以及移民潮的兴起等因素使得美国的人口结构发生了深刻的改变，到21世纪中叶，美国社会将不存在少数族裔和主流群体之分。但杜德斯达认为，这并不意味着美国将成为一个"大熔炉"，美国社会中的很多人仍然会对他们的种族根源持有牢固的认同感。因此，变革的社会呼吁着多元主义的到来。杜德斯达认为，以服务社会为使命的大学应积极推动多元文化教育改革，并通过建立共同的价值观基础来增强各种族之间的凝聚力，在多元中建立统一[2]。

第五，有利于开发人才资源。杜德斯达认为，随着科技的进步和知识经济的发展，社会对受过良好教育的劳动力的需求越来越大，因此，大学一定要向少数族裔及女性等边缘群体敞开机遇的大门，充分发掘少数族裔群体和女性群体在劳动力市场中的潜在力量。这样做不仅因为它是一项好的社会政策，而且因为在以人力资源为核心的知识经济时代，美国再也承受不起浪费这些人力资源的代价。

虽然种族是多样性的重要体现，但杜德斯达认为，人的多样性是超越种族和民族的概念，它应在广义上包含性别、性取向、社会经济背景

---

[1] [美]詹姆斯·J.杜德斯达：《21世纪的大学》，刘彤等译，北京大学出版社2020年版，第190页。

[2] James J. Duderstadt, *A Case Study in University Transformation: Positioning the University of Michigan for the New Millennium*, Ann Arbor: Millennium Project, 1999, p. 470.

以及籍贯等方面。① 因此，大学不仅要致力于种族多样性的提升，还要促进校内群体在性别和经济背景等方面的均衡。杜德斯达虽然充分认识到了高等教育多元化的重要性，但他认为高等教育多元化的实现仍然存在着来自种族主义和社会等方面的挑战。因此，大学应明确拒绝种族主义，促进族群间沟通交流；以不同的眼光看待差异，尊重每个种族及个体的独特性；通过创建更具多样性且更加宽容的校园环境促进高等教育多元化变革。

二　信息化建设理念

多媒体和互联网作为工业化时代向信息化时代转变的两大技术杠杆，以惊人的速度改变着人们的工作、思维、交往及生活方式，同时也引发了高等教育领域的历史性变革。在杜德斯达看来，信息时代的到来使得知识本身以及人与知识之间的关系发生了很大的改变，这一系列变化将导致大学传统的教学、科研和社会服务功能的深刻变革。

首先，知识保存形式的变化。在过去的几个世纪里，知识主要以书籍报刊等纸质印刷品为载体进行保存和传播，大学中的图书馆正是这些资源的储存中心。但随着多媒体技术的快速发展，知识的保存形式发生了很大的改变。知识现在以文本、图像、音频和视频等多种形式保存并传播着，同时也以数字符号的形式分布在世界各地的计算机网络中。杜德斯达指出，在此情况下，任何人都可以借助互联网获得知识，知识不再是学术界中少数人的特权；图书馆也不再仅仅是一个知识储存中心，而是更多地扮演着知识导航中心的角色，为信息的检索和传播提供便利。② 此外，计算机软件系统的开发和应用使得知识的整理和分析更为便利，人类可以用更高的精确度和更低的成本对数字信息进行复制和传播。但杜德斯达认为，这将动摇版权和专利法的根基，对知识产权理念产生冲击。因此，对大学的知识产权进行法律和经济上的管理正在成为高等

---

① ［美］詹姆斯·杜德斯达、弗瑞思·沃马克：《美国公立大学的未来》，刘济良译，北京大学出版社2006年版，第38页。

② ［美］詹姆斯·杜德斯达、弗瑞思·沃马克：《美国公立大学的未来》，刘济良译，北京大学出版社2006年版，第52页。

教育所要面对的复杂问题之一。

其次，教学形式的改变。杜德斯达认为，数字时代教学的主要动力已不再是教师，而是学生。学生在很大程度上属于"数字原住民"，他们在与交互式媒体的互动中长大，例如家用电脑、电视游戏、网络和虚拟现实等。与在收音机和电视机等单向的广播媒体时代长大的人不同，数字时代的学生期待着学习过程中更多交流和反馈的产生。这些学生把学习看作"即插即用"的过程，他们不习惯也不愿意按部就班地学习，而是倾向于通过互动和合作来学习。尽管这种学习方式与传统的大学课程中那种直线式的、连续的教学方式有很大的不同，但它对这一代人来说可能更为有效。因此，在杜德斯达看来，数字时代的大学教师必须开发出新的学习方式。在这种学习方式中，由教师到学生的单向信息流支配的课堂教学将转变为由师生、生生以及学生与社会之间的多向信息流支配的学习社区。在这样的学习社区中，学生将在学习过程中拥有更大的自主权，开始从被动的学生向主动的学习者转变；教师也不再是传统意义上的教师，而更像为学生提供指导的顾问或教练。

最后，科研活动形式的改变。首先，杜德斯达认为，信息技术的发展为研究者参与科学研究开辟了广泛的空间。借助互联网，那些平常接触不到研究型大学先进的研究设施和学术资源的研究者也能参与最前沿的学术研究，信息技术正在使科学研究"民主化"[1]。其次，杜德斯达指出，随着计算机运算能力的指数级增长，使用信息技术来模仿自然现象已经创造了第三种研究模式。这种研究模式在实验观察与理论解释之间架起了桥梁，可以帮助研究者解决以前无法攻克的难题。[2] 例如，借助信息技术可以分析尚未合成的分子结构或对宇宙大爆炸进行计算机模拟。最后，杜德斯达还指出，通信和信息技术的发展推动了全球信息网络的形成，促进了全球研究共同体的形成；同时也打破了学术研究的学科界限，引发了学科知识的重组，推动了跨学科合作研究的开展。

---

[1] ［美］詹姆斯·杜德斯达、弗瑞思·沃马克：《美国公立大学的未来》，刘济良译，北京大学出版社2006年版，第51页。

[2] James J. Duderstadt, et al., "Envisioning a Transformed University", *Issues in Science and Technology*, Vol. 22, No. 1, Fall 2005, pp. 35–42.

此外，对于信息技术所带来的消极影响，杜德斯达也有一番深刻的认识。詹姆斯·杜德斯达指出："信息技术会成为一个十足的诱因，使我们的高等教育变得千篇一律，也许会使我们的质量问题向彼此的最低水平看齐。它可能会带来教师和电子出版商间的无控制的协议，从而弱化我们的智力资源。"① 然而，正如人类从未因为汽车的诞生带来交通事故而抛弃汽车回到步行时代一样，高等教育也将选择继续前行，用人类的理性和良知为科学指出方向。

三　终身化建设理念

第二次世界大战后的科技革命推动了通信和信息技术的快速发展，同时也加快了知识经济时代的到来。在知识经济时代，知识取代物质资本和金融资本成为首要的生产要素；个人受教育水平成为提高生活质量、获得发展机会的重要变量；人力资源的开发成为促进社会经济发展、保持社会繁荣稳定的关键。而大学作为知识生产和传播的中心，必然将在知识经济时代面临怎样提供更加广泛的教育以及如何延长受教育年限等一系列挑战。杜德斯达指出，必须推动教育和学习的终身化，必须对大学本身进行重组和重构，使人们可以自由自在地学习、无拘无束地研究。②

首先，在杜德斯达看来，大学传统的以职业为导向的育人目标将受到挑战，终身学习能力和适应不确定性环境的能力将成为人才培养过程中的核心能力③。在知识创新的驱动下，知识半衰期和产业兴衰周期将越来越短，劳动力市场也将越来越不稳定。为了帮助学习者更新知识技能以及适应动荡的就业市场，终身学习将成为高等教育发展的必然趋势。正如杜德斯达所言，在动荡的知识经济时代，学习者只有开展持续性的

---

① ［美］詹姆斯·J. 杜德斯达：《21世纪的大学》，刘彤等译，北京大学出版社2020年版，第233页。
② 郑旭东：《信息化和全球化潮流中大学的创新与发展——访国际高等教育战略思想家詹姆斯·杜德斯达特博士》，《开放教育研究》2010年第2期。
③ ［美］詹姆斯·杜德斯达、弗瑞斯·沃马克：《美国公立大学的未来》，刘济良译，北京大学出版社2006年版，第26页。

学习和培训才能适应不断变化的工作要求。①

其次，杜德斯达认为，大学传统的课程体系已不能适应知识经济时代个体及社会的发展需求，高等教育终身化理念正推动着大学课程体系的重构。就本科课程体系而言，杜德斯达认为，大学应拓宽本科教育的概念，大学不仅要让本科生参与课堂学习，还要引导学生积极参与各种科学研究和社会服务活动，从各种实践活动中培养学生的终身学习能力。②就研究生课程体系而言，杜德斯达指出，高度专业化的研究生课程体系虽然在培养专门的学术研究人才方面卓有成效，但却不能帮助学生有效地应对工作过程中所遇到的各种挑战。为了培养学生终身学习及适应变化的能力，研究生教育应给予文科教育一定的重视，使得学生能够坦然应对未来社会中各种新思想和新技术的挑战。③

最后，知识经济的到来使得在校大学生的主体构成发生了一定的变化，越来越多已组建家庭和参加工作的成年人开始在高等教育系统内寻求进一步的发展。因此，以灵活的方式为公民提供他们所需要的教育和培训已经成为民主社会的重要责任。而网络学习和远程教育的发展恰好为高等教育终身化提供了技术支撑，使得在线同步教学、异步交互以及合作学习成为可能。杜德斯达认为，这种教学方式打破了时间和空间的限制，使学习机会、生活方式与职业需要更加相容，更能满足"非传统学生群体"的学习需求。④

第二节 杜德斯达的本科生及研究生教育思想

杜德斯达认为，美国大学最重要的使命就是教育。一方面，大学能够通过教育用知识和理性武装学生，使其成为良好的公民并过上有意义

---

① James J. Duderstadt, "The Future of the University: A Perspective from the Oort Cloud", *Social Research: An International Quarterly*, Vol. 79, No. 3, Fall 2012, pp. 579–600.

② [美] 詹姆斯·杜德斯达、弗瑞斯·沃马克：《美国公立大学的未来》，刘济良译，北京大学出版社 2006 年版，第 27 页。

③ [美] 詹姆斯·杜德斯达、弗瑞斯·沃马克：《美国公立大学的未来》，刘济良译，北京大学出版社 2006 年版，第 29 页。

④ [美] 詹姆斯·杜德斯达、弗瑞斯·沃马克：《美国公立大学的未来》，刘济良译，北京大学出版社 2006 年版，第 173 页。

的生活。另一方面,大学能为学生提供一个有组织的、安全的发展环境,促进学生终身学习能力的发展。本节主要对杜德斯达的本科生教育和研究生教育思想进行阐述。

一 杜德斯达的本科生教育思想

随着数字时代和知识经济时代的到来,本科生教育发生了深刻的变革。在此背景下,杜德斯达分别从本科生教育的目的、课程和教育模式三方面对本科生教育进行了重新审视,并在此基础上展望了21世纪本科生教育的未来。

(一)本科生教育的目的

在市场及社会需求等因素的驱动下,越来越多的美国学生开始以功利主义的态度看待本科生教育。他们希望通过本科生教育获得实用的专业知识和职业技能,进而为其职业生涯的开启做准备。与此同时,用人单位也强化了这种功利性的取向,因为企业在进行招聘时往往会以学生是否具有某种专业技能为标准。但随着知识经济时代的到来,知识半衰期及产业兴衰周期越来越短,劳动力市场也越来越不稳定。这种职业主义倾向的本科生教育价值取向已不能适应学生个人的期望及社会发展的需求,如何适应知识爆炸的社会和动荡的劳动力市场将成为本科生教育的关键所在。

在此背景下,杜德斯达对本科生教育的目的进行了深刻的反思。杜德斯达非常认可密歇根大学第一任校长亨利·飞利浦·塔潘的观点,即大学不仅要塑造有学问的人,还应为学生构造浓郁的学术氛围,使他们通过其自我创造性的学习和思考成为学识渊博、聪明正直的人,进而为他们的事业做准备。杜德斯达认为,本科生教育不仅要传授事实,还要帮助学生形成其人生哲学。[①] 具体而言,本科生教育不仅要让学生具备一定的知识和技能,也要培养学生的思考力、判断力以及批判力,使得学生能有效地应对社会生活中所遇到的各种问题。此外,杜德斯达还指出,本科生教育的目的不是为学生的第一份工作做准备,而是要为他们的最

---

① [美]詹姆斯·J. 杜德斯达:《21世纪的大学》,刘彤等译,北京大学出版社2020年版,第73页。

后一份工作做准备。因此，本科生教育也应着重培养学生终身学习以及适应变化的能力。

（二）本科生教育的模式

随着信息技术的发展和知识经济时代的到来，学习者特征、教师角色以及本科生教育理念发生了重大的改变。在此基础上，传统的本科生教育模式必须进行革新才能更好地适应时代发展的需要。首先，改变学习方式。杜德斯达认为，数字时代的学生生活在一个充满活力的交互式媒体时代，与在单向的广播媒体时代长大的人不同，这些学生倾向于以主动参与和双向交互的方式开展学习活动。被动地阅读指定的学习材料、撰写学期论文以及参加考试的学习形式必然会与数字时代学习者的特征产生"排异反应"。因此，杜德斯达认为，大学应改变传统的本科生学习方式，致力于为数字时代的学生构建交互的、合作的学习环境。在这种学习环境中，学生的学习主动性将得到激发。学生不仅可以与其他学习者开展合作学习，也可以与教师、学生以及丰富的学习资源产生交互。在杜德斯达看来，这种学习形式将更适合数字时代学习者的学习风格、能够更好地为他们的终身学习及未来生活做准备。

其次，改变教学模式。杜德斯达指出，新兴信息技术的发展将从根本上改变教师和学生的含义。学生将不再是被动地接受教师所传递的学习内容的个体，而是成为主动的学习者。相应地，传统的教师角色也会发生改变，教师不再是教学过程的主导者，而是成为学习内容、学习过程和学习环境的设计者。因此，传统的以教师为主导的教学模式也应发生变革。在新的教学模式里，大学应赋予学生更大的自主学习的权利，应充分发挥学生在教学过程中的主体地位。在此基础上，学生的课堂参与度以及学习主动性将得到很大程度的提升。此外，教师也不再传授特定的教学内容，他们将在启发、激励、管理和指导学生方面发挥重要作用。

再次，改变本科生课程。杜德斯达分别从通识课程、个性化课程以及科研与社会实践活动的开展等方面对本科生教育的课程进行了阐述。第一，杜德斯达认为，通识课程的开展是实现本科生教育目的的重要手段。在杜德斯达看来，通识教育课程在培养学生沟通表达能力、多元文化理解力以及探索创新能力等方面发挥着不可替代的作用，而组织高度专业化的课程往往将学生局限在特定的学科领域中，不利于学生核心能力的培养。但杜德斯达认为，21世纪的通识教育应该有别于20世纪，它不应局限于肤浅的人文知识的传授，而应为学生开展终身学习和适应社会变化做好准备。第二，杜德斯达指出，随着学生群体的日益多样化，个性化课程的重要性也日益凸显。大学应该为学生提供需要一种更符合他们各自的文化背景、学习目标和个人能力的课程以适应学生个体间的差异。① 第三，美国大学在本科生教育改革过程中，将重点集中在学位课程的教学和学习上，把课堂教学看成了本科生教育最主要的教学手段。但杜德斯达指出，科研及社会实践活动在本科生培养过程中也发挥着巨大的作用，科研活动可以激发学生的好奇心，培养学生思考力和创造力；社区服务活动则可以使学生对社会价值有更深入的理解。因此，杜德斯达认为，大学应从更广阔的视角看待本科生课程，应拓展本科生教育观念，将科研与社会实践活动纳入本科生课程体系。

最后，树立终身学习理念。人们通常认为，本科阶段教育的完成就意味着学生为未来生活做好了准备。但杜德斯达认为，本科生教育并不能为学生提供一生所需的全部知识。在知识飞速增长以及劳动力市场急剧变化的时代背景下，学习已成为一项终身性的活动，本科生教育只是通向终身学习之路的其中一步。② 本科阶段的教育完成后，学生仍需以各种正式或非正式的方式开展学习活动。鉴于此，杜德斯达认为，在学习型社会中，"学生"与"校友"之间将不会再有区别，学生或毕业生将会逐渐发展成为大学的终身成员。注册入学也不再被看作对某一特定学位课程的学习，而被看成是与大学的终身合约。在这份合约中，大学要为其学习成员或学习者提供终身学习的各种资源。

（三）本科生教育的未来

虽然各种新兴信息技术及学习理论的发展对传统的本科生教育产生了强烈冲击，使得本科生教育的形式、目的以及教学模式发生了转变。

---

① James J. Duderstadt, *A Case Study in University Transformation*: *Positioning the University of Michigan for the New Millennium*, Ann Arbor: Millennium Project, 1999, p.205.

② ［美］詹姆斯·J. 杜德斯达：《21世纪的大学》，刘彤等译，北京大学出版社2020年版，第82页。

但杜德斯达认为，教室和本科生教育的寄宿方式并不会随着远程教育、在线学习以及虚拟大学的兴起而消失。传统的教学模式也不会被取代，它将与新的学习模式共存，为人们提供更广泛的学习机会。与此同时，大学仍将是培养未来领导者的场所，年轻人的心智发展也仍将是本科生教育最基本的目的。

但从学生到学习者，从教师到设计者以及从校友到学习化社会的终身成员的角色转变是极有可能发生的。届时，大学将从以教师为中心的机构真正转变为以学习者为中心的机构，学生将会有更大的选择权，他们可以决定学习的内容、方法、时间、地点以及同伴等。杜德斯达认为，这是时代发展的必然趋势，因为在越来越民主、由市场推动的世界里，个人、消费者以及客户所关心的内容已经成为大多数成功机构所关注的焦点①。

二 杜德斯达的研究生教育思想

杜德斯达指出，处于高等教育变革时代的研究生教育受到了越来越多的关注。教师和大学关注研究生教育资助的数量和种类；研究生关心就业市场和获得学位的时间；联邦政府则关心与市场有关的高级学位的数量和外国研究生所占比例等。但除了上述内容之外，美国研究生教育还存在着更深层次的问题。杜德斯达指出，研究生供求的失衡导致了一系列就业问题的出现，研究生教育高度专业化的培养方式已不能适应学生个人和社会的发展需要，导师管理方式的不当造成了研究生自杀等一系列悲剧的发生。这些问题呼吁着院系、大学以及国家对研究生教育进行重新审视。

（一）研究生教育困境

首先，研究生供需失衡。冷战时期国家安全的需要以及医疗卫生和环境保护等社会问题推动了美国研究型大学和研究生教育的发展。20世

---

① [美]詹姆斯·J.杜德斯达：《21世纪的大学》，刘彤等译，北京大学出版社2020年版，第83页。

纪 60 年代到 90 年代，美国大学每年培养的哲学博士数量增长了 4 倍。①但随着冷战的结束、政府科研投入的削减以及国际科技竞争的加剧，哲学博士的三大传统就业领域——大学、工业界和政府部门发生了重大的变革。这些领域的变革将会在很大程度上降低市场对科研人员的需求。一方面，随着政府关注领域从基础研究向应用研究的转变，哲学博士在联邦政府和工业领域的就业机会开始减少。另一方面，很多高校在确定哲学博士招生指标时多依据科研资助数量而不是社会需求，因此某些领域的哲学博士数量已远远超过了研究型大学中空缺的科研职位。同时，苏联解体后大批科学家和工程师以及外国研究生的涌入也加剧了美国研究生供求不协调的状况。

其次，研究生培养目标狭隘。在杜德斯达看来，美国博士生教育的目标就是对研究生导师进行"克隆"，训练下一代学术研究者。但随着研究生就业市场的变化，这种狭隘的培养目标已不能适应社会发展的需要。无论是现在还是将来，大多数哲学博士研究生将会在学术研究机构外工作。因此，杜德斯达认为，研究生培养目标应更加广泛，博士的培养要反映出工业、商业、政府以及教育等多方面的需要②。除此之外，杜德斯达还指出，现行的研究生教育存在着学科过于专门化的缺点。在这种培养模式下，研究生的学习和科研活动局限于学科领域中的某一狭小方面，不利于学生研究视野的开拓。但随着科研问题的日益复杂化，这种研究生教育模式并不能促进科研问题的有效解决。因此，研究生课程也应具有一定的广度，使研究生更加适应个人及社会发展。

最后，导师管理方式不当。研究生的培养就像学徒的训练过程一样，研究生导师在很大程度上决定了研究生的研究内容、修业时间和科研经费等。杜德斯达指出，虽然大多数研究生导师都会认真对待研究生的教育工作，但美国大学研究生教育中仍存在导师管理不当的现象。③一方

---

① [美]詹姆斯·J.杜德斯达：《21 世纪的大学》，刘彤等译，北京大学出版社 2020 年版，第 86 页。

② James J. Duderstadt, *A Case Study in University Transformation*: *Positioning the University of Michigan for the New Millennium*, Ann Arbor: Millennium Project, 1999, p.227.

③ [美]詹姆斯·J.杜德斯达：《21 世纪的大学》，刘彤等译，北京大学出版社 2020 年版，第 89 页。

面,有些导师并没有对学生的发展给予足够的关注,他们与其自己所指导的研究生见面的次数非常少,研究生得到的指导也微乎其微。另一方面,研究生培养过程中存在"剥削"的现象。有些导师并不将研究生看作接受教育和攻读学位的学生,而是将他们看作其自身科研项目工作中的劳力。有些导师甚至会延长研究生的修业时间以便他们能继续为其科研项目出力。此外,研究生被导师滥用的现象也时有发生。在此情况下,研究生会被导师要求做一些与其学习和科研活动不相关的零碎工作。这些现象严重阻碍着研究生教育的发展,因此,杜德斯达认为,大学有必要改变这种研究生培养方式,为研究生提供更加良好的发展环境。

(二)突破困境的策略

首先,杜德斯达认为,从院系层面采取行动是解决研究生教育问题最有效的途径。就研究生供求失衡而言,大学各院系应抛弃以往以科研资助或助教岗位数量为依据确定招生指标的做法,转而以导师的数量和就业机会为依据决定研究生规模。就研究生培养目标而言,各院系应改变学科过于专业化、研究领域过于狭隘的现状,而应重视研究生个人的兴趣,努力为研究生提供更广博的知识体系。同时,各院系也应努力为研究生提供就业信息,帮助学生安排就业,将研究生的培养与社会需求紧密结合起来,使学生更好地适应社会发展的需要。就导师管理方式而言,院系应着力构建一种新的研究生文化。在这种文化氛围中,学生的学习和科研活动的开展将不会由一名导师全权控制,而是由系里的全体教师共同负责。除此之外,院系也将对导师的指导质量进行经常性的评估,一旦出现导师剥削和滥用研究生能力资源的现象,院系应收回该导师对研究生的指导权。

其次,从大学层面来看,杜德斯达认为,大学应在保留现有研究生教育模式优势的同时,对研究生教育进行一定的变革。具体而言,第一,重新定义研究生培养目标。杜德斯达指出,大学不应把研究生的培养看作简单的学术训练,而应致力于研究生的全面发展,使学生为终身学习做准备。① 为实现这一目标,大学应努力为研究生提供更广博的知识体

---

① [美]詹姆斯·J. 杜德斯达:《21世纪的大学》,刘彤等译,北京大学出版社2020年版,第94页。

系，帮助学生获得更加多样的技能以满足其个人终身学习以及就业市场的需要。第二，设置更全面的培养体系。杜德斯达认为，过于专业化的研究生培养体系既无益于复杂科研问题的解决，也不利于学生的就业。因此，大学可通过设置跨学科博士培养项目和跨学科合作研究计划等，在专业化人才培养和跨学科人才培养之间找到适当的平衡点。此外，为了更好地迎合就业市场，满足个人事业预期，大学可通过建立一体化的、面向实践的学位课程以及增加教学实习等方法拓展研究生教育，让学生在工业领域、政府部门以及各种学术机构中获得一定的工作经验，帮助学生深入了解就业市场。

最后，从国家层面来看，由于第二次世界大战后联邦政府的政策在促进美国研究型大学的发展上起到了关键作用，因此，杜德斯达认为，政府在解决研究生教育问题上也应发挥一定的作用。面对研究生供求失衡这一问题，杜德斯达指出，联邦政府应在适当缩减博士供应过剩领域研究生教育规模的同时，与大学展开合作，促进研究生教育规模和市场就业机会之间的平衡[1]。同时，杜德斯达也进一步指出，当前把研究生教育当作由科研基金数目所决定的副产品以及把研究生看作研究项目的廉价劳动力的做法不仅导致了研究生供求的失衡，也不利于研究生开阔的研究视野的养成。因此，联邦政府应在拓宽研究生教育支持机制的同时，促进研究生教育资助项目的均衡发展，包括科研助教奖学金、教学助教奖学金、研究生奖学金和研究生津贴等。此外，杜德斯达认为，21世纪的研究生教育呼唤着新的国家政策的出台。因此，国家应深入了解当前和未来研究生教育的发展趋势，并在此基础上制定相应的联邦政策以促进研究生教育的发展。这些政策不仅要促使学术文化方面的改变，也要扩大研究生在知识社会中所发挥的作用。

第三节 杜德斯达的大学财政及行政管理思想

杜德斯达在密歇根大学担任管理职务十多年，这些经历使杜德斯达

---

[1] [美]詹姆斯·J.杜德斯达：《21世纪的大学》，刘彤等译，北京大学出版社2020年版，第96页。

对美国公立大学的财政管理与行政管理状况有着深入且独到的理解,同时也为其公立大学财政管理及行政管理思想的形成奠定了坚实的基础。

一 大学财政管理思想

20世纪八九十年代,随着政府财政投入的持续走低、社会高等教育需求的迅速扩大以及高等教育成本的日益攀升,公立研究型大学在财政方面遇到了巨大的挑战。杜德斯达在吸收借鉴私立大学及企业管理成功经验的基础上,形成其有关公立大学的财政管理思想,主要包括经费来源渠道的开拓、去中心化的资源管理方式以及有效的成本控制等。

(一)经费筹措与储备基金

一直以来,州政府的财政拨款都是美国公立研究型大学最主要的经费来源。但这种经费来源并不稳定,州政府的财政预算会随着美国经济的周期性衰退以及其他社会优先项目的出现而遭到削弱。与此同时,通过增加学费来提高学校收入的做法也遭到了市场力量和政治因素的限制。在此情况下,如何筹措足够的经费以保证大学办学质量成为摆在公立研究型大学面前的时代难题。杜德斯达非常赞成许多公立大学通过开发其他资源以减少对州政府拨款依赖程度的做法。杜德斯达指出,从私人部门募集资金以及从大学附属机构获取创收等做法将成为美国公立研究型大学破解财政困境的现实选择。[①] 这种多元化的资金筹措格局不仅可以保持和提高大学的教育质量,也能在均衡各种收入来源的基础上帮助大学平稳度过由州政府资助减少而带来的艰难时期。但杜德斯达认为,这些资助方式将在很大程度上刺激大学及其教职员的市场化或企业化行为,甚至导致大学价值取向的错位。因此,大学应坚守其自身使命,不仅要对市场需求做出回应,同时也应兼顾学生、社会以及政府等多方面的需求。

此外,杜德斯达认为,与资金来源多元化紧密相连的策略是建立储备基金。杜德斯达指出,这种基金可以通过成本控制产生的预算结余以及私人捐赠和创收活动中获得的额外收入来实现。这样的储备基金一方

---

① [美]詹姆斯·杜德斯达、弗瑞斯·沃马克:《美国公立大学的未来》,刘济良译,北京大学出版社2006年版,第91页。

面为预防基金衰退提供了重要的防范措施,使得大学的项目运行更具稳定性。另一方面,大学通过基金提高财政实力,就能从像穆迪公司和标准普尔评级公司这样的华尔街机构那里获得较高的信用等级,从而可以用最低的利率来发行债券或利用其他金融手段来获取更多的资金。[①]

(二) 资源配置与管理方式

虽然拓宽大学资金来源渠道和建立储备基金非常重要,但这些只是总账收入方面的策略。杜德斯达认为,英明的资源配置和管理方式也是大学财政管理中非常重要的一个方面。杜德斯达指出,美国的公立大学长期以来一直依赖于一种基于资金会计体系的"增长预算"资源配置系统。在该系统中,单位每一财政年度的资金预算以上一年度的资金投入为基础,并在对通货膨胀、单位需要以及大学提供额外资金的能力等因素进行综合考虑的基础上增加一定的资源配给。[②] 这种资源配置方式虽然在第二次世界大战后的 30 年中发挥了积极的作用,但它却建立在高等教育成本不断增加的逻辑基础之上。随着公共资助的减少,这种资源配置方式已不能有效应对新的机遇和挑战。

在以注重中心机构决策为特征的中心资源管理模式和以校内各学术单位"自收自支"为特征的分散整体资源管理方式中,杜德斯达选择了一条中间道路,即责任中心管理系统。在该系统中,学术单位、行政单位及中心管理三方将共同参与资源配置过程。在资源配置过程中,大学将允许各院系保留它们所开发的资源以满足它们的开支需要,但大学有权对所有开支征收一定数额的税以建立一些公共资源中心,同时也会为那些资金短缺的学术单位提供额外的帮助。在杜德斯达看来,"责任中心管理"系统不仅可以为大学资源配置决策提供一个更具战略性的框架,还允许学术与行政单位共同参与并决定资源的配置。在此基础上,大学资源配置将不再由外部力量所决定,而是由大学的价值、核心使命以及重点工作所引导。

[①] James J. Duderstadt, "Financing the Public University in the New Millennium", (2000 – 11 – 29), https://deepblue.lib.umich.edu/bitstream/handle/2027.42/88694/2000_U_Washington_Financing.pdf?sequence=1. (2022 – 11 – 10).

[②] [美] 詹姆斯·J. 杜德斯达:《21 世纪的大学》,刘彤等译,北京大学出版社 2020 年版,第 172 页。

(三) 成本控制与质量提高

在 20 世纪八九十年代高等教育财政资源日益匮乏的情况下，如何在保持和提高大学教育质量的同时对教育成本进行控制就变得至关重要。在"高质高耗"的传统思维下，质量的提升必然伴随着成本的增加。但杜德斯达认为，高等教育领域与商业部门之间存在着很大的不同，高等教育对高质量的追求可以建立在低成本的基础之上。[①] 例如，大学通过互联网直接为学生和教师提供服务不仅能提高服务活动的时效性和有效性，也能减少不必要的费用消耗。为了帮助大学在提高教育质量的同时进行有效的成本控制，杜德斯达在反思企业管理模式的基础上，提出了以下五条建议：

第一，了解"顾客"的需求与期望。杜德斯达认为，大学与其他组织机构一样拥有其"顾客"群体。这些"顾客"包括未来的学生、教师以及大学中的各个院系等。[②] 为了减少不必要的开支，大学应对"顾客"的需求和期望给予足够的重视，对那些不能满足、勉强满足和超出顾客期望值的资源和活动则要认真审核或取消。第二，消除工作程序中的浪费现象。若要提高质量，大学应对工作程序进行认定和分析，删除那些只具有辅助价值或者根本没有价值的程序或项目。第三，大学应努力把市场竞争中有关质量与成本的规则引入大学中来，通过把大学内部提供的服务与开放市场所提供的服务进行竞争来提高大学教育质量、降低办学成本。第四，参考在成本控制与质量提高方面表现优异的大学的做法，并将其作为工作目标。第五，为了在质量提高和成本控制层面取得实质性进展，大学及其各部门领导人应把质量放在大学发展战略规划的核心位置。[③] 此外，大学也应注重以替代实现创新，做到有所为，有所不为。具体而言，大学应在仔细考虑其自身优势的基础上，通过取消无意义的活动为更重要或更有利于促进大学发展的项目提供充裕的预算成本，以

---

① [美] 詹姆斯·杜德斯达、弗瑞斯·沃马克：《美国公立大学的未来》，刘济良译，北京大学出版社 2006 年版，第 100 页。

② [美] 詹姆斯·杜德斯达、弗瑞斯·沃马克：《美国公立大学的未来》，刘济良译，北京大学出版社 2006 年版，第 100 页。

③ [美] 詹姆斯·J. 杜德斯达：《21 世纪的大学》，刘彤等译，北京大学出版社 2020 年版，第 171 页。

此来实现高等教育成本的有效管理。

（四）财政管理与责任制

杜德斯达对现今美国公立大学的财政管理与责任制是持批评态度的。他尖锐地指出，尽管美国公立大学已经成为现代社会中最复杂的组织机构，但与其他机构相比，它的经营与管理水平却非常低下。[①] 大学中的大部分领导和管理工作都是由缺乏专业经验的学术人员或外行的董事会成员负责的。随着大学办学规模、复杂性和影响力的扩大，这种业余的学术领导模式和外行的财政管理方式已不再足够有效。因此，大学必须提高财政管理者的专业水平，对从事学术管理工作的所有人员进行更多的商业和管理层面的正规培训。

即便公立大学财政管理者的专业水平得到了提升，但财政管理仍面临许多挑战。杜德斯达认为，最大的挑战就是大学管理者被赋予的管理责任与权力之间的严重不协调。[②] 在此情况下，承担活动责任的主体往往没有与之相对的权力去完成任务，而那些几乎不承担责任的人却有很大的权力去阻止决定性行动的实施。杜德斯达认为，大学财政管理权责的失衡可以归因于许多因素，包括大学对强权领导的抵触以及大学行政官员任期相对较短等。但杜德斯达认为最根本的原因是美国的政治本质和公立大学董事会经验的有限。杜德斯达指出，从法律层面来看，公立大学的董事会不仅对大学的财政管理负信用之责，还对其福利负法律之责。然而，这种责任在很大程度上只是存在于理论上，董事会作为一个管理团体，其成员很少对决策和行动负个人责任。

二 大学行政管理思想

凭借其自身丰富的教育管理经验和对20世纪八九十年代美国公立大学管理所面临的挑战的深入分析，杜德斯达的公立大学行政管理思想逐渐形成。具体而言，杜德斯达认为，大学在管理过程中应增强大学自治

---

① ［美］詹姆斯·杜德斯达、弗瑞斯·沃马克：《美国公立大学的未来》，刘济良译，北京大学出版社2006年版，第101页。

② ［美］詹姆斯·杜德斯达、弗瑞斯·沃马克：《美国公立大学的未来》，刘济良译，北京大学出版社2006年版，第102页。

权利、协调管理主体权责，同时也应改变大学决策过程以提高大学决策效率。

（一）增强大学自治权利

在杜德斯达看来，大学及其所服务的社会之间存在一种微妙的关系。大学不仅要服务社会，也要对社会上现存的价值体系进行反思和批判。[①] 为了促进大学社会批判作用的发挥，大学应拥有一定的自主权，使与大学学术相关的决议与政治干预相分离。虽然同其他国家相比，美国高等教育受政府干预程度相对较小，但对于美国公立大学而言，联邦政府和州政府的干预以及董事会的政治化在很大程度上削弱了公立大学的机构自治。杜德斯达认为，美国公立大学可通过与政府、公众和新闻媒体达成信任以及重组董事会等方式增强大学自治权。

首先，与政府、公众及新闻媒体达成信任。联邦政府在决定大学发展方向的过程中发挥着重要作用，它主要通过为学生提供助学金和助学贷款，为教师提供科研资金等方式间接地对高等教育的发展进行干预。此外，州政府也被宪法明确赋予了管理高等教育的职责。州政府通过宪法和法规把管理公立大学的责任和权力分配到各层级管理实体，包括立法机关、州行政部门或协调委员会、大学的董事会和大学的行政部门等。政府所制定的各项法规和条文等也在很大程度上左右着公立大学的发展。例如《公开会议法》不允许董事会私下讨论敏感的政策问题，《新闻自由法》允许新闻工作者对大学文件进行调查等。杜德斯达认为，这些法律法规成为政府干预大学事务最普遍使用的政策工具，使得大学的自主权和教育质量受到了损害。此外，公众对高等教育外其他社会需求的重视以及新闻媒体对大学的抨击也在一定程度上削弱了大学自治权。杜德斯达指出，大学的自治依赖于公众对高等教育的态度、大学的公共服务水平以及大学与政府之间的相互信任。[②] 因此，大学应与其服务对象进行诚恳的交流，促使其认识到公立大学自治的重要性。

---

① ［美］詹姆斯·杜德斯达、弗瑞斯·沃马克：《美国公立大学的未来》，刘济良译，北京大学出版社2006年版，第130页。

② ［美］詹姆斯·杜德斯达、弗瑞斯·沃马克：《美国公立大学的未来》，刘济良译，北京大学出版社2006年版，第130页。

其次，重组董事会。与私立大学董事会的选举不同，密歇根大学主要由各政治派别提名党派候选人，并通过在全州范围内进行普选而产生学校董事会。① 杜德斯达指出，通过党派提名和公众普选产生的董事会具有很强的政治属性。这些外行的董事会成员往往缺乏对高等教育以及大学管理的基本理解，他们的首要目标并不是为大学谋求福祉，而是保证大学为其自身所代表的党派利益服务。为了确保大学拥有足够的自治权利，杜德斯达认为有必要借鉴私营企业管理模式对公立大学董事会进行重组。正如公司以个人技能和工作经验为标准挑选公司董事会成员一样，大学在选举董事会成员时也应充分考虑候选人的组织经验、管理能力以及对高等教育的兴趣等。此外，公司董事会通常致力于为股东谋取利益。因此，大学董事会也应削弱其自身的政治底色，更好地为大学提供战略性、保障性和关键性服务，促进大学教育质量和管理质量的提升。

（二）协调管理主体权责

杜德斯达指出，面对飞速变化的社会所带来的各种挑战和机遇，有力且坚定的领导和管理力量在促进大学发展过程中发挥着至关重要的作用。大学内部的领导和管理权分布在校长、院系主任以及教师等责任主体身上，但这些责任主体的实权与其责任之间往往存在着失衡。杜德斯达认为应从以下几方面协调各管理主体的权责：

首先，赋予大学校长足够的权威。杜德斯达指出，虽然美国大学校长在促进大学发展过程中扮演着领导者的角色，但大部分大学校长都缺少与他们职位责任相对应的权利。② 换句话说，大学各种活动的责任往往都由校长来承担，但指导这些活动开展的职权却不在校长手中。在教师、学生以及董事会对强有力的领导力量的抵制下，大学校长显得有些"力不从心"。他们把大部分时间都花费在了校内琐碎问题或例行公事的活动上，例如筹措办学资金、改造校园环境以及组织校际体育运动等。除此之外，大学校长还承担着处理大学内外部复杂关系的责任。大学内部关

---

① ［美］詹姆斯·J.杜德施塔特：《舵手的视界——在变革时代领导美国大学》，郑旭东译，教育科学出版社2010年版，第305页。

② ［美］詹姆斯·杜德斯达、弗瑞斯·沃马克：《美国公立大学的未来》，刘济良译，北京大学出版社2006年版，第112页。

系包括大学与学生、教师和工作人员的关系，外部关系则包括大学与校友、家长、社区居民、政府、商业和劳动部门、基金会以及新闻媒体等的关系。但这些责任只是象征性的，它们往往由一些大学内部的行政官员和高级员工来承担。除此之外，公立大学董事会以及校长选举程序的政治性也使得校长经常遭受对立党派的攻击。简单而言，大学校长权力正在被削弱，他们变得越来越被动和软弱，这种状况不利于大学管理工作的有效开展。因此，杜德斯达认为，公立大学校长应被赋予更多的权力和领导职能，否则公立大学将在迅猛的社会变革中陷入发展困境。[①]

其次，鼓励教师参与治理。杜德斯达指出，教师在院系层面有着明确的参与治理的责任，因此，教师参与院系治理的积极性非常高，治理成效也相当显著。在院系层面，教师主要以晋升委员会、课程委员会以及决策委员会等形式在教师选聘与晋升、教学内容设置以及资金分配等方面发挥作用。相较而言，教师在整个大学层面的职权却非常有限。在这一层面，教师通常通过由教师代表组成的教授评议会参与大学治理，但他们在很大程度上只是担任顾问的角色，并没有掌握实权。大学层面的领导者和管理者可能会向教师群体咨询一些事务，但教师却极少扮演执行者的角色，大学中许多重要决策仍是由大学管理者或董事会做出的。此外，院系结构所导致的大学的高度分散以及教师对学科及学术活动的关注，也在一定程度上导致教师未能清晰地认识到其在大学事务管理方面的责任。杜德斯达认为，让教师以一种有意义且有效的方式参与大学管理是现代大学发展中一个非常重要的目标，而让教师治校取得成效的关键在于为教师提供具有一定执行力的职权[②]，而不仅仅是建议权。

（三）提高大学决策效率

随着大学职能范围的扩大，大学的规模得到了扩充，其组织结构也日趋复杂。在此背景下，杜德斯达认为，美国大学一直以来所坚持的"共同管理"的理念，即要求公众监督，校董会、学术团体和行政人员共

---

① ［美］詹姆斯·杜德斯达、弗瑞斯·沃马克：《美国公立大学的未来》，刘济良译，北京大学出版社2006年版，第122页。

② ［美］詹姆斯·J.杜德施塔特：《舵手的视界——在变革时代领导美国大学》，郑旭东译，教育科学出版社2010年版，第311页。

同参与大学管理的理念已不再适应时代和社会的变革，甚至在一定程度上阻碍着变革的发生。杜德斯达指出，与工商业决策过程相比，大学的自发性文化或无政府状态依赖于协商、交流与合作的决策过程。然而，这种决策过程根本不能与公立大学所面临的深度变革相一致，不是所有的事情都能通过更加民主的做法得到改善。在以急速变革为特征的时代，私营部门的变革步伐开始以月为单位来规划，这表明大学也应提高决策效率以应对时代变革所带来的机遇和挑战。这就要求大学领导接受一种通过非传统决策过程而做出快速决定的做法，并强有力地实施下去。因此，大学需要更详细地说明哪些领域要求利用教师的特殊才能达成一致意见；哪些领域需要征求和考虑教师的建议，但无须考虑他们的权威以及哪些领域不需要与教师协商。[①] 总之，杜德斯达认为，现代大学所面对的挑战和变革步伐已不能够适应"一致意见"的决策方式，这个时代也不允许因"特殊利益的政治"阻碍战略决策而把大学固定在陈旧的现状之中。

第四节 杜德斯达建设一流大学的实践探索

在对多样化、信息化以及终身化等高等教育改革理念进行深刻总结的基础上，杜德斯达开展了一系列的实践探索。这些探索主要包括加强校园多样化建设，为少数族裔群体创建公平发展环境；顺应时代潮流，推动密歇根大学进行信息化建设和数字化改造以及开拓资源筹措渠道，改善密歇根大学财务状况等。这些卓越的实践探索有力地推动了密歇根大学的跨世纪转型，使密歇根大学转变成了一所能够迅速适应社会需求变化的新型高等教育"模范"机构。

一 加强多样化建设

20世纪末，各种移民浪潮的冲击和不同人种人口增长模式的差异使

[①] James J. Duderstadt, "Governing the 21st Century University: A View from the Bridge", (2002-11-23), https://deepblue.lib.umich.edu/bitstream/handle/2027.42/88752/2002_Governance_2.1.pdf?sequence=1&isAllowed=y. (2022-11-12).

美国人口结构发生了显著的变化，美国社会的种族构成正在迅速多元化。种族的多元化以及国际社会的相互依存要求人们对文化多样性有更多的理解和欣赏。因此，提升高等教育领域种族多样性，促进不同文化群体之间交流的重要性日益凸显。但20世纪六七十年代以来密歇根大学的少数族裔招生率止步不前。从20世纪70年代起，为了提高黑人学生入学率，密歇根大学爆发了多次黑人学生运动。在此背景下，杜德斯达启动了以改造公立研究型大学文化土壤，改变研究型大学中存在的白人中心主义和社会精英主义传统，提升族群与文化多样性为目标的《密歇根法令》（The Michigan Mandate）①。该计划将卓越化与多样化进行了战略性结合，旨在通过提升少数族裔群体比例、加强少数族裔群体支持服务以及营造多元主义校园环境等途径促进密歇根大学的多样性发展，进而提高学生培养质量、教师教学水平及科研质量等。② 到20世纪90年代中期，密歇根大学在实现多样性方面取得了明显的进步。首先，密歇根大学中有色人种学生的数量翻了一番，达到了8108人，占学生总数的24.8%。③ 其中，非裔美国人的入学人数也达到了历史新高，非裔美国学生人数达到了2846人，占学生总数的8.7%。与此同时，密歇根大学少数族裔学生的毕业率升至美国公立大学最高水平，大学中的学生、教师和科研质量也达到了历史最高水平。这进一步验证了学术卓越与校园多样性之间相互促进的关系。其次，在密歇根大学中少数族裔教职工所占比例得到了提升。《密歇根法令》涉及了许多极具创新性的计划，其中，"首要目标计划"主张在对少数族裔教师进行招聘时，以该教师是否能提升部门的种族多样性为主要标准，而不局限于狭隘的专业背景。该计划有效地增加了密歇根大学少数族裔教师的数量，同时也使得少数族裔教师的晋升机会得到了很大程度的提升。最后，密歇根大学的多元主义校

---

① 郑旭东：《公立研究型大学的战略规划与变革管理——杜德斯达特高等教育改革发展的实践》，《教育发展研究》2010年第7期。

② James J. Duderstadt, "The Michigan Mandate: A Strategic Linking of Academic Excellence and Social Diversity 1990", (1990 – 03), http：//milproj. dc. umich. edu/Michigan_Mandate/pdf/1990-Micihigan-Mandate. pdf. (2022 – 11 – 01).

③ James J. Duderstadt, "The Michigan Mandate: A Seven-Year Progress Report 1987 – 1994", (1995 – 11), https：//deepblue. lib. umich. edu/bitstream/handle/2027. 42/88301/1994 _ Michigan-Mandate-Progress. pdf? sequence = 1. (2022 – 11 – 01).

园氛围开始形成。例如，为了庆祝和理解校园多样性的重要性，杜德斯达将马丁·路德·金的生日定为密歇根大学的大学日。

在高等教育中，美国大学习惯于集中在种族和民族问题上讨论多样性，但是杜德斯达指出，人类的多样性是个更加宽泛的概念，它不仅指种族和民族的差异，还包括性别、阶级、出身和性倾向等诸多特征的差异性。① 20世纪下半叶，美国多数研究型大学中女性教师数量增长缓慢，且由于各种隐蔽的性别偏见的束缚，女性教师的晋升机会也相对较少。女性教师很难跻身资深教师和高级行政管理人员的行列，她们过度集中在地位较低的工作岗位之上。面对这一现象，杜德斯达指出，若要实现真正意义上的多样性，密歇根大学就不能忽视女性群体的需求。② 为应对这一挑战，杜德斯达签署了旨在促进密歇根大学女性群体发展的《密歇根女性议程》。在这份文件中，杜德斯达为密歇根大学设立了发展目标，即到2000年，密歇根大学应成为美国大学中促进不同社会背景女性教职工和学生发展的领导者。③ 同时，该文件也制定了一系列具体的实施建议以促进目标的实现，主要包括任命更多女性成员担任大学中的重要职位、对教师任期和晋升政策进行调整、在代表性不足的学科领域招收更多优秀女学生以及对密歇根大学女性发展环境进行持续性调查等。④ 简而言之，《密歇根女性议程》主要从校园安全、学生住宿、学生生活、财政援助以及儿童保育等方面进行了规划，以促进密歇根大学女性群体的发展。在杜德斯达离任前，《密歇根女性议程》在很多方面都取得了重大进展。密歇根大学不仅在毕业生性别比例上取得了均衡，也成为美国大学校际运动会中第一所实现男女代表队人数均等的大学。此外，女性开始在管理、行政和经营等部门担任高级职位，女性问题咨询委员会在促进密歇根大学女性群体发展过程中逐渐发挥着更大的作用。

---

① ［美］詹姆斯·J. 杜德斯达：《21世纪的大学》，刘彤等译，北京大学出版社2020年版，第188页。
② ［美］詹姆斯·J. 杜德施塔特：《舵手的视界——在变革时代领导美国大学》，郑旭东译，教育科学出版社2010年版，第219页。
③ James J. Duderstadt, "The Michigan Agenda for Women: Leadership for a New Century", (1995-07), http://milproj.ummu.umich.edu/publications/womensagenda/index.html. (2022-11-01).
④ James J. Duderstadt, "The Michigan Agenda for Women: Leadership for a New Century", (1995-07), http://milproj.ummu.umich.edu/publications/womensagenda/index.html. (2022-11-01).

除此之外，杜德斯达还通过为低收入群体提供财政援助、将反歧视政策扩展到同性恋群体、为同性伴侣提供员工福利和住房政策以及翻新密歇根大学设施，为残疾人提供更好的生活和学习环境等措施，进一步扩大了高等教育多样性的内涵，加强了密歇根大学在促进校园多样性方面的领导地位。

二　推动信息化改造

20世纪末的信息化浪潮为高等教育带来了历史性的变革，而这些变革的产生必须以高等教育信息化建设和数字化改造为前提。具有工程科学专业背景的杜德斯达敏锐地感知到了信息技术与高等教育融合发展的趋势。早在担任密歇根大学工程学院院长时期，杜德斯达就与丹尼尔·阿特金斯等人共同创建了"计算机辅助工程网络"，该网络是全美建造较早且技术最领先的分布式计算机环境系统之一。在担任校长之后，杜德斯达不仅促进了密歇根大学与IBM公司在互联网建设和管理方面的合作，还推动了密歇根大学数字图书馆项目以及"媒体联合体"等项目的实施。这些项目有力地促进了密歇根大学的信息化转型，奠定了密歇根大学在信息时代的领导地位。

密歇根大学数字图书馆项目是国家数字图书馆项目的组成部分。该项目由美国国家科学基金会、美国国防部高级项目研究机构和美国国家航天局联合资助，旨在推动图书馆资源的数字化改造，并协助学生、教师和研究者从信息网络中获取他们所需的资源。[①] 在此过程中，IBM、苹果以及柯达等科技公司也对该项目提供了一定的经费和技术支持。此外，由梅隆基金会资助的期刊存储项目对密歇根大学数字图书馆项目进行了补充。该项目利用OCR扫描技术对历史和经济学领域的10种期刊进行了数字化处理，创建了一个拥有7800万卷期刊资源的电子数据库。在此数据库中，这些期刊将以位图图像的形式储存，并向学习者免费

---

① University of Michigan, "Digital Library Project Will Receive ＄8.5 Million", (1994 - 10 - 17), https：//record. umich. edu/articles/digital-library-project-will-receive-8-5-million/. (2022 - 11 - 06).

开放。① 密歇根大学数字图书馆项目及期刊存储项目的开展在很大程度上推动了密歇根大学学术科研资源的数字化改造进程，使得学习与科研活动的开展变得更加便捷。

"媒体联合体"于1996年在密歇根州政府的资助下正式成立，它是杜德斯达任期内高等教育信息化建设的重要成果之一。为了给位于密歇根大学北校区的工程学院和艺术与建筑学院的藏书提供空间，"媒体联合体"最初被构想成了一个通用型图书馆。但鉴于图书馆在知识存储及信息访问方式等方面发生的转变，杜德斯达出任校长后将其规划成了一个基于信息技术和数字媒体的高科技集合体。"媒体联合体"中包含了数字图书馆、可视化实验室、虚拟现实实验室、交互式多媒体教室以及各种先进的音视频设施等，集传统图书馆、多媒体中心和电子数据库的功能于一体。不同学科的学生、教师和研究者可以在此开展跨学科合作，推动知识创新和技术创新。此外，杜德斯达还主张对"媒体联合体"进行持续性的投资以确保该中心内各种信息技术设施的更新。总而言之，"媒体联合体"的主旨就在于以研究型大学公共服务体系和教学科研浑然一体的体制创新作为大学信息化变革的突破口，在此孕育并实践信息时代研究型大学创新发展的各种思想萌芽。② 因此，"媒体联合体"在密歇根大学数字化时代创新发展的过程中发挥着重要的战略价值，被媒体誉为"开启密歇根大学未来的一把钥匙"。

除此之外，杜德斯达还通过其他途径为学生提供使用信息技术的机会。例如，在每年的秋季开学电脑销售会上，一些先进的计算机系统会以极低的折扣出售给学生；宿舍计算机项目为学生的宿舍楼配备了先进的电脑集群；新建的安吉尔—黑文计算机中心为学生提供了大规模的信息技术设施和丰富的电子资源；新的、专注于数字信息管理的信息学院也在原来的图书馆科学学院的基础上得以形成。这一系列举措大大加强

---

① American Historical Association, "Mellon Foundation Announces That Journal Storage Project (JSTOR) Is Underway", (1995-10-01), https://www.historians.org/research-and-publications/perspectives-on-history/october-1995/mellon-foundation-announces-that-journal-storage-project-(jstor)-is-underway. (2022-11-07).

② 桑新民、郑旭东：《信息时代研究型大学创新发展的孵化器——密西根大学"媒体联合体"的经验与启示》，《教育研究》2009年第3期。

了密歇根大学的信息化建设，确立了密歇根大学在数字时代的领先地位。

三 改善财务状况

20世纪80年代，随着美国经济的周期性衰退以及其他社会需求的日益增长，高等教育在政府财政资源竞争中的优势地位被进一步削弱，政府财政投入在大学预算经费中所占的比例持续下降。其中，密歇根大学财政预算中州政府投入所占的比例已经从20世纪60年代的70%下降到了20世纪90年代中期的10%以下。正如杜德斯达所言，密歇根大学正在从"州支持"的大学逐渐转变成为"州协助""州相关"，甚至是"州所在地"的大学。① 在此背景下，杜德斯达延续了哈罗德·夏皮罗担任校长期间的财务管理策略，通过采用去中心化的资源管理方式、进行有效的成本控制以及开拓新的资源渠道三大举措，改善了密歇根大学的财务状况。

首先，杜德斯达实现了密歇根大学在资源和成本管理方面的去中心化。杜德斯达上任后，采纳了由时任工商管理学院院长吉尔伯特·惠特克所主持的成本控制特别工作小组的建议，在密歇根大学全校范围内实施了一项全面质量管理计划。该计划旨在授权校内各级工作人员和教职工进行成本控制，并寻求提高活动质量的方法。20世纪90年代初，杜德斯达又参考了私立大学的预算制度，引入了责任中心管理预算系统。该系统允许校内各单位保留它们自己的收入以满足开支需要，但同时也会对这些开支征收一定数额的税以完善校内公共服务设施建设。在该系统中，资源配置的权力得到了下放，学术单位、行政单位以及中心管理三方可共同参与资源分配。这些措施使密歇根大学的资源得到了有效的控制和利用。到20世纪90年代中期，密歇根大学的行政管理成本之低在重点研究型大学中排到了第三位。此外，密歇根大学在确保所有学科专业学术质量名列全国前十的同时，其生均或教员人均支出却排在了第40位，这表明密歇根大学可以利用私立大学三分之一的办学成本为学生提

---

① Howard H. Peckham, "The Making of the University of Michigan 1817 – 1996", https：// deepblue. lib. umich. edu/bitstream/handle/2027. 42/88299/2010 _ Peckham _ Chapter _ JJD. pdf? sequence = 1. (2022 – 11 – 08) .

供质量相当的教育。

其次，杜德斯达在任职期间还有力地推动了密歇根大学资源筹措渠道的多元化发展。一方面，杜德斯达充分意识到了私人捐助的重要性，并通过借鉴私立大学及企业管理的成功经验，对密歇根大学的筹款体制进行了重组，探索出了"公立私助"的公立研究型大学发展模式①。在上任之初，杜德斯达就设立了一个目标，即到2000年，来自私人部门的资助要提高到与州政府资助相当的水平。为了实现该目标，杜德斯达曾发起了美国公立高等教育史上规模最大的筹款活动，即"为密歇根而战"的募款运动。该运动于1992年正式开始，最初计划在五年内筹资10亿美元。在杜德斯达任期结束时，密歇根大学已成功募集到了14亿美元的捐赠资金，捐赠总额超出了筹款目标的40%。与此同时，密歇根大学的捐赠基金也从1988年的2.5亿美元增长到了1996年的25亿美元，增长了近乎十倍。② 另一方面，杜德斯达还带领其团队对密歇根大学的学费进行了调整。在20世纪六七十年代，密歇根大学对本州学生所收取的学费一直保持在象征性的水平上。但财政拨款的骤减使得密歇根大学的正常运转难以为继，因此，杜德斯达将密歇根大学的学费提高到了一个更为现实的水平。20世纪90年代中期，学生的学费收入已经增加至4亿多美元，远远超过了密歇根大学每年2.9亿美元的州政府拨款。③ 此外，在杜德斯达任期内，密歇根大学还通过向公众提供各项服务产生了一定的收益，这些服务包括临床病人护理和继续教育等。

杜德斯达的财政管理策略使密歇根大学的经济实力大大增强，进而为他加强密歇根大学基础建设计划的实行铺平了道路。杜德斯达在担任校长期间成功领导了20亿美元的校园基建计划，使得密歇根大学得到了大范围的扩建、修缮和改造。这些计划主要包括中心校园和医学校区的

---

① 郑旭东：《公立研究型大学的战略规划与变革管理——杜德斯达特高等教育改革发展的实践》，《教育发展研究》2010年第1期。

② [美] 詹姆斯·杜德斯达、弗瑞斯·沃马克：《美国公立大学的未来》，刘济良译，北京大学出版社2006年版，第331页。

③ Howard H. Peckham, "The Making of the University of Michigan 1817-1996", https://deepblue.lib.umich.edu/bitstream/handle/2027.42/88299/2010_Peckham_Chapter_JJD.pdf?sequence=1. (2022-11-08).

改造、北校区的扩建、运动场馆的修缮和整个校区景观美化计划等。杜德斯达在任职时期新建的建筑有"劳尔工程学中心"（Lurie Engineering Center）、"媒体联合体""癌症与老人病学中心"（Cancer Center and Geriatrics Center）、"继续法制教育学院"（Institute of Continuing Legal Education）以及"弗朗克斯·伟泽西宇航研究办公大楼"（Francois-Xavier Bagnoud Building for Aerospace Research）等。这些校园基建计划不仅使得密歇根大学的校园风景轮廓发生了重大改变，也大大改善了密歇根大学的学习与科研环境。

第五节 杜德斯达治校理念与实践剖析

自 1817 年成立于底特律的一个村庄以来，密歇根大学一直是美国公立高等教育的旗舰，在杜德斯达任密歇根大学校长期间更是如此。杜德斯达基于其对时代变革的深刻认识及其自身教育实践的反思，逐渐形成了他独具特色的治校理念与实践。在此基础上，杜德斯达不仅成功带领密歇根大学驶入 21 世纪的新航道，加强了密歇根大学在 21 世纪的优势地位，同时也为其他大学树立了"21 世纪大学"的典范。因此，探析杜德斯达的"成功之道"对中国大学校长的专业发展具有重要的参考价值。

一 杜德斯达治校理念与实践的影响

在掌舵密歇根大学的 8 年里，杜德斯达展现出了非凡的领导和管理才能。杜德斯达的多样化、信息化和终身化治校理念，以及他在校园多样性建设、信息化改造以及财务和行政管理体制改革等方面的实践不仅推动了密歇根大学的历史转型，为密歇根大学未来的发展指明了方向，还巩固和加强了密歇根大学在知识经济时代和信息时代的领先地位。

在校园多样性建设方面，杜德斯达充分肯定了族群多样性在教育质量提升过程中的重要意义，并在此基础上启动了旨在提升族群多样性、促进学术卓越发展的《密歇根法令》和《密歇根女性议程》。这两项计划不仅为密歇根大学少数族裔群体创建了公平的发展环境，提供了丰富的发展机会，还使密歇根大学的教育教学及科研质量得到了提升。因此，《密歇根法令》成为其他大学促进校园多样性建设的典范，美国其他高校纷纷效仿，将校园多样性的提升列为其发展目标之一。① 在信息化建设方面，杜德斯达深刻地意识到了信息技术对大学教学、科研和社会服务方式的冲击，并有力地推动了密歇根大学的信息化转型。其中，"媒体联合体"的筹建就是杜德斯达任期内十分重要的信息化建设计划之一。在杜德斯达的规划指导下，"媒体联合体"成为当时美国高校中规模最大、设备最先进的多媒体学习与创新中心，具备了一个数字化大学的物质基础、技术基础和体制优势。② 杜德斯达以"媒体联合体"为基础，对信息时代研究型大学的教学、科研、社会服务及行政管理体制与机制创新进行了探索，进而奠定了密歇根大学在信息时代的领先地位。在财务管理方面，杜德斯达通过有效的成本控制、去中心化的资源配置方式和"公立私助"的发展模式，化解了密歇根大学的财政困境，筑牢了密歇根大学的经济基础，为密歇根大学的卓越发展提供了充足的物质支撑。

除此之外，杜德斯达的治校理念与实践也回答了有关21世纪的大学是什么样的大学，以及21世纪公立研究型大学如何创新发展等一系列重大问题。通过剖析杜德斯达的治校理念与实践可以发现，21世纪的大学应是既能坚守公众使命又能自力更生、具有世界眼光和胸襟气度、族群多样且文化多元、能够充分利用信息技术、具有创造精神和创新能力、能打破科层制度实现扁平化管理、高度重视本科人才培养、能适应即将到来的终身学习社会需要、能对大学发展模式进行不断创新、能够担当知识社会服务器的大学。而21世纪公立研究型大学的创新发展不仅需要大学领导者准确把握时代发展机遇，同时也需要其具备一定的拓荒精神和勇于变革的魄力。因此，杜德斯达的治校理念与实践对于21世纪一流大学建设具有普遍价值和深远意义。

二 杜德斯达治校理念与实践的启示

创新发展是建设具有中国特色世界一流大学的战略选择，而杜德斯

---

① Roach Ronald, "Remembering the Michigan Mandate", *Diversity Issues in Higher Education*, Vol. 23, No. 14, August 2006.

② 王凤玉、张晓光：《顺应与进取：密歇根大学发展过程中的四次转机》，《清华大学教育研究》2017年第1期。

达的治校理念与实践恰好回答了 21 世纪公立研究型大学如何创新发展的问题。

第一,重新审视研究生培养体系,重视研究生核心能力的培养。随着研究生规模的持续扩大以及就业市场的动荡,毕业后继续在高校或科研院所从事科学研究活动的人越来越少,毕业生的去向日益多元化。因此,这种培养体系并不能有效地帮助学生适应社会发展。在杜德斯达看来,研究生教育不应局限于学术训练,而应与社会需求相结合,使学生获得多样的技能。因此,大学校长应对当前的研究生培养体系进行重新审视。一方面,研究生教育不应局限于学生学术素质的提升,同时也要促进学生思考力、批判力以及创新能力的发展。另一方面,研究生课程设置也不应局限于某一专业领域,而应积极推进跨学科、多学科课程体系的建设以开阔学生的学术视野,促进学生创新思维的发展。

第二,应推动构建新型研究生文化,促进师生关系的健康发展。随着学术资本主义和高等教育项目制治理的发展,研究生阶段师生间的经济关系日益凸显。这种经济关系具体表现为一种"准雇佣"式的合作关系[①],即研究生通过参与导师的科研项目从而换取一定的经济回报。师生关系的经济性是时代变迁的必然结果,它与强调教师道德责任的伦理性并行不悖,但也存在着产生冲突的可能性。中国当前的研究生教育中就存在这种冲突,具体体现为个别研究生导师过分看重经济利益而忽视职业道德,将研究生当作廉价劳动力进行压榨等。[②] 在这种情况下,师生关系极度恶化,研究生难以忍受导师剥削而自杀的事件也屡见报端。杜德斯达指出,由院系教师共同对研究生指导工作负责以及对导师指导质量进行持续评估等方式可有效地促使这一问题的解决。因此,大学校长应着力构建新的研究生文化,促使院系层面的教师共同参与研究生指导工作,对研究生的发展负责;同时也应从制度层面对导师的指导质量进行规定和评估,一旦出现导师剥削、滥用研究生资源的现象,以校长为核

[①] 陈恒敏:《"老师"抑或"老板":论导师、研究生关系的经济性》,《学位与研究生教育》2018 年第 4 期。

[②] 郭友兵:《研究生师生关系的异化困境及其伦理超越》,《学位与研究生教育》2019 年第 2 期。

心的高校行政系统应及时收回该导师对学生的指导权。

第三，完善高等教育经费的多元筹集机制。社会主义市场经济体制的建立促使中国高等教育的财政体系发生了相应的变革。中国高等教育的投资体制开始从原来的"政府包揽"向"多渠道投入机制"转变，高等教育筹资主体日益多元化。进入新时代以来，中国政府也给予了高等教育多元化筹资格局充分的重视。2020年，教育部等五部门印发的《关于进一步加强和规范教育收费管理的意见》就明确指出，非义务教育实行以政府投入为主、受教育者合理分担、其他多种渠道筹措经费的投入机制。目前，中国高校已经基本形成了包括政府拨款、学杂费以及捐赠收入等在内的多元化筹资格局。但总体而言，社会捐赠及校办企业收入等经费来源所占比重还相对较小，国家财政性拨款仍是中国高等教育经费最主要的来源。杜德斯达在担任密歇根大学校长期间，探索出了"公立私助"的公立研究型大学发展模式，有效地破解了密歇根大学的财政困境。因此，大学校长应加强与社会各界的联系，努力从社会各界争取办学资源，进而促进高等教育多元化投入机制的完善。

第四，关注资源配置和成本控制。对高等教育成本进行合理的控制不仅是优化资源配置、提高资源利用率的必由之路，同时也是高等教育治理能力现代化的应有之义。目前，中国大学在成本管控方面还存在着不足。就思想层面而言，高校普遍重投入轻管理，即一味强调高等教育投入经费的增加，却忽视了对已有资源的合理管控。[1] 在操作层面上，中国高校普遍采用在上一财政年度实际投入基础上增加一定数额的增量预算方法，这种方法虽然具有较强的操作性，但却在逻辑上导致了高等教育成本的不断攀升。高等教育成本的失控不仅会导致中央和地方政府财政压力的加大，同时也不利于高校资金利用率及教育质量的提升。杜德斯达在担任密歇根大学校长时期，通过将市场规则引入高等教育、以替代实现创新以及变革大学成本预算方法等途径对密歇根大学的教育成本进行了科学的核算和有效的控制，大大提升了密歇根大学的经济实力。因此中国大学校长可借鉴杜德斯达的财政管理思想，从以下几个方面优

---

[1] 田五星、王海凤：《我国高等教育经费投入的成本管控问题研究》，《教育研究》2017年第8期。

化大学的资源配置：第一，市场竞争机制是控制成本、提高质量的有效手段。因此，大学校长可将市场竞争机制以及该机制中有关质量和成本的规则引入高等教育领域，促进资源的合理配置和有效利用。第二，大学校长在治校过程中应尽量减少不必要的成本投入，将其转移到更重要或更有意义的项目中去。第三，在预算编制方法层面，大学校长可借鉴杜德斯达所提倡的"责任中心管理"模型，将资源配置的权力进行一定程度的下放以激励各学术单位进一步开发资源。这种模式不仅能够使各单位对其自身发展进行科学规划，也能有效地促进大学层面战略目标的实现。

第五，树立"民主治校"的理念，落实学术团体在大学治理过程中的参与权。学术自由是大学进行学术创造的重要前提，而学术自由的实现必须以学术权力在大学内部治理权力体系中配置的平衡为基础。虽然目前大多数高校都设置了相关的学术机构负责管理学术事务，但这些机构往往有名无实，缺乏与其职责相对应的权力。而高校中泛化的行政权力则侵占了学术权力，成为左右各种学术事务决策的重要力量。在推进高等教育治理能力现代化的背景下，学术权力的提升将是确保学术自由、完善现代大学制度的必然选择。杜德斯达充分认识到了学术团体权力与职责的平衡在完善高等教育治理体系中的重要性。他明确指出，不仅要让教师参与院系层面的管理，还应鼓励教师积极参与大学层面的管理，而让教师参与大学管理的关键是为教师提供执行权，而不仅仅是建议权。因此，高校校长应从制度层面落实和保障学术团体参与大学治理的权利，促进学术团体创造性才能和管理才能的发挥。此外，大学校长还可以通过定期与学术团体展开交流以了解学术团体的价值与利益诉求，并在治校过程中给予其诉求足够的关注。

本章小结

20世纪八九十年代，美国社会种族构成的变化以及信息时代、知识经济的到来为美国高等教育带来了新的挑战和发展机遇。如何在多元化、信息化、全球化以及终身化浪潮中带领密歇根大学驶入21世纪的新航道成为杜德斯达面临的时代考验。杜德斯达深入剖析了校园多样性、信息化建设和终身教育的重要性，并在此基础上逐步构建起了多元化、信息化和终身化的一流大学建设理念体系。在为期 8 年的校长生涯中，杜德斯达将该理念体系贯彻到了密歇根大学的跨世纪建设之中。他分别从教学、科研、社会服务、财务管理体制创新等方面对密歇根大学进行了一系列改革。首先，通过实施《密歇根法令》和《密歇根女性议程》，密歇根大学中少数族裔和女性群体的发展机会和环境得到了丰富和改善，密歇根大学成为美国多元化学习社区建设的榜样。同时，美国研究型大学中一直以来存在的白人中心主义和社会精英主义传统也遭到了动摇。其次，通过引入信息技术成果，筹建"媒体联合体"等，杜德斯达不仅推动了密歇根大学数字化改造的进程，巩固并加强了密歇根大学在信息时代的领先地位，而且对大学传统的教学、科研和社会服务体制的创新进行了探索。杜德斯达的信息化建设实践对于 21 世纪研究型大学的创新发展具有重要意义。最后，通过有效的成本控制、采取去中心化的资源管理策略以及开拓新的资源渠道三大措施，杜德斯达改善了密歇根大学的财务状况，筑牢了密歇根大学的经济基础，进而为密歇根大学学习及科研环境的改善提供了充足的物质支撑。总而言之，杜德斯达促进了密歇根大学的多方位发展，使密歇根大学跻身于全世界最卓越的公立大学行列。杜德斯达在卸任时曾提到，如今的密歇根大学比以往任何时期都更好、更强、更加多样化。

密歇根大学的成功转型既依赖于杜德斯达独到的战略规划和变革管理，也得益于杜德斯达本人所具有的优秀品质。其中，杜德斯达任期内所做的战略规划和变革管理确保了密歇根大学沿着卓越化发展的方向前进，而杜德斯达独特的人格魅力和优秀品格则是其制定战略规划、组织变革性实践的重要驱动力。若没有这些品格的加持，杜德斯达的战略规划与探索创新将难以落实。因此，大学校长的"成功之道"不仅在于其强大的领导和管理才能，还与校长的品格息息相关。从杜德斯达的治校理念与治校实践中，不难发现其身上所具备的优秀品质。正是这些品质推动了密歇根大学的发展，使得密歇根大学得以与哈佛大学、耶鲁大学等私立名校比肩。其一，敏锐的洞察力。杜德斯达所具有的洞察力使他敏锐地意识到了多元化、信息化和终身化等理念在高等教育领域所具有的潜在价值和力量。在此基础上，杜德斯达积极开拓新的发展道路以应对时代变革，促进了密歇根大学的多样化、信息化和终身化发展。其二，勇于变革的魄力。20世纪末是一个变革的时代，知识的指数级增长和信息技术的飞速发展等时代潮流交织在一起，对高等教育提出了新的要求。因此，勇敢无畏的领导力就成为推动高等教育变革的重要力量。杜德斯达在任职期间变被动为主动，积极对密歇根大学的教学、科研、社会服务以及管理体制等进行了探索和创新，有力地促进了密歇根大学的卓越化发展。其三，对大学的热爱与忠诚。杜德斯达担任校长期间持之以恒地推动着密歇根大学的跨世纪转型。在卸任密歇根大学校长职务后，杜德斯达并没有到其他大学另谋高就，而是远离了密歇根大学的政治风云和行政纠纷，怀着对密歇根大学的忠诚，留在密歇根大学做了一名普通教授，完成了从大学校长到教授和学者的跨越。正如詹姆斯·杜德斯达所言："在我们今天这个社会里，只有极少几所学校值得你付出全部忠诚和责任。而幸运的是，密歇根大学就是其中之一。"

最后，值得一提的是杜德斯达治校理念与实践的精髓或许并不在于他对大学变革具体方面的认识或论述，而在于他所坚持的"变革"与"坚守"的结合。一方面，大学是人类社会的有机组成部分，大学的发展规律与人类社会的发展规律具有一定的同步性。大学赖以生存的社会环境一旦发生改变，它必然要做出变革，努力开拓出新的发展道路以适应其自身和社会进步的需要。另一方面，大学不同于社会上的其他机构，它承担着教学、科研和社会服务等独特使命。因此，大学在进行变革时要坚守大学的使命，否则变革将得不偿失。此外，每所大学都有其独特性，每所成功的大学也都有其独特的发展方式，那些大学校长的"成功之道"并不能简单地被复制粘贴。因此，大学校长要认真审视他们所领导的大学的发展历史，在借鉴他人治校经验的基础上，找出最适合其所领导大学的发展模式。

第 六 章

哈佛大学第 26 任校长陆登庭的治校理念与实践

1991 年 7 月 1 日，尼尔·陆登庭（Neil L. Rudenstine，1935— ）成功当选哈佛大学第 26 任校长。立足 20 世纪与 21 世纪之交，陆登庭凭借其勤恳务实的工作态度、敏锐的时代洞察力和出众的管理才能把人文化、多样化、信息化以及国际化的治校理念成功地贯彻到了哈佛大学的跨世纪建设之中。2001 年 6 月，在陆登庭卸任哈佛大学校长一职时，哈佛大学的经济状况、教育质量及管理水平都得到了很大程度的改善和提升。陆登庭的治校理念与实践不仅巩固了哈佛大学作为世界一流大学的地位，同时也对美国乃至世界范围内其他大学的发展具有一定的现实借鉴意义。本章以陆登庭的大学学科建设理念和大学教育管理理念为切入点，结合陆登庭的治校实践，系统地剖析陆登庭的治校理念，以期为中国大学校长的治校提供借鉴。

第一节 陆登庭治校理念与实践的时代背景

1952 年，陆登庭以优异的成绩被普林斯顿大学"人文科学特别项目"（Special Program in Humanities）专业录取[①]，并于 1956 年取得了英语学士学位。后来，陆登庭获得了罗德奖学金得以赴牛津大学新学院深造，并

[①] Ken Gewertz, "Rudenstine's Journey to Harvard Began at 14", (2001-05-17), https://news.harvard.edu/gazette/story/2001/05/rudenstines-journey-to-harvard-began-at-14/. (2022-10-01).

于 1959 年在牛津大学新学院获得硕士学位。1964 年,陆登庭在哈佛大学获得了英语博士学位。毕业后,陆登庭留校执教四年,先后担任哈佛大学英语讲师和助理教授。1968—1988 年,陆登庭又回到了普林斯顿大学工作。在此期间,他担任了许多学术管理方面的职务,包括学生处主任、学院院长及教务长等。此后,陆登庭又在梅隆基金会担任了四年的执行副总裁。陆登庭治校理念与实践的形成既得益于其自身的学科背景、教育经历和工作经历,同时也与 20 世纪 90 年代持续衰退的美国经济、日益加剧的高校竞争、迅速发展的科学技术以及日益分化的大学课程有着紧密的联系。

一 持续衰退的美国经济

在第二次世界大战后的二十多年里,美国迎来了经济发展的黄金时期,其经济实力一直高居世界之首。但随着美国介入越战、石油危机的爆发、新兴经济体的崛起以及美国长期推行凯恩斯主义实行赤字财政等原因,其经济开始出现衰退的迹象。虽然在 20 世纪 80 年代里根总统执政时期,美国经济的滞胀状况有所好转,但政府财政赤字依旧高居不下。进入 20 世纪 90 年代以后,美国爆发了第二次世界大战后的第九次经济衰退,面对严重的财政危机,高等教育经费短缺问题日渐突出。

美国的高等教育经费主要来自三方面:纳税人、家长和学生。每种经费来源都较为有限。20 世纪 90 年代的所有证据都表明,税收经费会继续短缺。这不仅仅是由于经济的不景气所造成的"抵制征税",同时也在于税收增加是有限度的,而急需财政投入的部门却排成长龙,如公共医疗、环境保护、社会服务、住房与基础设施建设等。因此,高等教育在政府的财政资源竞争中的有利地位被削弱。同样,由于经济衰退所导致的失业问题使得学生家庭的实际可支配收入减少,因此,来自学生家庭的经费来源也达到了极限,人们开始抵制学费。此外,随着学费的急剧增长,学生的打工压力和债务负担也日益加重,提高学生经费分担比例的想法并不可行。面对严重的财政危机,美国却提高了高等教育发展的目标,使得高等教育经费不足的问题更加突出。于是,美国高校陷入了自 20 世纪 30 年代大萧条以来最严重的财政危机中,甚至连最富有的哈佛大学也不得不削减预算。1991 年,哈佛大学文理科系预算赤字达到了

1340万美元,不得不削减850个就业职位。①

总体来说,20世纪90年代美国高等教育的关键词是财政困难。在这种形势下,美国大学不得不在夹缝中求生存,一方面要极力满足社会对于高等教育的高期望,另一方面又承受着持续性经费短缺所带来的各种后果,这无疑是对美国高等教育的巨大挑战。

二 日益加剧的高校竞争

进入20世纪90年代,在政府财政投入减少、生源结构改变以及教师数量短缺的情况下,高等教育内部尤其是一流大学内部的竞争日益加剧。首先,高校针对生源所开展的竞争。20世纪末到21世纪初,美国高校面临着一个人口变革的时代,20世纪六七十年代的女权运动赋予女性生育自由的权利,同时也促使女性离开厨房走向社会。一系列因素导致了生育率的下降,进而导致了20世纪90年代高等教育适龄人口的减少。因此,美国高等教育出现供大于求的"买方市场",高校内部的竞争趋向激烈。不仅如此,美国的移民成分和种族构成也发生了变化。1965年,为了适应社会发展的需要,美国国会通过了新移民法,取消了以原国籍为依据的限额制,代之以劳动技能和所谓人道主义的考虑。② 同时,美国《1980年难民法》的出台以及各种非法移民的增加使得来自亚洲和拉丁美洲的移民人口与日俱增,美国日渐成为一个民族多样化的国家,高等教育多样性也越来越显著。此外,部分时间制学生和大龄学生迅速增加。学生构成的变化对传统高校的授课时间、教学方法等方面提出了挑战,要求高校针对以上内容做出变革。在买方市场条件下,那些采取积极措施吸引这些学生入学的大学将在生源竞争中获得优势,反之,则会处于不利地位。

其次,高校针对师资所展开的竞争。在20世纪五六十年代美国高等教育发展黄金时期入职的大批新教师,到20世纪90年代掀起了"退休人潮"。威廉·鲍温(William Bowen)和朱利叶·安娜·索萨(Julie Ana

---

① 王英杰:《美国高等教育的发展与改革》,人民教育出版社1993年版,第117—118页。
② 刘绪贻、杨生茂主编:《美国通史(第六卷):战后美国史1945—2000》,人民出版社2002年版,第601—602页。

Sosa）经过调查也曾预言，到 2000 年左右会出现教师短缺现象，并且按照他们的观点来看，短缺最严重的情况将发生在人文和社会科学领域。[①] 教师在数量上的短缺将不利于大学的发展，因此，美国大学必然会为争夺优秀教师而展开一系列竞争。

三　迅速发展的科学技术

第二次世界大战后的科技革命使得原子能、微电子等一系列新兴技术得到了广泛的应用，互联网和电子计算机的普及使得人类的生活方式发生了巨变，毫无疑问，这种变革将对高等教育系统产生深远的影响。首先，科学技术的发展促进了全球信息网络的形成，进而加快了全球化进程。各国政治、经济、文化和教育等方面的联系日益加强，高等教育国际化成为必要的趋势。其次，科学技术的发展也为高等教育带来新的发展机遇，从而促进高等教育信息化进程。比如，科学理论和技术的突破将拓宽高校的教学内容，以信息技术为基础的新教学方法可以与传统的教学方法相互补充以提升教学效率，互联网可以为学生提供丰富的参考资料进而变革教学和学习方式，也可以增进人与人之间的交流等。此外，科学技术的迅猛发展还促进了知识经济时代的到来，进而对大学传统育人目标提出了挑战。知识经济时代的到来使得知识成为第一生产要素，知识创新成为获得生产力和竞争力的关键所在。因此，产业兴衰的周期越来越短，就业越来越不稳定，就业市场对劳动力的要求越来越高。在此情况下，大学传统育人目标受到了挑战，而代之以发展学生创新能力、终身学习能力、造就时代所需的"通才"的新观点。最后，新科技的应用对高等教育提出了挑战。高校学生和教育工作者不仅要掌握相关的科学技术以适应信息时代的到来，同时也要采取有效措施避免新科技带来的负面影响，比如青少年网络游戏成瘾等。

四　日益分化的大学课程

经济与科技的发展导致了课程的发展和分化。在市场需求以及职业

[①] 吕达、周满生主编：《当代外国教育改革著名文献（美国卷·第三册）》，人民教育出版社 2004 年版，第 50 页。

主义思想等因素的驱动下，美国大学在20世纪90年代对专业学科的偏重日益增强，而人文学科则由于其与市场需求的冲突而不断遭到削减。美国人文科学基金会主席琳恩·切尼（Lynne Cheney）1988年的调查显示，80%的院校与五年前一样，学生无须学习一门西方文明史课程就可毕业，分别有37%、45%、62%和77%的院校不要求学生必修历史、美国或英国文学、哲学和外语。① 与此同时，人文课程的教育价值也遭到了怀疑。《高等教育周报》1996年9月13日所刊登的一篇文章指出，尽管相当比例的教师仍然承认西方文明史课程的基础地位，但认为西方文明经典课程教学有根本意义的教师比例却从1989年的35%进一步降到了1995年的28%。② 可见，20世纪90年代的美国大学在专业课程与人文课程设置上尚未取得平衡，如何建构通专结合的课程体系仍将是20世纪90年代美国高校课程改革的焦点。

第二节　陆登庭的大学学科建设理念与实践

在高等教育所面临的财政危机以及市场化浪潮的冲击下，大学与市场的联系越来越紧密，这种倾向对大学的学科建设产生了重要的影响。实用知识和应用研究的经济变现力使得高等教育对知识合法性的态度转向了效益原则，人文教育、基础研究以及大学最基本的教学职能被忽视了。同时，科学技术的不断发展也使得各学科之间的联系日益紧密。立足于此，陆登庭极力强调人文学科、基础研究、合作研究以及高校教学职能的重要性，并结合具体的治校实践不断推进哈佛大学学科建设的发展。

一　重视人文教育

在科学技术空前繁荣、高等教育经费持续短缺以及市场经济不断发

---

① 王英杰：《美国高等教育的发展与改革》，人民教育出版社1993年版，第124页。
② Denise K. Magner, "Faculty Survey Highlights Drift from Western Canon", (1996-09-13), https://www.chronicle.com/article/faculty-survey-highlights-drift-from-western-canon/. (2023-04-19).

展的影响下，高等教育对知识合法性的态度转向了效用原则。那些能够为国家和社会带来一定经济效益的实用性知识和专业教育日益受到重视，而不能直接导致经济成就的人文学科的话语权则不断收缩。但随着全球政治经济的发展，狭隘的专业教育似乎愈加不能适应社会对"通才"的需要，人文教育的价值得到了复现。

高等教育作为一项耗资巨大的事业，给大学带来了一定的财政压力。为了获得充足的财政支持，大学倾向于以直接可见的经济效益证明其教学和研究的价值。在陆登庭看来，为了服务经济增长而培养学生高度实用的专业技能是必要的，但教育不能忘记其促进个体自由发展的承诺。[①] 高等教育不仅要赋予学生一定的实用技能，也要发展学生的想象力、创造力、独立思考能力、批判审视能力以及终身学习能力等。这些核心能力的培养恰恰是人文教育的内在职责与使命。因此，人文学科在促进个体全面发展、塑造健全人格方面发挥着不可替代的作用。此外，随着消费社会的不断发展，现代人的精神危机日益严重，而人文学科作为各种思想和精神的源泉，在拯救人类精神危机过程中发挥着重要作用，高校理应给予人文学科足够的重视。正如尼尔·陆登庭在北京大学百年校庆时发表的讲话中所言："人文学科是引领时代前进的火车头。在如今这个瞬息万变的时代，世界显得太过复杂，我们太易迷失，人们开始有意寻找思想和智慧的利器，那也许比金钱等物质更加重要。"[②]

除此之外，陆登庭认为，大学应是承担人文教育的主体。在他看来，大学中治学严谨的教师队伍为人文教育的实施提供了有利条件。如果大学将人文教育边缘化，那么这一任务就会被一些不称职的人接替，进而导致个体认识上的分歧甚至是价值观的扭曲。正如尼尔·陆登庭所言：

> 如果最优秀的大学都不能以一种开放和分析的方式，提出与人类文化、宗教、哲学和艺术、经济学、政治学、法律、历史学有关的问题，那么与这些生活重要方面有关的思想的发展与传播的使命，

[①] [美]尼尔·陆登庭：《21世纪高等教育面临的挑战》，刘莉莉译，《高等教育研究》1998年第4期。

[②] 转引自文池主编《北大访谈录》，中国社会科学出版社2001年版，第183页。

将会落到那些对于严谨的、不带偏见的和探索性研究没有什么兴趣的人身上，结果会产生对事物认识上的严重分歧和需要对错误认识进一步澄清的必要。①

正是在这种条件下，陆登庭在其十年任期内竭尽全力地领导哈佛大学为通识教育的完善、艺术氛围的营造以及人文领域投资力度的加大而努力。

首先，人文教育在通识教育中占据着重要地位，因此，通识教育的完善为人文教育的实施提供了良好的基础。陆登庭指出，通过接受文理融合的教育，从事科学研究的人开始懂得鉴赏艺术，从事艺术创造的人逐渐开始了解科学，每个人的生活都将变得更加丰富多彩。② 因此，陆登庭在其任期内始终保持着哈佛大学一直以来的通识教育传统。哈佛大学本科生在其四年的学习过程中，除主修化学、经济学、政治学或文学等专业外，还要跨越学科，从道德哲学、伦理到数学逻辑，从自然科学到人文，从历史到其他文化方面进行广泛涉猎。除此之外，学生还要花费一定时间参加课外活动，例如向周围社区公民提供咨询服务、为报刊撰稿以及参加各种文艺演出等。

其次，陆登庭认识到了艺术教育在人文教育中的重要性。陆登庭在任职期间将艺术活动的开展视为实施人文教育的重要途径，他不仅致力于为师生营造浓郁的艺术氛围，而且鼓励全体师生积极参与艺术活动，在耳濡目染中提高哈佛大学师生的审美品位。从1993年起，哈佛大学一年一度的"艺术第一大"节日正是这种艺术教育理念最好的印证。在每年的艺术节上，陆登庭都会亲自给在哈佛大学内为艺术和艺术教育作出贡献的人颁发哈佛大学艺术奖章。该艺术节由哈佛学院和拉德克利夫学院两个本科学院联合举办，具有形式多样、文化多元以及参与程度高等特点。其中，1997年"艺术第一：1997年哈佛庆典"（Art First：Harvard

---

① ［美］尼尔·陆登庭：《一流大学的特征及成功的领导与管理要素：哈佛的经验》，阎凤桥译，《国家高级教育行政学院学报》2002年第5期。

② ［美］尼尔·陆登庭：《21世纪高等教育面临的挑战》，刘莉莉译，《高等教育研究》1998年第4期。

Celebration 1997）的艺术节更是声势浩大，规模空前。尼尔·陆登庭在此次艺术节上发表讲话时说道："相信你们在观赏众多的演出和展览时，将会度过一段有益的、令人兴奋的时光，并获得灵感。我还相信，我校学生专业以外的才能、艺术在他们生活与教育中的重要地位将会深深地打动你们并给你们留下深刻的印象。"①

在为期四天的艺术节里，在哈佛大学的剧院、音乐厅、图书馆、教堂、露天剧场、校园广场甚至草地上同时举行了200多项活动。活动的种类既有音乐、舞蹈、魔术、戏剧、电影等节目的演出，也有雕塑、陶瓷、图片、绘画、文学作品的展览以及声势浩大的"艺术第一大"游行活动。这些艺术演出不仅形式多样，同时也极具民族特色。中国、印度以及非洲等地区的文化均在艺术节上得到了展现。其中，哈佛大学燕京图书馆在艺术节上举办了中国香港地区从1841年到1997年的历史图片展，亚瑟·萨克勒艺术馆举办了中国宋代山水画展览，波尔斯坦大厅则组织了有关中国书法和剪纸的培训活动。② 在艺术节的举办过程中，哈佛大学对全体师生进行了动员，即便是没有艺术基础的人也不能置身其外。艺术节组织的各种培训活动正好为缺乏艺术才能的人提供了免费学习艺术的机会。因此，哈佛大学师生参与度非常高。据初步统计，几乎所有的本科生、多数研究生和访问学者都积极参与了为期四天的艺术节。在此次活动过程中，校内的师生不仅是艺术节的观众，而且是各种艺术活动的积极参与者。

最后，陆登庭主张加大人文学科领域的投入。他认为，不同学科领域的学科性质和科研特点都不尽相同，因此，其成本支出必然存在着一定的差异。但这种差异并不像人们通常所描述的那样大，人们之所以会夸大不同科学领域成本支出的差异，主要是因为人们对人文社会科学领域的重要性认识不足，期望值较低。在陆登庭看来，高校一定要警惕人文社会科学领域投入相对不足的状况，因为人文学科关乎人与社会，在为个人提供价值观和行为导向、满足人类精神需求以及促进社会健康发

---

① 向洪、王雪、张强主编：《哈佛理念》，青岛出版社2005年版，第270页。
② 沈致隆：《亲历哈佛——美国艺术教育考察纪行》，华中科技大学出版社2002年版，第129页。

展等方面起着核心作用。如果一所大学只注重对自然科学研究领域进行投入，而忽视为人文科学提供必要的经费支持的话，它就不可能在促进个人全面发展和推动社会问题解决的过程中发挥作用，因此，它也就无法真正成为一所优秀的大学。① 所以，即使在高等教育成本日益攀升的背景下，陆登庭仍然认为，高校应该像投资自然科学和专业教育那样，为人文社会科学领域提供充足的经费支持。举例来说，哈佛大学以前的人文科系办公室数量非常少且分布较为分散，以致人文学科的教师只有在参加一些正式会议时才有机会互相交流。针对这种情况，陆登庭上任后着手建立了巴克中心。这一中心将原来彼此孤立的人文学科集中到了一起，不仅改善了人文学科教师的工作环境，也为教师间合作研究的开展创造了条件。②

二 重视基础研究

现代高等教育基础研究成本开支的昂贵和见效时间的久远使得社会不能用长远的眼光看待基础研究。针对这种情况，陆登庭强调基础研究在实现认知突破、技术突破以及解决实际问题等方面所发挥的巨大作用，并呼吁各方加大对基础研究的投资力度。

首先，陆登庭认为，基础研究在促进人文教育方面发挥着重要的作用，而这种人文教育正是大学所追求的理想，因此大学应该注重基础研究的开展。在陆登庭看来，相对于各种专业知识的传授，大学所要做的更重要的事情就是激发学生的好奇心和求知欲，培养学生深度思考、批判审视、发现问题以及解决问题的能力。因此，大学教育的过程本质上是一个促进个体人文化的过程。而这种人文性也是基础研究的特征之一。陆登庭指出，功利性目的并不是基础研究的初衷，对自然和人性的深入理解以及对一般性知识的不懈追求才是基础研究的本质所在。例如，20世纪初哈佛学者所开展的有关亚洲的研究项目并不是建立在实用目的上

---

① ［美］尼尔·陆登庭：《一流大学的特征及成功的领导与管理要素：哈佛的经验》，阎凤桥译，《国家高级教育行政学院学报》2002年第5期。
② Neil L. Rudenstine, *Pointing Our Thoughts: Reflections on Harvard and Higher Education*, Cambridge: Harvard University Press, 2001, p.256.

的,而是出于研究者"闲逸的好奇"。虽然这项研究对于当时的大部分美国人来说太过遥远,但是随着世界各国联系的日益紧密以及亚洲在世界格局中地位的提升,这项研究的重要性和实用性也日益凸显。因此,从这个意义上看,大学应该更注重开展基础研究,充分发挥基础研究在促进人文教育方面的作用。

其次,陆登庭分析了基础研究和应用研究之间的关系。他认为,只有对事物的本质有了全面且深入的理解,才能在此基础上开展实际的应用,而要想深入理解某一事物,只有通过长期的探索和多次的试验才能实现。总而言之,基础研究是获得实用性知识的前提条件,没有长期的基础研究,应用研究将难以深入。就像20世纪50年代脱氧核糖核酸的发现一样,如果没有在此之前长期的基础研究的开展,基因学革命以及生物技术产业的发展将无从谈起。因此,为了创建和维持一所杰出的大学,大学本身及其经费资助机构要克服短视的倾向,意识到基础研究的突破往往是对实际问题产生实质性影响的关键。

基于以上理念,陆登庭在任职期间不断加大对基础研究领域的投资力度。例如,为了实现一些疾病的治疗方法和治疗程序的突破,哈佛大学在20世纪90年代对基础生物学以及相关的医学领域进行了一系列大型投资。在不包括研究经费和运行经费的前提下,该领域的投资额就已经远远超过了10亿美元。① 此外,在国际研究计划中,哈佛大学也对人文社会科学领域的基础研究工作进行了一系列投资。在此项目的运行过程中,哈佛大学开设了众多有关不同国家和不同文化群体的语言课程以及相关的历史、文学、政治学及经济学课程。这些基础的语言研究、社会文化研究以及社会历史研究等为哈佛大学理解其他民族和国家以及深入开展国际交流和国际合作奠定了扎实的基础。

陆登庭虽然强调大学应注重基础研究,但他并不是建议所有的大学都开展基础研究。在他看来,基础研究具有研究周期长、研究难度大以及研究风险高等特点,普通的大学难挑此重任,只有一流的大学才具备开展基础研究所需要的物质条件和人力条件。

---

① [美]尼尔·陆登庭:《一流大学的特征及成功的领导与管理要素:哈佛的经验》,阎凤桥译,《国家高级教育行政学院学报》2002年第5期。

三 注重合作研究

陆登庭敏锐地意识到了学科之间相互交叉、相互渗透以及相互融合的趋势，并在此基础上强调开展跨学科研究的必要性。他认为，随着不同学科知识之间的相互渗透，学科之间的界限越来越模糊，因此，单一学科的研究视角日趋狭隘，不利于知识的创新以及一些复杂社会问题的解决，跨学科合作研究的开展越来越有必要。[①] 除此之外，陆登庭进一步指出跨国家、跨地区合作研究的重要性。他认为，随着全球化的纵深发展，世界变得更加流动和开放，各个国家之间的联系变得更加紧密，学习及社会领域的问题也越来越国际化。在面对这些全球性的重大议题时，跨国家、跨地区的合作团队的重要性日益凸显。基于此，陆登庭积极倡导打破传统的学科界限，促进不同院系之间跨学科研究活动的开展，同时也主张超越国家和地区的界限，推动国际化合作研究活动的开展。

为了改变哈佛大学一直以来"各自为政"的管理文化、促进院系间合作，陆登庭从管理层面和教学与研究层面为跨学科合作研究的开展提供了条件。从管理层面而言，陆登庭重新引入了被哈佛大学第24任校长普西取消的教务长一职，并将其作为凝聚哈佛大学的一种手段，管理和协调全校的日常教学工作。此外，陆登庭还创建了由哈佛大学十个专业学院的院长组成的、类似联邦政府内阁的校务委员会，以及由教师和高级管理人员组成的工作小组。该委员会和小组将围绕哈佛大学的重大决策进行表决，例如信息技术的使用、校区的扩建以及知识产权问题等。陆登庭的目的就在于鼓励院长、教师及行政人员作为"大学的公民"来思考和处理哈佛大学面临的问题[②]，进而实现哈佛大学各院系之间的协调。

从教学和研究层面而言，陆登庭倡导打破学科界限，加强各学院在教学和科研方面的合作，致力于将哈佛大学建成一所富有协作精神和深

---

① Neil L. Rudenstine, *Pointing Our Thoughts: Reflections on Harvard and Higher Education*, Cambridge: Harvard University Press, 2001, p. 255.

② Morton Keller and Phyllis Keller, *Making Harvard Modern: The Rise of America's University*, New York: Oxford University Press, 2001, p. 486.

厚凝聚力的机构。因此，陆登庭上任后在哈佛大学内部开展了统一的学术规划，梳理出哈佛大学在科研层面应给予充分关注的研究主题。这些主题包括生态环境工程、公共教育、国民保健、职业道德及价值以及人类智能与行为等。① 在此基础上，陆登庭带领哈佛大学突破学科壁垒、跨越国别界限，组织开展了一系列合作研究，逐渐将原来彼此分离的 13 所学院凝聚成了一个统一的实体。这些跨学科、跨地区合作研究项目主要包括思维、大脑与行为研究计划、国际研究计划、哈佛—中国能源、经济与环境项目等。

为了响应陆登庭增强大学凝聚力的号召，哈佛大学于 1993 年创建了思维、大脑与行为研究计划。该计划旨在阐明与人类行为和精神生活有关的神经系统的结构、功能、进化和发展过程以及相关的病理变化等。② 思维、大脑与行为研究计划广泛吸收了来自哈佛大学各学院的教师与学生参与，其研究内容横跨了自然科学领域和人文社会科学领域。在该项目的具体实施过程中，各个学院负责学术工作的院长和教师采用更全面和更统一的研究方法，深入了解人的智力过程、人体生理学和行为。参与项目的研究者将积极探索在大脑成像技术中获取知识与分子和亚分子生物学领域最新研究成果之间的关联性，并分析各种食物和药物是如何影响大脑的功能和行为的。这一计划有力地促进了不同学科研究者之间学术联系的建立。

通过开展国际研究扩大哈佛大学的国际交流范围、加强哈佛大学的国际合作是陆登庭上任之后哈佛大学的核心任务之一。陆登庭提出的国际研究并不是一项目标单一或孤立的学术计划，它涉及哈佛大学活动的各个方面，包括科学研究、课程开发、新生录取以及教师聘用等。③ 该计划的研究重点在于与拉美、东欧、东南亚和非洲有关的学术项目。在其实施过程中，哈佛大学的文理学院、各专业学院及研究中心开展了广泛的合作。

---

① 向洪、王雪、张强主编：《哈佛理念》，青岛出版社 2005 年版，第 102 页。

② Harvard University, "Mind Brain Behavior Interfaculty Initiative", https：//mbb. harvard. edu/pages/about. (2022 – 10 – 18).

③ ［美］尼尔·陆登庭：《一流大学的特征及成功的领导与管理要素：哈佛的经验》，阎凤桥译，《国家高级教育行政学院学报》2002 年第 5 期。

陆登庭在其任期内有力地推动了哈佛大学环境委员会的建立。该委员会旨在加强哈佛大学内部的跨学科合作，促进复杂环境问题的解决。其中，哈佛—中国能源、经济与环境项目是哈佛大学环境委员会开展的跨学科研究项目之一。该项目成立于1993年，致力于探讨经济发展、能源利用和环境保护之间复杂的相互作用，并汇集了来自哈佛大学各院系中从事环境科学、资源经济学以及公共政策研究的学者。在该项目的开展过程中，哈佛大学的学者与来自中国高校的研究者共同组成了跨学科研究团队，多角度地探讨了气候变化、空气质量、能源系统与经济发展等问题。① 该研究项目对于解决美国、中国以及世界其他国家所面临的环境问题有重要的指导意义。

除此之外，陆登庭在其任期内还推动了许多研究中心的合作和新的跨学科研究中心的建立。这些研究中心主要包括杜波依斯非裔美国人研究所、豪泽中心、巴克中心、娜菲尔中心、拉德克利夫高级研究所、亚洲研究中心、大卫·洛克菲勒拉丁美洲研究中心、戴维斯俄罗斯研究中心、金茨堡欧洲研究中心以及韩国研究所等。② 其中，杜波依斯非裔美国人研究所与非裔美国人研究系共同合作，旨在从文学、哲学、社会学、法学以及宗教学等角度对非裔美国人进行研究；豪泽中心与社会事业研究部（Social Enterprise Initiative）共同致力于非营利组织社会作用的研究；巴克中心将分散的人文系科联系了起来；娜菲尔中心则将哈佛大学的政府系与众多国际研究中心联合起来。陆登庭推动建立的拉德克利夫高级研究所于1999年成立，它是在拉德克利夫学院的基础上形成的跨专业研究中心。该中心旨在对艺术、科学及各专业领域进行高级研究，其研究团队由社区成员、高校教师及访问学者共同组成。亚洲研究中心则致力于探索亚洲地区的历史及当下亚洲所面临的重大问题。亚洲中心的研究内容广泛，涉及诸多学科，它不仅从现有的文理中心吸纳教师，而且吸纳了其他专业学院中对亚洲问题有兴趣的教师一同开展研究。

---

① ［美］尼尔·陆登庭：《一流大学的特征及成功的领导与管理要素：哈佛的经验》，阎凤桥译，《国家高级教育行政学院学报》2002年第5期。

② 郭健：《哈佛大学发展史研究》，河北教育出版社2016年版，第151页。

四 追求卓越教学

在强调各种基础研究和合作研究的重要性时,陆登庭并没有忽视高等教育中教学形式的多样性。在他看来,教学是大学的重要使命,本科教育是大学的基础。因此,大学要在明确其自身教学理念的基础上,通过采用多种教学媒介、平衡发展学科专业等方式,进一步提高大学本科生教育质量,努力实现哈佛大学对卓越本科生教育的承诺。

(一)明确大学教学理念

在高等教育发展过程中,找准大学定位,明确大学教学理念尤为重要。在陆登庭看来,大学不仅要向学生传授知识,还要教会学生学习的方式和解决问题的方法。就知识传授而言,陆登庭非常注重通识知识的学习。他认为,在接受通识教育的过程中,学生可以掌握良好的学习方式以及有效的问题解决方法,并以此为基础开展后续的学习和生活。哈佛大学的本科生所接受的就是一种全面的教育,他们的课程并不囿于专业的界限,而是在专业课程集中的基础上广泛涉猎人文与社会科学领域的知识,以便从广博的知识中得到一些行之有效的学习方法。在问题解决方面,陆登庭认为,大学教给学生解决问题的方法要具有一定的适用性,它不仅要能够帮助学生解决学习方面的问题,同时还要有助于学生生活中所遇到的问题的解决。例如,哈佛大学的学生构成非常多元化,他们有着不同的宗教信仰、生活习惯以及政治观点,因此大学必须教会他们解决问题的方法,帮助他们在出现意见分歧时加强沟通,增进了解。

(二)提高本科生教育质量

1997年,哈佛大学从《美国新闻与世界报道》所发布的美国大学排行榜中的榜首位置滑落,进而遭到了许多人的批评。其中,很多人将此归结为哈佛大学对本科生教育的忽视。针对这种状况,陆登庭重申了哈佛大学对卓越的本科生教育的承诺,并在此基础上开展了多方位的改革。首先,在本科师资配备方面,陆登庭改变了以往本科课程由研究生承担的局面,将更多的资深教授配置到了本科生教学中,以改善本科生教育质量。[①] 其中,核心课与专业课作为哈佛大学人才培养的基础,更是配备

[①] 向洪、王雪、张强主编:《哈佛理念》,青岛出版社2005年版,第103页。

了一系列优秀青年教授、卓有成就的资深教授以及诺贝尔奖获得者来讲授。为了更好地改善教学质量,学生还可以从教师的态度、阅历等方面对教师进行评价,给出教学建议等。

其次,在本科课程体系方面,陆登庭坚持学科交融的教育理念,积极倡导为学生提供具有多种价值取向的课程。陆登庭在任职时期,哈佛大学的课程体系包括核心课、专业课以及自由选修课三类。本科生在毕业前必须完成16门专业课、8门选修课以及8门核心课的学习。其中核心课是通识教育课程,它包括了外国文化、历史研究、文学艺术、伦理道德、自然科学以及社会分析六大学术领域,学生必须在这六大领域均有修习才能被准予毕业。此外,在课程选择方面,陆登庭主张给予学生充分的选择权。陆登庭在任职时期,哈佛大学本科生在第一学年时并不划分专业,而是主要学习内容广博的通识课程。在第二学年的时候,本科生则可按照哈佛大学所设置的"专业领域"进行选课,若在学习过程中对所选专业感到不满或有离校意愿的话,学生可以要求改换专业或离校。

最后,在本科育人目标方面,陆登庭非常注重对本科生创造能力的培养,并特别提出了"塑造善于深邃思考,有主见、有理想、有洞察力的成功人才及领袖人才"的育人方向。①

(三)采用多种教学媒介

信息技术的发展为高等教育带来了前所未有的机遇,深刻地改变着大学传统的教学内容、教学方式和教学手段等。在陆登庭看来,这种影响得以产生的原因就在于互联网与大学教与学的结构和过程存在着一种非常紧密的契合。② 这种契合一方面表现为网络学习方式与传统学习方式之间的相似性。借助互联网,高校依然可以开展类似于传统课堂、研讨会或讲座的学习活动,且互联网可以在很大程度上加强或改进传统的教学方式,使教学活动变得更为有效;另一方面则表现为互联网与大学传统教学过程中对基本交流活动的涉及。师生与生生之间的对话可以促进

---

① 向洪、王雪、张强主编:《哈佛理念》,青岛出版社2005年版,第102页。
② Neil L. Rudenstine, *Pointing Our Thoughts*: *Reflections on Harvard and Higher Education*, Cambridge: Harvard University Press, 2001, p. 123.

思想的交流和观点的碰撞,是一种极为重要的教学方式,而互联网不仅可以提供对话交流的机会,也可以使对话形式变得更加便捷且灵活。

在对互联网与教育间关系进行深入剖析的基础上,陆登庭进一步指出互联网在促进高等教育发展方面所具有的几大优势:第一,互联网以一种便捷的方式为学生提供了大量的信息和资源以供使用。第二,通过互联网,教师可以为学生呈现形式多样的网络课程材料,例如文本、图片、视频以及交互式电子表格等。这些材料虽然根植于传统教学法,却可以使学习情境更加真实生动,从而改善学生的学习体验。第三,互联网具有很大的便捷性和灵活性,它可以为学生提供一个随时随地进行交流的场所,进而增加师生之间以及生生之间的交流机会。第四,互联网增强了学生在学习过程中的主体地位,促使学生从知识的被动接受者转变为知识的积极建构者。①

鉴于信息技术在优化教与学以及提升教学绩效等方面的巨大影响,陆登庭主张将传统教学手段与现代信息技术结合起来,采用多种教学媒介进行教学,以提升教育质量。学生除了通过图书馆、教科书等传统渠道获得信息和知识以外,还可以借助互联网开展网络学习。值得一提的是,陆登庭虽然充分肯定了互联网在促进教育教学过程中所发挥的重要作用,但他强调教育从本质上而言是一个有价值、有意义的人文活动,不能被简化为信息的发送与接收。教育需要通过人与人之间面对面的交流来塑造健全的人格、树立正确的价值观导向,而这些功能是互联网不能替代的。②

(四) 平衡学科专业结构

在高校专业结构方面,陆登庭认为,保持各学科专业结构的平衡非常重要,尤其是人文科学与自然科学的平衡。陆登庭指出,大学教育并不是专门为学生的就业做准备的,它同时应致力于为学生终身学习能力的发展。一个在未来社会具有发展潜力和竞争力的学生,必须具备宽广

---

① Neil L. Rudenstine, "The Internet and Education: a Close Fit", (1997-02-21), https://www.chronicle.com/article/the-internet-and-education-a-close-fit/. (2023-04-19).

② Neil L. Rudenstine, *Pointing Our Thoughts: Reflections on Harvard and Higher Education*, Cambridge: Harvard University Press, 2001, p.127.

的知识面，扎实的专业知识以及交叉学科的知识。① 因此，尽管市场因素会影响大学的学科建设，但大学一定要坚持其自身使命，在平衡学科专业结构的基础上促进学生的全面发展。例如，在陆登庭看来，大学里一半的学生学习自然科学，另一半学习人文科学就是一个比较平衡的结构。②

第三节 陆登庭的师生和经费管理理念与实践

教育管理是教育教学改革过程中的重要环节之一。陆登庭上任后对哈佛大学的教师管理、学生管理以及经费管理三方面进行了一定的调整，以促进哈佛大学的发展。

一 教师管理

基于对教师质量重要性的认识，陆登庭在哈佛大学改革过程中极为重视教师队伍的建设和管理。在陆登庭为期十年的治校过程中，其教师管理思想得以逐步形成，具体而言，主要包括其民主化的管理方式，卓越化、多样化和国际化的选聘标准，全面化的评价体系以及人性化的激励制度等。

（一）教师管理方式

教师不仅在学生成长和学校运行方面担负着重要角色，同时也是大学里开展教学和研究的主体，是影响大学质量的重要因素。但教师的重要性并不意味着大学对教师的管理应当过于集权或过于分权。在陆登庭看来，在大学管理层与教师之间留有一些张力将更有利于大学的发展，这种张力是在组织内部成员相互独立和积极合作的过程中产生的。简而言之，大学要在集权和分权之间保持适当的平衡，要在顾及大学总体规划的基础上给予教师一定的自由度，以促进教师创造力和领导力才能的发挥。

---

① 沙敏：《哈佛校训》，中国工人出版社2006年版，第64页。
② 《哈佛不是富人学校，世界一流大学的特征是开放》，中国青年报，2002年7月25日，http://edu.sina.com.cn/a/2002-07-25/28917.html。

在此基础上，陆登庭进一步指出了民主化和人本化管理理念在教师管理过程中的重要性。陆登庭认为，权力在学校管理中并不是真正起作用的工具，而教师的意愿则是学校管理成功与否的关键。[①] 如果大学的领导者在管理过程中不能充分考虑教师的意愿，那么他的管理就不会有效和长久，而得到教师配合所制订的战略计划才最有可能被彻底贯彻和执行。因此，大学管理人员在确定大学发展方向以及制定学术规划时，要以民主而非专制的方式开展工作。大学管理人员应与教师群体建立和谐的合作伙伴关系，尽量在与教师共商共议的基础上做出决策。此外，为了维持教师的积极性，陆登庭认为，校长也要采取一定的措施表达其对教师的支持和赞赏，例如经常与教师交流、对教师工作加以赞赏等。

（二）教师选聘标准

鉴于教师在大学学术事务和管理事务中的重要性，陆登庭把教师质量当作衡量一所大学是否卓越的重要指标之一。在他看来，只有教师的绝对质量达到了国际水平，一所大学才能称得上是优秀大学。因此，如何选聘教师就成了造就一流大学的关键问题。

首先，在教师选聘来源方面，陆登庭认为，从校外聘请优秀的教师以及从学校内部通过严格的程序选拔晋升一些高级教师，是保持教师队伍活力和保证质量的行之有效的方法。[②] 一方面，从校外聘请教授可以避免学术"近亲繁殖"所带来的各种弊端，通过"远缘杂交"为哈佛大学的教学和研究工作输入新鲜血液，进而提高哈佛大学的学术生产力；另一方面，通过继承科南特时代所创立的"非升即走"制度，从校内层层选拔教师则可以从质量上得到保障。

其次，从教师队伍构成方面来看，陆登庭始终坚持国际化和多样化理念。他不仅鼓励世界各地优秀学者应聘哈佛大学教授职位，同时也积极采取措施促进黑人以及女性等弱势群体在哈佛大学教师队伍中比例的提升。在陆登庭任期内，他任命了哈佛历史上第一批被认可的黑人校级

---

① 俞家庆、李延成：《启迪领导智慧 憧憬大学未来——中外大学校长论坛要点摘记》（上），《学位与研究生教育》2002年第12期。

② ［美］尼尔·陆登庭：《一流大学的特征及成功的领导与管理要素：哈佛的经验》，阎凤桥译，《国家高级教育行政学院学报》2002年第5期。

教授，且经他批准聘用和提拔的黑人教师数量超过了历任校长之和。① 同时，陆登庭任期内哈佛大学女性高级教师的数量也得到了显著提升，从1991年的85人增加到1999年的183人。② 值得一提的是，陆登庭在其任期内还有力地促进了哈佛大学非裔美国人研究系的发展。在陆登庭担任哈佛大学校长前，非裔美国人研究系正处于萎靡不振的状态，该系只有一名终身教授和一名选修生。陆登庭上任后为该系大力招揽顶尖学者和教师，成功组建了包括康乃尔·韦斯特和威廉·朱利叶斯·威尔逊等一批知名黑人学者在内的非裔美国人研究梦之队。除此之外，陆登庭也非常重视年轻教师在教师队伍中的比例。在他看来，年轻教师在全部教师中所占的比例为1/3左右是比较合理的。因为年轻人更具创造性，代表着未来，他们会把新思想和最新培训理念带到学校里来，从而促进大学内部知识的流动和更新。

最后，在教师选聘过程中，陆登庭始终秉持卓越化理念。就内部晋升而言，候选人需要通过"非升即走"制度下的层层选拔。初级教师在5—8年的实习期结束后，会收到学术委员会针对其学术绩效所做的评价。根据评价结果，少数足够优秀的教师可以获得晋升的机会，而没有获得晋升机会的人则会在哈佛大学的帮助下另谋他职。陆登庭指出，如果没有这样的选聘和晋升程序，那么一所大学就存在着对所有教师进行永久性聘用的潜在危险，长此以往，学校势必会走向平庸。就外部选聘而言，陆登庭认为，请世界范围内的一流专家对候选人进行评价是确保能招聘到优秀人才的关键所在。同时，在进行高级教师招聘时，候选人所在学校中关于优秀教师的评价也是极其重要的参考材料。在经过一系列评估后，陆登庭认为，最终选聘与否的决定应该由校长或教务长做出。比如，哈佛大学终身教授的人选在通过有关委员会的评议后，还要通过陆登庭这一关，由他亲自进行面谈并最后拍板。③

---

① Randall Kennedy, "Neil Rudenstine and Blacks at Harvard", *The Journal of Blacks in Higher Education*, No. 34, 2001, pp. 2–4.
② Ken Gewertz, "Rudenstine Leaving Presidency in 2001", (2000-05-25), https://news.harvard.edu/gazette/story/2000/05/rudenstine-leaving-presidency-in-2001/. (2022-10-19).
③ 向洪、王雪、张强主编：《哈佛理念》，青岛出版社2005年版，第81页。

(三) 教师评价体系

在教师评价方面，陆登庭非常注重教师在科研和教学方面的表现。一方面，他强调教师的学术价值是教师质量的重要体现。他认为，如果我们要创建一所具有国际水平的优秀大学，那么我们就必须意识到，在文理和各个专业学术领域，对教师质量测量的主要指标是具有原创性的学术工作和研究工作的质量。① 另一方面，教学工作也是衡量教师质量的重要指标，因为教学不仅是大学的传统使命，同时也是教师的首要职能。在陆登庭看来，对教师科研水平的评估可以从获得的科研经费数额、出版著作和发表论文的数量和水平等方面进行；但对教师教学的评估则是一个世界性的难题，除了常见的同行评议之外，学生对教师教学质量的评价也应予以考虑。

(四) 教师激励制度

关于教师激励问题，陆登庭认为，学者既然选择了教师这一职业，就证明他们对这个教师职业是有兴趣的。这些教师在投入工作时会有很强的内在驱动力，所以他们在很大程度上会通过积极的自我激励来调动工作积极性。② 因此，从这个意义上讲，金钱可能不是激励教师最有效的手段。即便如此，学校也要从政策层面和物质层面给予教师必要的支持以维持教师积极性。陆登庭在任职期间，在哈佛大学的国际一流教授均可以受到特殊的政策支持。除了优厚的薪酬待遇之外，学校还会给他们提供心理关怀、工作条件以及学术交流等方面的政策支持，为他们创造一个有利于创造力发挥的良好环境。③ 比如，诺贝尔奖获得者会在校园内有一个固定的车位，并且每年都有一定的时间到世界各地演讲，"明星教授"则被允许有跨学科研究和教学的自由，可以在哈佛大学内部自由流动等。

---

① [美] 尼尔·陆登庭：《一流大学的特征及成功的领导与管理要素：哈佛的经验》，阎凤桥译，《国家高级教育行政学院学报》2002 年第 5 期。

② 俞家庆、李延成：《启迪领导智慧 憧憬大学未来——中外大学校长论坛要点摘记》（上），《学位与研究生教育》2002 年第 12 期。

③ 白强：《哈佛大学卓越教师队伍建设的经验与启示——基于四位著名校长改革的历史考察》，《教师教育学报》2016 年第 1 期。

二 学生管理

学生质量是大学质量的重要体现。因此陆登庭在担任校长期间始终坚持哈佛大学一直以来的卓越化招生理念。同时，他在充分肯定并继承哈佛大学以往育人目标的基础上，根据时代发展需要对哈佛大学的课程设置、课程选择以及学习方式等进行了一定的调整，以促进"有教养的人"的育人目标的实现。

（一）学生选拔

一流学校的基本特征之一就是拥有一流的学生。因此，学生选拔作为培养一流学生的起点受到了陆登庭的高度重视，其招生理念主要表现为以下几点：

首先，确保生源的优质。哈佛大学作为全球顶尖的高等学府，在招生过程中始终坚持宁缺毋滥的原则。因此，只有少数极为优秀的学生才能成为哈佛大学的一员。但这种优秀并不能仅凭分数来评估。陆登庭指出，尽管类似全国统考这样的测试成绩是很重要的参考材料，但它并不能代表学生所有方面的表现。除了分数以外，还有很多内容需要考察，比如学生的个性、经验、背景，以及是否具备探索未知的好奇心、是否具备广泛的兴趣、是否有参与讨论和辩论的意愿、是否关心其他领域的事物、对其自己的未来规划是否清晰等。除此之外，哈佛大学也非常注重通过面试、论文以及推荐信等途径了解学生的情况，以便在全面考察的基础上择优录取。

其次，注重学生来源的多样化，营造多元化的文化氛围。一直以来，陆登庭都是"肯定性行动"的支持者和捍卫者。陆登庭认为，多元化的学生群体具有潜在的教育价值，可以有效地促进高校教育质量的提升。在多元化的教育环境中，学生可以通过相互间的交流，从那些见解和经历不同于他们的同龄人的生活和学习中受益。在陆登庭看来，多元化教育环境的作用主要体现在以下两方面：第一，多样化的教育环境会向学生提出挑战，要求他们更深入且更全面地看待问题；第二，多样化的教育环境也会为来自不同地区、具有不同文化背景和宗教信仰的学生创造相互了解、相互学习的机会。① 因此，当联邦第五巡回法院对霍普伍德诉得克萨斯州一案做出裁决，禁止得克萨斯大学在录取过程中考虑种族因素时，陆登庭曾公开表明其反对态度，并积极为肯定性行动辩护。2000年4月，陆登庭在哈佛大学非裔美国人研究系建系30周年庆典上声明，哈佛大学在招生时将继续对申请人的民族和种族背景予以考虑。② 此外，促进学生群体国际化也是多元化招生理念的重要体现。陆登庭在担任校长期间为大量的国外全日制留学生提供了资助，有力地促进了学生群体的国际化和多样化。1998年，陆登庭在参加北京大学百年校庆时曾讲到，当时的哈佛大学有着来自125个国家和地区的2800名外国留学生。③ 其中，三分之一的学生来自亚洲地区，中国是除加拿大之外哈佛大学的第二大留学生生源国。

(二) 学生培养

学生的培养工作涉及培养目标的制定、课程体系的设置、课程范围及教学方式的选择等多方面内容。陆登庭有关学生培养的理念可总结为以下几点：

第一，从人才培养目标来看，陆登庭基本上继承了哈佛大学此前对"有教养的人"的追求。这种有教养的人并不是拥有较强专业技能的人，而是在各方面全面发展，拥有健全人格的人。例如，哈佛学院和文理学院1999—2000年课程指南在有关核心课程的介绍中指出，核心课程设置的目的不仅在于让学生接受广泛的教育、掌握广博的知识，而且更重要的是发展学生的智力技能，培养学生的独立思考能力、批判审视能力以及问题解决能力，而这些都是有教养的人的标志。

第二，从课程设置层面来看，陆登庭并不主张为本科生提供职业教育或训练，而是注重对学生进行通识教育。在本科阶段，学生不能学习法律、医学以及商业等专业性较强的学科。陆登庭希望借助本科阶段的

---

① Neil L. Rudenstine, "Student Diversity and Higher Learning", https://files.eric.ed.gov/fulltext/ED456190.pdf#page=40. (2022-10-19).

② The Harvard Crimson, "The Final Word on Neil Rudenstine", (2001-05-09), https://www.thecrimson.com/article/2001/5/9/the-final-word-on-neil-rudenstine/. (2022-10-19).

③ Neil L. Rudenstine, *Pointing Our Thoughts: Reflections on Harvard and Higher Education*, Cambridge: Harvard University Press, 2001, p. 204.

通识教育帮助学生发展多种技能，养成独立思考问题及解决问题的能力。在陆登庭看来，这种通识课程虽然不能向学生传授专业技能，但却可以为他们今后的工作和学习奠定良好的基础。即使在专业学院，对学习法律、商学、教育、医学以及其他专业性较强学科的学生来说，他们也应该集中精力学习这些学科的基本理论知识，而不是学习非常专门化的内容。除此之外，陆登庭还指出，大学的使命在于使学生成为参与发现、解释和创造新知识或形成新思想的人，这意味着学生是处于实习阶段的学者和研究者。因此，他们不仅要学习各种已有的知识和理论，还要参加科研，主动参与探索未知的事物或检验已有的假设和解释。

第三，在课程选择上，陆登庭非常注重学生的自由选择。他认为，如果学生能够根据其能力或爱好选择其感兴趣的内容进行学习和研究，那么他们将对学习过程充满信心。因此，在陆登庭看来，学校应该向学生提供充足的信息资源和大致的研究方向，在此基础上，学生可以根据其意愿选择课程和参与研究项目。[①] 除此之外，陆登庭还指出，学生在课程选择方面的自由与大学的基本理念有着密切的联系，即便大学应该对学生的课程选择权有一定的约束，也应留给学生一定的选择空间。

第四，从教学方式层面而言，陆登庭非常提倡师生互动式的教学方式，即对话式教学。这种教学方式有助于将教学从教师主导下的知识传授转变为教师指导下学生的自我教育。除此之外，哈佛大学经常采用的讲座式教学也得到了陆登庭的肯定。在采用讲座式教学方法的课堂上，教师常常鼓励学生参加课堂辩论，积极表达他们的思想和兴趣。这种教学方式能够有效促进学生的全面发展。

三　经费管理

陆登庭有着出众的筹资能力，他在1991年至2001年担任哈佛大学校长期间，为哈佛大学筹集到了100亿美元之多的捐赠资金，创下了美国高等教育史上的新纪录。陆登庭出众的筹资能力是建立在他对筹资模式、筹资技巧以及经费分配等方面深刻认识的基础之上的。

[①] ［美］尼尔·陆登庭：《一流大学的特征及成功的领导与管理要素：哈佛的经验》，阎凤桥译，《国家高级教育行政学院学报》2002年第5期。

(一) 筹资方式

"混合模式"或"混合经济"指的是一种多元化筹资模式。在这种筹资模式下,高校资金来源呈现出多样化的特点,它不仅包括国家财政性经费投入,还包括学杂费以及社会捐赠收入等各种非财政性投入。在政府财政投入明显不足而高校开支却日益攀升的情况下,陆登庭指出"混合模式"才是最可靠的筹资模式,而完全或主要依靠联邦或地方政府获得经费的高等教育系统不太可能成功达到国际优异水准[①]。其原因一方面在于政府往往注重科学研究对社会政治经济层面的即时效益。因此,它们对大学的资助主要集中在自然科学领域。但随着人文学科及其相关领域研究成本的增加以及人文学科在现代社会中重要性的凸显,人文学科的经费危机日益突出。人文学科若不能得到充足的经费支持,大学就不可能真正成为一所杰出的大学。另一方面在于具有多元筹资渠道的混合模式是高校获得长远发展的重要条件。因为政府对高校的财政投入水平往往受制于社会大环境,具有不稳定性的特点。当国家经济向好、社会秩序稳定时,高等教育的财政投入会得到一定程度的增长,而当国家经济出现衰退或社会出现动乱时,政府往往无暇他顾,高等教育事业也会受到冲击。除此之外,政府过多的投入往往会换来政府对高校干预程度的加大,因此,高校对办学自主权的需求也呼唤着"混合模式"的到来。

陆登庭虽然充分肯定了"混合模式"的优越性,但他认为这种具有多种可靠经费来源和严格捐赠指南的"混合经济"的实现绝非易事。在高等教育系统发展过程中,做出如何以及何时实施这种系统变革的判断非常困难,因为它取决于社会政治、经济以及文化等多方面的因素。此外,确定政府应该在哪些领域持续提供大量的经费支持也非常重要。

陆登庭还对哈佛大学各学院分别从校外争取研究资助的做法进行了改革。过去哈佛大学的做法是"八仙过海,各显神通",各个学院甚至各个专业都会按照其自身的需要分别开展筹资活动。但随着社会问题的日益复杂以及学科知识界限的逐渐模糊,越来越多的课题需要通过开展跨学科、跨院系的合作研究才能实现突破。比如环境问题就牵涉到法学、

---

① [美]尼尔·陆登庭:《一流大学的特征及成功的领导与管理要素:哈佛的经验》,阎凤桥译,《国家高级教育行政学院学报》2002年第5期。

化学、生物学以及政治学等多学科领域的知识内容。因此，原来各个院系"各自为政"的筹资方式已经不能适应当前的学科发展趋势。陆登庭上任后主张在全校范围内对筹资活动进行统筹协调，通过制定详细一致的筹资计划来共同筹措资金。这一举措不仅增加了哈佛大学的凝聚力，也在一定程度上提高了哈佛大学争取资助的竞争力。

（二）筹资技巧

陆登庭通过总结哈佛大学的筹款经验，得出了几点筹资技巧。首先，陆登庭认为，筹钱的技巧在于充分发挥校友会的巨大作用。哈佛大学拥有分布在100多个国家的40多万名校友，高效的联络机制使得哈佛大学的校友在毕业后仍然与哈佛大学保持着密切的联系，同时忠诚的校友文化也赋予这些校友对哈佛大学的自豪感和责任感，促使他们回报哈佛大学。因此，学校需要做的就是通过各级校友联络机制联系到哈佛大学的杰出校友，并让这些校友明晰母校的筹资计划，以争取他们的资金支持。在校友募捐过程中，哈佛大学校友会、哈佛大学基金会以及哈佛大学校友募款委员会发挥着重要的作用。它们不仅积极参与校友募捐，同时也协助开展校友募捐活动，为哈佛大学的募资活动作出了巨大的贡献。例如，哈佛大学第73届校友募款委员会为了与分散在世界各地的校友讨论捐赠活动事宜，安排了多次活动。在他们的积极参与和辛勤工作下，该届校友捐资参与率达到了63.8%，另有15名成员答应向哈佛大学捐赠25万美元以上的巨款。

其次，陆登庭认为，在筹资活动中要积极说服捐赠者，尽可能让潜在捐助人或捐助机构了解哈佛大学的计划和目标，使他们相信募捐资金会得到合理的使用并会对社会发展产生积极的作用。只有当捐赠人了解大学的明确目的，并且确信大学会有效地管理和使用捐赠资金时，他们才会对大学的募捐号召做出响应。除此之外，陆登庭还指出大多数人捐赠的目的并不是济贫，而是倾向于看到捐赠资金在大学的合理使用下促进某项社会事业的发展。比如，当捐赠人认为他们的捐赠资金对教育和社会有积极的促进作用时，他们就愿意慷慨解囊。

最后，陆登庭认为，筹措办学经费是大学校长的重要职责，校长应把筹资当作其自身的一项事业来做。在陆登庭为哈佛大学募资的过程中，他始终秉承着勤恳务实、认真负责的工作态度。陆登庭从不放过每一个潜在的捐赠来源，在听说美国西海岸有一位老妪有意向哈佛大学捐赠遗产时，他便立即赶往老人住所进行游说，甚至在以后的日子里无微不至地关心着她的健康，最终，老人把遗产捐给了哈佛大学。陆登庭在担任校长期间曾领导了哈佛大学近代以来第一次全校性的筹资运动。这场资金募集运动在美国高等教育史上是史无前例般的存在。陆登庭所发动的筹资活动于1994年正式启动，最初计划募集21亿美元，但在1999年12月宣布结束时，筹资金额已超过了先前设定的目标，达到了26亿美元。① 借助这笔经费，陆登庭增加了哈佛大学对本科生和研究生的财政援助，改善了学校的生活环境和学习环境，提供了先进的研究设备并增设了新的教席和教授职位以吸引顶尖教师，从而大大提高了哈佛大学的竞争力。

（三）经费分配

当然，如何让来之不易的经费最高效地发挥作用，也是陆登庭在高校经费管理方面所思考的一个重要问题。陆登庭认为，大学应该引入一种开放且持续的竞争机制负责高校研究经费的申请与分配。② 在经费申请与分配过程中，"同行评价"系统发挥着重要作用。但这种同行评价不能局限于本校内的专家学者，而要超越学校的范围，在全国范围内进行评价。这种经费分配制度的一般规则是先由教师或研究小组撰写并提交详细且清晰的研究计划报告，之后再由专家对该研究项目的可行性进行整体评价。除此之外，这种经费评审制度还要由校外专家组成的评价小组，在项目评审结束后进行实地考察，对研究结果做出评估。陆登庭指出，虽然这种人工系统并不是绝对完美的，但它在实际运行过程中却相当有效。这种研究经费评审系统对于避免经费分配中偏袒行为的出现具有很大的助力。此外，就经费申请主体而言，陆登庭认为，年轻教师和中年教师也可以独立申请研究经费，而不必把获得经费的希望完全寄托在学术资历更深的教师或管理人员身上。

---

① Harvard University, "History of the Presidency", https：//www.harvard.edu/president/history/. （2022 – 10 – 18）.

② ［美］尼尔·陆登庭：《一流大学的特征及成功的领导与管理要素：哈佛的经验》，阎凤桥译，《国家高级教育行政学院学报》2002年第5期。

第四节　陆登庭治校理念与实践的特征与意义

在陆登庭任期内，哈佛大学在教学、科研、管理、信息化建设、国际合作等各个方面都取得了令人振奋的进步。因此，陆登庭对哈佛大学的建设也为世界高教事业树立了典范。在当前中国积极推进"双一流"建设的背景下，陆登庭的治校理念与实践或许对中国大学校长治校具有一定的借鉴意义。

一　陆登庭治校理念与实践的特征

陆登庭的治校理念与实践具有鲜明的人文化、多样化、信息化及国际化特征。这些特征不仅深深根植于陆登庭自身的家庭背景及教育经历中，而且与20世纪末世界政治格局的变化、信息技术的创新以及经济的全球化发展等时代背景密切相关。

（一）人文化

陆登庭是美国知名的英美文学家，他先后于普林斯顿大学、牛津大学新学院和哈佛大学获得了英语学士、硕士及博士学位。陆登庭的学科背景锻造了其治校理念与实践的人文底色。在实用主义和功利主义思想甚嚣尘上的时代背景下，陆登庭不仅从理念层面给予了人文学科充分的重视，同时也从实践层面有力地推动了哈佛大学人文教育的发展。从治校理念层面而言，陆登庭将人文学科视为引领时代进步的火车头，强调了人文学科在塑造健全人格及促进社会问题解决等方面所发挥的重要作用。从治校实践层面而言，陆登庭不仅致力于为学生提供艺术教育和文理融合的跨学科教育，还不断加大哈佛大学人文领域的经费投入。陆登庭的人文化治校理念与实践不仅为哈佛大学人文领域教学及科研活动的开展提供了良好的学习氛围和物质环境，而且在培养学生核心能力的基础上促进了哈佛大学育人目标的实现。

（二）多样化

陆登庭的父亲是第二代俄国犹太裔移民，母亲是来自意大利的天主教移民。因此，陆登庭称他自己为多文化、多种族和多宗教混合的产物。或许正是这种多元化的家庭背景和社会出身赋予陆登庭治校理念与实践以鲜明的多样化特征。在担任哈佛大学校长期间，陆登庭不仅强调了校园多样性对大学教育质量的促进作用，而且给予黑人、女性、同性恋以及经济弱势群体足够的重视。例如，当保守的校园杂志刊登了谴责同性恋的文章时，陆登庭公开表明他对哈佛大学内同性恋群体的支持。当校内种族关系紧张时，陆登庭开始定期与少数族裔学生代表会面，努力寻找缓解种族关系紧张局势的方法。在陆登庭担任哈佛大学校长期间，哈佛大学中黑人及女性教职员的总体数量以及担任高级职位的黑人及女性数量均得到了较大程度的提升。陆登庭在其任期内不仅任命了哈佛历史上第一批受到认可的黑人校级教授，促成了非裔美国人研究梦之队的形成，还任命了三位女性副校长。除此之外，陆登庭还通过加大本科生援助力度，向不同社会背景和经济水平的学生敞开了哈佛的大门。陆登庭的多样化治校理念和实践不仅有效地提高了哈佛大学的教育质量，还在一定程度上促进了公平、正义等社会价值观的传递。

（三）信息化

陆登庭虽然是一位人文主义者，但他对信息化时代的到来以及信息技术在高等教育领域所拥有的潜在价值却有着清晰的认识。在担任哈佛大学校长期间，陆登庭不仅对信息技术在教育领域的作用进行了充分的肯定，而且努力推动哈佛大学的信息化发展，其信息化治校实践主要体现在以下几方面：首先，陆登庭在其任期内实现了哈佛大学图书馆中1400万卷目录的数字化改造，进而为哈佛大学的教师和学生提供了更为便捷的资料查阅方式。其次，陆登庭加强了哈佛大学的信息基础建设，推动了哈佛大学高速数据网络的形成。该网络连接了全校范围内的宿舍、教室及教师办公室等，校内的师生不仅可以利用该网络进行文件传输和信息交流，还可以与全球范围内的互联网用户取得联系。在此基础上，网络课程以及远程教育也在陆登庭任期内得到了快速的发展。最后，信息技术本身成为陆登庭任期内哈佛大学的重点研究对象，陆登庭给予计算机科学与工程足够的重视，增设了新的信息技术与管理博士课程。陆登庭的信息化治校理念与实践深刻地影响了哈佛大学的教学和科研形式，同时也将哈佛大学各院系紧紧联系在了一起，大大提升了哈佛大学的凝聚力。

（四）国际化

20世纪末，伴随着世界政治格局的变化、信息通信技术的驱动以及经济全球化浪潮的冲击，世界各国的政治经济发展呈现出明显的国际化特征。世界在变得更加开放且更具流动性的同时，其面临的问题也日趋复杂。这些复杂社会问题的解决依赖于世界各国在政治、经济及科技等方面的合作。因此，如何促进国际交流与合作成为20世纪末高等教育所面临的时代难题。在世纪之交成为哈佛大学掌舵人的陆登庭对高等教育的国际化发展趋势有着深刻的认识，其治校理念与实践也表现出鲜明的国际化特征。在陆登庭看来，哈佛大学应努力成为"思想的帝国"，在推动国际社会繁荣发展的过程中发挥积极作用。[①] 为了实现这一目标，陆登庭开展了一系列具有国际化特征的实践探索，主要包括加大国际研究项目投资力度、促进国际合作研究项目的开展、建立地区性研究中心以及扩大国际交流机会等。这些措施有力地推动了哈佛大学的国际化发展。在陆登庭任期结束时，哈佛大学的外国留学生比例得到了提升，其师资队伍的国际化程度也得到了进一步提高。除此之外，陆登庭任期内创建和开展的一系列研究中心和国际合作研究项目不仅拓展了哈佛大学的学科领域，增进了哈佛大学对世界各国的理解，而且对于全球性社会问题的解决具有重要的指导意义。值得一提的是，陆登庭为了推进哈佛大学的国际化议程曾多次出访欧洲、拉美及东亚各国。同时，陆登庭任期内世界各国领导人也不断来访哈佛大学。其中，江泽民主席于1997年访美时曾在哈佛大学发表演讲。温家宝总理也曾于2002年在哈佛大学发表演讲。总而言之，陆登庭的国际化治校理念与实践在很大程度上扩大了哈佛大学的国际交流范围，提升了哈佛大学的国际影响力。

二 陆登庭治校理念与实践的意义

陆登庭的治校理念与实践稳固了哈佛大学的财政基础，提高了哈佛大学内部的凝聚力，对于哈佛大学的发展具有非常重要的历史意义。当前，在中国积极推进世界一流大学建设的背景下，陆登庭的治校理念与

[①] Harvard Magazine, "Empires of the Mind", (1997-01-07), https://www.harvardmagazine.com/1997/07/empires-of-the-mind. (2022-10-20).

实践对于中国大学校长治校也具有一定的现实意义。

(一) 对哈佛大学发展的历史意义

20世纪90年代,哈佛大学在全球经济持续衰退以及现代科学高度分化与综合的时代背景下面临着诸多挑战。一方面,经济衰退所导致的收支失衡使得哈佛大学陷入了严重的财政危机,同时也限制了哈佛大学教育质量的提升;另一方面,现代科学的高度分化与综合也对哈佛大学各院系长期以来彼此分离、相互割裂的局面提出了挑战。因此,陆登庭上任后致力于提高哈佛大学的经济水平和教育质量,促进哈佛大学各院系之间的合作。陆登庭的治校理念与实践对于哈佛大学未来的发展具有十分重要的意义。

首先,陆登庭基于其经费管理理念与实践,有效地解决了哈佛大学的财政困境,筑牢了哈佛大学的经济基础。在财政收支严重失衡的情况下,陆登庭于1994年发动了哈佛大学历史上第一次全校性的筹资运动,成功为哈佛大学筹集到了26亿美元的资金。在此期间,哈佛大学的捐赠基金从1991年的47亿美元增长到了150亿美元以上,哈佛大学的年度运营预算也从1991年的12亿美元增长到了21亿美元左右。[1] 哈佛大学知名教授柯伟林(William C. Kirby)指出,陆登庭任期内的十年是哈佛大学真正腾飞的十年。[2] 在这十年中,哈佛大学与其他综合性研究型大学拉开了较大的距离,其资源优势得到了进一步凸显。

其次,陆登庭注重基础研究、合作研究和追求卓越教学的治校理念,加大基础研究领域投资力度、促进合作研究的开展以及提升本科教育质量的治校实践进一步提升了哈佛大学的教育水平和科研质量。一方面,陆登庭强调了基础研究和合作研究在技术创新和问题解决过程中的重要作用,并对基础研究和合作研究领域进行了持续性的投资,使得哈佛大学在医疗保健、生态环境保护及能源利用等方面取得了重大的研究突破。另一方面,陆登庭对研究型大学的本科生教育进行了反思,重申了哈佛

---

[1] The Harvard Gazette, "Rudenstine Leaving Presidency in 2001", (2000 – 05 – 25), https://news.harvard.edu/gazette/story/2000/05/rudenstine-leaving-presidency-in-2001/. (2022 – 10 – 20).

[2] William C. Kirby, *Empires of Idea: Creating the Modern University from Germany to America to China*, Cambridge: Harvard University Press, 2022, p. 133.

大学对卓越本科生教育的承诺。在此基础上，陆登庭分别从本科师资配备及课程设置等方面对本科生教育进行了改革，使得哈佛大学的本科生教育质量得到了进一步提升。

最后，陆登庭注重院系合作的治校理念及其在全校范围内进行统一学术规划、推动开设跨院系合作研究项目、开展全校性募资运动以及完善校园信息网络构建等治校实践改变了哈佛大学各院系一直以来各自为政的管理局面，使得哈佛大学各院系在教学、科研及管理方面的联系日益紧密。简而言之，陆登庭有关院系合作的治校理念与实践将哈佛大学各院系紧紧组织在了一起，提高了哈佛大学内部的凝聚力。

（二）对中国大学校长治校的现实意义

当前，在中国积极推进世界一流大学建设的时代背景下，如何改进和完善大学校长的治校理念与实践成为提升大学办学水平的关键所在。陆登庭的学科建设和大学管理理念与实践主要从以下层面为中国大学校长的治校提供了参考。

第一，重视人文教育足够。进入21世纪以来，中国已充分认识到了人文教育的重要性，同时也出台了一系列文件以促进人文教育的发展。但目前中国大多数高校的人文教育仍然存在着课程价值取向错位及课程体系设置杂乱等问题。[①] 一方面，多数高校所开设的人文课程更侧重于对学生进行抽象的人文知识的传授，而忽视了学生人文精神和人文行为能力的养成。另一方面，大多数高校的人文课程都是根据授课教师的兴趣和能力开设的，并没有将人文学科间内在的逻辑体系考虑在内。陆登庭将人文化治校理念贯穿到了他对哈佛大学的改革中。陆登庭不仅注重通过系统性的通识课程向学生传授人文知识，而且重视各种实践活动的开展以促进个体的全面发展。因此，中国高校校长应从理念层面坚守人文教育对全面发展的人的价值追求，并从实践层面推动人文教育回归实践，促进人文课程体系的有效整合，使学生接受更为全面、更为系统的人文教育。

第二，摒弃科学研究的趋利性思想，将重视基础研究作为治校理念

---

① 曹留成：《走出当前大学人文教育困境的哲学思考》，《黑龙江高教研究》2015年第2期。

之一。当今世界的政治格局正发生着深刻的转变,中美关系也正经历着剧烈的调整和变化。自中美贸易战以来,美国企图通过对中国实行"技术脱钩"以遏制中国科技产业的发展。在此背景下,科技创新逐渐成为大国博弈过程中的重要砝码,而基础研究作为科技创新的源泉逐渐成为大国竞争中的"制高点"。近年来,为实现科技自主创新,中国对基础研究工作给予了高度的重视。习近平总书记在科学家座谈会上明确指出,中国要持之以恒加强基础研究。其中,大学作为基础研究的执行主体,在基础研究人才培养以及科研产出等方面取得了一定的成果,但受制于基础研究的整体环境,中国高校的基础研究在经费投入以及学科布局等方面仍存在问题。从经费投入角度而言,中国高校基础研究经费投入力度有待加大,且多元化投入机制尚未形成。从基础研究领域学科布局方面而言,中国高校存在着学科划分过细、学科壁垒固化的问题。这种学科布局不仅不利于知识的创新,同时也影响着基础研究的产出质量。陆登庭在担任哈佛大学校长期间不仅积极争取政府部门的财政支持,同时也努力向各种非政府组织机构寻求资助,以支持哈佛大学基础研究的开展。此外,陆登庭还有力地推动了哈佛大学内部的资源整合,促进了不同学科、不同院系之间的人员交流和合作,为基础研究的深入发展奠定了坚实的基础。因此,从治校实践层面而言,中国高校校长应积极与社会各界建立联系并展开沟通,充分调动社会力量参与基础研究的积极性,进而拓宽科研资金来源,加大基础研究领域资金投入力度。此外,高校校长也应积极顺应学科发展趋势,鼓励并推动跨学科、跨院系合作研究的开展。

第三,提升对本科生教育的关注程度。教学是大学的基本职能,本科生教育是大学的基础所在。但近年来,在双一流建设的绩效评价影响下,中国高校陷入了以科研产出为核心的攀比中,高校越来越重视科研活动而轻视教学工作、注重研究生教育而忽视本科生教育。[①] 此外,在面对迅速变化的劳动力市场时,中国大学本科生教育仍带有突出的专业教育取向[②]。陆登庭在接任哈佛大学校长时,美国研究型大学也面临着同样的问

---

① 刘兵飞、郑文:《"双一流"建设:传统超越之思》,《高教探索》2018年第12期。
② 阎光才:《研究型大学本科课程体系与结构的变革》,《教育研究》2022年第8期。

题。陆登庭上任后不仅重申了哈佛大学对卓越本科生教育的承诺，而且对哈佛大学本科阶段的师资配备和课程体系进行了调整，进一步提高了哈佛大学的本科生教育质量。因此，中国高校校长应树立"教学本位"的治校理念，并通过完善本科师资队伍建设、推动本科课程内容变革等措施提升本科生教育质量。就本科师资队伍建设而言，中国高校校长可将"明星教授""明星院士"配备到本科教育阶段。就本科课程内容而言，中国高校校长应超越狭隘的专业教育理念，并在此基础上推动通识教育与专业教育的有机融合，促进本科生教育质量的提升。

第四，应树立多元化的学生选拔理念及个性化的学生培养理念。随着双一流建设的不断推进，中国高校的学生选拔制度及培养目标得到了优化，但仍存在一些有待完善之处。从招生选拔角度而言，大学在录取过程中高考成绩仍占据主导地位，分数优先仍然是招生录取的主要原则，对学生学科特长及科研潜力等指标的考核依然缺失。① 从人才培养目标方面而言，大学的人才培养目标突出了社会本位，却缺少对个人本位的重视。② 陆登庭在领导哈佛大学期间始终坚持多元化的学生选拔理念。在哈佛大学招生时，会在参考申请人统一考试成绩的基础上，对其个人特质、科研能力及他人评价给予充分考量。此外，陆登庭在其任期内还通过为学生提供类型多样的课程以及扩大学生课程选择权，极大地满足了学生的个性发展需求。因此，中国大学校长应树立多元化的学生选拔理念和以人为本的课程设置理念。在学生选拔过程中，大学校长应推动调整学生的面试情况、研究论文、创造力、好奇心、兴趣爱好以及教师推荐信等材料在招生录取标准中所占的比重，以便在综合评价的基础上择优录取。此外，大学校长也要推动课程体系的完善，使得课程能够满足学生日益增长的个性化发展需要。

第五，坚持卓越化的师资队伍建设理念，以确保教师质量，促进教师才能的发挥。教师是大学的核心战略资源，他们不仅承担着人才培养

---

① 陈兴德、王君仪：《高等教育普及化背景下的高校招生制度改革探析》，《中国考试》2021年第12期。

② 王东芳、田密：《"双一流"建设高校人才培养目标的特征与定位》，《黑龙江高教研究》2020年第4期。

的重任，同时也是高校开展科研活动与社会服务的主体。因此，大学校长在治校过程中应高度重视师资队伍的建设。目前中国高校在师资队伍建设方面仍存在一些不足。就教师选聘过程而言，教师选聘工作通常由行政领导负责并做出最终决策，高校内部学术团体的参与度仍然较低。在此过程中，论资排辈、迁就照顾等由行政逻辑主导的非学术理性行为屡见不鲜。[1] 就教师选聘范围而言，中国高校"近亲繁殖"的现象仍明显存在。[2] 陆登庭在担任哈佛大学校长期间，始终坚持卓越化的师资队伍建设理念。在教师选聘问题上，陆登庭不仅鼓励世界各地优秀学者应聘哈佛大学教职，同时也注重通过"非升即走"制度从校内选拔优秀教师，从而保障了哈佛大学的师资水平。在教师招聘过程中，陆登庭领导下的哈佛大学非常注重候选人的学术表现，校内学术委员会在招聘过程中有着较高的参与度。因此，中国大学校长在治校过程中可通过提升物质待遇、加强人文关怀等措施，吸引国内外优秀学者到本校任职，进而优化大学学缘结构，提高大学师资水平。此外，中国大学校长也应推动教师聘任工作的多元主体参与，充分发挥校内学术团体在师资队伍建设过程中的作用。

第六，重视多元化筹资理念，并努力从实践层面推动多元化筹资格局的形成。一直以来，政府拨款都是中国高等教育经费的主要来源。[3] 这种以政府为主体的教育供给模式具有一定的优越性，能够起到最基本的经费兜底作用。但随着中国高等教育的普及化发展以及双一流建设的不断推进，政府财政压力越来越大，如何拓宽筹资渠道成为摆在中国高等教育面前的一大难题。[4] 校友资源及社会捐赠在大学多元化筹资格局的形成中具有重要意义。然而，中国高校却未能充分发掘和利用校友资源。此外，社会捐赠在中国高等教育总经费中所占的比例较小，在高等教育

---

[1] 雷华：《从管理到治理转型：高校教师聘任工作"多元参与治理"模式》，《江苏高教》2017年第7期。

[2] 马跃：《"双一流"建设背景下大学教师管理制度创新研究》，《现代教育管理》2019年第6期。

[3] 黄文彬：《我国高校基本建设项目筹资问题分析与建议》，《中国高等教育》2022年第1期。

[4] 罗志敏：《大学—校友关系的关系性研究》，《浙江大学学报》（人文社会科学版）2018年第5期。

发展中所起到的作用也较为有限。① 陆登庭以哈佛大学完善的校友联络机制和较高的办学水平为基础，从近17.5万名校友和社会各界人士手中募集到了26亿美元的捐赠资金，有力地推动了哈佛大学的发展。因此，中国大学校长一方面可通过健全校友联络机制来挖掘校友资源，另一方面也应努力发展大学的学科特色，提高大学办学水平，进而吸引社会捐资。

本章小结

20世纪末，伴随着政治格局的变化、信息时代的到来以及知识经济的发展，美国高等教育迎来了新的发展机遇和挑战。与此同时，陆登庭也接过了承载哈佛人殷切期望的时代接力棒，对哈佛大学进行了一系列的调整和改革，使哈佛大学以一种卓尔不群的姿态迈入了新的千禧年。哈佛大学学校管理委员会资深官员罗伯特·G.斯通曾评价说："哈佛大学极大地受惠于陆登庭的智慧、仁爱、求知的热情和卓越非凡的领导才能。"斯通的话并非溢美之词。在陆登庭人文化、多样化、信息化和国际化治校理念与实践的指引下，哈佛大学不仅变得更具包容性、更有凝聚力，而且其经济实力、教育质量、科研水平和国际影响力也得到了进一步的提升。

通过对陆登庭的治校理念与治校实践的总结，我们不难发现其身上所具备的闪光品质。其一，勤恳务实的工作态度。上任之初，为获得充足的办学经费，陆登庭将日程安排得非常紧密，他来回穿梭于世界各地，竭力争取社会各界的捐赠金，在很大程度上改善了哈佛大学的财务状况，筑牢了哈佛大学的经济基础。其二，敏锐的时代洞察力。信息技术的发展及全球化时代的到来对高等教育提出了新的要求，陆登庭敏锐地意识到了这一点，推动了哈佛大学的信息化建设及国际化发展。其中值得一提的是，陆登庭是哈佛大学建校360年以来第一位在任职期间访问中国的校长。他的多次访问以及由他所推动的中美合作研究项目有力地促进了哈佛大学与中国教育界的交流与合作，同时也极大地提升了哈佛大学的国际影响力。其三，出众的统筹协调能力。陆登庭上任后不仅促成了拉

---

① 郭宏：《中印高等教育经费来源比较及启示》，《教育评论》2017年第3期。

德克利夫学院与哈佛大学的合并，也极大地促进了哈佛大学内部的团结。他在全校范围内开展的统一性学术规划和募资运动加强了各学院之间的联系，使得哈佛大学比以往任何时候都更具包容性和凝聚力。正是这些品质造就了陆登庭独特的个人魅力，使得陆登庭广受哈佛大学内部教职工及学生的爱戴；也正是这些品质推动着陆登庭在其任职期内哈佛大学的每一步发展，使哈佛大学的教育水平稳居世界前列。

21世纪国际社会的政治经济格局较之20世纪90年代发生了复杂的变化，但人文化、多样化、信息化和国际化理念仍然在时代的滚滚洪流中得到了持续发展。此外，中国大学校长在目前的治校过程中所遇到的各种问题也与陆登庭在其任职期内哈佛大学面临的各种挑战存在相似之处。因此，陆登庭的治校理念与实践仍具有一定的现实意义。但值得注意的是，陆登庭的治校理念与实践是世纪之交美国社会政治、经济和文化发展的产物。在中国当前的时代背景和文化土壤中，其治校理念与实践的"移植"或许并不能带来理想的效果。其原因一方面在于陆登庭所领导的哈佛大学与中国大多数高校在性质上存在着根本性的差异。哈佛大学是世界著名的私立大学，因此，哈佛大学校长在治校过程中拥有较强的自主权。而中国大多数高校是由国家机构创办的公立大学，中国大学校长对政府部门的依赖程度较高。另一方面在于中国大学校长与美国大学校长在角色定位和权责结构等方面存在差异，这导致陆登庭的治校理念与实践并不能在中国大学校长的治校过程中得到充分落实。因此，在借鉴和学习陆登庭治校理念与实践的同时，中国大学校长应结合实际情况对其进行本土化改造，使其能够有效地推动中国大学的发展。

第七章

斯坦福大学第 9 任校长卡斯帕尔的治校理念与实践

杰拉德·卡斯帕尔（Gerhard Casper, 1937— ）是斯坦福大学第 9 任校长，他在其 1992 年至 2000 年的 8 年任期里实施了种种改革措施，为斯坦福大学在 21 世纪的发展奠定了基础。杰拉德·卡斯帕尔于 1937 年生于德国北部的港口城市汉堡。第二次世界大战结束后，卡斯帕尔进入弗莱堡大学和汉堡大学开始了其求学之路。1961 年，卡斯帕尔取得了弗莱堡大学和汉堡大学的法学学士学位。1962 年，卡斯帕尔赴美进入耶鲁大学法律系深造，并获得耶鲁大学法学硕士学位。随后，卡斯帕尔回到德国弗赖堡，并于 1964 年获得弗莱堡大学博士学位。卡斯帕尔在取得博士学位后，便移民美国开始了他的职业生涯，并在法学领域崭露头角。卡斯帕尔在加入斯坦福大学之前，曾在芝加哥大学任教。1992 年，卡斯帕尔被斯坦福大学聘为第 9 任校长。卡斯帕尔在担任校长期间出版了《大学关怀》（Cares of The University）一书，并对斯坦福大学进行了一系列改革，这些改革促进了斯坦福大学的飞速发展，并奠定了斯坦福大学在 21 世纪发展的基础。卡斯帕尔在卸任校长一职后，担任了斯坦福大学荣誉校长，并于 2014 年将其治校理念与实践整理成《自由之风：应对大学挑战》（The Winds of Freedom: Addressing Challenges to the University）一书。斯坦福大学第 10 任校长约翰·亨尼斯对卡斯帕尔所做的贡献是这样评价的："卡斯帕尔促进了斯坦福大学教、学、研的进一步发展，尤其是本科生的学术发展。"[1]

---

[1] John Hennessy, "Setting Out on the Journey", (2000–09), https://stanfordmag.org/contents/setting-out-on-the-journey. (2022–11–02).

第一节　卡斯帕尔的现代大学理念

20世纪90年代，世界局势的变化莫测与科学技术的突飞猛进给高等教育带来了发展的机遇与挑战。卡斯帕尔本人丰富的求学及高校任职的经历，使其形成了完备的治校理念。卡斯帕尔在任职期间发表了众多演讲和报告，这些报告涉猎广泛，但均围绕着如何更好地对高校进行治理这一中心主题展开。卡斯帕尔在其治校理念中定义了现代大学所扮演的角色，主张应该从尊重学术自由、挑选优秀学生、调整师生关系以及筹集资金等方面共同促进大学的长远发展。

一　现代大学的角色

中世纪大学在某种程度上是城市化教育发展的逻辑结果，主要开展知识教学与职业教育，更多地承担了培养社会需要的职业人才的职能。随着社会的发展，现代大学的职能更多地表现在教学、科研及社会服务方面。1995年4月18日，卡斯帕尔在美国旧金山教育研究协会年会上发表的演讲中表示，现代大学的确发生了巨大的变化，同时"大学遭到政府、公务人员、教育界人士、新闻工作者等的指责。这些指责是有多种原因的，有善意的也有恶意的……大学应与社会相联系，因为大学是社会最理想化的存在方式……总之，不管指责是善意的还是恶意的，大学都是必需的"[1]。随着科学技术的发展，现代大学的办学形式更加多元化，以互联网为依托的各种"虚拟在线大学"开始作为传统的实体高等教育机构的补充形式而出现。卡斯帕尔认为，现代大学办学形式的多元化提升了文化交流传播的速度，但是并不能否认传统的实体大学在社会发展中的作用。相反，卡斯帕尔更加强调实体大学在瞬息万变的现代社会中所扮演的各种角色。

（一）大学在培养人才中的角色

自中世纪开始，大学就承担着教学与职业训练的作用。在教学方法

---

[1]　Gerhard Casper, "Come the Millennium, Where the University", (1995-04), https://web.stanford.edu/dept/pres-provost/president/speeches/950418millennium.html. (2022-11-04).

方面，专家报告、演讲或研讨会是现代大学的主流方法。卡斯帕尔认为，迄今为止还没有更好的方法能够取代研讨会所带来的灵感碰撞。这一观点在美国研究型大学中得到了实证数据的支持。"如果用教学方法衡量课程的分配，研究型大学中14%的课程是纯讲座，44%的课程为讨论课，33%的课程为研讨会，13%的课程为即兴讲授。"① 传统实体大学通过这些多样化的面对面教学形式进行知识教学及职业训练。

随着信息科技的进步，知识商业化加速发展，知识类软件层出不穷，网络大学的出现不可避免地对传统实体大学产生影响。卡斯帕尔认为，网络大学这种远程学习形式向家长和学生提供了多样化选择，并且这种学习形式依然为学生提供了教学与职业训练。远程学习缩短了学生学习的年限，且学生在远程学习中可以自由分配学习时间。远程学习的这种特点模糊了高中、大学及继续教育之间的界限。科技的发展使多媒体互动式光盘、网上互动等更多的信息技术被使用于教育教学中。这些信息技术能够将知识和职业训练提供给任何人，并在任何时间里都可以利用这些技术进行学习。但是，卡斯帕尔也同样认为，网络上的实践指导取代不了真正的动手操作，并且学生尚未具备辨别信息的能力，而通过计算机公告板和电子论坛等新媒体平台获取的信息良莠不齐。卡斯帕尔指出，知识通过互动进行传授，学生可以根据其个人权衡和偏爱选择适合的互动方式。现代大学在发展中也应该顺应时代潮流，将传统授课方式与新技术相结合以促进知识互动方式的更新。卡斯帕尔认为，这种新型互动将会促进学校教育向终身教育的转变。例如，斯坦福大学指导性电视网络项目多年来一直面向社会开放工程学的课程，打破了学校教育的藩篱，使教育面向社会全体成员。

随着高等教育国际化进程的加快，国际知识网络也随之形成，大学在培养国际学者中的作用愈加突出，并向所培养的人才发放学位证书及相关资格证书。大学作为促进社会流动的主要手段之一，发放的证书在社会流动中起到了关键作用。社会成员在通过职业进行社会流动时，大学所授予的证书被作为雇主在劳动力市场中分辨求职者能力的主要标准。

---

① Gerhard Casper, "Come the Millennium, Where the University", (1995 – 04), https: // web. stanford. edu/dept/pres-provost/president/speeches/950418millennium. html. (2022 – 11 – 04).

1990 年的一项民意调查显示，67% 的受访者表示接受大学教育的目的在于获得相关的资格证书，从而在劳动力市场获得更好的就业机会，而只有 17% 的受访者认为，上大学是为了获得更广泛的教育。① 对于此，卡斯帕尔认为，大学在提供资格证书的同时，应该更注重培养学生运用理性的能力，掌握思考和分析的工具。不论是传统的实体大学，还是新兴的网络大学都应共同承担育人的职责，为学生提供相应的资格证书，并为其将来发展做准备。

（二）大学在个人社会化中的角色

大学作为一个社会机构，与社会紧密相联，而不是脱离社会的"象牙塔"。大学的作用之一就是让个体接触、融合于社会，将个体从自然人转变为适应社会环境、参与社会生活，并履行和扮演一定社会角色的社会人。从中世纪起，大学就为不同种族、社会背景的人提供了相互交流的平台。在现代，随着城市交通以及信息技术的发展，大学更是以跨越社会与国际边界的和平交流为特点。卡斯帕尔对于大学在促进个体的社会化方面有着很高的评价：大学具有将不同年龄层的人聚集在一起的非凡能力，在促进个体融合于社会方面，很少有机构比大学更成功。②

在大学促进个体社会化的过程中，与人交往是一个关键环节。大学所包含的多样性，决定了个体能够在大学中与不同文化背景、种族的学生进行交流。这种交流带来的人生经验将区别于大学课程与学术研究所带来的体验。个体在与校园里的其他学生进行交往时，除了能够获得一段特殊的人生经历外，还能够形成独特的、遍布各地的社会关系网。这种社会关系网在发展个体的价值判断能力、促进社会融合上发挥着重要作用。因此，从某种程度上说，无论是传统大学还是现代大学，都为个体融入社会，形成社会关系网提供了一定的支持。

（三）大学在知识传承和创造中的角色

知识是社会文化的基本元素，大学，尤其是传统的实体大学是典型

---

① Gerhard Casper, "Come the Millennium, Where the University", (1995 - 04), https：//web. stanford. edu/dept/pres-provost/president/speeches/950418millennium. html. (2022 - 11 - 05) .

② Gerhard Casper, "Come the Millennium, Where the University", (1995 - 04), https：//web. stanford. edu/dept/pres-provost/president/speeches/950418millennium. html. (2022 - 11 - 05) .

的组织知识的机构。传统的实体大学通过教学、学习、科研、社会服务等方式对知识进行传承、创造，从而实现大学所承担的文化使命。大学采用许多不同的方法来进行知识的传承，其中基本的方式包括课程教学、书籍、文章等。卡斯帕尔认为，在研究型大学中，学生在知识的传承中起着重要的衔接作用，学生既是知识的接收者，又通过参与研究而成为新知识的创造者。同时大学也通过其他间接方式进行知识的传承，例如大学帮助建立初等和中等学校，而这些学校也承担着将知识传递给下一代的义务。

长久以来，大学被看作促进社会发展的推动器。在传承已有知识的同时，大学的主要任务之一在于提出质疑，进行科学研究，从而创造新知识。大学在进行知识创造和科学研究中，并非单打独斗的，而是需要大学内部与大学间进行相互合作，建立与完善同行评价制度，在学术研究中实现互利共赢。随着信息网络的发展，互联网在大学知识传承与创造中扮演着重要角色。现代大学能够利用网络信息技术，更好地传承知识，实现向学习化社会的转变。现代大学具备出色的信息处理能力，利用信息技术加速知识的生产与应用。

大学作为具有文化属性的机构，不论是何种形式，都应肩负起传承现有文化，创造新文化的职责。

二 尊重学术自由

早在古希腊时期，智者已孕育了自由发表言论、自由探索的思想。19世纪，洪堡创立柏林大学，学术自由被确定为大学的基本办学原则。19世纪后期，德国大学学术自由的办学模式尤其是研究型大学的成立与发展深刻地影响着美国大学。学术自由作为大学制度中的基本概念，一般包括个体和组织两个方面。对于个体而言，学术自由包括学者的教学与研究自由，也包括学生学习的自由。对于组织而言，学术自由指的是大学所享有的独立自主权。学术自由随着大学的发展具有了新的时代内涵，不同的学者对其有不同的认识。美国教育史学家保罗·孟禄主编的《国际教育百科全书》（*A Encyclopedia of Education*）认为："学术自由是指在具有高深学问的高等教育机构中教学并证明真理的自由，或真理不受政治、官僚、宗教权力的干扰的自由。"① 斯坦福大学第 8 任校长唐纳德·肯尼迪表示，学术自由意味着松散的结构和最低程度的干涉。② 在中国，书院作为古代的高等教育机构之一，在设立之初便追求讲学自由、百家争鸣的原则。近代蔡元培更是以"思想自由，兼容并包"这一核心原则来改革北京大学。可见，学术自由在世界高等教育的发展中占据着十分重要的地位。

斯坦福大学作为美国研究型大学的典型代表之一，一经成立便十分注重大学的学术自由，并将"愿自由之风劲吹"作为学校的座右铭。卡斯帕尔指出："学术自由是一所大学的根本。学术自由不仅意味着学术要从政治家的怀抱中自由出来，也要从大学里的各种束缚中挣脱出来。"③ 斯坦福大学是一所具有丰富学术人才、学术研究、教育机会以及创造力的大学。斯坦福大学所具有的这些特质为学术界、社会及世界作出了巨大的贡献，而这些贡献正是坚持学术自由的结果。因此，坚持大学学术自由对斯坦福大学来说尤为重要。1992 年，卡斯帕尔在校长就职典礼演讲中详细地讲述了关于大学学术自由的看法，提出了大学的发展离不开学术自由。卡斯帕尔主要阐述了他关于大学学术自由的观点。

其一，学术自由是敢于挑战正统观念的自由。卡斯帕尔认为，大学的自由必须位于所有自由之上，大学对知识的追求不应受到地域和资源等的限制，大学中每位人员都应该为之斗争。大学是各种思想观念的汇集地，新旧观念齐聚一堂，而大学要想培养创新型人才，生产创造性知识就必须敢于质疑、敢于对已有的正统观念发起挑战。大学的主要任务是对基本的假设和理论进行质疑和挑战，如果这些假设和理论是错误的话，大学就要勇于改变它。研究型大学的责任是获得知识和进行科学研究，而不是对某一内容或项目或某一特定结果加以证明。卡斯帕尔提出研究密集型大学在开展教育和研究工作时，要始终坚持开放性、严肃性与严密性的原则，倡导师生在对待新的观念时，也应该加以批判地接受。

---

① 谢俊：《大学的学术自由及其限度》，博士学位论文，西南大学，2010 年，第 11 页。
② [美] 唐纳德·肯尼迪：《学术责任》，阎凤桥等译，新华出版社 2002 年版，第 2 页。
③ [美] G·卡斯帕尔：《斯坦福大学的成功之道》，夏洪流、周刚译，《高等教育研究》1999 年第 3 期。

其二，学术自由应该面向全体成员，接受多元文化。国际化进程的加快，促使大学里各种文化相互碰撞与激发。相较于其他古老的研究型大学，斯坦福大学虽仅成立100余年，但由于其在教学与科研上的强势发展，以及学术自由的校园风气而吸引了众多来自海内外的师生。这些师生为斯坦福大学创造了一个多样化的校园环境，在这种多样化的氛围中，各种不同的文化和民族团体能够相互自由地交流思想，并丰富了整个学术氛围。面对不同文化背景的师生，卡斯帕尔认为，大学不能有主导性的思维方式，每个师生都应该被接纳为独立的个体，在对待不同文化时有表达不同观点的自由，并且能够被倾听。在大学里，教师与学生也应让其思维活跃起来，学生应自由地在图书馆、实验室、教室中获得知识，师生在相互学习与研究中，自由地激发出智慧的火花。

其三，学术自由是坚持教学、学习与研究的自由。学术自由的基本也是重要的内涵之一就是教学自由与研究自由。大学作为社会机构，并不是封闭的"象牙塔"，研究型大学在进行教学与科研时很容易受到外部的政治环境、社会压力以及财政问题的影响。所以，保证师生在教学、学习与研究上的自由就显得十分必要。卡斯帕尔强调，斯坦福大学的目标是追求卓越，大学中的每位成员都要致力于营造良好的条件以实现这种卓越。在学术自由的环境中，师生的思维在相互学习与研究中能够更好地得到激发与活跃。师生在自由的氛围中进行的教育研究活动也是创造新知识的过程。教师"教的自由"与学生"学的自由"改变了以传授为主的教学方式，而代之以共同研讨，相互辩驳的方式。这种方式促进了学生独立思考能力、批判能力以及创造性能力的发展，并且师生之间的关系也相应地发生了改变。师生间相互学习研究改善了师生间的高低位阶关系，促进了民主和谐的师生关系的形成。

卡斯帕尔认为，斯坦福大学成功的原因除了吸引大批优秀人才并向其提供资源外，给予师生在教学与研究方面极大的自由也是大学高质量发展的重要条件之一。所以，良好的机构与研究工作需要喘息的空间，要冲破大学内部的繁文缛节对其的束缚。[1] 因此，斯坦福大学要建设成为

---

[1] Gerhard Casper, "Inaugural Address by Gerhard Casper", (1992-10), https://web.stanford.edu/dept/pres-provost/president/speeches/921002inaugural.html. (2022-11-08).

世界一流的研究密集型大学，就要坚持学术自由的基本原则。

三 招收学生的标准

斯坦福大学不仅因为其与硅谷的紧密联系而闻名世界，而且以其卓越的本科生教育而享誉全球。学生的质量是大学教育质量的影响因素之一，斯坦福大学从诞生之日起，就提出应培养"既有文化知识，又掌握实际本领"的高质量人才。卡斯帕尔为培养高质量人才，在招生阶段秉承了多样性原则及"盲需求"（Need Blind）原则，以保证录取学生群体的多样性及质量。

（一）多样性原则

斯坦福大学的学生是美国十分有才华和能力的学生。随着斯坦福大学在国际上名声大噪，愈来愈多的海内外优秀学生申请进入斯坦福大学深造。卡斯帕尔指出，斯坦福大学吸引学生的能力是非凡的，大约每一个入学名额就有数十名学生共同竞争。1997 年，斯坦福大学有 16842 名申请者，仅录取了其中 15% 的申请者。[①] 斯坦福大学是极少数具有如此强大申请者群体的高等教育机构之一，所以要承担起更好地挑选学生的职责。卡斯帕尔为了营造一个自由的学术氛围，并且能够让具有不同的文化和民族背景的人相互交流思想，运用了多元文化理论来解释和支持斯坦福大学挑选学生的原则。卡斯帕尔坚持认为，文化是一种动态概念，没有一种文化是僵硬静止的，而具有文化属性的大学更应呈现出文化的多样性，并保持其自己特有的文化。所以，卡斯帕尔鼓励斯坦福大学的学生与校园里不同文化背景的同学进行交谈，与其成为朋友，并探索、理解和接纳来自国内外的文化多样性。

卡斯帕尔要求斯坦福大学主要在两个目标上力求多样性。第一，大学需要提供一个丰富的教育环境，并且让学生受到挑战。学生在彼此的交流竞争中可以得到发展。第二，大学为复杂多变的社会培养多样化的人才。大学在培养多样化人才中不应该忽略这样一个事实，即不同的学生有不同的兴趣与需求，但是校园文化的多样性在给学生带来发展的同

---

① Gerhard Casper, *Cares of The University*, California: Stanford University Press, 1997, p. 7.

时,也给部分学生带来了适应文化的困难。① 卡斯帕尔指出,在斯坦福大学,每位学生都将发展其自己的文化,并在大学教育下进行文化的多元互动。斯坦福大学要想繁荣发展,建设成一流研究型大学必须在招收学生时坚持多样性原则。卡斯帕尔坚持文化多样性表现在招收不同文化背景的学生上。在学生的入学许可上,所有申请人的个人背景都被招生人员认真考虑。卡斯帕尔依据学生的学术兴趣、艺术才能、体育成就、领导能力、种族和社会背景等对其做出区分。卡斯帕尔指出,斯坦福大学的班级是极其多样化的,其主要表现之一就在于班级里学生群体种族的多样化。在斯坦福大学的班级中,除去一半的美国白人外,还有2%的美国印第安人、5%的来自世界各地的外国学生、9%的非裔学生、24%的亚裔学生以及10%的墨西哥裔学生。② 卡斯帕尔在招收学生上的做法体现了其对机会平等、自由、无歧视的治校理念的贯彻。

（二）"盲需求"原则

为了招收到高质量的学生,斯坦福大学在招生上执行"盲需求"的入学政策。"盲需求"政策是指斯坦福大学在招收录取学生时是基于学生的学术能力及个人资格条件,而不注重其家庭的偿付能力。卡斯帕尔认为,由于斯坦福大学实施了"盲需求"的入学政策,招生办公室的工作人员对申请人的经济状况不甚了解,并对申请人进行相应的经济资助,所以被斯坦福大学录取的学生没有因为经济原因而去读别的大学的。在斯坦福大学中,大约72%的学生接受学校某种类型的财政资助,并且学校为每个申请经济援助的学生提供个性化的援助方案。③ 在向贫困生提供资助方面,卡斯帕尔可谓是面面俱到。无论这些被录取学生的经济支付能力如何,学校都为他们开启求学的"绿色通道"。在卡斯帕尔看来,大学的高收费就是对接受教育者所征收的税收,这会将那些贫困但优异的

---

① Gerhard Casper, "Statement on Affirmative Action at Stanford University",（1995 - 10）, https://web.stanford.edu/dept/pres-provost/president/speeches/951004affaction.html.（2022 - 11 - 04）.
② Gerhard Casper, "Concerning Culture and Cultures",（1993 - 09）, https://web.stanford.edu/dept/pres-provost/president/speeches/930923culture.html.（2022 - 11 - 08）.
③ Gerhard Casper, "Demystifying Tuition and Financial Aid",（1999 - 02）, https://web.stanford.edu/dept/pres-provost/president/speeches/990122presidentessay.html.（2022 - 11 - 04）.

求学者拒之门外。同时,过高的学费往往会降低学生群体的多样性,大学校园容易成为富家子弟的聚居地。卡斯帕尔在任职期间,承诺满足所有在校生合理的资金需求。在1994—2000年的6年里,卡斯帕尔在承诺减少中等收入家庭的负担方面尽了最大的努力。仅在1999—2000年,全校就有73%的本科生受到了来自学校内外不同程度的财政资助,其中有43%的学生是基于基本的学习需求而得到救济的。[1] 当然,这种承诺所付出的代价也同样巨大。卡斯帕尔对学生的无差别资助,在一定程度上导致斯坦福大学的财政紧张,学校需要不停地筹集资金以满足高额的财政支出的需求。"盲需求"政策保证了大学可以招收到高质量的学生,并且该政策也保障了对学生全面的财政资助,促使其可以全身心地投入学习与科学研究中。

四 强调师生关系

教师与学生在教学与科学研究中形成了相互促进、教学相长的关系,这种关系对于人才培养质量至关重要。卡斯帕尔十分注重加强斯坦福大学教师与学生之间相互促进的关系,他认为,教师与学生之间在教学与科研上教学相长、相互促进是非常重要的。这种师生间的统一协调、相互促进的关系对一所大学的发展具有重要意义。

卡斯帕尔为了促使这种师生关系的形成,鼓励本科生参与科学研究,同时要求进行科学研究的教师要投身于教学,努力促使教学与研究更好地结合起来,并为此实施了一系列新方案。在实施新方案的过程中,卡斯帕尔要求重新分配教师资源,采取小班教学,继续加强师生的教学及科研工作。卡斯帕尔在担任校长期间,为了在有限的资源内更好地加强教师与学生关系的统一性,对斯坦福大学的相关院系进行了合并重组,确保每位学生在小班教学的环境下能够与教师进行交流与相互学习。在教学与科研中,教师对知识的探求与学生对知识的探求是相互依赖的关系,并且教师的任务就是挑战和教育学生,而学生的任务是挑战和质疑

---

[1] 张虎生、李联明、王运来:《美国斯坦福大学的本科教学与启示》,《江苏高教》2004年第5期。

教师，教师与学生之间在研究中相互提升。① 卡斯帕尔鼓励教师在教学中促进他们自己的发展，让学生在与老师的沟通与相互学习中，发现他们的兴趣，培养他们的能力，为将来的发展奠定基础。

五 募集发展资金

20世纪90年代，高等教育经费紧张是美国私立高校在发展中面临的主要危机之一，斯坦福大学在发展中也深受其扰。高等教育要实现种种目标在很大程度上依赖于高等教育的经济与财政状况，财政在大学发展中具有十分重要的作用。随着大学发展规模的不断扩大，联邦政府对私立大学的资助不再能够满足其发展需求，筹款捐赠就成为美国私立高校维持教学与进行科研的重要经济来源与推动力量。卡斯帕尔认为，筹款与捐赠对于大学发展来说尤为重要，捐赠能够增加大学收入，并改善学校的环境与教学设施，从而吸引世界各地的一流师生。在卡斯帕尔任斯坦福大学校长后，斯坦福大学迎来了两次筹款高峰：2000年的"本科生教育行动"和2006年的"斯坦福挑战计划"。虽然卡斯帕尔并未直接参与这两次筹款活动，但卡斯帕尔为这两次筹款活动的前期准备工作作出了很大的贡献，为这两次筹款活动的成功举办打下了坚实的基础。在卡斯帕尔的领导下，斯坦福大学的筹款业绩十分突出，为学校的发展提供了充足的资金保障。

（一）筹资与捐赠的原因

1992年，在卡斯帕尔出任斯坦福大学校长时，斯坦福大学已经完成了11亿元的筹款活动。斯坦福大学获得的筹款在某种程度上已经彰显出其财政上的强劲实力。但是，斯坦福大学获得的筹款与哈佛大学等其他研究型大学相比仍然存在一定的差距。这种差距造成了斯坦福大学每年都面临着日益增长的严峻的预算压力，并影响了该校进军世界一流研究型大学的步伐。因此，卡斯帕尔认为，大学的筹款活动不会停止也不能停止，并且提出要追加筹款额。② 在此基础上，卡斯帕尔开展了一系列新

---

① Gerhard Casper, "On the Synthesis of Teachers and Students", (1996-05), https://web.stanford.edu/dept/pres-provost/president/speeches/960509synthesis.html. (2022-11-04).

② Gerhard Casper, *Cares of The University*, California: Stanford University Press, 1997, p.15.

的筹款活动以增加大学的收入。卡斯帕尔提出要追加筹款的原因如下：

第一，斯坦福大学在招生上实行"盲需求"原则，对每位被录取学生进行相应的财政资助。斯坦福大学对学生的资助多来源于斯坦福大学的普通基金与社会筹资，而普通资金作为限制性资金，其绝大部分被用来维护学校的正常运转。因此，卡斯帕尔指出，为了继续实行"盲需求"原则招收优异学生，斯坦福大学必须提高捐赠与筹款收入。第二，为了减少大学对联邦政府财政基金的依赖，以保证大学的学术自由，在卡斯帕尔任职期间，斯坦福大学在获得联邦政府的资助方面有所增加，但由于在大学运营成本上的争议，斯坦福大学与联邦政府的关系变得紧张，并导致其与其他大学在学术互动上的困难，教职员的士气低落。[①] 所以，为了保证斯坦福大学的教学、学习与科研等重要工作高水平地进行，需要提高大学的捐赠与筹款收入。第三，为了吸引高水平教职工，促进斯坦福大学的长远发展，斯坦福大学周边区域是美国房地产市场十分昂贵的居住区之一，该地区的房租和家庭费用的上涨直接威胁着斯坦福大学聘用和保留出色的教职工。而斯坦福大学有为招募和挽留教职工提供住房援助的悠久历史，为解决教职工住房的问题，卡斯帕尔不得不大量增加在这方面的花费。1998 年到 1999 年，斯坦福大学需要额外提供 1000 万美元来解决高水平教职工由于高额的住房问题而不能来到斯坦福大学任教的问题。因此，为了弥补这些由额外消费所带来的资金短缺，并且支撑日复一日地大学开支，斯坦福大学需要更多的捐赠收入。

（二）对筹资与捐赠的管理

在卡斯帕尔的带领下，斯坦福大学获得的筹资与捐赠的额度愈来愈高。然而，斯坦福大学的筹资与捐赠在竞争激烈的私立大学中，其优势并不十分突出，需要用更少的钱做更多的事。斯坦福大学获得的捐赠收入要比用在学术与研究上的资金少得多，并且捐赠收入在大学主要运转经费中仅位居第四。1998 年至 1999 年，捐赠收入仅仅是大学运转总经费的 16%，而这些捐赠收入中大约 75% 具有特定的使用目的，即 22% 用于学生援助；53% 要用于 7 个学院及相关院系的教学和研究活动经费；仅有大约 25% 的捐赠收入可以自由灵活地用于斯坦福大学的日常开支；大约

---

① Gerhard Casper, *Cares of The University*, California: Stanford University Press, 1997, p.10.

有60亿美元的捐赠投资在捐赠共同资金的股份中，剩下的捐赠收入被用于具体的投资，如房地产等。所以对所获得的筹款进行恰当管理就显得尤为重要。

大学的捐赠形式主要是信托基金，而不是直接的支票账户，并且大学的捐赠收入受到法律保护，法律不允许斯坦福大学花费掉所有的捐赠本金。卡斯帕尔认为，要求大学对后代负责，这就要求大学不能花掉所有来自资金的利息。为了对捐赠进行良好管理，在卡斯帕尔的带领下，斯坦福大学成立了斯坦福管理公司和斯坦福基金会。这两个组织代表学校负责管理捐赠收入，也包括对所获得的共同资金进行投资，以确保获得的捐赠不会被通货膨胀所蚕食。这两个组织的目标就是为后代提供固定的资金支撑和长期保持捐赠的价值。斯坦福管理公司建立了一个具有战略性的资产分配体制，用来管理投资和抵制风险并识别价值增值策略。卡斯帕尔也采用长期性的策略来管理资源，并采用具体的策略来保护资金预算，避免金融市场上年复一年的震荡。在斯坦福大学有一个管理捐赠筹款收入的组织，即受托人委员会。卡斯帕尔认为，斯坦福大学的所有师生都是学校的受托人，而他自己则是学校任命的受托人代表，每年将筹款中的一部分作为财政支出，这样就为斯坦福大学提供了一个基本的收入来源。卡斯帕尔认为，尽管斯坦福大学比其他大学的捐赠要少，但总体来看，大学的财政是非常强劲的。因此斯坦福大学在捐赠收入上进行了合理的运用与管理，力求做到最好，以保证大学发展所需要的资金支持。

第二节 卡斯帕尔的教育改革与管理实践

大学校长的治校理念之于治校实践是一种思维与存在的关系。从动态的观点来看，理念与实践又是良知与行动的关系。在这种知行结合的关系中，行才是目的。① 卡斯帕尔在求学、任职中形成了完备的治校理念，并且在任斯坦福大学校长期间，将其理念转化为具体的治校实践。卡斯帕尔基于其自己的治校理念、校长的职责及当时斯坦福大学在教学、

---

① 眭依凡：《大学校长的教育理念与治校》，人民教育出版社2001年版，第81页。

科研及学校经费上出现的问题，对斯坦福大学进行了全面深入的改革。

一 改革本科生教育

本科生教育可以说是斯坦福大学创新与传统碰撞最为激烈的一个领域。与所有的研究型大学一样，斯坦福大学十分注重本科生教育。斯坦福大学对本科生培养的落脚点在于扩大学生的知识广度，培养其跨学科学习的能力，并为其将来终身学习和实践做准备。卡斯帕尔身为校长，是学校的灵魂所在，同样非常重视本科生教育，认为本科生也应该参与到科学研究中，并且认为本科生的任务就是挑战和质疑教师来促进他们的发展。为了更好地教育本科生，发展本科生的研究能力，卡斯帕尔对本科生教育进行了一系列改革，主要包括创立斯坦福导读制、成立本科生教育委员会、设立教学技术委员会等。

（一）创立斯坦福导读制

卡斯帕尔在任斯坦福大学校长期间，为了提高本科生的教学质量，创立了斯坦福导读制。斯坦福导读制是斯坦福大学重点投资的教师和学生共同参与研讨的项目之一。卡斯帕尔认为，研究型大学中本科生教育的两大核心使命在于自由教育和科学研究，而斯坦福导读制则为其提供了通道。

斯坦福导读制的实施以卡斯帕尔在校园内建立的住宿学院为依托。住宿学院是一种学习、生活一体化模式的实验，目的在于增加学生与教师的经常性接触。卡斯帕尔借诗人歌德所言："我们从与受过教育的人生动、坦率的交往中获得了巨大的利益。点头、警告、鼓励和及时地反对往往能改变我们的生活。"[①] 卡斯帕尔对这种师生经常性接触表达了赞赏与支持。住宿学院与按学科设置的学术性学院相区别，学生能够在学院的各种学术、文化活动及日常生活中受到熏陶与教育。斯坦福导读制在学生群体中主要针对大学一、二年级的学生，对于教师群体则是全面覆盖。斯坦福导读制设置了种类繁多的活动项目，其中常规的活动项目有：一年级新生研讨班、二年级学生研讨、二年级学生对话、二年级学生学

---

① Gerhard Casper, "The University as Public Service", (1999-03), https://web.stanford.edu/dept/pres-provost/president/speeches/980918convocate98.html. (2022-12-10).

院、一二年级学院、人文课程入门等。这些研讨班规模小，实行小班制，一般由12人组成，最少的只有5人，最多不超过16人。研讨活动是基于阅读课程而开设，研讨的话题从数学到人文，从物理到写作，覆盖的内容五花八门，其目的在于扩展学生的知识面，鼓励学生找到学习的兴趣。并且，学校里一些知名教授往往会住在学院，并与学生共同进餐，这些正式、非正式的活动紧密了师生间的关系。在教师的辅助下，参与研讨的学生可以按照各自的主修方向，在实验室、图书馆或参与社区、进行实地考察等一系列活动中独立完成研究项目。斯坦福导读制为本科一、二年级的学生提供了必修和选修的学术课程，以培养学生跨学科学习的能力。这种活动项目还鼓励学生将学术与社会相联系，将课堂转变为生产知识的社区，并帮助学生与同伴及教师建立丰富的关系。对于教师而言，斯坦福导读制激发了教师的创新精神，促进了教师在教学与研究中与学生有效合作，更新了师生互动的方式，并改善了师生关系。随着信息技术的发展，卡斯帕尔将信息技术融入斯坦福导读制中，其目的是培养具备信息素养的专业人才。卡斯帕尔的这一做法使得斯坦福大学和硅谷之间的联系更为紧密，促使斯坦福大学的教学与研究更上一层楼。

1998年10月29日，卡斯帕尔在演讲中对斯坦福导读制所取得的成果表示欣慰，1993年至1998年，通过斯坦福导读制给本科生上小班课的终身教授比例从28.1%上升到了42.3%，受益学生比例从5.8%上升到30.8%。[1] 斯坦福导读制的研讨活动明显提高了学生的综合素质，参加过"二年级学院"的学生进入研究生院或者参加海外交流项目的概率也大大增加。卡斯帕尔认为，斯坦福导读制之所以与众不同，是因为该计划的目标不仅仅是简单地改变课程，更重要的是它改变了本科生教育背后的核心理念，重新思考了大学本科生的角色。[2] 卡斯帕尔在卸任校长后，斯坦福导读制为继任校长所保留并发展，成为斯坦福大学本科生教育阶段的一个巨大优势。

---

[1] 张虎生、李联明、王运来：《美国斯坦福大学的本科教学与启示》，《江苏高教》2004年第5期。

[2] Christine Foster, "Thinking Small", (1999-09), https：//stanfordmag.org/contents/thinking-small. (2022-12-10).

(二) 任命本科生教育委员会

卡斯帕尔在就职演说中强调了斯坦福大学变革的重要性，并且呼吁对该校的本科生教育进行全面研究。1993 年，卡斯帕尔为了继续推动本科生教育改革，任命成立了本科生教育委员会，该委员会由斯坦福大学教职员工、行政人员、学生和杰出校友构成，并由历史学教授詹姆斯·希恩（James Sheehan）担任委员会主席。该委员会对斯坦福大学的本科生课程学术活力等方面的一系列问题进行了综合评估，并于 1994 年发表了长达 64 页的检查报告。本科生教育委员会在该报告中强调，本科生教育的最重要的目的是让学生在研究中获得知识。为此，卡斯帕尔明确要求委员会阐明斯坦福大学本科课程的教育目标，并要求委员会在进行课程评估与改革时考虑以下四个方面：其一，委员会要考虑当前学校提供的课程，包括专业、资源配置以及学位范围等是否有效地满足了学生的发展需求；其二，委员会要考虑让更多的学生在不到四年的时间内毕业；其三，委员会在进行改革本科课程的时候要考虑工程和科学专业学生的特殊教育需求；其四，委员会要对各种教学模式是否得到有效利用进行考察测评。[1]

卡斯帕尔此举的目的在于对学生提出更加严格的学术要求，提高斯坦福大学人才培养的质量。为此，斯坦福大学各个院系都接受了本科生教育委员会的许多提议，并据此对课程进行适当调整。例如，加强课程对语言的要求并建立语言中心；鼓励学生除了专业外，还要进行其他领域的深层次探索学习；评价每个院系的专业设置等。该委员会对斯坦福大学的课程安排进行了调整，使其本科课程安排充分体现出教学的灵活性，并允许学生能够根据其自己的教育目的、个人爱好、学习基础以及未来目标等安排他们的学习科目。

卡斯帕尔通过设立本科生教育委员会改革斯坦福大学的本科教育，这一改革措施不仅影响了学校本科生教育的发展，而且委员会关于本科生教育的报告还激起了其他研究型大学对本科生教育进行改革调整的

---

[1] The Commission on Undergraduate Education, "Study of Undergraduate Education at Stanford", (1994-10), https://undergrad.stanford.edu/about-vpue/study-undergraduate-education-stanford. (2022-11-11).

热情。

(三) 设立教学技术委员会

20世纪后期，高等教育的发展面临着来自信息技术的大规模应用所带来的挑战，甚至有些学者认为，越来越快、越来越强大的信息传输手段的出现标志着大学的终结。[①] 卡斯帕尔则表示，信息化时代既是高等教育发展的挑战，也是其弯道超车的历史机遇。

卡斯帕尔认为，信息技术对高等教育的挑战与机遇主要表现在以下方面：一是信息技术的应用使互联网上的信息存储远远地超过任何图书馆。由于网络作为信息源并不像图书馆和档案馆那样需要在校园里占有一定的空间，而大学作为知识和信息的组织者和储存者的功能将会部分地转移到网络上。在高等教育发展的新时代，大学将原始储存方式与信息化储存相结合能够更好地发挥大学知识传递的功能。二是由于有了新的通信方法和形式，教学方式也将随之发生变革，讲台上面对面的授课形式将被以互联网为依托的视频课程所代替。当下，慕课等各种在线教育课程资源证明了卡斯帕尔的这一设想，在线课程的飞速发展在给大学带来挑战的同时，也促进了知识的国际传播与大学的国际化。三是信息技术正在改变人与人之间的交流方式。由于全世界的学者与学生之间的电子邮件通信联系，新的科研成果和学术观点得到及时交流，身处不同国度和地区的人们可以同时参加学术研讨会。这样一来，世界上大学的围墙将被打开更大的缺口。卡斯帕尔认为，随着信息技术的发展，一个世界性的"学术共和国"、一个全球性的"学者共同体"从此应运而生。[②]

在高等教育信息化时代，信息技术在教学中的应用在一定程度上决定了大学在发展中的进程及地位。卡斯帕尔认为，信息技术为提高斯坦福大学的学术领导地位和全球声誉提供了潜力。卡斯帕尔强调新技术的运用能培养更聪明的学生、丰富学生的学习经历、能激发教师的创造力、能使教师的教学方法更加多样化、能增加大学的收入降低部门成本，并

[①] Gerhard Casper, *Cares of The University*, California: Stanford University Press, 1997, p.27.
[②] ［美］G·卡斯帕尔：《斯坦福大学的成功之道》，夏洪流、周刚译，《高等教育研究》1999年第3期。

将增强斯坦福大学的学术水平和世界声誉。因此,卡斯帕尔十分重视将信息技术引入斯坦福大学的教学与研究中。

1994年10月,卡斯帕尔在董事会的批准下成立了教学技术委员会,并任命约翰·埃切曼迪(John Etchemendy)教授负责管理教学技术委员会。教学技术委员会的主要任务是制定相关的教学政策,确定学科的发展方向,为教学技术的发展扫清障碍并创办以信息技术为主的活动项目以提高斯坦福大学的教学水平。在教学技术委员会成立的前三年里,该委员会有50多个教职工参与,这些教职工对关于大学发展的内外问题进行了多次商讨。教学技术委员会主要讨论了三个领域的问题:大学校园信息技术的基础设施问题;如何通过新技术输出教育服务与产品的问题以及在大学教学的基础上,如何利用新技术的问题。虽然该委员会并未发表任何政策报告,但是在大学启动新项目、执行新政策方面发挥了积极的作用。

斯坦福大学拥有强大的技术基础支持,这与教学技术委员会的努力是分不开的。教学技术委员会在实际工作中形成了两个新的组织:第一个组织是教育风险办公室,目的是帮助斯坦福教师开发在斯坦福大学之外有市场潜力的新式教育服务和产品,其重点在于通过信息技术为学校谋取相应的利润。第二个组织是斯坦福学习实验室,由拉里·拉夫(Larry Leifer)教授负责,主要任务是把新技术运用到斯坦福大学的课程中。这个实验室是斯坦福大学的新型组织,目的在于探索学习理论、提供新技术计划和学习实践三者之间的关系。该实验室最主要的功能是,不仅把新技术引进斯坦福大学的班级教学中,而且通过新技术与设计技术效果最大化的教学实践相结合来彻底改变班级的教学。在实施斯坦福学习实验室这一计划时,教学技术委员会投资800多万美元用于对校园网络的升级和改善已有的教学楼的信息设备。[1] 该委员会为每班分配一台电脑,让学生利用电脑制作演讲报告、开发可操作性软件、与其他班级进行交流等。此外,还设置一些高度专业化的教室,专门对某一科目进行指导。该委员会对斯坦福大学课程教学所采取的措施显著地提高了学生的信息素养,为斯坦福大学计算机科学的发展夯实了基础。

---

[1] Gerhard Casper, *Cares of The University*, California: Stanford University Press, 1997, p. 21.

卡斯帕尔指出，教学技术委员会不仅提供技术支持，它还与其他部门合作开展相应的项目研究。例如，斯坦福大学图书馆馆长迈克尔·凯勒（Michael Keller）在教学技术委员会的技术支持下，组织了一个以互联网为基础的电子学术杂志出版社，互联网为该电子杂志提供了专家相互对话的平台，并通过同行评价，建立了统一的学术质量标准。这样可以削减学校订阅杂志的费用，降低大学的教育成本，并且能提高学术交流的效率。在卡斯帕尔的领导下，教学技术委员会所实施的另一个试验就是建立斯坦福有线电视频道，即斯坦福大学与当地的有线电视的合作。斯坦福指导性电视网络是利用点对点的技术向社会播送校园讲座与学术活动，并且通过该电视网络提供了六门完整的继续教育课程。这些继续教育课程涵盖了各个领域，既有历史人文课程，又有科学工程课程。卡斯帕尔设立斯坦福有线电视的目的是一方面使斯坦福学生更便捷地获取信息，另一方面是为斯坦福大学之外的人提供专业发展的课程，促进学习型社会的建立。

卡斯帕尔认为，加强在信息技术方面的紧密合作是十分重要的，这能够有效地促进技术在教学研究中的使用，并提升学生的信息素养。1996年秋，在卡斯帕尔的带领下，斯坦福大学与普林斯顿大学、圣何塞州立大学进行协同合作，并以互联网为媒介开设了人机互动课程；斯坦福大学的教师与瑞典皇家科学院研究员合作，运用超高速链接，通过录像、电子邮件、闭路电视监控会议和以网络为基础的电子布告等形式提供了一系列面向学生及社会大众的课程。[①] 斯坦福大学与其他研究型大学在技术上的交流合作与优势互补，促进了双方高校在教育技术上的发展，并加快了高等教育信息化的进程。

本科生教育是高等教育的主体与基础，是大学发展的关键节点和重要组成部分，更是传播和创造高深知识的中心。卡斯帕尔深知本科生教育对于建设世界一流研究型大学的重要之处，在其任职期间，一直把本科生培养作为工作的重心，并在卸任校长职位后，继续投身于本科生教育事业。卡斯帕尔在任职期间对本科教育实施的一系列治理措施将斯坦福大学的本科教育发展为其优势之一。

[①] Gerhard Casper, *Cares of The University*, California: Stanford University Press, 1997, p. 27.

二 注重研究生教育

研究生教育水平是现代一流大学的重要标志。自 19 世纪柏林大学将教学与研究相结合作为大学的办学理念后,科学研究与研究生教育便成为大学的重要职能,从而影响了美国高等教育由教学型大学向研究型大学的转变。卡斯帕尔在担任斯坦福大学校长期间表示,在学校里一半的学生要处于研究生培养体系中。卡斯帕尔在促进斯坦福大学发展的过程中同样十分重视研究生培养,以培养科学研究人员和高端人才为理念。为了落实重视研究生培养的治校理念,扩大斯坦福大学研究生教育的优势,卡斯帕尔加强了对研究生的培养力度以及对研究生进行了全方位的资助。

(一) 研究生的培养

斯坦福大学授予博士学位的数量处于美国的领先地位。根据《高等教育纪事》的报道,仅在 1995 年,斯坦福大学就招收了 583 人攻读博士学位,这个人数超过了任何私立大学。[1] 然而,卡斯帕尔认为,研究型大学更应该注重研究生的培养质量,而非数量。卡斯帕尔指出,教育与研究密切相连,良好的研究生教育是产生创造性科学家和工程师的根本。研究型大学的教学应该建立在科学研究的基础上,这不仅有利于研究生教学,而且有利于研究生的培养。斯坦福大学有一多半的学生参加了各种研究项目。学生在研究中不断探索和探寻知识,从而不断提高研究能力并促进各项科学研究的发展。卡斯帕尔在任职期间对申请斯坦福大学的研究生及学校聘任的教师提出了严格的要求,以此确保学校研究生教育的卓越水平。然而,卡斯帕尔认为,学校里部分院系的研究生教育仍然较为薄弱,主要原因在于这些院系中师生资源较为匮乏。教师和研究生数量的匮乏将会损害整个院系的学术与科学研究的发展。

在研究生培养上,卡斯帕尔坚持数量适中和质量精湛的原则。卡斯帕尔认为:"如果研究型大学里学生数量过多,那么经济学家经常提到的人力资本投资恐就很难做到优化了。数量过多的学生会削弱研究型大学吸引天才学生和培养他们追求卓越的能力,大学也会忽视对缺少某些天

---

[1] Gerhard Casper, *Cares of The University*, California: Stanford University Press, 1997, p. 23.

赋的学生的培养。"① 卡斯帕尔认为,在研究生招生中应该坚持数量适中,并选拔具有学术潜力的研究生。研究生在数量上适中能够使每个研究生都享受到学校提供的各种资源,保证每位研究生能够参与到大学的科学研究中,更有利于激发学生的学术潜力。并且,在教学与研究中,学生有更充足的机会与教师进行沟通交流,得到更好的指导。卡斯帕尔鼓励研究生群体间的互动,认为高质量的研究生之间的互动能够培养学生的创新性与批判能力,能够在同行竞争中促进其自身及科学研究的发展。此外,为了在世界范围内招收优秀的研究生,卡斯帕尔成立了亚太学者项目,要求招生办公室每年从亚太地区招收25个具有学术潜力的研究生到斯坦福大学进行学习和研究。该项目1997年开始试点,自此,卡斯帕尔为了向来自亚太地区的研究生提供研究基金,开始忙于寻求捐赠。

在研究生培养的教师问题上,卡斯帕尔认为,斯坦福大学的教师应该兼顾教学工作与科学研究,并在研究生培养过程中将两者相结合,令学生将在教学中获得的理论知识实践、应用于科研项目中。"学生,特别是研究生通过密切参与大学的研究活动,能够发展起对于科学基本问题的认识和理解,培养其开放的心智和浓厚的兴趣。这会使他们将最新知识转化为创新活动。接受了优质教育的学生将对大学的知识转让做出最有意义的贡献。"② 这种做法不仅有利于学生的发展,还有利于学术与研究的长远发展。

(二) 研究生的资助

大学培养优秀研究生需要大量的研究经费做支撑,虽然联邦政府不断增加对大学的财政资助,但是政府的财政资助在高额的研究经费面前显得捉襟见肘。研究经费的匮乏导致美国研究型大学对研究生资助金额的减少,从而降低了大学在招生上的吸引力,斯坦福大学也同样面临这一危机。卡斯帕尔为了保持并持续追求斯坦福大学一流研究型大学的地位,在有效地利用联邦政府的财政资助外,还通过多种资助途径对研究

---

① [美] G·卡斯帕尔:《斯坦福大学的成功之道》,夏洪流、周刚译,《高等教育研究》1999年第3期。

② [美] 杰拉德·卡斯帕尔、李延成:《成功的研究密集型大学必备的四种特性》,《国家高级教育行政学院学报》2002年第5期。

生进行不同程度的资助，以吸引全国最有天赋的学生到斯坦福大学学习和研究。

1997年，为促进斯坦福大学研究的发展，卡斯帕尔设置了斯坦福研究生研究员资格项目。卡斯帕尔组织斯坦福研究生研究员资格项目是为了应对联邦政府资助的不确定性。卡斯帕尔拨款1000万美元作为斯坦福大学研究生奖学金，授予斯坦福大学研究生研究员资格的获得者。这项奖学金具有竞赛性质，并且每年资助共计100名来自科学与工程学的研究生。这100名学生必须在全国竞争中获得研究员资格后，才能得到资助。斯坦福研究生研究员资格项目的目的是吸引一流的研究生，并且让他们自由地从事他们的研究工作，而不用担心资金的问题。这些可用资金也吸引了许多想加入的年轻教师。1997—1998年，100个获得斯坦福研究生研究员资格的学生每人获得了12000美元的学费资助及16000美元的奖学金。在卡斯帕尔任期内，如果学生获得斯坦福研究生研究员资格，同时也获得了国家科学基金会研究员资格或其他全国性竞争的研究员资格，那么学校会额外为之提供3800美元到10000美元的资助。卡斯帕尔的这种做法能够确保为最好的研究生提供充足的资金支持。

卡斯帕尔除了关注科学与工程学领域的研究，为该专业设置了专项奖学金外，还非常关注对人文科学和社会科学领域的研究员的资助。[①] 卡斯帕尔拨出了学校的一般性基金用来对人文学科的学生进行资助。在通常情况下，斯坦福大学人文学科的学生，可以从一般性基金和麦隆基金中获得资助。麦隆基金会是少数致力于支持高等教育的私人基金会，为高等教育的发展提供了一定的资金支持。然而，麦隆基金的拨款并不能完全支持大学研究的发展，这就需要大学领导人通过多种途径获得科研经费以吸引优秀研究生。

三 促进高校协作

20世纪90年代，合作成为世界各领域繁荣发展的必经之路，高等教育的发展也不例外。高等教育的合作并非大学发展的新话题，高等教育哲学家约翰·布鲁贝克根据认识论和政治论的高等教育哲学理论，对高

---

① Gerhard Casper, *Cares of The University*, California: Stanford University Press, 1997. p. 13.

等教育的竞争与合作进行了简要的历史分析。约翰·布鲁贝克认为,伴随着工业革命和大工业生产,高等教育间的合作不可或缺。①

斯坦福大学自成立以来就有与其他高校进行合作的传统,卡斯帕尔上任后继承发展了这一传统,并将其作为一项重要的治校措施。1995年,卡斯帕尔与加州大学旧金山分校就医学服务的问题展开合作,并在临床医学上进行合并,成立了一个非营利性的合作组织。② 这两所高校在医学上的合作在一定程度上促进了加州湾区医疗水平的提高。除了与国内高校进行合作外,卡斯帕尔同样十分重视与海外高校的合作。1994年,卡斯帕尔与北京大学合作举办了暑期汉语研修项目,对学生进行汉语的培训学习,两校通过该项目建立了密切的联系。虽然斯坦福大学与北京大学的往来可以追溯到20世纪80年代,但是两校真正的合作始于卡斯帕尔在任期间,是在卡斯帕尔与北京大学的共同努力下展开的。1998年,卡斯帕尔应邀参加北京大学百年校庆活动,并以"我们需要什么样的教育"(What Kind of Education Do We Need) 为主题发表演讲,与北京大学分享了斯坦福大学成功的因素。卡斯帕尔卸任后,与高校进行沟通合作的理念继续影响着斯坦福大学的发展。斯坦福大学第10任校长约翰·亨尼斯在卡斯帕尔的基础上与北京大学进行进一步合作,直接推动了斯坦福北大分校的启动③,并启动了"斯坦福2025计划"。"斯坦福2025计划"一经问世便引起了世界高等教育界的热烈讨论与重视,斯坦福大学联合全球12所高校携手对高等教育进行改革。

高等教育在发展中经历了数十个世纪的浮浮沉沉,直到今天,高等教育依然还处于不断调整与变革中。在环境复杂多变的21世纪,世界高等教育进行合作已是大势所趋。通过各高校之间的沟通与协作,才能真正促进高等教育的繁荣发展,实现高等教育的价值与使命。

---

① 卢晓中:《高等教育高质量发展:竞争或合作?》,《江苏高教》2022年第10期。
② Gerhard Casper, "The University's Academic Medical Center: A View from the President's Office", (1997 – 04), https://web.stanford.edu/dept/pres-provost/president/speeches/970419aamc.html. (2022 – 11 – 04).
③ 北京大学新闻网:《北京大学与斯坦福大学交流合作概览》,2012年3月22日,https://news.pku.edu.cn/xwzh/129 – 233048.htm。

四　加强校友合作

斯坦福大学是蜚声世界的一流研究型大学，该校校友遍布世界各个领域，校友资源一直是斯坦福大学发展的重要资源之一。卡斯帕尔也曾提到，斯坦福大学兴旺发达的原因在于该校全体教职工、学生、受托人、校友和朋友的持续关注与承诺。[①] 斯坦福大学的校友具有强烈的责任感，并以实际行动回报学校，促使学校蓬勃发展。

1892年，斯坦福大学的第一届毕业生创立了斯坦福校友协会。斯坦福校友协会自成立以来一直是一个独立的机构，而非斯坦福大学下属的行政部门。斯坦福校友协会有其自己的规章制度，并由其自己的董事会对其进行管理。该协会的章程声明，校友会的创立是为了促进斯坦福大学的利益，并为了建立和维持斯坦福大学与校友之间的紧密关系。校友协会的工作重心在于开展筹款活动并且资助斯坦福大学的学术项目。校友在促进斯坦福利益方面更胜于其他人，因为在校友会中有一个强有力的代理人来做这些工作。然而，斯坦福大学却忽视了它自己的责任——与它自己的校友建立和保持紧密的关系，结果使许多校友与斯坦福大学的主要关系变成了与斯坦福大学校友会的关系而不是与大学本身的关系。卡斯帕尔在任职期间深刻地感受到了斯坦福大学很少考虑与校友之间在情感上的联系，并且大学里其他人士和校友会成员也表示有同样的感觉。对于此，卡斯帕尔强调要加强校友与斯坦福大学的紧密关系，并决心采取一些措施以改变现状。

（一）"周末回校团聚"计划

1993年，卡斯帕尔为加强校友与大学之间的联系，推出了"周末回校团聚"计划，这项为期5年的实验是校友会与斯坦福大学发展办公室之间的合作。该计划让校友可以通过各种途径，利用闲暇时间回到母校重聚。回到母校重聚的校友就各种社会问题、生活等方面的事宜进行交流沟通，增加了彼此之间的感情并增强了与母校的联系。该项目的实施使得斯坦福大学校友重聚的出席率增加了70%，这种以班级为基础的周

[①] Gerhard Casper, "You Are Here! But Why?" (1994-09), https://web.stanford.edu/dept/pres-provost/president/speeches/940922youarehere.html. (2022-11-12).

末聚会已变成了加强并发展斯坦福大学与校友关系的有效模式。"周末回家团聚"计划良好的实施效果，使得该计划摘掉了"实验"的标签，演变为斯坦福大学促进校友关系的典范。

（二）旅行研究计划

卡斯帕尔提出吸引毕业生重新回到学校是保持校友关系的最佳方式，然而，由于斯坦福大学毕业生遍布海内外，并非所有校友都可以重聚于校园里。为了增加大学与远距离校友之间的联系，卡斯帕尔又推出了旅行研究计划。该计划每5年举行一次，为了实施该计划，斯坦福大学付出了巨大的努力。该计划的独特之处在于，作为校长的卡斯帕尔在5年内亲自拜访了位于湾区和蒙特雷半岛周围城市的校友，以及国外的巴黎、东京、中国香港、中国台北和新加坡等地的校友。① 卡斯帕尔每年都制定旅程表，按照旅程表来拜访校友。当然，卡斯帕尔也要求在斯坦福大学任教的院长、教师及高级研究员在他们的家乡与校友加强联系。

（二）发动少数族裔校友

在全国范围内，面对面地直接与校友接触交流虽是保持良好关系的最好的方式，但是却不能涵盖所有的斯坦福大学校友，因此就需要采用其他的方式。卡斯帕尔认为，让遍布全球的校友了解斯坦福大学的发展概况能够更好地加强与校友的关系。因此，卡斯帕尔从校长办公室的款项中拨款帮助斯坦福大学校友会成立了在线校友资源信息，该信息库具有定位校友的位置、职业网络接触、信息传递的功能。卡斯帕尔与校友协会合作在互联网上建立了相关网站，让校友通过网络知道斯坦福大学的一切信息，包括各个院系的变化、新闻及具体的院系地图等，并通过邮件将一些学校的项目活动和演讲报告等通知校友来加强与校友间的联系。

卡斯帕尔和校友协会在加强与校友的关系方面做出了很大努力。双方在合作的过程中注意到了斯坦福大学中学生族裔多样性的问题。因此，卡斯帕尔与校友及相关工作人员的代表花了两年的时间来讨论与少数族裔校友关系的问题。最后卡斯帕尔提出斯坦福大学应成立少数族裔校友关系的特别小组。这期间的研究主要包括对斯坦福大学的少数族裔校友

---

① Gerhard Casper, *Cares of The University*, California: Stanford University Press, 1997, p.35.

第一次进行人数统计、编写列出已存在的少数族裔组织的清单，并对国内的少数族裔校友进行了对于斯坦福大学看法的调查。调查结果显示，大部分少数族裔校友对他们在斯坦福大学的读书经历表示满意，为获得斯坦福大学的学位而感到自豪，并且认为他们在斯坦福大学得到了更大的价值提升。为了改善少数族裔校友的参与权，卡斯帕尔与斯坦福校友协会理事会主席沃伦·里昂都认为，应该加强特别工作小组的工作，增加少数族裔校友参与活动的机会，提高少数族裔校友的体验，并进一步加强与少数族裔校友的联系。

在卡斯帕尔和校友协会的共同努力下，斯坦福大学董事会及校友协会对是否将校友协会纳入斯坦福大学这一问题进行了投票。该决议得到了大学董事会的一致同意，且92%的校友协会成员对此表示同意。最终，在1998年9月1日，斯坦福大学校友协会正式成为斯坦福大学的一个部门。校友协会的会长比尔·斯通对此表示道："没有什么像这样更能促进学校与校友关系的发展了。"[1]

（四）改革校园期刊

在加强大学与校友关系方面，斯坦福大学的校园杂志、报纸也是重要的方式之一。斯坦福大学为校友提供的关于学校的杂志主要是《斯坦福杂志》（*Stanford Magazine*）与《斯坦福瞭望》（*Stanford Observer*）。这两本杂志的发行也引发了一个主要问题："为校友提供这两种不同的出版物是否更为有效？"关于这个问题，由校友会、斯坦福大学的传播部门与教职员工组成的工作小组得出的答案是否定的。

卡斯帕尔同样认为这个项目并不是十分的完善，主要存在两方面的问题。第一个问题是针对《斯坦福杂志》而言的。《斯坦福杂志》虽是很有吸引力的杂志，却不能被很好地利用。该杂志每年仅有四期的发行量，且已发行的杂志并未在其封面上突出斯坦福大学的核心事项与问题。相反，在很多时候，该杂志的封面和核心版面却刊登了不太重要的问题，如世界杯足球赛，而不是刊登关于斯坦福大学的教学、学习和研究方面的文章。第二个问题针对的是《斯坦福瞭望》杂志。校友们普遍认为，《斯坦福瞭望》杂志在外观设计与内容上都缺乏新意，无法引起阅读的兴

---

[1] Gerhard Casper, *Cares of The University*, California: Stanford University Press, 1997, p. 35.

趣。该杂志的内容多是从其他报道中转载而来，并且该杂志很少把丰富的知识背景、语境以及相对重要性的标志性文章提供给大学校园外的读者。并且，该杂志的设计格式与新闻小报类似，这种设计格式向读者传达了一种杂志内容并不重要，没有什么保存价值的隐含意味。

斯坦福大学出版发行的这两本校园杂志是沟通校友与学校关系的桥梁，为了充分利用这两本杂志加强学校与校友之间的关系，卡斯帕尔对这两本杂志进行了改革。1995年5月，在卡斯帕尔的领导下，通过校友协会理事会与斯坦福大学的全面调查，卡斯帕尔批准了斯坦福大学校友协会与斯坦福大学进行杂志的合资出版这一方案，并联合校友会将这两本出版物予以合并，每年出版6期。对杂志的整合完善，有利于更好地向校友传递斯坦福大学的信息，强化斯坦福大学与校友之间的交流。

五 改革预算管理

20世纪末，美国高等教育界普遍面临着财政短缺的问题，所以大学领导者对财政预算进行有效的管理对于大学的发展是十分重要的。大学的预算管理是大学进行教育活动的前提和基础，实施科学合理的预算管理制度，优化学校的预算管理，有利于资源配置效率最大化，并对促进大学的可持续发展具有十分重要的意义。卡斯帕尔认为，想要了解大学的预算问题，就必须首先认识大学里有多少预算。卡斯帕尔提出在大学中，政府的研究拨款、专项用款、捐赠收入和一般性收入是不能混合在一起的。[①] 一般来说，不同的款项有不同的使用方向及目的，每一款项对应一种用途而不能移作他用。然而，卡斯帕尔认为，在科研十分紧急的情况下，部分专项的科研预算可以用于与其相近的科研活动中，而在研究性质上相差较远的科研活动的研究资金不可以相互转换使用。

在卡斯帕尔任职期间，斯坦福大学出现了财政赤字问题。斯坦福大学出现财政赤字的主要原因包括发生洛马·普雷塔地震、联邦政府财政拨款的锐减以及美国社会经济的衰退等。这些事件对斯坦福大学的财政造成了一定的影响，这使得卡斯帕尔和斯坦福大学的董事会不得不通过储备款项、自由捐赠等方式弥补赤字。卡斯帕尔用学校的一般自由资金

---

① Gerhard Casper, *Cares of The University*, California: Stanford University Press, 1997, p.23.

填补部分预算赤字，一般自由资金的来源主要是学费收入、捐赠赔款等。

1993年，卡斯帕尔为了解决这些问题并恢复斯坦福大学的名誉，任命康多莉扎·赖斯（Condoleezza Rice）为教务长，辅助管理斯坦福大学的财政预算。赖斯作为一位学者和行政人员，在大学的预算管理上可谓得心应手，她强调大学年度预算的平衡。卡斯帕尔指出，在预算的管理上仅仅实现年度预算平衡是不够的，而是要对整个预算制度进行改革。因此，卡斯帕尔对斯坦福大学的预算制度进行了重大改革，以保证学校的经济体系井然有序。卡斯帕尔预算改革是基于健全的财务管理原则，并指出斯坦福大学的预算管理以收入为导向，而非以成本为导向。由此，卡斯帕尔在赖斯的协助下实施了为期3年的预算调整计划。该计划的核心在于3年内削减总计1800万美元的费用，以控制学校的经费开支。[①]这是继前任教务长詹姆斯·罗斯（James Rosse）在1990年发起2200万美元的重建方案之后提出的又一轮费用削减计划。卡斯帕尔指出，在几轮削减费用的计划中，斯坦福大学的每个机构都对其自身进行了重新设计、精简规模，总体上实现了斯坦福大学的预算稳定。并且，卡斯帕尔在稳定大学预算的同时，仍旧保证了学校教师薪资的竞争力，关注学校基础设施的维护等问题。到1995年，斯坦福大学面临的财政赤字状况有所逆转，大学的财政状况开始好转。

卡斯帕尔对预算管理的改革效果是十分显著的。在预算管理上，卡斯帕尔与其团队的做法有助于限制开支的增长，降低了大学的运营成本，能够将学校有限的资源转移到重要的优先事项上，并根据资源分配对预算进行必要的调整。卡斯帕尔的管理措施稳定了斯坦福大学的收支平衡，使其避免再次陷入财政赤字的危机中。

第三节　卡斯帕尔治校理念与实践的特点与影响

卡斯帕尔独具特色的治校理念与实践使斯坦福大学抓住了时代发展的机遇，一跃成为世界一流研究型大学。卡斯帕尔对斯坦福大学的管理

---

① Gerhard Casper, "State of the University",（1994 - 05），https：//web. stanford. edu/dept/pres-provost/president/speeches/940512stateofu. html.（2022 - 11 - 15）.

与发展具有鲜明的时代特点与个人特色，不仅对美国当地大学校长的治校理念产生了影响，而且影响了海外大学校长的治校理念与实践。

一　卡斯帕尔治校理念与实践的特点

20世纪90年代是世界局势变化莫测的时代，从1992年至2000年，卡斯帕尔担任斯坦福大学校长长达8年。卡斯帕尔在这8年间对斯坦福大学的方方面面进行了治理，保持并发展了斯坦福大学长久以来的优势，使得斯坦福大学在世界高等教育界激烈的竞争中脱颖而出。卡斯帕尔的治校理念与实践在变革与发展的时代具有鲜明的特点，并为斯坦福大学在千禧年实现大踏步发展奠定了坚实的基础。

（一）重视教育信息化

卡斯帕尔在其著作《大学关怀》一书中提出，20世纪末高等教育的发展面临着许多问题，其中信息技术在教学与研究中的应用这一问题的重要性开始逐渐凸显。卡斯帕尔认为，信息技术在高等教育中的应用，为高等教育的发展带来了挑战与机遇。为了应对信息化带来的挑战，抓住高等教育信息化发展的机遇，卡斯帕尔成立了教学技术委员会。在卡斯帕尔及该委员会的带领下，信息技术有序地融入了斯坦福大学的教学与科研中，并成为提升斯坦福大学教育质量及国际声誉的重要方式。培养高素质的信息化人才是高等教育信息化进程中亟待解决的问题。因为信息技术的应用需要人赋予其价值取向，并需要人才驾驭技术，没有高素质的人才，技术的应用可能不会从中受益。[①] 显然，卡斯帕尔同样意识到了信息化专业人才的重要性。卡斯帕尔为更好地在教学与研究中应用信息技术，强调要加快信息技术人力资源的培养，以此来协助教师规划实施研究项目，并展开对师生在计算机、应用软件使用上的培训。卡斯帕尔在教育信息化的建设中，始终坚持了高等教育为社会服务的初衷。斯坦福频道项目的实施，将斯坦福校内的精品课程通过电视网络的形式输送至全社会。这种做法扩大了高等教育的受众群体，有利于学习化社会的建立。

---

① 郑旭东、魏志慧：《高等教育信息化及其发展趋势——访美国高等教育信息化协会主席戴安娜·亚伯林格博士》，《开放教育研究》2014年第6期。

卡斯帕尔对斯坦福大学进行的教育信息化改革，不仅加快了数字化校园的建设，还通过设立校园网站作为学校与外界沟通的通道。通过校园网站，及时向世界展现学校的教学、科研、社会服务等最新成果，有利于世界对学校的深入了解，提高了学校的世界声誉。

（二）强调沟通与协作

卡斯帕尔出任斯坦福大学校长的时代是以和平与发展为主题的时代，合作共赢是该时代的关键要素。在时代的洪流中，卡斯帕尔的治校理念与实践充斥着"和则双赢"的思想。卡斯帕尔在其任期内，她积极地与校内各行政机构、海内外高校沟通协作，促进了斯坦福大学进军一流大学的历程。

卡斯帕尔合作化的治校理念主要体现在以下方面：第一，卡斯帕尔在任职期间，设立了包括本科生教育委员会、教学技术委员会等多个行政部门，并积极协调各院系与行政部门之间的关系，推动各项实践措施的有效实施。卡斯帕尔还不遗余力地与斯坦福大学校友协会开展合作，使其成为斯坦福大学的下属部门，加强了学校与校友之间的情感联系。第二，卡斯帕尔协同合作的治校理念不仅体现在斯坦福大学内部，还体现在其积极地与其他研究型高校在教学与科研上进行交流方面。卡斯帕尔带领斯坦福大学在医学领域与加州大学洛杉矶分校携手共建，成立了斯坦福健康中心，改善了周边城市的医疗条件，并促进了医学的发展。1994年，在卡斯帕尔的倡导下，斯坦福大学与北京大学合作创办了斯坦福暑期语言研修项目，每年有大约20位斯坦福大学的学生参与该项目。项目参与者需要先在本校开展为期5周的汉语研习，并于暑假期间到北京大学再进行为期4周的汉语学习。[①] 1998年，卡斯帕尔出席了北京大学100周年校庆并发表演讲，斯坦福大学借此项目与北京大学建立了密切联系。这种合作化的发展理念及与其他研究型大学建立的密切联系被后续校长所继承，并逐渐开展了更为持久稳定的交流合作。

在卡斯帕尔合作化理念的领导下，对内，斯坦福大学各部门相互协调，井然有序，万事以斯坦福大学的利益为核心；对外，斯坦福大学与

---

① 北京大学新闻网：《北京大学与斯坦福大学交流合作概览》，2012年3月22日，https://news.pku.edu.cn/xwzh/129-233048.htm。

海内外各高校在教学与科研上进行合作，促使斯坦福大学在学术上更胜从前，加快其建设研究型大学的进程。

（三）注重大学国际化发展

卡斯帕尔的治校实践与理念具有国际化的特点。卡斯帕尔上任于世界各国频繁交流的时代，全球化与国际化是这一时代发展的代名词。并且，卡斯帕尔身上也体现出鲜明的国际性，他生于德国，后又到美国深造，并在美国开始了他自己的职业生涯。时代背景的影响加之卡斯帕尔的求学与任职经历，使其具有宽广的国际视野，从而影响了他治校理念的形成以及对斯坦福大学所实施的治理。

斯坦福大学作为一所年轻的研究型大学，要想在世界高等教育界占据一席之地，需要付出非同寻常的努力。卡斯帕尔在任校长期间，为提高斯坦福大学在国际上的声誉作出了巨大的贡献。首先，在师生资源上，卡斯帕尔致力于网罗世界各地的优秀人才，并成立了亚太学者项目，旨在于亚太地区招收少数优秀的研究生，加快了斯坦福大学研究生教育的国际化。卡斯帕尔的这一做法使得斯坦福大学成为来自世界各地优秀人才的聚集地和科研高地。其次，在高等教育急剧发展的时代，卡斯帕尔十分注重加强与海内外高校的沟通协作。卡斯帕尔促成斯坦福大学与普林斯顿大学、瑞典皇家科学院在信息技术领域的合作，加强了双方在信息技术方面的专业优势。1998年，卡斯帕尔赴华参加北京大学100周年校庆，并发表演讲，与北京大学就建设世界一流研究型大学问题进行了沟通交流。再次，在课程上，卡斯帕尔提倡采用研讨会形式，来自不同国家、文化背景的师生就国际问题进行研讨，既扩宽了学生的国际视野又培养了学生对待多元文化宽容理解的态度。最后，斯坦福大学位于环太平洋的地理位置决定其是国际关注的焦点。斯坦福大学的8个海外校区覆盖了欧洲、拉丁美洲，卡斯帕尔为将其扩展到亚洲地区而努力。

不论是师生资源、课程，还是与其他大学的合作，卡斯帕尔的种种做法不仅抓住了时代发展的机遇，使得斯坦福大学的教育与科研有了质的飞跃，而且提升了斯坦福大学在国际上的影响力。

（四）重视多元文化建设

卡斯帕尔的治校理念与实践具有多元化的特点。20世纪90年代，随着经济全球化进程的加快，世界文化间的交流愈加紧密，多元文化建设成为一流大学校园内的主旋律。斯坦福大学作为世界一流研究型大学,在多元文化建设上同样走在前列。

卡斯帕尔多元文化治校理念主要体现在以下方面:第一,卡斯帕尔在招收学生时,秉持学生群体多样性的原则。卡斯帕尔认为,学生群体的多样性能够为学生提供丰富的启发智慧的机会,能够帮助学生探索和了解国内外在许多方面的多样性。卡斯帕尔在演讲中直言:在斯坦福大学里,"你会被鼓励走出去结识陌生人,与陌生人交谈,并与陌生人交朋友"①。学生群体的多元,不仅创造了斯坦福大学多样化的学术环境,也深刻地体现了美国在文化互动上的多元化。第二,卡斯帕尔坚持学术自由,各种文化在校园内自由地被传播。卡斯帕尔对斯坦福大学首任校长大卫·斯塔尔·乔丹(David Starr Jordan)定下的校训"愿自由之风劲吹"给予了高度评价,同时也对其进行了深入地贯彻实施。卡斯帕尔指出,大学的任务是进行自由探讨,为师生提供一个健康、开放的探讨空间。学术自由更是为斯坦福大学的多元文化建设提供了一定的保障。

卡斯帕尔基于多元文化的理念,为学生提供了丰富的发展机会,为当今的多元社会培养了众多有识之士。并且,卡斯帕尔对多元文化的强调与重视,既呼应了时代发展的要求,又落实了斯坦福大学所倡导的包容、平等及自由的理念,提升了斯坦福大学的国际影响力。

二 卡斯帕尔治校理念与实践的影响与局限

卡斯帕尔在其任斯坦福大学校长 8 年间所实施的一系列改革措施为斯坦福大学的发展做出了重大贡献。如斯坦福导读制的创立、加强对研究生的培养与资助、加强与校友间的情感联系等措施,加快了斯坦福大学向世界一流研究型大学的发展进程,其发展与治理模式也为其他一流大学发展提供了范例。同时,卡斯帕尔的治校理念也存在一定的局限性,对世界一流大学校长治校起到了警示作用。

(一)积极影响

斯坦福大学于 1885 年建校,并在百余年内迅速发展为一流研究型大

---

① Gerhard Casper, "Concerning Culture and Cultures", (1993 - 09), https://web.stanford.edu/dept/pres-provost/president/speeches/930923culture.html. (2022 - 12 - 13).

学,甚至被称为"西部哈佛",可见斯坦福大学在教学与科研上的强势地位。卡斯帕尔在就职斯坦福大学校长之际,正值学校面临着一系列发展困境。在卡斯帕尔一系列改革措施下,斯坦福大学成功地解除危机,重新焕发出生机。

首先,卡斯帕尔对本科生教育的改革提高了学校的教育质量。基于大学在培养人才中重要作用的理念,卡斯帕尔极其重视对本科生的培养,通过成立本科生教育委员会对斯坦福大学的本科生教育进行详细调查,并对本科阶段的课程、教学方法进行改革。卡斯帕尔对本科生教育的改革保持并提升了斯坦福大学的本科生教育质量,使其成为斯坦福大学的巨大优势之一。本科生教育委员会的调查报告激起了美国各大学对本科生教育改革的热潮,提高本科生教育质量这一理念被美国各大学校长所认同并逐步开展了对其学校本科生教育的改革。

其次,卡斯帕尔对研究生教育的重视促进了学校科研的发展。教学与研究相结合是高等教育的基本理念之一,因此,卡斯帕尔尤为重视研究生教育,并加大了对研究生的培养与资助力度。卡斯帕尔为促进研究水平的提高,在亚太地区选拔招收具有学术潜力的研究生,并给予财政资助。这一措施也推进了斯坦福大学研究生教育的国际化进程。卡斯帕尔将本科生教育与研究生教育置于同等重要的地位予以发展,该做法妥善地解决了长期以来研究型大学中教学与科研此消彼长的矛盾。卡斯帕尔对教学与科研关系妥善处理的做法,为研究型大学校长缓解两者间的矛盾提供了可资借鉴的经验。

最后,数量适当的招生原则保持了斯坦福大学的教学质量和学术声誉。不论是对本科生还是对研究生,卡斯帕尔都有着严格的招生标准,在招生中始终坚持数量适中、质量为先的原则。适当的招生规模保证了被斯坦福大学录取的每位学生都是在某一方面相当优秀的学生,并且都能够获得优质的指导、丰富的教学及资金资源,这种做法极大地维持并提高了斯坦福大学的教育质量。在高等教育大众化发展阶段,中国的一流高校并未超负荷地进行扩招,仅仅是增加了些许招生名额。有学者认为,这不仅是大学的成熟,而且是大学校长的成熟。[①] 中国台湾地区的台

[①] 眭依凡:《大学校长与教育质量管理》,《国家高级教育行政学院学报》2001年第3期。

湾大学第9任校长陈维昭也表示，在其治校实践中，十分注意学生数量与质量的关系，并指出："当大学向着21世纪迈进并为新时代培养知识分子时，我们应该遵循平衡和卓越两个原则……应当优先集中精力提高质量，而不是扩大数量。"① 控制招生规模已经成为世界一流研究型大学校长的共识，并且对学生的选拔标准愈加多样化。

在卡斯帕尔的不懈努力下，斯坦福大学解决了所面临的困境，重新焕发出勃勃生机。斯坦福大学不论是在QS世界大学排名还是在泰晤士高等教育世界大学排名等世界大学排行榜上，常年稳居前列。

（二）局限性

卡斯帕尔的治校理念与实践对美国、世界一流大学的发展起着重要的借鉴示范作用。但是不可避免的是，卡斯帕尔的治校理念与实践在时代等种种条件的制约下，具有一定的局限性。这些局限性主要表现在两方面：

其一，卡斯帕尔设立的斯坦福导读制，其目的在于着重培养本科一、二年级学生的学习与研究能力，在一定程度上忽视了本科三、四年级学生对导读制的需求。斯坦福大学市场研究办公室对498名大三和大四的学生进行了调查，其中30%的学生表示，他们对于缺乏参与研讨会的机会而感到苦恼。② 此外，斯坦福导读制最大的亮点是小班制的研讨会，然而超过一半的学生表示教授对学生的了解程度不够，在选择专业、做研究或准备进入研究生院时，教师的指导不足。发展本科生教育是大学校长的重要职责之一，应该是一以贯之的。这种致力于本科低年级阶段的教育、帮助学生完成从高中生到大学生的身份转变、帮助其找到正确的学习方向的治校理念应该成为中国大学校长治校理念的重要组成部分。

其二，卡斯帕尔与加州大学洛杉矶分校在医学领域的合作，虽短暂地提高了加州湾区的医学研究水平，但却加剧了双方在医学系统上的财政危机。卡斯帕尔进行医学领域合作的初衷在于提高加州湾区医疗水平，

---

① 北京大学校长办公室编：《21世纪的大学：北京大学百年校庆召开的高等教育论坛论文集》，北京大学出版社1999年版，第28页。

② Christine Foster, "Thinking Small", (1999 - 09), https：//stanfordmag.org/contents/thinking-small. (2022 - 12 - 10).

缓解医疗系统财政的不稳定。然而，卡斯帕尔在进行实践时，对两所高校的性质、文化、行政管理等方面思虑不周，使得合并花费了大量的时间和精力，但并未达到目标。卡斯帕尔在给加州大学的项目负责人理查德·阿特金森（Richard Atkinson）的信中提道："我非常痛苦地得出结论，在我们努力为学术医疗中心的问题寻找大胆的解决方案的过程中，我们付出了太大的努力。"[1] 大学作为一个复杂的组织机构，校长在做出任何重大的决定之前都应深思熟虑，并进行全面考察以达到预期结果。

本章小结

20世纪90年代是世界经济、文化各领域飞速发展的时期，世界各国为了在国际竞争中扩大发展优势，纷纷对高等教育进行改革。大学校长作为大学的最高行政长官，是学校的灵魂所在。陶行知也提到："要想评价一所学校，先要评价它的校长。"大学校长所具有的学术研究能力、统筹规划能力、敏锐的校情洞察能力、行政管理能力等治校能力与治校理念与实践，对大学的平稳运行、革故鼎新、进步发展都具有决定性的影响和作用。在1992—2000年担任了8年斯坦福大学校长的卡斯帕尔在促进学校的发展上扮演了重要的角色，其国际化、信息化、统筹协作、多元化的治校理念与实践提高了斯坦福大学的教育与科研水平，使其迈入世界一流研究型大学行列，并在21世纪开启了新的发展阶段。然而，由于在政治、经济、文化等方面的差异，中国大学校长与美国大学校长在治校理念、校长职能上存在一定的差异，并不能全盘借鉴其做法，但这并不妨碍我们吸收有益于促进大学校长职业发展、加快一流高校建设的理念与经验。通过对卡斯帕尔的治校理念与实践的分析，能够发现世界一流大学校长身上所具有的共同理念。

其一，**精准把握发展方向**。当前，中国正处于世界一流高校建设的关键时期，明确大学的定位、聚焦发展任务能够减少人力、物力和财力

---

[1] Katherine Mangan, "Stanford's Health System Ends Merger with U. of California at San Francisco", (1999-11-12), https://www.chronicle.com/article/stanfords-health-system-ends-merger-with-u-of-california-at-san-francisco/. (2023-04-19).

等资源消耗，提高发展效益。① 在这一关键时期，大学校长可以发挥出领航作用。大学校长所制定的战略规划是促进学校实现跨越式发展的重要手段，将学校的办学水平和质量跃升到更高的层次。然而，中国部分地方院校的校长尚未明晰学校的发展定位，并将学校规模视为衡量大学质量的指标之一②，认为规模达到一定程度便能进入强者队伍。由于这种认识误区，校长一味地扩大学校的招生规模，反而耗费了大量资源，导致教育质量的降低。卡斯帕尔根据斯坦福大学的现实情况始终将世界一流研究型大学作为斯坦福大学的发展方向，经过其大刀阔斧的改革，斯坦福大学在一流研究型大学的发展道路上越走越远。可见，明确大学的发展方向应成为大学校长治理学校的首要理念。

其二，重视教学与科研相结合。长久以来，教学与科研相结合一直是一流大学校长重要的治校理念。然而，在教学型大学向研究型大学的转型中，科研逐渐成为大学的首要职能，"不发表便出局"似乎成为大学校长在学校治理中的共识。③ 为扭转大学中教学与科研彼此不平衡的关系，大学校长应制定战略规划，采取相应的措施。如对于本科教育来说，应极力促进本科生教育改革，鼓励本科生参与科学研究，提升本科生教育质量。而对于研究生教育而言，在对研究生的培养中，应着重于研究生的个人基本能力、系统思维能力、学术实践能力以及批判创新能力的培养。并且，校长应以学术创新能力为核心目标，建构"德育教育—知识教育—实践教育"层级递进的教育教学体系④，形成理论与实践并行的研究生培养新模式。此外，大学校长应转变科研至上的观念，在校园中营造教书育人的浓厚氛围。在教师人才引进上，改变过去以科研项目、论文数量等单一选聘标准的做法，更多地考虑候选教师的综合能力。在教师评价方面同样采取多样化的评价标准，多角度地评价教师的教学效

---

① 别敦荣：《大学战略规划的若干基本问题》，《河北师范大学学报》（教育科学版）2020年第1期。
② 毛勇：《中国高校发展的应然与实然定位探析》，《江西教育科研》2006年第3期。
③ 黄明东、陈越：《协调与统一：高校教学与科研关系的再思考》，《中国高校科技》2016年第10期。
④ 赵燕凌等：《研究生学术创新能力的生成机制及培养模式研究》，《教育理论与实践》2022年第33期。

果，并设置奖励措施，鼓励教授投身于教学。

其三，积极开发校友资源。办学资源多样化已是高等教育发展的新模式，校友作为一种重要的资源，在高校发展中所具有的重要性和独特性愈来愈受到校长的重视。强化学校与校友之间的情感联系已成为大学校长不可或缺的治校措施之一。中国大学校长在开发校友资源的过程中，应尽力避免校友资源"精英化"趋势，调动全体校友参与母校建设的积极性。除了建立与校友的情感联系外，大学校长应同样重视在校生对学校的情感。通过开展各种学术、文娱活动，加强学校师生之间、生生之间的联系，营造浓厚的校友文化氛围。

其四，构建产、学、研相结合的教育模式。中国目前正处于由制造强国向创新大国转变的关键期，高等教育应为其提供人才和技术支持。抓住时机，构建新型教育模式、促进学校转型已成为一流大学校长的当务之急。2021年，中国颁布了《中华人民共和国国民经济和社会发展第十四个五年规划和2035年远景目标纲要》，该目标纲要为大学校长促进学校转型提供了政策支持。产、学、研相结合的教育模式重在培养学生的创新能力，而目前国内高校在课程设置上，创新创业课程开设比例不足。并且，本科阶段学生以教学为主，对学生实践方面并未给予足够的重视。对此，校长在治校中要一方面培养学生的创新能力；另一方面也要发挥学校优势专业，与企业保持一定的联系，将学科知识转化为科研实力与经济活力。

第八章

耶鲁大学第 22 任校长雷文的大学治校理念与实践

理查德·查理斯·雷文（Richard Charles Levin, 1947— ）是耶鲁大学第 22 任校长，任期长达 20 年，是美国常青藤大学历史上任期最长的校长。本章以雷文的治校理念为基础，对雷文在耶鲁大学实施的一系列改革措施进行分析，并从中获取对中国建设世界一流大学的可资借鉴之处。

第一节 雷文治校理念的历史背景

耶鲁大学成立于 1701 年，是世界著名的私立研究型大学。在耶鲁大学 300 多年的历史上，培养了 65 位诺贝尔奖、5 位菲尔兹奖以及 3 位图灵奖得主。在政界，耶鲁大学培养了 5 位美国总统以及 19 位美国最高法院大法官，其中不乏海外国家的最高领导人。耶鲁大学以培养世界精英而享有盛名，其原因在于抓住了时代发展的契机，完成了向国际化大学的转变。雷文在任职期间迎着时代前进的洪流，精准地把握了耶鲁大学的发展时机。雷文治校理念的形成发展、对耶鲁大学进行的改革实践与雷文所处的时代背景、所受到的教育及其自身具有的学识素养紧密相关。

一 时代背景

20 世纪 90 年代，在全球化发展的同时，也面临着一些共同的问题。这些问题单靠一个机构或某个国家的力量是难以解决的，需要世界各国的共同参与合作。其中，教育在促进世界的美好发展中承担着重要的历史责任。1996年，联合国教科文组织提交的《教育——财富蕴藏其中》(Learning: The Treasure Within) 报告指出："面对未来的种种挑战，教育看来是使人类朝着和平、自由和社会正义迈进的一张必不可少的王牌。"①21世纪，高等教育成为社会发展的"助推器"和科技的"孵化器"，在解决全球面临的共同问题与社会发展中的作用越来越大。各国为在国际竞争中拔得头筹纷纷在高等教育领域进行了一系列改革。

（一）大学功能的拓展

美国教育改革家克拉克·克尔在《大学的功用》(The Uses of the University) 一书中指出："它（大学）在维护、传播和研究永恒真理方面的作用简直是无与伦比的；在探索新知识方面的能力是无与伦比的；综观整个高等院校史，它在服务于文明社会众多领域方面所做的贡献也是无与伦比的。"② 从历史上看，大学功能是发展的、与时俱进的，与社会文化变迁紧密相连，是大学生存发展的内在需要与社会进步发展对大学的希望的碰撞相结合的产物，它具有多样性、系统性和发展动态稳定性的特点。随着大学生存环境的变化，大学与所处的社会环境之间不断博弈，大学的一些功能在削弱甚至消失，同时也有一些功能不断地被人们所认识或重新诠释。在当代，学者将大学精炼成"人才培养、科学研究、社会服务"三个基本功能。"三功能说"成为当前高等教育界的主流观点。随着全球化、信息化的到来，人与人之间的交往越来越频繁，超越了国界，具有不同文化传统和背景、不同的价值观念的人生活在一起，大学的功能不断拓展。同济大学章仁彪教授认为，现代大学除"人才培养、科学研究、社会服务"三项功能外，还具有第四功能，即文明与文化"交往"功能。大学历来是不同文化和文明交流的殿堂，又是在某种程度上最富有交往传统、最能影响未来和最具有可以超越政治歧见、经济利益竞争而能充分展开深入坦诚对话的场所。所以，当代大学应责无旁贷、义不容辞地承担起文化交流这一重任。王冀生教授在《现代大学文化学》

---

① 联合国教科文组织：《教育——财富蕴藏其中》，联合国教科文组织总部中文科译，教育科学出版社1996年版，第1页。

② ［美］Clark Kerr：《大学的功用》，陈学飞等译，江西教育出版社1993年版，第29页。

中提出现代大学的第四功能:"引导社会前进",认为"特别是大学,都应当具有相对独立的品格,不仅应当适应而且可以引导社会前进"[①]。2006年,中国教育部副部长赵沁平提出大学的第四功能:"引领文化"。赵沁平指出:"大学引领文化的功能体现在继承并发扬优秀的传统文化、借鉴并传播先进的外来文化、创造并培育引领时代的新型文化。"[②] 其他学者均对大学的功能从不同的视角进行了解读,例如国际交流、社会批判、社会改造等。无论是从高等教育内涵的延伸还是从高等教育其他功能的拓展来看,高等教育的功能在当代都呈现出多样化的趋势。

(二) 高等教育国际化

20世纪50年代以来,随着经济全球化进程的加速与深化,高等教育国际化的浪潮向全世界袭来。高等教育国际化是将国际、跨文化或全球层面融入高等教育的目的、功能或实施的过程。1995年,联合国教科文组织在《关于高等教育的变革与发展的政策性文件》中指出,高等教育国际化是当前世界高等教育变革与发展的最主要方面。20世纪末21世纪初,高等教育国际化的发展速度与规模迅速扩大,高等教育国际化被提升至国家战略的高度。高等教育国际化主要表现在以下方面:其一,追求知识的普遍性。通过国际学术界的相互交流和共同努力,知识的探求、传承、应用与发展得到极大的推动。其二,高等教育资源配置的全球流转。经济全球化使得包括高等教育资源在内的各类资源在全球共享,社会大众在其资源配置中受益。其三,在高等教育国际化的背景下,外语成为当代高等教育教学的重点。语言作为交流的媒体,在国际化中的作用愈加显著,高校开设丰富的外语课程以培养语言人才。其四,在国际化进程中,高层次人才是高等教育国际化发展的重要动力,人才成为各国抢占的新的高地。高等教育国际化的发展要求全社会和高等学校都积极准备,认真规划和采取切实行动来迎接新的国际化的挑战。

(三) 高等教育过度职业化

1957年苏联人造卫星上天后,美国朝野极为震惊,美国民众认为,

---

① 王冀生:《现代大学文化学》,北京大学出版社2002年版,第4页。
② 赵沁平:《发挥大学第四功能作用 引领社会创新文化发展》,《中国高等教育》2006年第15、16期。

美国在教育上的落后导致了科技发展的缓慢。应美国民众与时代发展的要求，联邦政府加强对教育的干预与投资。尤其是在高等教育领域，美国联邦政府通过立法和拨款加大对学生的资助，大力支持高校的基础科学研究与技术开发，促进了高校入学人数的大幅度增长。然而，高等教育规模的迅速扩张也带来了教育质量的下降，以及高等教育过度职业化的问题。20世纪80年代，这些问题开始逐渐凸显，导致社会各界对高等教育展开了猛烈批评。人们指责大学所培养的人才与社会期望存在着巨大的差距，大学只是培养对未来职业做准备的学生。正如耶鲁大学第20任校长小贝诺·施密德特（Benno C. Schmidt, Jr.）指出的："出于学生谋生的压力，有的学院成了满足一切人需要的'万金油'。毋庸置疑，大学有时企图'增大恶行使其成为德行'，以为社会对出类拔萃的要求只是多：课程多、教师多、学生多、校舍多。"① 高等教育失去了培养学生本应具有的美国社会所需要的共同价值和知识的功能。为改变高等教育现状，社会各界强烈要求改革高等教育。为解决高等教育质量下降和过度职业化这些问题，美国高等教育进行了一系列改革。改革的中心在于恢复高等教育的人文教育，平衡高等教育的工具理性和价值理性，从而实现高等教育领域内人文教育与科学教育的融合。

二 学术背景

1947年，雷文出生于旧金山，1968年获斯坦福大学历史学学士学位，后入牛津大学研修政治学和哲学。1974年获得耶鲁大学经济学博士学位，并留校任教。雷文在出任校长之前近二十年的时间里，一直致力于教学、研究和行政工作，曾任耶鲁大学经济系主任和耶鲁大学文理研究生院院长。雷文于1993年至2013年担任耶鲁大学第22任校长，为美国常青藤盟校和美国高等院校联合会学校中任职时间最长的校长，也被公认为当今美国高等教育界的领袖人物之一。

雷文在担任耶鲁大学校长期间，将他自己的精力全身心地投入耶鲁大学的发展中。雷文在任期中出版了唯一一本专著——《大学工作》（*The Work of The University*）。该书收集了雷文在耶鲁大学的相关演说，包

---

① 陈宏薇编：《耶鲁大学》，湖南教育出版社1990年版，第6页。

括就职演说,对耶鲁大学新生、毕业生的寄语以及雷文本人对大学作用的思考。雷文在《大学工作》的序言中提出:"当好校长其实很简单,只须做到两点:选贤任能、确定当务之急。"① 在雷文看来,做好大学校长需要全神贯注,专心致志,全力以赴。

雷文在任期内,规划了耶鲁大学国际化的战略发展目标。雷文一直致力于耶鲁大学在国际研究方面的领先地位,并将建设国际化大学作为重点。为此,雷文领导耶鲁大学采取了一系列措施,其中包括建立全球化研究中心、推出世界学者项目、主办大量以世界各大地区为中心的科研与教学项目、创办"耶鲁与世界"网站以及与国内外同行和政府组织进行合作等。在高等教育回应可持续发展所带来的挑战这一问题上,雷文被认为是积极应对全球挑战的倡导者和领导者。针对人类共同面对的问题,雷文提出了相关的应对措施并在耶鲁大学开始实施。雷文的全球化实践,为世界高等教育提供了重要的发展方向和宝贵的实践经验。

在高等教育国际化进程当中,雷文对世界上其他一流高校进行了访问。其中,雷文对中国给予了极大的关注。雷文在近 8 年的时间里访问中国高校 12 次,与中国高等院校领导人就高等教育发展问题进行研讨,并展开科学项目合作。其中,2004 年至 2009 年,耶鲁大学和中国教育部联合举办了四期"中国—耶鲁大学领导暑期高级研讨班"活动。该活动扩大了中国高校领导的视野,激发了他们对本地院校发展改革的反思,丰富了中国的大学管理知识,并增进了中美同行之间的友谊,为中国创建世界一流大学奠定了基础。雷文与中国高等院校的交流合作是高等教育国际化的生动体现,也显示了雷文作为世界一流大学校长所弘扬的理解宽容、开放交流、共创共享的治校理念。

在校长任期内,雷文在改善校园环境及教学设施方面也付出了巨大的努力。1997 年,雷文完成了 17 亿美元的筹款计划,并投资 40 亿美元于校园整修和建设项目上。21 世纪初,雷文带领耶鲁大学设立了另一个 30 亿美元的筹款目标。为保证耶鲁大学在学术上的优势地位,雷文将其中 10 亿美元作为更新扩充耶鲁大学的医学和自然科学设施的资金来源,包括兴建 5 幢科学与工程系的教学用楼及一座规模居全国前列的医学研

---

① [美]理查德·雷文:《大学工作》,王芳等译,外文出版社 2004 年版,第 8 页。

究设施，即阿纳林医学研究教学中心。2007年，雷文成功地购置位于纽黑文市西部的土地，并将之改建为耶鲁大学的西校区。2008年，雷文主持领导了两所住宿学院的新建，并于2013年正式投入使用。雷文扩张住宿学院的目的在于接纳世界各地更多优秀的学士学位申请者，并使这些申请者在享受耶鲁大学提供的各种学术资源的基础上，体验学校内部的凝聚力与亲密感。在分配各项教学活动资源时，雷文提出了择优和互联性两项原则，整合和高效利用学校提供的各种资源，保持耶鲁大学在相关学科和研究领域的优势地位，追求卓越。雷文的一系列措施给耶鲁大学带来新的活力，吸引了大批世界一流师生。

高等教育服务社会不仅是高等教育发展的重要使命，也是社会发展的迫切要求。雷文认为，高等教育机构特别适合为其所在城市的周边环境做贡献。雷文在上任之后，大大改善了耶鲁大学与所在城市的关系。雷文带领耶鲁大学师生为当地社区提供了志愿服务并开展振兴活动，给纽黑文市带来了城市的复兴与活力，并与其建立了良好的合作伙伴关系。例如在经济发展方面，一方面，雷文在校园内设立了"在纽黑文购物"项目，以助其城市购买力的增长。另一方面，雷文鼓励并帮助教职工在纽黑文购房，该做法稳固了纽黑文市中产阶级住宅区的房地产市场。雷文还利用耶鲁大学在生物科学方面的学科优势，在纽黑文市周围建立了生物科技产业，并取得了良好的经济成效。自1993年上任以来，雷文带领耶鲁大学为纽黑文市做的贡献超过了1.5亿美元，实现了雷文所倡导的理念，即"大学必须帮助所在城市使之变成我们校园那样的地方——一个能使人的潜力得到充分认识和发挥的地方"①。

第二节 雷文关于全球性大学及资金管理的理念

美国教育改革家克拉克·克尔在其所著的《大学的功用》一书中表示："多元化巨型大学校长是领导者、教育家、创新者、掌权者……抑或是管理人、继承人、寻求一致的人。"② 大学校长身为学校的最高行政长

---

① [美] 理查德·雷文：《大学工作》，王芳等译，外文出版社2004年版，第112页。
② [美] Clark Kerr：《大学的功用》，陈学飞等译，江西教育出版社1993年版，第23页。

官,并不是简单意义上的高级管理者,而是肩负治校主责的大学领导人。在大学校长对学校的治理中,治校理念则起到了导向作用。雷文在担任校长前的 20 年里一直在高校从事教学与科研,这种经历令雷文十分熟悉高校的运作,且其职业经历更是其治校理念形成的直接经验来源。雷文在担任耶鲁大学校长后,其治校理念进一步成熟,并根据时代发展及耶鲁大学的现实情况形成了创建全球性大学、增强学校办学资金实力等理念。

一 创建全球性大学

20 世纪 90 年代,随着全球化和知识经济时代的到来,高等教育的培养目标也随之发生改变。大学校长及社会期望通过高等教育培养具有国际化视野、通晓并尊重多元文化的国际化人才,以满足高校、国家在世界竞争中的战略性需求。雷文在任耶鲁大学校长后,迎着时代发展的潮流,提出将耶鲁大学创建为全球性大学的战略目标,并提出了创建国际化大学的目标及路径。

(一) 全球性大学的目标

全球化的到来使世界经济呈现出"大融合、大发展"的态势,并迅速扩展到了文化教育领域,高等教育国际化开始成为大学校长的重要治校理念。为保证并提升耶鲁大学一流研究型大学的学术地位与声誉,雷文以果断坚决的措施践行其国际化的理念。雷文关于全球化大学的目标主要涵盖以下两个方面:

第一,培养世界公民及国际化领导人才。2000 年,雷文明确地提出了"创建全球性大学"的战略计划,并将"全球性大学"作为学校发展的重点。培养领导人才是耶鲁大学的优良传统。然而,在新的发展背景下,雷文不满足于仅培养美国本土的领导人才,而是将目标深化为培养世界公民和国际化领导人才。雷文所要培养的国际化人才不仅要为本国服务,而且要致力于全人类的发展。雷文建设"全球性大学",特别是在世界公民的培养上审时度势,将"国际维度"整合到耶鲁大学的教学、科研与社会服务等各项功能中。[①] 雷文为通过培养领导人才促进耶鲁大学

---

① 章建明:《耶鲁大学雷文校长的治校理念》,《教育学术月刊》2014 年第 3 期。

的国际化,每年都在学校各个学院中选择20名学生,并开设为期一年的讨论课,研究过去2000年来世界上领袖人物在关键时期的策略决定。[①] 此外,雷文还鼓励学生参加各种各样的活动,不论是学校的、社区的还是民间组织的,其目的在于培养学生作为未来领导人的自我效能感,并锻炼学生的领导能力。

第二,为改善人类生存环境而努力。雷文在落实创建全球化大学理念时表示,真正的全球性大学要与其他一流大学和重要地区的非政府组织合作共同促进人类的进步[②],他更是在1999年的本科生毕业典礼上致辞道:"希望你们更加关注全国和全球层面上的公共问题。"在该理念下,雷文将改善人类生存环境作为21世纪耶鲁大学科学研究及整体发展的重点。雷文在第三届中外校长论坛上的发言中直面全球变暖这一危机,指出了大学在降低全球变暖方面具有的重要责任,并带领耶鲁大学作出了不懈努力。其中最直接也是效果最明显的做法是,雷文将改善环境和可持续发展的理念融入研究生课程中,耶鲁大学的林业和环境学院为此开设了相关的跨学科课程,并培养了众多有重大影响力的环境领袖。此外,雷文还成立了耶鲁大学可持续发展办公室,旨在推进一系列环保政策目标。这些目标从减少能源消耗到减少温室气体排放,再到建造环保建筑[③],每一项措施都体现了雷文致力于建设环境可持续校园的努力。

雷文不仅在环境气候方面投入了大量的精力与财力,还关注全球公共卫生、恐怖主义等危及人类生存各个领域的问题,并同样做出了努力。由此可见,雷文创建全球性大学的治校实践的最终目的在于动员所有力量提高全人类的生存质量。

(二)全球性大学的路径

雷文不仅提出了创建全球性大学的理念,而且为此制订了详细的战略计划并将其付诸实践。雷文落实全球性大学的路径主要包括促进国际交流、建立在线学校以及加快师生的国际化等。

---

① 周雁:《耶鲁大学史》,上海交通大学出版社2012年版,第108页。
② 周雁、奚丽萍:《耶鲁大学的战略目标及启示》,《教育发展研究》2009年第21期。
③ Yale News, "Yale Goes Green, But Is It Sustainable?" (2006-09-29), https://yaledailynews.com/blog/2006/09/29/yale-goes-green-but-is-it-sustainable/. (2022-12-22).

1. 促进国际交流

文化教育间的国际交流是全球性大学的应有之义，因此，雷文极为重视耶鲁大学与其他一流大学、研究所、政府或民间组织的合作。雷文为促进耶鲁大学的国际交流，推出《耶鲁国际化：2005—2008 年战略框架》（The Internationalization of Yale: 2005 - 2008, The Emerging Framework）、《耶鲁国际化：2009—2012 战略框架》等政策文件，在文件中详细阐述了如何通过 15 项策略、60 个项目促进学校在文化教育上的国际交流。

雷文积极访问海外高校，并与之建立了良好的合作关系。耶鲁大学早在 1901 年便成立了"雅礼协会"，同中国建立了友好关系。雷文上任后继续发展同中国的联系，2008 年，雷文带领耶鲁大学与北京大学、复旦大学启动了全面的战略合作。雷文在加强同中国高校牢固合作的同时，还加紧与南亚、中东、欧洲、拉丁美洲的联系。2009 年，在雷文和新加坡国立大学校长陈祝全（Tan Chorh Chuan）的商议下，双方决定共建一所文理学院，并于 2011 年正式成立了耶鲁—新加坡国立大学学院。该学院以"位于亚洲、为了世界"为使命。[①] 有学者曾指出，耶鲁—新加坡国立大学学院是美国耶鲁大学国际化战略推进的典型案例。[②] 雷文与中国和新加坡高校的合作不仅扩大了耶鲁大学的国际影响力，推动了耶鲁大学国际化的发展进程，并深化了亚洲与美国的文化交流。

2. 建立在线学校

全球化的重要标志之一就是互联网在各个领域的灵活运用，雷文也意识到了互联网在促进耶鲁大学国际化中的重要作用，并通过建立在线学校提高耶鲁大学的质量及国际竞争力。雷文在任期间，耶鲁大学的在线教育大致经历了五个发展阶段：无学分在线课程阶段、提供学分的在

[①] 刘盾：《世界一流大学合作办学新解及对我国"一带一路"教育行动的启示——以"耶鲁—新加坡国立大学学院"为例》，《中国高教研究》2017 年第 7 期。

[②] Yale-NUS College, "A New Community of Learning in Asia", (2014 - 11), http://bryanpenprase.org/wp-content/uploads/2014/11/Yale_NUS_College_history_chapter.pdf. (2022 - 12 - 23).

线课程阶段、在线学位阶段、在线证书阶段以及校园教育阶段。① 早在2000年，雷文就带领耶鲁大学与斯坦福大学、牛津大学合作建立了以推动终身教育为目标的终身学习联盟，2006年，雷文开始着手策划独立的在线教育项目，并于2007年推出了耶鲁大学开放课程，自此耶鲁大学在校教育的发展呈现出稳定增长的趋势。

雷文建立并推广在线教育的做法一方面丰富了教学方法、课程项目等，并促进了耶鲁大学"教与学"理念的发展，成为连接传统教育与在线教育的纽带。另一方面，在线教育已为来自13个国家的数百位管理人员提供了专业课程②，耶鲁大学优质教学内容的全球影响力进一步扩大，为建设全球性大学这一根本战略目标提供了推动力。

3. 加快师生队伍国际化

师生队伍是一所大学最重要的资源，师生队伍国际化也是全球性大学的表现之一。耶鲁大学是美国最早开始接收外国留学生的大学，1850年录取第一位中国留学生容闳，1930年接收了第一位来自拉丁美洲的学生。③ 直至今日，耶鲁大学仍以灵活的政策保证学生结构的国际化。雷文上任后在招生上也继承了耶鲁大学"盲招生"的传统，还推行了"基于需求的学生资助"政策，根据学生实际需要为其提供相应的资助。2008年，雷文为深化落实国际性大学的理念，决定扩招15%的本科生④，不对招生范围设限，吸引了来自世界各地的优秀学生。雷文在扩招的同时，也实施了新的资助政策，对学生的无差别经济资助不再局限于美国国民，而是将其扩展到国际学生群体，为其提供优渥的生活及学习条件。

雷文在吸纳教师资源，扩充教师队伍上同样唯才是举。雷文在《耶鲁国际化：2005—2008年战略框架》中明确指出，为促进耶鲁大学的国

---

① Yale Committee on Online Education, "Report of the Committee on Online Education", (2014 - 10 - 12), https://yalecollege.yale.edu/get-know-yale-college/office-dean/reports/report-committee-online-education. (2022 - 12 - 22).

② 包水梅、常乔丽：《耶鲁大学在线教育发展战略研究——基于耶鲁大学在线教育委员会系列年度报告的分析》，《电化教育研究》2017年第8期。

③ 陈伟、肖丰：《耶鲁大学的国际化变革：背景、成就及启示》，《高教探索》2011年第4期。

④ 武翠红、赵丹：《耶鲁大学建设世界一流大学的战略和实践》，《黑龙江高教研究》2016年第10期。

际化进程,要聘请在人类学、经济学、政治学等专业学科上具有国际理念和经验的专家、学者。此外,杰出的国际事务实践者也是雷文招贤纳士的对象。截至目前,耶鲁大学的国际学生已占全部在校生的22%,拥有2780名海外学者。① 雷文及其后继者灵活的招生、人才引进政策以及丰厚的待遇吸引了世界各地的优秀人才,为推进全球性大学奠定了坚实的基础。

二 增强办学资金实力

20世纪90年代,办学资金匮乏是美国高等教育面临的发展困境之一。耶鲁大学在第21任校长霍华德·拉马尔(Howard Lamar)期间,学校的财政赤字严重,很多学科面临着停课的窘境。② 1993年,曾是经济学家的雷文在耶鲁大学董事会的推举下,临危受命接任了第22任校长,并在其任期内解决了耶鲁大学的财政问题。

(一)积极开展募捐

随着高等教育筹资的多元化,募集办学资金逐渐成为大学可持续发展的重要战略支撑,也是大学校长不可或缺的治校理念与实践。耶鲁大学自成立起就与社会捐赠紧密相连,雷文能够成功地解决耶鲁大学的财政危机,同样与其捐赠、投资的治校理念和实践息息相关,这也是耶鲁大学发展长久不衰的制胜法宝。雷文一上任,便发动"为了耶鲁大学"的筹款运动,该项筹款运动历经5年,于1997年结束之际共筹得17.02亿美元,超出所预期的15亿美元的目标。雷文将筹款所得主要用于校园建设,并设立了本科生、研究生奖学金用以支持学生的学习和研究活动。进入21世纪,雷文为进一步促进耶鲁大学的发展,在2006年掀起了以"耶鲁明天"为主题的大型筹款运动,预期目标为30亿美元。这次筹款于2011年结束,并以38.8亿美元的业绩完美收官,超出预期筹款29%。③ 雷文所倡导主持的这两次筹款运动不仅是耶鲁大学20世纪80年

---

① Yale University,"By the Numbers",https://www.yale.edu/about-yale/yale-facts.(2022 - 12 - 22).
② 周雁:《耶鲁大学史》,上海交通大学出版社2012年版,第15页。
③ 林成华、洪成文:《大宗筹款运动与大学发展——当代美国一流大学大宗筹款运动研究》,《教育学报》2015年第3期。

代以来为数不多的大宗筹款运动,而且雷文所采用的独特的筹款战略激发了校友参与校园建设的热情。校友的年度捐赠参与率逐年攀升,到2012年,年度捐赠参与率已增加到31.2%。[1]

筹款在一定程度上是大学社会声誉的体现,更是衡量大学校长治校工作的重要指标之一。雷文在"耶鲁明天"的筹款运动中成立了专业化的管理团队,其本人任主席,另有6名校友为联合主席,并以财务副校长为首。雷文发动筹款的一个重要理念就是,捐赠时间同样是值得肯定且十分重要的。雷文及其筹款团队尤为重视志愿者的参与,注重对志愿者的培训,这也就是雷文在筹款方面取得成就的人力资源保障。[2]

(二) 重视基金投资

大学作为复杂的教育机构与行政机构,需要稳定健康的财务状况来支撑整个学校的运转。经济学家雷文深谙此道,在上任校长后便尤为关注学校基金的投资问题,并指出大力发展耶鲁的大学基金是第一要务。通过发展基金,获得高额的投资回报,便拥有了吸引一流师生,推行学术自由的经济基础。雷文发动的两次成功的筹款运动,为耶鲁基金提供了充足的投资本金,该基金被业内称为全球十分重要的大学教育基金之一,其投资回报的声誉不亚于耶鲁大学在学术界的地位。[3]

对投资至关重要的就是找到合适的基金投资经理,雷文凭借他自己的个人魅力,聘请了华尔街著名投资大师大卫·斯文森(David Swenson)作为耶鲁首席投资官。雷文表示大学的基金投资必须始终体现学校利益,并将风险控制和稳定收益置于首位,这关系到学校的持续发展和繁荣。斯文森正式基于雷文的投资理念管理投资耶鲁基金,以组合投资的方式极大地提高了耶鲁大学捐赠基金的收益。雷文在增强学校资金实力上,并未将募集资金与投资相分离,而是强调了两者结合的重要性。筹款是基金投资的基础,在二人的共同努力下,耶鲁大学的基金投资效益稳居

---

[1] Yale University, "Annual Report of Giving to Yale 2012–2013", https://ar2013.yale.edu/annual-giving. (2022-12-22).

[2] 林成华、洪成文:《大宗筹款运动与大学发展——当代美国一流大学大宗筹款运动研究》,《教育学报》2015年第3期。

[3] 佟婧、燕凌、洪成文:《耶鲁大学捐赠基金成功运作之道》,《高教探索》2012年第3期。

美国高校榜首①，改变了雷文刚上任时经济拮据的状况，强化了学校的财政预算。

第三节　雷文关于教学及社会服务的实践

雷文担任耶鲁大学校长20年，对耶鲁大学在教学、培养人才等方面进行改革，并制定了长远的战略发展规划。雷文为推进耶鲁大学成为世界一流研究型大学作出了不可磨灭的贡献。雷文极具特色的治校理念与实践也影响了其他大学校长对学校的治理以及美国高等教育的发展方向和定位，是当之无愧的美国高等教育界领袖人物之一。雷文在对耶鲁大学进行管理改革的过程中，实施了众多具有前瞻性和可操作性的策略。雷文在对耶鲁大学的管理建设中，尤为重视本科生教育，把保持和提高本科生的教育质量置于首位。基于此，雷文为了扩大耶鲁大学优势，吸引了世界优秀师生进入耶鲁大学。雷文将通识教育、领导力教育提到办学理念的层面，并调和了高等教育中博学与精专、知识与技能之间的关系。雷文着力于培养学生的创新能力、求知欲、批判能力以及社会责任感。雷文更是强调了大学的功能在于为社会输送人才、进行基础科学研究和服务公共事业。雷文的治校实践具有强烈的现实意义，奠定了其在美国高等教育界的地位。

一　加强本科生教育

"大学本科生教育是整个教育过程中一个重要的阶段，对于它与之前的中学教育和之后的研究生教育都是至关重要的。"② 本科生教育在任何一所研究型大学都应该具有重要的影响力和地位。然而，这种影响力和地位并非能始终如一地存在于研究型大学，甚至在某些世界一流的高等院校中，本科生教育已经沦为研究生教育和科学研究的附庸。耶鲁学院是耶鲁大学的本科生学院，其本科生教育质量一直稳定地居于美国最前

---

① 洪成文、伍宸：《耶鲁大学的当代辉煌与理查德·莱文校长办学思想研究》，《教育研究》2014年第7期。

② 马骥雄主编：《战后美国教育研究》，江西教育出版社1991年版，第152—153页。

列。耶鲁学院占据着耶鲁大学最多的资源，本科生教学更是耶鲁学院工作的核心内容。雷文上任之后，秉承了耶鲁大学重视本科生教育的传统。1993年10月2日，雷文在发表就职演说时谈道："我们特别感到骄傲的是，在一些具有同等能力的院校中，我们最致力于本科教学，在我就职之时展望未来，我们再一次确认这一使命，再一次确认支持我们不懈追求这一使命的价值观。"① 时隔十年，雷文再次表明，历任耶鲁大学校长的重要职责在于进行优异的本科生教育，并把本科生教育提到了办学理念的层面。

（一）强调通识教育

通识教育是发源于欧洲的一种高等教育思想，其本质就是对自由与人文传统的继承。通识教育的内涵最早出现在文艺复兴时期，由人文主义学家彼得罗·弗吉里奥（Pietro Vergerio）提出。20世纪40年代，哈佛大学发表《自由社会的通识教育》的报告，掀起了美国高等教育界对通识教育的改革浪潮。雷文认为，对于耶鲁大学来说，通识教育是本科生教育的核心。这既是耶鲁大学本科生教育的目的，也是耶鲁大学本科生教育的优势所在。耶鲁大学关于通识教育的历史十分悠久，是世界上最早设立人文和艺术学科的大学之一，并以人文科学传统闻名遐迩。耶鲁大学拥有众多一流的人文科学系和人文科学研究计划，其中英语系、历史系、比较文学、哲学系的排名居美国大学前列，师资力量相当雄厚。尤其是惠特尼人文科学研究中心，使耶鲁大学成为美国高等教育界人文科学研究的高地。

早在1701年，康涅狄格州全民议会批准《自由设立大学堂法案》（Free Establishment of University Colleges Act），该法案把大学堂定义为"青年可在其中接受人文与科学之教育，受万能上帝之佑护，成为适宜于在教会与世俗国家中任职的人"②。显然，耶鲁大学一开始的办学目的就是继承欧洲人文科学传统。19世纪美国产业革命迅猛发展，工业技术等实用学科日益兴盛，而美国大学中的古典学科受到批评与诟病。面对时代发展的要求，美国许多高校为适应新的形势纷纷进行改革。那么，对

---

① ［美］理查德·雷文：《大学工作》，王芳等译，外文出版社2004年版，第8页。
② ［美］理查德·雷文：《大学工作》，王芳等译，外文出版社2004年版，第9页。

耶鲁大学守护的古典自由人文教育课程应该是"守"还是"改"？耶鲁大学时任校长杰里迈亚·戴（Jeremiah Day）对该问题进行了探讨，探讨的最终结果是《1828年报告》（The Yale Report of 1828）的出台。该报告提出通识教育的目的是要精心设置一系列文理兼顾的课程，在加强和提高学生心智才能的同时，让他们熟知人类探寻的知识中重大课题的主导原则。耶鲁大学通识教育的传统也为历代校长所继承。后继者雷文认为，通识教育的目的是开发宽广的才智和严格思辨的能力，使学生可以适应新的情况和挑战。通识教育也致力于使学生利用不同的思考方式发展思辨能力，从多种角度理解问题。通识教育并不是为了培养通才，而是在于扩充学生的知识面，形成跨学科的知识结构，并由此培养创新的基础与潜能。

雷文关于通识教育的认识是完整而又自成系统的。首先，雷文认为，通识教育与专业教育、职业教育有着根本性的区别。通识教育不是为了培养学生掌握特定的技能，也不是为谋求某种职业做准备。通识教育的真谛在于发扬批判性与独立思考的能力，充分发挥人的聪明才智，使其摆脱偏见、迷信和教条主义的束缚，使人成为完整的人。只有学生在才智上具有灵活性和适应性，才有可能进行创新，才有可能为社会做出重大贡献。其次，通识教育的内容更具有普遍性，包括文学、哲学、历史和美术著作，以及科学的核心原则和方法。雷文强调，在进行通识教育的过程中，要求学生选择具体的学科展开深入研究。并且，雷文所提倡的通识教育的教学旨趣不在于教人思考什么，而是如何思考。雷文指出，学生只有做到能够吸纳新的信息、通过思辨得出新的结论并清楚地表达他们自己的观点，才算作好了一定的准备。

通识教育通过对人类千百年积淀下来的精神成果的认同与吸纳，使优秀的文化成果内化为受教育者的人格、气质和修养。在开发才智和思辨能力之外，雷文认为，通识教育目标的内核更是指向了培养学生的人文精神及人文素养。人文精神是一种关注人发展的思想，它关注着人的自由与平等以及人与社会、自然之间的和谐，从而成为维系社会生存和发展的重要因素。人文精神更是一个民族的灵魂，一个民族必须从民族命运的高度着眼，重视人文精神的孕育和发展。所谓人文素养，是指人超越专业知识和领导职务之外而对人类创造出来的精神、文化产品的兴趣、品位、理解和把握，是一个比较全面发展的人身上散发出的无形魅力。人文素养不是一个空洞的词汇，有着具体内涵，包括丰满的人性，丰厚的学识，坚韧的信仰，对公正公平的不渝追求。雷文在培养学生的人文素养时，为学生提供了既严谨又自由的民主氛围。雷文赋予学生在发展上的自由空间，对学生进行适当引导，培养其良好的学识素养和道德观念。

随着全球化与信息化的发展，社会发展对高等教育提出了新的挑战。高等教育培养目标的职业化和专业化成为发展的主要倾向。这种倾向在一定程度上适应了社会的需求，有着一定的合理性，但也不可避免地带来一些问题，如把人束缚在某一狭窄的知识或技术领域内，培养的是"专业化的人"。这种"专业化的人"由于缺乏整体的知识结构，对自我、自然、社会之间的关系难以产生整体的认识，并缺乏作为一个对社会负责任的人所需的道德、情感、智力、体力的全面发展。而通识教育正可以弥补这种知识结构的缺少，培养完整的人。雷文曾经在"大学如何服务社会"（How Universities Serve Society）的演讲中十分精辟地指出："通过专业知识教育人是不够的，通过专业教育，他可以成为一种有用的机器，但是不能成为一个和谐发展的人，要使学生对价值有所理解并且产生强烈的感情，那是最基本的，他必须获得对美和道德上的善的鲜明的辨别力。"[1]

雷文尤为重视人文精神的培养，强调要提高学生的人文素养。雷文指出，大学要格外注重对学生进行人文主义教育，鼓励他们对人生、对社会、对真理的追求，培养人独立自主的精神、批判思维的能力、严密分析的能力、从不同视角看问题的能力，并强调学生的社会责任感，增强学生的集体主义精神，使他们成为终身有思想的公民。学生在接受良好的人文教育后，就能够不断探索新的事物，不断进行创新性的思考，为社会做出更大的贡献。

（二）吸引一流师资和生源

雷文认为，对于一所大学而言，它最宝贵的人力资源是教师，优秀

---

[1] 教育部中外大学校长论坛领导小组编：《中外大学校长论坛文集》（第三辑），高等教育出版社2006年版，第380页。

的教师是耶鲁大学的立校之本。教师的质量对于吸引一流学生、提高学校声誉和建设世界一流研究型大学有着决定性的意义。但是，由于美国名校众多，大学之间竞争十分激烈，优秀教授的流动性很大，且学生择校的余地也很大，耶鲁大学想要吸引一流师生并非易事。雷文上任后，为构筑和扩大耶鲁大学的优势，在吸引一流师生方面采取了一系列措施。

首先，雷文改善了耶鲁大学的校园环境。耶鲁大学的校舍年久失修且数量紧张，师生住宿问题亟待解决。为营造良好的校园环境，雷文决定进行大规模的校舍改造计划。雷文领导耶鲁大学新建了两所住宿学院以容纳更多的学士学位申请者，以及购置土地作为耶鲁大学的西校区，从而扩大了校园活动区域。雷文对校园建筑的改造坚持传统与现代相结合的理念，既保留了原来建筑的历史风貌，又对基础设施进行了现代化改造。对于困扰师生的住房公寓问题，雷文在《耶鲁国际化：2009—2012战略框架》中提出要为师生建立新的门户网站。该网站可以帮助师生更好地了解并融入耶鲁大学及其周边社区，其中改善校外住宿信息是关键组成部分。① 城市也是师生进行院校选择的条件之一。但当时耶鲁大学所在的城市——纽黑文是美国现代"问题城市"的典型，该市不仅环境与治安极差，而且充斥着贫穷与暴力。雷文决心改变纽黑文市的这种状况。为此，雷文发起了一系列与纽黑文的合作活动，所涉及的社区投资规模庞大。雷文在《耶鲁国际化：2005—2008战略框架》的报告中，倡导改善美国的移民政策，使美国成为对世界各地有才能的师生更有吸引力的目的地。经过雷文数十年的努力，古老的耶鲁大学校园焕发出新一轮的生机，纽黑文市也变成了"充满魅力色彩"的城市，并为耶鲁大学吸引了大量德才兼备的学者。

其次，在教师问题上，雷文对世界一流研究型大学理想的师资结构与教师质量进行了总结。雷文认为，在一流大学中理想的师资结构应该是由具有国际声望的资深学者和有着巨大潜力的年轻学者构成。对于有家庭、有孩子的学者，学校提高了对学者伴侣、配偶及子女的支持，并为其提供纽黑文及周边城镇公立学校的选择建议，解决学者在家庭上的

---

① Richard C. Levin, "The Internationalization of Yale: 2009 - 2012", (2009 - 10 - 30), https://world.yale.edu/search/site/The%20Internationalization%20of%20Yale. (2022 - 09 - 10).

后顾之忧。在教师质量方面，雷文要求资深学者能在其研究领域成为世界最有力的竞争者，要求年轻学者注重其自身的前瞻性和发展潜力。为保证招聘教师的质量，雷文把选拔优秀教授的目光锁定在全球范围内的精英身上，并在招聘的过程中采取本校教师和校外专家推荐的方式，采取多种方式对教师的学术能力进行考核评估。在提升教师的职位上，雷文要求他们在研究中做出国际公认的重要贡献。在吸引一流师资上，雷文发动了遍布全球的校友的力量。根据耶鲁大学官方网站提供的数据，截至目前，仅文理学院就有3173名晋级型教师，其中包括904名终身教职教师、369名朝向终职教师发展的期任教师、2598名非晋级型教师，以及945名研究教师和122名访问学者。① 雷文相信正是教师资源的充裕为耶鲁大学充分发挥小班制教学的优势提供了先天条件，耶鲁大学85%的上课教室中只有不足25名学生。小班制教学能够更好地发挥学生自主学习的积极性、自觉性，培养学生的创造精神和创新能力。"耶鲁大学教职员工的高水平，是被全世界认可的。每一个职位都是开放的，无论是国家级的研究项目，还是世界级的研究项目。我们都是在世界范围内寻找最合适的人选……在教学和研究两方面都有非常优秀的人才，是我们拥有高水准教育的保证。"②

最后，雷文除了吸收全球知名学者外，还竭尽全力吸纳优秀的学生资源，这也是耶鲁大学优异教育质量的另一保障。在雷文的主张下，耶鲁大学在招生环节也作出了许多努力。雷文特意设置了颇具吸引力的网站以供那些对耶鲁大学感兴趣的学生参考，并为即将入学的学生提供丰富的文字资料以作提示。为在全球范围内吸引优秀学生，雷文发动分布在全球的校友参与到选拔学生的过程中。此外，雷文还派出招生官员在国内及全球范围内考察学生，吸纳有天赋、有才智的学生选择耶鲁大学。为保证学位申请者的质量，雷文在海外本科生招生过程中建立了校友面试网络，用来评估学位申请者的个人素质及英语语言技能。目前，耶鲁

---

① Yale University, "University Faculty by Rank and Department", (2021-12), https://oir.yale.edu/data-browser/faculty-staff/faculty/faculty-headcounts/university-faculty-rank-and-department-w054. (2022-09-10).

② 张韦韦：《是什么成就了耶鲁今日的辉煌》，《教育与职业》2006年第28期。

大学已有数千名来自世界各国、各地区的不同民族的学生。雷文在招生中坚持"盲招生"政策。"盲招生"政策的原则在于，不以经济背景为筛选条件，只根据学生的成绩进行招生，而且持续向这些学生提供充足的经济援助。这样，"那些表现出色和最具有领导才华及潜力的学生才不会因缺乏教育费用而无法进入耶鲁学习"①。雷文在吸引一流师生的过程中，不仅使耶鲁大学的教学质量更上一层楼，而且在与国际师生进行学习、交流、合作时，传播了雷文尊重多元文化的理念，并促进了耶鲁大学的国际化进程。

(三) 重视教学工作

雷文强调，耶鲁大学对于教学工作的重视也是在全球范围内能够吸引一流师生的重要原因之一。在美国，很多高校特别是一些研究型大学长期存在着重科研、轻教学的情况。对高校教师的选聘和考核也以科研成果为重点而忽视教学能力。在实际教学过程中，本科生很难在课堂上见到知名教授，这种状况也是招致人们对本科生教育不满的因素之一。雷文认为，尽管大学教授的科研成果是晋升的重要因素。大学教授的科研成果关系到其在该领域的领衔地位、所在学校的地位以及在专业领域内与高水平同行的竞争力。但雷文更强调，走上讲台进行教学是对一名教授最基本的要求。雷文通过设置奖励等不同方式引导教授给本科生授课，强调教师应承担起"带领耶鲁走进21世纪"的任务。

耶鲁大学几乎所有的教授都要为本科生授课。雷文强调，在耶鲁大学无论是雄心勃勃的年轻研究员，还是经验丰富的资深学者，都需要不断地将他们的博学与激情通过课堂或者平日的言传身教传递给学生。雷文这样做的目的是要创造一种重视教学的氛围。虽然实施这种制度要付出一定的成本，即雷文不能为耶鲁大学吸引到那些优秀但希望逃避教学的学者，但这样做的收益远远超出其代价。这些教授往往能以其独特的人格魅力，通过言传身教来影响学生。雷文认为，教授的示范效应带来的是榜样的力量，耶鲁大学的学生从中得到的则是心灵的震撼和人生的启迪。在上课的过程中，学生也能接触到学科前沿问题和发展方向，使他们能够掌握一些基本的科学知识与研究方法。雷文不仅要求教授给本

---

① [美] 理查德·雷文：《大学工作》，王芳等译，外文出版社2004年版，第186页。

科生上课，在教学组织形式方面也是实行小班制教学。雷文指出，名师授课、小班制教学是耶鲁大学造就高素质本科生的原因之一。耶鲁大学的本科生也对他们的学校赞赏有加，通过耶鲁大学对本科毕业生的调查得知，他们非常满意耶鲁大学提供的教育。

二 注重领导力教育

领导力教育（Leadership Education），是指个人、团体或组织中的"领导"对其他人、团体或组织提供指导与产生影响的能力。全球领导力与组织行为效力（Global Leadership and Organizational Behavior Effectiveness）项目认为，领导力就是个人通过影响或激励他人，从而使他人能够为其所属组织作出贡献、实现组织活动的有效性并使组织活动成功的能力。[1] 中国学者、东华大学教授贺善侃提出，领导力是权力、能力和影响力的统一。领导学专家奚洁人也指出："大学生领导力教育不是要强化'官本位'的思想，而是要培养和提升他们在以后的专业领域、社会工作岗位上的影响力，培养面向未来的全面发展的高质量的社会人才。"[2] 关于领导力的界定，不同的学者具有不同的表述与理解，但其内涵具有共同点，即领导力教育主要培养学生的自我认知、果断决策、社会责任以及沟通交流的能力。

西方的领导力教育以美国为表率，历经二个发展阶段。第一个阶段是 20 世纪 70 年代，为精心挑选学生干部或精英学生参与的领导力教育模式；第二个阶段是 20 世纪 80 年代，领导力教育项目开始关注大多数的普通学生；第三个阶段为进入 21 世纪后，实施领导力教育的高等院校鼓励支持每一位学生参与领导力教育。此后，美国的领导力教育开始进入大众化模式。无论是一般院校，还是常青藤名校，大大小小的领导力培训计划如雨后春笋般在高校中盛行开来。各大院校通过在课程教学、课外活动以及其他培养方式中发展学生的领导力。耶鲁大学自然也是实施领导力教育的院校之一，雷义更是将领导力教育提升到办学理念的层面，

---

[1] Global Project, "Global Leadership and Organization Behavior Effectiveness", https://globeproject.com/ababo. (2022 - 10 - 19).

[2] 奚洁人：《中国大学生领导力教育的战略思考》，《当代青年研究》2012 年第 5 期。

决心将耶鲁大学打造成培养世界领袖的基地。在雷文的带领下，耶鲁大学的领导力教育项目实施得十分完善，为社会培养了一大批领袖人才。雷文为有效地实施领导力教育项目采取了一系列措施，并取得了良好的效果。

（一）借助课堂主渠道

自1701年耶鲁大学成立起，其任务就是教育年轻人，使其"适应教堂和国内各州的公共工作"。从一开始，耶鲁大学就在探索培养那些具有领导潜力的人。领导力教育的理念在耶鲁大学发展历程中得到了完好地保存、继承与创新。雷文认为，对于耶鲁大学的校长来说，除了致力于优异的本科生教育外，还应培养在学术、专业和公共生活中的领袖人物。在新时代，领导力教育是面向所有学生的素质教育，目的在于促进学生的全面发展。雷文更是提出了培养具有全球领导力素养的人才，耶鲁大学培养领袖人才首要通过通识教育这一课程主渠道进行。

首先，从通识教育的培养目标上看，领导力教育和通识教育有着共同的宗旨。一方面这两种教育都旨在培养有教养的公民。另一方面，这两种教育模式都要培养社会所需要的各个层面的领导者。在雷文看来，领导力教育并非培养确切的领导，而是着力于挖掘每个学生身上所蕴含的领导潜力，培养未来领导者所具备的各种素质。领导力教育作为通识教育的隐性知识和有机组成部分，在对学生的通识教育中将领导力潜移默化地传递给学生。其次，从通识教育的实施过程来看，通识教育为领导力教育提供智识支持，领导力教育也是通识教育的落脚点之一。美国领导力教育学者罗伯特·科尔文教授（Robert Colvin）也曾在前人研究的基础上专门撰文指出：通识教育不仅在个人素质与能力方面，而且在领导的伦理维度上能为领导力的形成与发展提供智力、行为、情感和意志基础。[①] 再次，从通识教育的价值取向来看，人的全面发展是通识教育的有机组成部分。领导力素质是人全面发展的重要组成部分，属于较高的层次。领导力素质一旦被提升，便会在各项素质中起统领作用，能够激活其他素质资源，升华人的存在价值。康奈尔大学荣誉退休校长弗兰

---

① 文茂伟、房欲飞：《在通识教育中发展大学生领导力——以美国大学生领导教育为例》，《比较教育研究》2008年第1期。

克·罗德斯也指出，受过通识教育的大学毕业生应具有的共同品质包括理解问题的能力、公民责任感、清晰准确交流的能力以及与他人相处并尊重他人的能力等。由此可以发现，领导力教育的基本要素和通识教育的目的高度契合。其他学者还指出有效领导者需要具备的一些能力，如批判性和创新性思考、解决问题、建设团队、处理冲突、协商和建立共识。有效领导者需要具备的这些素质和能力与通识教育目标所包含的内容有所交集。雷文以通识教育为依托，结合社会实践活动，培养学生作为国际性领导人才需要的知识技能以及价值观。可见，通识教育是雷文培养学生领导力素质的基本途径之一。

（二）支持社团实践活动

在没有专门的领导力教育项目下，雷文为全球培养了众多领袖人才。雷文针对此给出的领袖培养秘诀是："耶鲁大学特别鼓励学生参加课外活动，在课外活动中培养学生的领导能力以及社会责任心。"

雷文非常重视学校的社团组织，认为这是耶鲁大学区别于其他大学的一大特色。在雷文的领导下，耶鲁大学的校园生活丰富多彩。雷文主张激发学生的好奇心，鼓励并支持学生学习一切陌生的东西，尝试一切愿意试的事情。雷文的这种理念不仅体现在学术争鸣上，也体现在学生社团的各种课外实践活动上。雷文不仅提供了丰富的资源来满足学生学术上的追求，而且通过多种渠道，特别是不断增加资金投入来支持学生各种社团活动的开展，以提高学生的各种素养。耶鲁大学有着各种各样的社团组织，如耶鲁政治联盟、兄弟会、德怀特厅等。耶鲁大学的学生社团单在本科生群体中就有250个之多，众多的社团为学生提供了更多的锻炼机会，学生也非常乐意参与社团活动。这些学生社团组织是发展学生领导才能的实验室，学生与人合作的能力、动手操作能力和说服动员能力等许多重要能力都是在这些社团活动中得以培养的。雷文在接受采访时提到："由于每年都有学生毕业，每年都有一些社团要更换领导班子。耶鲁大学有1万多名学生。这样算来，20%的耶鲁学生有机会成为某个社团的主席。"① 由此可见，各种学生社团组织正是学生走上领袖舞台

---

① 唐勇：《专访耶鲁大学校长——耶鲁没你想象的那么昂贵》，2006年4月22日，http://news.enorth.com.cn/system/2006/04/22/001287373.shtml。

的预演场。雷文在任期间,一直支持学生参加各种社团组织活动,并不断加大对学生社团的资助,让这些社团活动始终保持活力和旺盛的生命力。雷文还给予学生充分的自主权,学生可自主申报成立社团。这些社团为学生的学术活动与社会实践活动提供了支持平台。这一自主权激发了耶鲁大学的学生参与活动的积极性,并在活动中充分地展现他们的才能。雷文鼓励发展的各种社团活动不仅培养了学生作为未来领袖的能力,而且更重要的是极大地激发了实践活动参与者的社会责任感,发展了学生作为未来领袖人物所具备的各种素质。

(三) 培养社会责任感

高等教育是社会发展的产物、一种文化系统,具有明显的社会性。耶鲁大学作为世界一流研究型大学与社区、社会、国家、世界保持着紧密的联系。雷文认为,高等教育机构应该是进行社会服务的有力践行者,那么,对师生社会责任感的培养就至关重要了。

雷文认为,领导力教育不能仅注重对学生的领导知识、领导技能和领导方法的训练,也需要时刻不忘对学生进行公民责任感的培养。学生在成为领袖人才之前,首先是作为社会公民而存在的。在耶鲁大学建校250周年之际,耶鲁大学时任校长查尔斯·西摩(Charles Seymour)在庆典上声明:"耶鲁大学最核心的教育使命怎样强调都不过分,那就是为社会培养合格的公民。"雷文曾不止一次地指出,作为合格的公民与领导者,耶鲁大学的学生必须承担起为社区、社会、人类的发展做贡献的责任感。正如耶鲁大学的学生所理解的:"在耶鲁的学习基本上时时刻刻都要求你培养社会责任感,你逐渐对社会真正产生 种特别本能的关心。"①

因此,雷文在对学生的录取到毕业这一全部教育过程中都非常注重学生社会责任感的培养。雷文在录取学生时,将是否在社区做过义工作为一项重要的参考条件。在耶鲁大学,已录取的学生在学校及周边社区等做过义工的占比达80%以上。在读期间,耶鲁大学的大部分学生都会参与社区服务。在耶鲁大学有一个著名的服务组织就是德怀特厅。1886年,德怀特厅在耶鲁大学成立。德怀特厅是耶鲁大学本科生成立的一个

---

① 李宇宏:《耶鲁的青春岁月:21名耶鲁大学中国本科生访谈录》,中国青年出版社2006年版,第7页。

由学生主导的独立、非教派、营利性的伞式组织,也是美国最大的校园学生服务组织。该活动中心成立的初衷是培养致力于有道德、创新、沟通和协作的学生领袖。德怀特厅的使命和价值在于"培养和激励学生成为社会变革的领导者,促进纽黑文和世界各地的正义和服务。"① 德怀特厅更是以热情、多元、合作、反思、学习与成长、承诺共同利益及学生中心的信仰来组织学生活动。由于活动中心的资金一半以上来自校友捐赠,因此学生领导在分配活动资金时便显得十分谨慎。德怀特厅还是全校 300 多个社会活动团体和社会服务机构的母团体,每年有超过 2000 名本科生为纽黑文的 60 多个项目工作。对于毕业生而言,德怀特厅每年举办一届耶鲁大学毕业生社区服务日。在这一天,毕业生有组织地在全美不同的社区提供免费的社区服务。雷文十分重视这些社区服务,认为通过社会服务,学生就不会狭隘地只关注自我发展的小圈子,而会更为主动地将他们自己的发展同社会的发展紧密结合起来。在雷文强烈的社会责任感的影响下,耶鲁大学的学生通过德怀特厅举行多样化活动,加强其自身与社会的联系,促进社会责任感的形成。每个参与者在活动过程中,其自身的才能都能得到施展。

雷文再三强调青年人在推进社区和国家福祉方面的责任心和服务精神是耶鲁大学的传统。雷文在此基础上也强调了培养领袖责任感的重要性:"耶鲁大学永远强调对社会的责任感。"不难发现,雷文对耶鲁大学所着力培养的人才类型是以服务社会和推动社会进步为己任的各种领导者——永远强调对社会的责任感。尤其是在全球化时代,更为突出了培养具有国际化领导人才的重要性。雷文教导耶鲁大学的学生通过领导艺术、科学发明、思想火花和艺术创造等丰富美国和世界的生活,这也是耶鲁大学最重要的精神。

(四)树立全球化视野

进入 21 世纪,全球化与信息化浪潮席卷全球。这些浪潮在带来发展的同时,也给人类带来极大的挑战,诸如环境恶化、种族冲突、局部战争等问题威胁着人类的生存和发展。作为世界顶尖级大学——耶鲁大学

---

① Dwight Hall at Yale, "Mission and Values", https://dwighthall.org/mission-and-values/. (2022 - 10 - 09).

的校长，雷文号召全体师生积极地应对挑战。雷文也深刻地认识到，耶鲁大学承载着培养世界公民的使命和培养世界一流人才的重任，并且在新时代的潮流下，耶鲁大学所培养的领袖人物必须有宽广的全球化的视野。"进入 21 世纪之时，我们必须立志为全世界培养领袖人才……如果我们的学生要准备成为世界领袖，我们必须更加注重全球化问题。"①

为了培养学生的领导力，扩展学生的全球视野，雷文认为，学校的课程需更聚焦于国际问题，教师和学生群体必须具有鲜明的国际代表性，并应该有充分的机会去海外学习。为此，雷文采取了一系列措施，其中包括国际学生交流项目、开设大量的外语及国际事务课程、成立全球化研究中心、主办大量以世界各大地区为中心的科研与教学项目、创办"耶鲁与世界"网站以及世界学者项目计划等。雷文集结了世界优秀的学者在最杰出的教授指导下研讨全球化问题。为加快耶鲁大学师生与国际接轨的进程，雷文在任职期间连续发布了《耶鲁国际化：2005—2008 战略框架》《耶鲁国际化：2009—2012 战略框架》两个文件。在这两个文件中，雷文强调培养学生通过对国际事务的了解来激发其全球领导力，并以此促进耶鲁大学的国际化。2009 年，雷文成立了国际事务委员会（International Affairs Council），带领耶鲁大学的师生就全球事务进行探讨，并培养学生对于全球事务的解决能力，致力于在全球事务的所有领域发挥作用。2015 年，耶鲁大学在此委员会的基础上成立了杰克逊全球事务研究所（Jackson Institute for Global Affairs），该研究所秉承了耶鲁大学百年培养领导者的传统。杰克逊全球事务研究所在培养领导人中所承诺的核心就是尊重、归属、包容和公平的原则。② 杰克逊全球事务研究所开设了相当数量的严谨的学术课程，这些课程由在各自领域处于领先地位的学者及全球事务的杰出实践者教授。2019 年，耶鲁大学董事会批准将杰克逊全球事务研究所改制为一所专业学校。2022 年 7 月，耶鲁大学杰克逊全球事务学院（Yale Jackson School of Global Affairs）成立。虽然雷文于 2013 年卸任耶鲁大学校长一职，但雷文设立的国际事务委员会被耶鲁

---

① ［美］理查德·雷文：《大学工作》，王芳等译，外文出版社 2004 年版，第 9 页。
② Yale University, "Yale Jackson School of Global Affairs", https：//jackson.yale.edu/about/overview/. (2022 - 10 - 12).

大学保留并继续发展。国际事务委员会的后续发展表明其对雷文治校理念的继承与发展。杰克逊全球事务学院将培养新一代领导人,帮助解决在全球问题上代表性不高的问题,并为全球事务领域的道德参与做好准备、为具有挑战性的全球性问题设计深思熟虑的循证解决方案。[①] 此后,全球参与成为耶鲁大学作为世界性大学的又一核心理念。

雷文认为,对于一所世界研究型大学而言,全球化的进展使得学生都会成为世界公民,而世界公民重要的品质之一就是对多元文化的尊重与宽容。雷文在培养学生成为世界公民的过程中,认为学校有责任帮助美国的学生了解世界,也帮助世界的学生了解美国。在课程中让学生了解世界,在增加理解的基础上和平共处,共创美好的未来。作为未来的领袖,学生的追求将会对他们自己的国家、世界的未来产生积极的意义。这也是雷文致力于实施领导力教育的原因之一。

三 强调服务社会

大学是人们根据社会发展需求建立起来的社会机构,必须行使社会所赋予的功能。早期大学的主要功能是教学,可以说是远离社会的"象牙塔"。随着社会的不断发展变化,高等教育在社会发展过程中所起的作用越来越大。早期大学单纯的教学功能已不再能满足社会的需求,高等教育的功能也随之得到拓展。尤其是在全球化时代,高等教育机构承担了更大的全球责任。雷文以其独特的视角,结合当今社会发展的需要,提出大学应承担社会责任,为社会服务的思想,并将其付诸实践。

(一)输送精英人才

大学自建立之日起,就承担着培养人才的重任。无论是东方书院式的高等学府,还是西方自中世纪起建立起来的大学,培养社会所需要的人才是建立大学的首要的根本的目的和任务。无论大学的功能拓展得有多广泛,为社会输送精英人才始终是大学存在和发展的根本及"一条主线"。随着工业革命的出现和发展,大学由原来的象牙塔到走进社会的中心,社会对大学培养的人才提出了更高的要求。

---

① Yale University, "Yale Jackson School of Global Affairs", https://jackson.yale.edu/about/overview/. (2022-10-12).

我们期盼大学成为培养创新人才的基地，创新人才是增强城市能力的战略性资源。实施人才强国战略，培养高素质创新人才，是大学的根本任务所在。一方面，大学要造就一支能以其自身的创新意识、创新思维，去感染、带动大学生创新能力的师资队伍，着力培养一批具有国际先进水平的学科带头人，具有创新潜力的青年学术骨干。另一方面，大学要切实承担起培养各个层次、各方面高素质创新人才的职责，源源不断地向社会输送具有顽强的创新精神和创新能力的各类人才。①

现代大学虽然具备多种功能，但为社会输送人才仍然是高等教育最基本的功能，大学应该把人才培养放在重要的位置。

自成立之日起，耶鲁大学就以为社会输送精英人才为己任。雷文在谈到培养人才时指出，这才是大学的根本任务。雷文认为，耶鲁大学对培养什么样的人才，需要结合其自身的发展特色与方向做出定位，提出自己的见解。在培养人才上，雷文特别强调除了培养学生的知识与能力外，还应该重视学生的性格特征。雷文指出，培养人才应着眼于赋予学生潜力以及独特的性格特质。这些独具特色的性格特质激发了学生的好奇心与求知欲，能够引导学生对世界产生影响。大学不能仅仅将学生培养成为到具体职业岗位上工作的人。面对不断发展变化的世界，耶鲁大学作为美国乃至世界一流大学，仅仅培养学生具有专业性的知识技能、为职业做准备是不够的。雷文培养学生的更深层次的目标应该是学生的创造性、灵活性、求知欲、解决问题、创新精神和批判能力。雷文不仅注重培养学生的独立性、批判性思维和创新能力，还非常重视培养学生的领导能力。雷文更是将其培养人才的重心表示为：耶鲁大学是培养领袖的实验室。在高等教育国际化的趋势下，雷文更新了耶鲁大学人才培养的目标，将培养国际领袖人才作为耶鲁大学的人才培养理念。雷文为落实新的人才培养理念，以国内国际学生的"双向交流"为原则推出了

---

① 教育部中外大学校长论坛领导小组编：《中外大学校长论坛文集》（第三辑），高等教育出版社2006年版，第9页。

一系列项目计划。这些项目计划吸引着优秀的海外学生进入耶鲁大学深造，雷文资助并支持本校学生到海外实习。在耶鲁大学海外实习项目上，雷文称，要竭尽全力为每一位学生提供出国进修的机会。此外，雷文还利用互联网技术为无法进行国际交换的海内外学生提供数字化课程。雷文设立这些项目计划的初衷在于扩展学生视野、提高全方位思考能力以及对多元文化的尊重与包容。

雷文的人才培养理念既继承了耶鲁大学的传统，又具有鲜明的时代特点，积累了有益的经验，充分显示了"耶鲁特色"。耶鲁大学国际化正是在雷文国际人才培养理念的指导下逐步实施与完成的。雷文这种坚持为社会输送精英人才的办学思想既反映出其明确的社会服务意识，也反映出雷文对学生和社会负责的态度。

（二）重视研究转化

随着生产力的发展及知识的爆炸性增长，社会向大学提出了除传播知识培养人才以外的要求——进行科学研究。关于科学研究的分类最早是由万尼瓦尔·布什（Vannevar Bush）在其提交的《科学——永无止境的前沿》（Science：The Endless Frontier）报告中提出的。[①] 布什根据科学研究的性质和目的将其分为三种类型：基础研究、应用研究、开发研究。其中，布什强调基础研究是技术进步的先行官。根据联合国教科文组织的定义，基础研究是指为获得关于现象和可观察事实的基本原理及新知识而进行的实验性和理论性的工作，它不以任何专门或特定的应用和实用为目的。[②] 从定义上讲，基础研究没有明确而实用的商业目的，而是完全以对知识的认识和探求为动力。但基础研究最终是一切由商业导向的应用研究和开发研究的源泉。一项重大的科学发现的商业内涵通常需经过数十年或者是更长时间的基础研究才能显现出来，并常常能扩展到许多经济上不相关的行业和应用领域。

在柏林大学首先开启了重视纯科学研究的先河后，科学研究便成为

---

① 田琳：《世界一流大学的功能研究》，博士学位论文，上海交通大学，2020年，第36页。
② UNESCO, "Manual for Statistics on Scientific and Technological Activities", (1984 - 05), http://uis.unesco.org/sites/default/files/documents/manual-for-statistics-on-scientific-and-technological-activities-historical-1984-en.pdf. (2022 - 10 - 09).

现代大学的一项重要功能，对推动社会发展起到了重大作用。20世纪50年代后，美国政府意识到了基础研究的重要性以及在研究型大学开展基础研究的优势和特色。科学研究从偏向应用研究与发展研究开始转向重视基础研究。科学研究的转化也影响了一流研究型大学的研究重点与方向。

雷文领导的耶鲁大学是当时基础科学研究的重要阵地，在城市与国家的经济竞争与发展中起到了重要的作用。大学进行科学研究的传统及促进科学发展的使命，使得大学成为适合进行基础研究的场所之一。雷文认为，在科学研究中，基础研究应该放在首位。新工艺、新技术的应用建立在新的原理和新观念上，而基础研究正是新观念的来源。雷文强调基础研究的原因还在于知识提高、身体强健、医疗卫生等与日常紧密相连的活动均由基础研究实现。雷文为促使耶鲁大学成为在基础研究领域强有力的中心，吸收了海内外众多优秀的学者作为耶鲁大学的教师和研究员。雷文还从经济学的视角考虑了基础研究的作用。雷文认为，国家经济之所以有着持久的竞争力，关键就是因为建立在开创性地应用新科学知识基础上的竞争优势，也只有这种开创性地应用新科学技术的行业才可能不断提供新的就业机会和极其迅速地提高生产力。这种开创性的新行业或者新产品可能来源于高校的基础研究。美国经济高速发展的重要原因就是美国政府支持高等院校的基础研究。美国政府向耶鲁大学等高等院校提供大量资金，资金的分配不是由于商业和政治的考虑，而是根据科学家提案的科学价值进行独立的质量评估，并通过激烈的竞争来审议并最终做出决定。这种基础研究是美国经济取得成功的关键。

美国政府把基础研究的重心放在大力投资高等院校的实验室上，耶鲁大学正是受到资助的实验室之一。在高等院校里进行的基础研究，使美国的经济、科技等领域取得了非凡的成就。雷文认为，一方面，基础知识很难转换为实用的利益回馈。所以，私营企业不愿投资于基础研究。相比之下，针对某一商业目标的应用研究则很容易获得利润。另一方面，启动基础研究的时效性较长，远远滞后于商业应用的要求，超过了缺乏耐心的私营企业所能容忍的限度。科学家也无法预料基础研究何时能有突破性的进展，而其最后的应用，无论是在形式上还是在时间上往往会出人意料。只有在研究型大学里，师生们对知识的执着不懈追求，才适合长期开展这种不必担心商业用途和盈利的基础研究。此外，雷文强调参与学校工作的一流科学家和工程师除了科研之外必须参与教学。在大学进行基础研究的教授承担着保存知识、传递知识和更新知识的任务，教授的教学会使下一代科学家和工程师得以从他们那里得到很好的教诲和训练。这种教育模式对培养学生创造性和增强科研队伍的生命力大有裨益。在第三届中外大学校长论坛上，雷文从战略角度考虑了基础研究的重要性，并将基础研究作为促进耶鲁大学发展的战略规划。雷文强调基础研究这一理念，在当今高等教育界无疑有着很强的现实意义。

（三）服务公共事业

大学作为社会机构服务于社会公共事业是大学的职能之一。雷文十分强调大学师生应该参与公共生活，为公众服务。这既是耶鲁大学的传统，又是实现个人价值、造福广大社会的手段。2007年，在第三届中外校长论坛上，面对全球共同的挑战，雷文提出了"机构性公民"（Institutional Citizen）的概念。机构性公民是指大学作为市民集体、社区的一分子，具有公民的身份，应履行对社区应尽的义务。雷文关于高校应当作为社区的"机构性公民"的理念深刻地体现了高等教育服务社会的重要性。

雷文认为，大学除了通过科研和教育活动来服务社会外，还可以通过成为社区里的机构性公民直接地、更好地服务于社会。在社区和城市中，大学作为机构性公民可以直接帮助地区发展经济，改善周围居民的生活环境。如开展公共教育、医疗、社会服务、提高环境意识等活动，学生可以直接投入这些活动来培养其社会责任感。雷文在其著作《大学工作》中这样写道："当我们努力为世界培养领袖和公民时，当我们的科研发现传播到校园之外给人以启迪和产生物质利益时，我们必须牢记对当地的责任。"① 雷文在改革耶鲁大学和培养学生的过程中，始终将服务社会的理念贯穿其中。雷文上任之初，正值纽黑文市陷入困境的时期。城市缺乏工业投资、工作机遇，且丧失了大量的生产能力。在纽黑文市，甚至有部分商业区被遗弃，导致附近居民受挫，城市形象下降。为重新焕发城市的活力，雷文意识到必须为社区的长远发展制定综合策略，雷

---

① ［美］理查德·雷文：《大学工作》，王芳等译，外文出版社2004年版，第11页。

文采取了三项重要的措施。第一，在耶鲁大学建立了纽黑文事务办公室，为落实具体政策提供恰当的支持。第二，设立了有偿暑期实习项目来支持学生在城市机构和非营利性服务组织工作。第三，宣布并实施了耶鲁大学购房计划。学校支持并资助教职工购买当地房屋，促进纽黑文房地产市场的复兴。

雷文认为，高校成为机构性公民的另一项重要措施是，通过科技转换加强耶鲁大学为经济发展所做的努力。雷文利用耶鲁大学自身的学科优势，在纽黑文市周围建立了生物科技产业，并取得了卓越成效。纽黑文市成立了30多家生物技术公司，吸引了多达20亿美元的资本。在雷文任职校长的20年间，许多生化科技公司及雷文领导的耶鲁大学投资的相关产业取得了重大的经济发展，给纽黑文市带来了新的面貌。2003年，纽黑文市被选为"全美城市"，成为一个重要的文化中心和旅游中心。一方面，在雷文的带领下，耶鲁大学和周边社区建立了良好的合作关系，为耶鲁大学提供了稳定的外部发展环境。社区内丰富的建筑、音乐、戏剧、博物馆、餐厅和公园，多元化的居民和环境，吸引了大批世界一流的师生，为学校的发展带来了生机和活力。另一方面，这种合作关系也给所在社区带来了新的机遇，使社区的经济得到快速发展，面貌得到极大改观。

雷文为社会服务的思想，不是仅仅局限在耶鲁大学的所在地，还有着更广阔的视野和更高瞻远瞩的眼光。1999年，在本科毕业典礼上的致辞中，雷文这样说道："你们为这个城市做了如此多的努力，现在也必须为国家和更广阔的世界做出同样的贡献，你们的活力令人羡慕……我想鼓励你们至少把一部分活力投入社会改良和服务中去，我希望你们要更加关注全国和全球层面上的公共问题。"[①] 为此，雷文也是不断努力，通过各种渠道积极和其他国家进行合作。面对全球的变化和共同的问题，雷文带领耶鲁大学做出了不懈的努力。从这个角度上讲，雷文又称得上是一个全球主义者。雷文针对全球问题指出：

> 对于包括社会保险、国际安全、种族平等和环境保护等所有这

---

① ［美］理查德·雷文：《大学工作》，王芳等译，外文出版社2004年版，第152页。

些问题，你们的责任是很明确的。你们在这里受了教育，做好了准备，已成为有创见、善于思考、有智慧的公民，国家需要你们的参与，更广阔的世界需要你们的关注，公共服务和重在参与的公民身份是你们从耶鲁获得的一部分财富。①

第四节　雷文治校理念与实践的特点与影响

雷文关于耶鲁大学的高等教育思想与相关的改革措施使耶鲁大学始终处在世界一流研究型大学的前列，并形成了耶鲁大学独具特色的治校理念与传统。雷文的治校理念特点鲜明，对耶鲁大学进行改革的经验为中国建设世界一流大学提供了一定的借鉴。

一　雷文治校理念与实践的特点

雷文在时代发展变化最为激烈的年代担任耶鲁大学校长长达20年，并且在雷文任期内，耶鲁大学始终保持着高水准的教学质量，提高了它自身的国际化水平并使其跻身世界一流研究型大学行列。耶鲁大学所取得的种种成就都离不开雷文付出的努力。雷文凭借其独树一帜的治校理念，以坚持不懈的精神对耶鲁大学的各个方面进行改革调整，从而实现了耶鲁大学的强劲发展。雷文的治校理念以及对耶鲁大学实施的改革措施具有鲜明的特点。

（一）前瞻性

雷文的治校理念与实践有着前瞻性。作为大学校长，雷文有着"远见卓识"，明确耶鲁大学的发展定位，为其制定了长远的战略目标。雷文在《耶鲁的第四世纪》（Yale's Forth Century）报告中提道："就像百年前的前辈那样，我们的预见还很不完善。我们说不出耶鲁大学在50年或100年后会变成什么模样，但对今后10年、20年的战略是相当清楚的。"雷文对耶鲁大学的整体使命和独特价值有清晰的认识，并为耶鲁大学做了战略规划并予以实施。雷文基于对其学校方向的把控制定了耶鲁大学

---

① ［美］理查德·雷文：《大学工作》，王芳等译，外文出版社2004年版，第156页。

第四个百年战略发展目标：吸引一流师生、保持图书收藏及资源优势、致力于优异的本科生教育以及培养领袖人才。雷文制定的战略规划显示出其卓越的领导智慧，对战略规划的实施则显示出雷文具有超乎寻常的领导能力。

雷文以其敏锐的洞察力，根据未来学术发展的方向，制定了分配各项活动资源的指导原则。一是侧重于发展的原则，即择优原则，指在确定学校发展目标时，要着重发展个别优势学科，而非面面俱到。雷文认为，要在同一时间将所有的研究及教学领域都建成具有世界水平的学术项目是不可能的。因此，在某些领域，例如工程和管理领域，雷文有意选择小规模发展，进而缩小与强大竞争对手之间的差距。二是互联性原则，即通过学术强势领域，拉动相关领域的进步。雷文为耶鲁大学学术项目之间的跨院系合作减少限制，提供种种方便。雷文在办学过程中始终坚持择优和互联性原则，对学科、院系进行整合，优化学校的资源。该做法使耶鲁大学保持其自身优势，提高了学生、教学和科研的质量。雷文瞄准了纽黑文市的发展潜力，与纽黑文市各界开展合作，加速了城市的复兴。雷文为纽黑文市注入了新鲜血液，在促进城市发展的同时，反过来又推动了耶鲁大学的发展。

此外，雷文站在时代发展的高度，对全球变暖、环境恶化和种族冲突等全球存在的共同问题提出了预见性的见解。为应对全球性的问题，雷文提出了切实可行的措施，领导耶鲁大学师生实施并取得了良好的成效。雷文带领耶鲁大学率先开展科学研究上的国际合作，用研究成果造福全人类。雷文这种极具前瞻性的观念与实践使耶鲁大学始终走在世界前列。

（二）实用性

雷文的治校理念与实践有着很强的实用性。历史悠久的耶鲁大学是以保守著称的，它有着保守的管理理念和教育理念。300多年的文化传统形成了耶鲁大学保守的文化品格。耶鲁大学的精神在于追求真理，与社会即时的、功利的观念保持一定的距离，守望着社会的精神文明，给人们以终极关怀，正如耶鲁大学的校训——光明和真理所表明的那样。但在大学发展的关键期，耶鲁大学由于其保守性，也曾付出了一定的代价。

雷文上任之后，以其敏锐的观察力和对社会发展的高瞻远瞩对耶鲁大学的方方面面进行了改革。此后，耶鲁大学保守的治校理念开始发生动摇，实用主义之风开始吹拂。在培养目标上，一方面，雷文不仅坚守了耶鲁大学人文主义的传统，而且强调专业人才的重要性。雷文强调通过人文教育也可以培养有用的人、为社会作出贡献的人。所以雷文在耶鲁大学的课程上并未划分专业教育与人文教育的界限。另一方面，雷文采用集中、分配的原则进行课程组织。雷文的课程组织原则凸显了他在人才培养上博雅和精专相融合的理念。雷文在学生培养上还提出学科知识要与实用技能相结合。雷文认为，知识和技能是通向未来的大门，也是未来安身立命的基点所在。在治校理念上，雷文继承了耶鲁大学的传统，除保持耶鲁大学在图书收藏和研究资源上的优势外，还强调重视本科生教育、领导力教育，以培养具有领导力素质的全球公民。在学科建设方面，雷文继续保持耶鲁大学在人文、艺术、社会科学和法学等学科上处于优势地位，继续增加这些优势学科的吸引力。同时，雷文大力发展工程学，努力促进耶鲁大学各学科领域的均衡发展，并希望耶鲁大学在这些对现代经济发展起着至关重要作用的学科领域处于领先地位。在大学发展的环境上，雷文认为，校内外的环境对于大学发展起着不可小觑的作用。雷文上任后领导了大规模的耶鲁大学校园修建工作，既保留了校园建筑的传统风格，在基础设施上又不乏现代化风格、信息化设备与舒适性。雷文还努力改善与大学所在城市之间的关系，以耶鲁大学促进城市的复兴，并将城市作为耶鲁大学持续发展的强大平台。

在高等教育的实用性受到怀疑时，雷文对此进行了辩驳，并在耶鲁大学采取种种举措证明高等教育人文性与实用性融合发展的趋势。也正是雷文这种创新精神引领耶鲁大学实现了伟大复兴。

（三）国际性

雷文的治校理念与实践具有国际性。以移民国家著称的美国长期以来就具有国际性的一面。而雷文所处的时代是各国政治、经济、文化频繁交流的时代，全球化与国际化是那个时代的代名词。在历史与时代因素的共同影响下，雷文身上凸显出十分明显的国际性视野。雷文根据其自身丰富的学识素养敏锐地跟上了时代发展的潮流，为耶鲁大学制定了"国际化大学"的战略发展目标。现如今，雷文的战略目标已实现并逐步深化，耶鲁大学已经是公认的国际一流开放性大学。

为实现"国际化大学"的目标,雷文推进了各种措施。其一,雷文设立了各种国际项目。这些项目涉及全球,聚集了海内外众多优秀的学者共同交流学习。在雷文所设立的项目中,当属学生访问项目的国际性更为显著。雷文明确指出,耶鲁大学的学生在海外高校交流访问的过程中,同海外大学生在学习、日常生活方面的沟通交流提升了耶鲁大学学生了解世界和跨文化交流合作的能力。其二,耶鲁大学的国际化还体现在师生资源的国际性上。雷文积极吸引全球优秀的师生参与到耶鲁大学的发展中,扩展了耶鲁大学的全球网络。其三,雷文扩大了课程内容的国际化。雷文开设超过相当数量的外语课程,并在院系中添加相关的国际事务供师生研讨。在雷文的领导下,耶鲁大学逐步与国际接轨,完成了从美国一流大学向世界一流大学的转变。雷文的国际化思想不仅仅局限于耶鲁大学自身,而是积极地与其他世界一流大学进行交流,开展科学研究上的项目合作。在面对全球可持续发展的问题时,雷文向国际社会呼吁共同提出解决措施。雷文在高等教育理念、学术研究与科学研究上充分地彰显了国际视野,提高了耶鲁大学的国际学术地位。雷文的国际化视野使得耶鲁大学实现了完美转型,使其长久地立于世界高等教育之林。

二 雷文治校理念与实践的影响

雷文极富时代性与前瞻性的治校理念与实践带领耶鲁大学成功地实现了转型,进入国际化大学的发展阶段。雷文所实施的一系列改革措施不仅对耶鲁大学的发展产生了巨大的影响,而且为一流大学校长提供了学校治理的可资借鉴的理念与模式,世界一流大学对其改革赞誉颇多。

其一,雷文平衡了一流研究型大学中人文课程与科学课程。言及耶鲁大学,人们往往将其与"保守"相联系。美国社会实用主义大行其道,导致包括哈佛大学在内的绝大多数学校极为推崇科学教育与职业教育,人文教育大受冲击,而耶鲁大学仍坚持教育的人文价值,成为"保守"大学的代表。[①] 雷文在上任校长后,对耶鲁大学实施了一系列改革措施,自此,实用主义开始在耶鲁大学盛行。雷文在对耶鲁大学的治理中,始

---

① 周雁:《耶鲁大学史》,上海交通大学出版社2012年版,第2页。

终秉持文理并行的理念,尤其是在生物科学研究领域,造就了一批又一批世界一流的科学家与企业家。正是这种将人文课程与科学课程相结合的治校理念,使得自然科学之光在注重人文精神的耶鲁大学同样大放异彩,同时,也避免了过分专业化所带来的不利后果①,为耶鲁大学赢得了良好的声誉与地位。

其二,推进了耶鲁大学国际化大学的发展进程。雷文上任后根据国际发展趋势提出并落实了"创建国际性大学"的战略目标,在其领导下推出的《耶鲁国际化:2005—2008战略框架》更是其国际化大学治校理念的彰显。随后,雷文根据耶鲁大学国际化的发展进程又推出了《耶鲁国际化:2009—2012战略框架》,后继校长继承了雷文国际化的治校理念,制定了新的国际化战略规划:《耶鲁大学全球战略:2019—2022》(Yale University Global Strategy:2019-2022)。耶鲁大学国际化成为具有完备体系的战略规划,并使耶鲁大学成功地转型为国际化大学。

其三,强调并落实了大学服务社会的重要职责。第二次世界大战后,耶鲁大学的校长开始主张大学应当走出象牙塔,并强调耶鲁大学在为本地区、本国乃至整个人类社会的繁荣与发展服务方面有着不可推卸的责任。② 随着全球化的发展,大学在社会中的作用愈加中心化,雷文指出,耶鲁大学的未来与纽黑文交织在一起,大学应该帮助所在城市,使之成为一个能充分发挥人的潜力、具有吸引力的地方。雷文在对耶鲁大学的治理中时刻谨记为社区、城市、国家乃至全人类服务的理念,并主张将学校作为一个市民集体参与城市复兴进程。在雷文的带领下,耶鲁大学承担并履行的社会责任营造了一个健康、良好的城市环境,并与之建立了双向互动的合作关系,促进了耶鲁大学优秀师生资源的引进。

雷文的治校理念与实践令耶鲁大学在保守中求创新,在稳定中求发展,其质量优先、稳扎稳打的做法与原则使得建设耶鲁大学的步伐在21世纪迈得坚实有力,能够更好地履行雷文所倡导的建设国际化大学和培养世界公民的理念。此外,雷文在治校中实施的行之有效的配套制度与措施,为其他一流大学校长进行国际化大学建设提供了可资借鉴的经验。

---

① 刘宝岐:《耶鲁大学人文教育研究》,博士学位论文,河北大学,2010年,第67页。
② 周雁:《耶鲁大学史》,上海交通大学出版社2012年版,第59页。

本章小结

  20世纪90年代，随着全球化进程的不断发展，社会各界开始进行适应全球化的改革，高等教育界也紧随其后。雷文在全球化的时代潮流下被正式任命为耶鲁大学的校长。雷文以渊博的学识背景和卓越的战略眼光为基础，为耶鲁大学制定了长远的发展规划。在雷文的改革下，耶鲁大学成功与国际接轨，成为世界一流的研究型大学。在雷文卸任校长一职后，其治校理念仍被耶鲁大学继任校长所继承和发展，在新时代下仍闪耀着智慧的光芒。从雷文对耶鲁大学的治校理念与改革实践中可以窥见世界一流大学校长的共同品质。第一，雷文具有丰富的学识。雷文涉猎广泛，包括历史学、政治学、哲学以及经济学。雷文丰富的学识使其更为熟悉学术规律，能够更好地对学校实施改革。第二，雷文具有"达则兼济天下"的宽广胸怀。20世纪末的纽黑文破败不堪，雷文在募集了不菲的资金后，将其中一部分用于纽黑文市及周边城市的复兴。雷文还利用耶鲁大学的优势学科发展社会经济，带领耶鲁大学回馈社会。第三，雷文坚守人文主义传统。在应用学科突飞猛进的发展下，雷文能够保持初心，守护耶鲁大学人文主义的传统。雷文不断调整实用学科与人文学科的关系，直至两者在耶鲁大学不分伯仲，培养了一批又一批知识与技能并重的人才。第四，雷文具有国际视野。雷文扩大了耶鲁大学的优势，积极吸收海内外优秀的师生资源，将耶鲁大学的精神传播到世界各地。雷文使耶鲁大学与其他世界一流高校，特别是中国高校展开交流合作，共同开展相关领域的科学研究，这既体现了雷文的国际化理念，又凸显了雷文崇尚科学的精神与态度。

  当前，中国正处于高等教育内涵式发展的关键时期，大学校长的治校理念关乎其是否能够成功促进高校转型。虽然中国的大学校长与美国的大学校长在文化、聘任流程等方面存在着一定的差异，但依然能够从雷文的治校措施中借鉴一些优秀的理念来促进中国大学的长远发展。第一，注重培养学生的领导力。培养和造就领导人才是中国大学校长的一项重要工作，也是国家长治久安、强盛不衰的关键。领导力教育是促进人全面发展的素质教育，然而，中国高校的校长在培养学生的领导力方面往往更为注重培养学生具体的领导知识、技能和方法，而缺乏对学生价值观的培养。价值观教育在大学生生活及学习过程中起着引领作用，价值观教育是素质教育的重要内容，也是领导力教育的核心内容，应该贯穿于领导力教育的始终。雷文在培养学生的领导力时，尤为强调要兼顾培养学生的社会责任感、自由民主等观念。国内大学校长在培养学生的领导力时应该将社会主义核心价值观教育、思想政治教育融入领导力教育中，并将价值观教育作为领导力教育的有力载体。从这个意义上说，价值观教育能够有效地促进领导力教育本土化，形成中国自己的领导力教育理论体系。

第二，加强基础研究工作。基础研究的功能是探索科学规律，创造新知识。基础研究是一个国家科技发展水平的重要标志，也是衡量高等院校学术水平高低的重要标准。大学校长身为高校行政和学术的带头人，必须带领高校充分发挥其基础研究主力军的作用。然而，中国高校基础研究经费成本的不断攀升，导致科研经费缺乏，从而影响了基础研究的进度。对于这一问题，中国大学校长应扩宽研究经费来源，面向社会积极筹款，创新资金管理制度，为高校基础研究提供充足的经费保障。

总而言之，大学的发展并非一蹴而就，学习世界一流大学校长的治校理念与经验，能够弥补中国大学校长在高校治理上的短板，进而加快中国高等教育建设的步伐。然而，由于政治、经济、文化等的差异，加之时代的发展，中国大学校长要有选择地学习借鉴雷文的治校理念与实践，处理好国际化与本土化的关系。

第 九 章

斯坦福大学第 10 任校长
约翰·亨尼斯的大学治校理念

2000 年 9 月,约翰·亨尼斯(John Hennessy,1953—)正式出任斯坦福大学第 10 任校长。在任 16 年后,亨尼斯于 2016 年 8 月正式卸任。在亨尼斯长达 16 年的校长任期内,他成功带领斯坦福大学实现了科研和教学等多方面的突破,对斯坦福大学的后续发展以及美国高等教育的发展产生了深远影响。因此,亨尼斯不仅被公认为斯坦福大学建校 125 年以来最成功的校长,也被公认为美国过去 20 年内最好的大学校长。本章以亨尼斯的治校理念为切入点,对其高等教育思想进行分析,以期为中国高等教育的发展提供借鉴。

第一节　亨尼斯治校的时代背景

在担任斯坦福大学校长之前,亨尼斯任教于斯坦福大学计算机系。他精通计算机软件和硬件,同时也是谷歌和思科公司的董事会成员。亨尼斯出任校长时,正值全球经济、科技迅猛发展之际,全球社会面临着众多复杂问题亟须解决。因此,高等教育也要回应时代需求,做出重大改变。作为斯坦福大学有史以来第一位具有工程学背景的校长,亨尼斯高等教育理念的产生与其自身的工作经历、创业经历以及所处的时代背景密切相关。

一　学术生涯

亨尼斯成长于纽约市长岛区亨廷顿,毕业于天主教中学,1973 年在维拉诺瓦大学获得电力工程学的学士学位，1975年及1977年在纽约州立大学石溪分校分别获得了计算机科学硕士学位和博士学位。1977年秋，亨尼斯作为电力工程学专业助教正式就职于斯坦福大学。1983年，亨尼斯晋升副教授，而后于1986年被提升为正教授。

亨尼斯作为斯坦福大学著名的计算机教授，在计算机架构方面具有较深的造诣。1981年，亨尼斯由于开展了"精简指令集计算机"（Reduced Instruction Set Computer）的计算机体系结构研究而被称为"RISC之父"。其中，"精简指令集计算机"是一项旨在通过增加计算机性能，降低生产成本，从而使计算机产业实现革命化变化的技术。1983年至1993年，亨尼斯就任斯坦福大学计算机科学实验室主任。该实验室由电力工程学院和计算机科学学院联合负责，是一个旨在研究计算机体系设计的科研中心。在1984年至1985年的学术休假期间，亨尼斯与其同事共同建立了"内部无互锁级微处理器"（Microprocessor without Interlocked Piped Stages）计算机系统，并创立了美普思科技公司。1998年，亨尼斯又与朋友共同创立了Wi-Fi技术的先驱——创锐讯公司，并在该公司担任董事会主席至2010年。在著作方面，他与大卫·帕特森（David Patterson）共同出版了两本国际通用的计算机架构教科书。

亨尼斯不仅在计算机领域表现突出，而且在生物交叉学科方面也成绩斐然。1996年，亨尼斯被任命为工程学院院长。在担任院长期间，他发起了一项五年计划，该计划为生物工程和生物医学工程间交叉活动的开展奠定了坚实的基础。1999年，亨尼斯被任命为斯坦福大学教务长。就任教务长期间，亨尼斯依然对生物科学和生物工程的跨学科活动给予了一定的重视。在亨尼斯担任斯坦福校长的最后一年，他建立了奈特—亨尼斯学者项目，这是世界上最大的全额捐赠的研究生级别的奖学金项目。

此外，亨尼斯还获得过许多其他荣誉奖项。例如，1983年获得维拉诺瓦大学约翰加仑纪念奖；1986年获斯坦福大学机电工程系杰出服务奖；1991年获纽约州立大学石溪分校杰出校友奖；2000年获得约翰·冯·诺依曼奖；2001年获得埃克特·莫齐利奖、西摩·克雷计算机工程奖，以及纽约州立大学石溪分校文学博士人道荣誉和维拉诺瓦大学科学博士荣誉；2005年获得美国艺术和科学院创办人奖；2012年获得电子与电子工程师协会荣誉奖；2017年与大卫·帕特森一起获得美国计算机协会图灵奖。

二 时代背景

20世纪90年代，世界政治格局的变化、科学技术的进步，特别是信息时代的到来，都给教育提出了新的要求。世界范围内的经济竞争、综合国力竞争，实际上均可归结为科技的竞争和人才的竞争。因此，高等教育作为培养人才的基本途径成为国际竞争过程中的关键所在。国际高等教育呈现出新的发展形势，特别是在高等教育的国际化、国际人才竞争的加剧，交叉学科和边缘学科的繁荣等方面尤为突出。

（一）高等教育的国际化

伴随着全球一体化的发展和全球信息网络的形成，国际社会交流合作的范围不断扩大，知识的传播也早已超越了国界的限制。许多国家都开始积极推动本国高等教育的国际化发展，高等教育国际化成为21世纪的大趋势。① 2006年11月中旬，美国教育部长玛格丽特·斯佩林斯（Margaret Spellings）和国务卿科林·卢瑟·鲍威尔（Colin Luther Power）率领美国高校校长代表团到北京进行访问。科林·卢瑟·鲍威尔在17日的讲演中强调：随着科技的不断进步，全球一体化发展将更为迅速，世界各国之间的联系也更为紧密，社会对多元化、多语言人才的需求持续增长，这对教育尤其是高等教育提出了更高的要求。现在的大学生不仅要具备专业技能，也应对其他国家的语言和文化有一定程度的了解，这样才能在促进本国经济发展和维护国家安全等方面发挥更大的作用。因此，国际教育合作尤其是国际高等教育的合作将在世界多元化发展中扮演更为重要的角色。高等教育国际化不仅对发达国家有利，同样也有助于发展中国家的发展。对发达国家而言，推动教育国际化改革既可以通过教育输出直接获得经济利益，也可以通过吸收国外人才来扩大其自身的国际影响力；对发展中国家而言，鼓励教育国际化既可以满足其对国际人才的需求，也能满足国家在经济、文化发展等方面融入国际体系的

---

① 杨寅平：《现代大学理念构建》，中央编译出版社2005年版，第21页。

需要。① 伴随着21世纪全球化的纵深发展，高等教育的国际化已经成为世界高等教育发展过程中的一大趋势。

（二）国际人才竞争的加剧

21世纪全球范围内的经济竞争及综合国力竞争均可归结为对科学技术和人才的竞争。在此背景下，各国逐渐开始重视人才资源的开发和利用。从20世纪50年代起，美国曾多次修改移民法以吸引国际人才，其中明确规定科学研究领域的精英人才在移民时，可以不考虑其国籍、资历和年龄，具有优先进入美国的权利。日本也注重通过人才培养实现其强国愿景。例如，从2000年6月起，日本政府实行了240万名科技人才开发推进计划，有效缓解了日本经济发展过程中人才紧缺的状况。除此之外，德国也非常重视人才的培养，同时还专门制定了特殊法律以吸引外国高级人才。由此可见，人才竞争已经逐渐成为各国在国际竞争中的关键所在。为了提高国际竞争力，各国政府开始加大对教育的投入，采取多种政策、措施鼓励大学致力于培养高质量的人才。

（三）跨学科研究的兴起

进入21世纪，科学体系呈现出深度分化和高度综合的特征。一系列新兴学科在原有学科间的空白地带或交叉点上相继产生，使得原本彼此割裂的学科产生了联系，科学体系开始呈现出高度综合的趋势。② 美国科学家德瑞克·约翰·德索拉·普莱斯（Derek J. de Solla Price）用"大科学"一词来描述当代科学的特征："大科学是科学、技术、经济和社会高度协同的科学，是学科交叉、学科移植、学科融合以及学科联结越来越广泛和深化的科学。"随着科学体系的发展，跨学科研究在知识创新过程中所发挥的作用日益凸显。为了在大国竞争中占据优势，美国开始大力支持跨学科研究。2001年，美国国家科学基金会斥巨资资助建立了17个"科学技术中心"、29个"材料研究科学和工程中心"及22个大学的"研究生教育与科研训练联合体"，以此为基础促进跨学科合作研究的开

---

① 项贤明：《当前国际教育改革主题与我国教育改革走向探析》，《北京师范大学学报》（社会科学版）2005年第4期。

② 张慧洁：《中外大学组织变革》，复旦大学出版社2005年版，第53页。

展。① 此外，社会问题的日渐复杂也呼吁着跨学科研究的出现。例如，生态环境保护和医疗卫生保健等问题往往涉及诸多学科领域，这些问题的解决需要多学科专家的合作研究。2000 年，哈佛大学组织大约 500 名生物学和医学领域的学者共同成立了一个癌症研究中心，该中心旨在精确诊断诱发不同癌症病变的机理，然后再针对不同病变设计出具体的治疗方案或干预措施。② 简言之，跨学科研究在解决人类复杂问题的过程中发挥着越来越重要的作用。

第二节 亨尼斯论大学学科建设

大学学科建设事关人才培养质量，在世界一流大学建设过程中发挥着重要作用。在前任校长的改革基础上，亨尼斯开始着手革新大学学科建设。其大学学科建设的改革措施主要体现在对跨学科研究的鼓励以及对通识教育的重视两方面。

一 鼓励跨学科研究

科技的发展以及知识的创新越来越依赖于不同学科之间的交叉融合，因此，跨学科合作研究成为科学研究的必然趋势。亨尼斯敏锐地意识到了这一发展趋势，并于 2002 年的学术委员会会议上明确指出开展多学科、跨学科原创性研究的重要性。在 2003 年学术委员会的年会上，亨尼斯又做了"在充满挑战的经济时代追寻卓越的学术"的演说。他在演讲中提到，转型期国家所面临的困难和挑战并不是单一学科可以解决的。在担任斯坦福大学校长期间，为了促进科技发展和知识创新，亨尼斯不仅致力于支持跨学科研究项目的开展，同时也极度重视建筑设施在不同学科教师和学生交流过程中的促进作用。

（一）支持跨学科研究项目

在生物医学研究方面，斯坦福大学于 1999 年在美国率先开创了"生

---

① 王定华编著：《走进美国教育》，人民教育出版社 2004 年版，第 248 页。
② ［美］尼尔·陆登庭：《一流大学的特征及成功的领导与管理要素：哈佛的经验》，阎凤桥译，《国家高级教育行政学院学报》2002 年第 5 期。

物交叉学科研究项目"。该项目涉及生物工程、生物医学和生物科学三大领域，是一项由生物学家、化学家、物理学家、计算机科学家、工程学家和医学家合作开展跨学科研究的范例。当时还是工程院院长的亨尼斯认识到了跨学科研究的潜力，并大力支持该计划。在担任斯坦福大学校长后，亨尼斯意识到生物交叉学科研究项目无论在设备还是在研究方面，都需要大量的资金支持。于是，亨尼斯向吉姆·克拉克（Jim Clark）提出建立跨学科中心的计划，尤其是有关干细胞和再生药物的研究。克拉克对亨尼斯建立跨学科中心的计划很感兴趣，决定捐赠1.5亿美元建造克拉克中心，作为生物交叉学科研究项目的研究基地。在亨尼斯的鼓励、支持下，克拉克中心已在光遗传学、生物工程、微流体技术、神经科学和计算生物学等领域取得了变革性成就，在斯坦福大学的跨学科合作研究过程中发挥着先锋作用。在庆祝克拉克中心建立10周年的会议上，亨尼斯表示："当我们建造克拉克中心时，我们想要一个能够充分利用斯坦福大学优势并支持跨学科研究开展的场所。在过去的十年里，克拉克中心已经超越了所有的期望，重新定义了我们的研究方式，在跨学科研究工作中发挥了重要作用。"[1]

干细胞研究是克拉克中心的一项重要研究。但由于2001年美国联邦政府出台了限制干细胞研究的政策，迫使一些高校终止或是放弃了干细胞研究，克拉克也搁置了对克拉克中心剩余6000万美元的捐赠。但亨尼斯坚信干细胞研究是人类健康计划的重点，未来能够解决有关人类福祉的问题。洛里·洛基干细胞研究大楼的捐献者洛里·洛基（Lorry I. Lokey）也非常注重干细胞研究对人类健康的意义，他曾表示，对我来说，干细胞不仅可以延长生命，还可以提高生活质量。基于这种情况，2001年8月31日，亨尼斯对限制干细胞研究的政策做了回应，发表了关于克拉克中心干细胞研究的声明，在声明中他说道：

> 干细胞研究具有再生医学的重大应用价值，在促进跨学科的合

---

[1] John Hennessy, "A Cauldron of Innovation: The Clark Center Has Incubated Pathbreaking Inventions and Transformed Our Thinking", (2013-11), https://stanfordmag.org/contents/a-cauldron-of-innovation. (2022-09-01).

作研究方面发挥着巨大的作用。因此，斯坦福大学的生物交叉学科研究项目和克拉克中心的研究活动将不会受到联邦政府决策的影响，我可以坚定地说生物交叉学科研究项目不仅会继续下去，而且会在斯坦福大学兴旺发展下去。克拉克中心也将在这项活动中发挥关键作用。此外，我们支持的干细胞研究会证明其在临床应用中的价值，促使政府改变干细胞研究政策。相信不久的将来，政府会修正对于干细胞研究的限制政策，最终克拉克也将恢复对于斯坦福大学的捐助。①

2009年3月9日，美国总统奥巴马签署行政命令，宣布解除前总统乔治·布什关于用联邦政府资金支持胚胎干细胞研究的禁令，容许联邦政府资助胚胎干细胞研究。克拉克也把搁置的6000万美元重新捐赠给克拉克中心。由此可以看出，亨尼斯在2001年已经预见到了跨学科干细胞研究的医学前景，并顶住政府的压力，始终支持跨学科干细胞研究。这充分体现了亨尼斯所具备的长远眼光。

在神经科学方面，亨尼斯一直鼓励神经科学领域进行跨学科研究，因为"神经科学不仅与大脑疾病的防治有关，而且对法律、教育、经济、商业等其他领域都有巨大影响。试想一下，如果我们了解我们如何思考、如何学习、如何决定，会有多少可能性"②。在亨尼斯对神经科学跨学科研究的支持下，威廉·纽瑟姆教授带领斯坦福神经科学研究所开启了大规模的跨学科合作研究，神经科学家与心理学家、工程师、计算机科学家、物理学家等其他专家一起合作开展神经科学方面的研究。2013年，诺贝尔医学和生理学奖获得者、分子与细胞生理学教授托马斯·苏德霍夫和他的团队使用跨学科研究方法，研究神经回路和突触信息传递分子的基础，以解释因突触信息传递受损而引发的阿尔兹海默病、精神分裂

---

① Stanford Home, "Statement by President John Hennessy on Jim Clark's Stem Cell Announcement", (2008 - 03 - 15), http: //news-service. stanfbrd. edu/pr/01/bioxpr-95. html. (2022 - 04 - 03).

② John Hennessy, "The Brain: The Final Frontier? Neuroscience Institute is Poised for Breakthroughs", (2014 - 12), https: //stanfordmag. org/contents/the-brain-the-final-frontier. (2022 - 08 - 28).

症和孤独症等疾病。

在艺术教育方面，亨尼斯认为："艺术可以增强我们的创新思维能力，但这需要促进艺术和其他领域之间更多的跨学科合作。"[①] 2005 年秋，在亨尼斯的鼓励下，斯坦福工程学院成立了哈索·普拉特纳设计研究院，该研究院以培养学生创造力、跨学科动手能力为宗旨。哈索·普拉特纳设计研究院的成立为艺术和工程的融合提供了便利的平台，为探索和开创新的音乐事业提供了有利的条件，如音乐合成器的发展彻底改变了音乐行业。2006 年 1 月，斯坦福创意和艺术研究所成立。该研究所通过增强艺术体验和开展跨学科的创造性合作研究来探索如何为培养学生的创造性思维提供条件。简言之，通过将学者、艺术家和其他专业人士聚集在一起，亨尼斯创造了一个没有边界、向所有人开放的艺术环境。

在环境可持续发展方面，亨尼斯实施了评估 21 世纪大学投资优先事项的计划，其中，有关环境可持续发展的项目被亨尼斯视为大学优先投资的事项之一。他指出，环境领域在开展跨学科研究和教学方面有极大的潜能，当今的环境挑战需要多学科的解决方案来应对。为使斯坦福大学成为环境问题解决方面的领先者，亨尼斯开始实施一些环境与可持续发展的举措。2003 年，亨尼斯在斯坦福大学发起了一项环境可持续倡议，该倡议的使命是通过识别当前和未来的环境问题和挑战，建立一个无污染的环境和可持续发展的世界。为给该倡议提供一个环境研究和教学的场所，亨尼斯创建了一个跨学科环境研究所——斯坦福环境研究所。沃德·伍兹和他的妻子普里西拉·伍兹的捐款为环境项目的创新和合作研究的开展作出了巨大贡献，2006 年，斯坦福环境研究所更名为斯坦福大学伍兹环境研究所。[②] 伍兹环境研究所汇集了来自斯坦福大学七所学院、其他主要学术机构、政府与非政府组织、基金会及企业的专家学者，这些专家学者在校园及全球范围内开展工作，寻求突破性的知识与解决方案，并通过将知识转化为行动以解决当今和未来的环境问题。在国家环

---

① Stanford News, "The Role of Creativity and the Arts in a 21st-Century Education", (2006 - 04 - 26), https://news.stanford.edu/2006/04/26/role-creativity-arts-21st-century-education/. (2022 - 08 - 20).

② Stanford Woods Institute for the Environment, "Different Disciplines, Common Goals", https://woods.stanford.edu/about/history. (2022 - 08 - 28).

境治理方面，伍兹环境研究所通过向政府提供客观的建议，对国家生态环境的可持续性发展产生了深远的影响。此外，为更好地解决人类在 21 世纪面临的环境挑战，亨尼斯认为，大学需要运用集体的智慧，为多学科合作铺平道路。亨尼斯曾言："近些年来，我们为促进环境可持续发展采取了综合的、多学科的研究方法。为了提出更灵活的、可持续发展的解决方案，我们让整个大学的教职工、学生、工业界、非营利部门及社区的合作者都参与进来。"①

亨尼斯不仅支持生物医学、神经科学、艺术、环境可持续性方面的跨学科研究合作，还致力于发挥斯坦福人文科学实验室在跨学科方面的作用。斯坦福大学人文科学实验室在开展人文科学合作研究方面具有丰富的资源，它采用包括展示物、人工制品和交互陈列等多种形式的表现手法来开展研究。该实验室已经开展了 12 个项目的研究，合作人员分别来自历史学、法语、意大利语、教育学、亚洲语言、戏剧、古典文学及自然艺术专业，此外，还有来自图书馆、康托尔中心的职员。

（二）兴建有利于跨学科研究的建筑

除了支持跨学科研究项目的开展外，亨尼斯还注重通过建造新建筑为跨学科合作研究创造便利的条件。亨尼斯认为："先进的设备和建筑物让前沿的、有助于提高人类生活水平的研究成为可能。即便是斯坦福大学这样一所吸引了世界一流教师和学生的高校，也需要一流的设备才能完成具有影响力的研究。"② 基于此，亨尼斯等人开启了斯坦福挑战计划，成功为跨学科研究和教学活动的开展提供了必要的建筑和先进的设备。斯坦福挑战计划活动结束时，已有 26 座新建筑建成，其中有 10 座都是用来支持跨学科研究和教学活动开展的。许多新建筑取代了已有 50 多年历史、无法支持现代研究或教学的旧建筑。③ 这些新建筑将不同学科的研究

---

① John Hennessy, "First the Farm, Then the Planet: Sustainability Begins at Home, and We're Doing Our Best to be Good Stewards", (2014-07), https://stanfordmag.org/contents/first-the-farm-then-the-planet. (2022-08-20).

② [美] 约翰·汉尼斯：《要领：斯坦福校长领导十得》，杨斌等译，浙江教育出版社 2020 版，第 250 页。

③ John Hennessy, "Becoming of Greater Service to the Public", http://annualreport.stanford.edu/2011/. (2022-08-27).

人员聚集在了一起，不仅便于协作和数据共享，还促进了先进设备和物质技术的充分利用。

在医学方面，亨尼斯推动了洛里·洛基干细胞研究大楼和李嘉诚学习与知识中心的建立。洛里·洛基干细胞大楼由慈善家洛基出资建立，于2009年动工，2010年正式投入使用。它坐落于克拉克中心以西、临床科学研究中心大楼对面，是斯坦福医学院的一座跨学科大楼，也是美国最大的干细胞研究实验室。洛里·洛基干细胞研究大楼为干细胞生物学与再生医学研究所、斯坦福癌症中心、路德维希癌症干细胞研究中心以及斯坦福神经创新和转化神经科学研究所提供了20万平方英尺的空间，有力地推动了不同学科间研究人员的交流与合作。斯坦福医学院院长菲利浦·皮佐（Philip Pizzo）博士曾指出，洛里·洛基干细胞研究大楼能促进21世纪干细胞生物学和再生医学的跨学科研究，它是科学和医学交叉的希望灯塔，通过促进发现和创新，洛里·洛基干细胞研究大楼将造福身患严重疾病的儿童和成人。

李嘉诚学习与知识中心是斯坦福大学新建的医学院大楼，位于科学与工程学院和医学中心的十字路口，是医学和工程等学科之间的纽带。该建筑是美国较大的模拟实验室之一，它通过将尖端技术与现代教育相结合，为外科医生的培训提供了高度逼真的人体模型和模拟系统。李嘉诚学习与知识中心通过创建跨学科项目以及给学生和医生提供虚拟立体的培训和工具，为学生开启了跨学科、多维度的学习体验。李嘉诚学习与知识中心、洛里·洛基干细胞研究大楼和克拉克中心共同展现了斯坦福大学医学院的新面貌，促进了生物学、物理学和工程学领域的合作。

在环境可持续方面，亨尼斯发起了大学环境与可持续发展的多学科倡议。在该倡议的推动下，杨致远和山崎明子环境与能源大楼于2008年建成并投入使用。这栋大楼的正式落成凸显了斯坦福大学寻求减少碳足迹和温室气体排放量的承诺。最初设计这座建筑时，学者、规划师和建筑师都致力于通过建筑来促进多学科研究的互动。一些具有跨学科合作潜力的研究所和研究中心已迁入该大楼，如海洋方案解决中心、伍兹环境研究所等。除了研究中心外，杨致远和山崎明子环境与能源大楼也为一些跨学科学位课程提供了上课场所，包括环境与资源跨学科研究生课程和地球系统本科课程等。杨致远和山崎明子环境与能源大楼为环境研究人员在空间上与其他学科同事开展合作研究提供了支持。生物学家、地球科学家、经济学家、工程师、法律学者和政策分析师等多学科领域的专家将聚集在该大楼内，共同致力于全球环境问题的解决。[①] 另外，对科学家和教师等人来说，杨致远和山崎明子环境与能源大楼也是跨学科研究团队和学生团体进行研讨会及开展项目研究的最佳场所。2013年，美国绿色建筑委员会向杨致远和山崎明子环境与能源大楼颁发了运营和维护可持续性的最高认证，即能源与环境设计先锋铂金认证，该认证依赖于实际建筑性能，而不是设计潜力。

在艺术方面，亨尼斯带领斯坦福大学的师生发起了艺术倡议。该倡议旨在通过鼓励跨学科协作来促进艺术教学和课外项目的开展，具体措施包括投资艺术项目和兴建艺术大楼等。亨尼斯把建立艺术系新楼的计划告知了麦克默特利夫妇（Burt and Deedee McMurtry），随后，麦克默特利夫妇同意出资帮助斯坦福大学建造新的艺术大楼。2015年，麦克默特利艺术大楼开始投入使用。该大楼不仅为艺术和艺术史系师生提供了新的教学场所，也为斯坦福大学提供了一座具有跨学科性质的艺术中心。设计、绘画、数字媒体、摄影、雕塑以及电影制作等实践和研究中心均位于该建筑内。麦克默特利艺术大楼的空间设计可以有效促进学生和教师之间跨学科艺术的互动和协作，使艺术和艺术史融入大学的其他学科领域。亨尼斯认为，艺术在培养斯坦福师生生活的创意文化方面发挥着至关重要的作用，麦克默特利艺术大楼的建成可以提高学生对艺术的参与度，进而成为整个大学创新的催化剂。麦克默特利艺术大楼毗邻康托艺术中心和安德森收藏馆，与新建的宾格音乐厅、纪念礼堂和皮戈特剧院一起成为斯坦福大学艺术区的一部分。亨尼斯的这项倡议不仅为艺术系研究人员的互动创造了空间，也激发了研究者的创造力。

大学校长应该具有学术界人士所具备的学术素养、对当前世界学术发展趋势有清醒的认识、尊重学术自由权及研究课题的开展并具备开阔的视野和见解。[②] 亨尼斯正是这样一位校长，他预见到了国际学术发展的

---

① Kathleen J. Sullivan, "Sustainable Stanford", (2008-03-03), https://news.stanford.edu/news/2008/march5/y2e2-sustain-030508.html. (2022-10-01).

② 郭为藩：《转变中的大学：传统、议题与前景》，北京大学出版社2006年版，第65页。

趋势，并在斯坦福大学资源优势的基础上有力地促进了跨学科研究的开展。2005年，亨尼斯向斯坦福大学学术委员会作了题为"五年回顾，思考未来"的报告，在该报告中亨尼斯讲道："作为世界上著名的研究型大学之一，斯坦福大学对于改善人类居住条件、提升人类健康、维持生态环境、保护世界和平以及为世界面临的挑战做出积极贡献等方面都具有一定的责任。斯坦福大学先进的研究水平和广泛的研究领域更加凸显了斯坦福大学在开展跨学科研究活动中的优势。"① 概言之，通过支持跨学科研究项目和兴建有利于跨学科研究的建筑，亨尼斯既培养了学生跨学科的思维，也大大提升了斯坦福大学的跨学科研究水平。

二 重视通识教育

通识教育是一种旨在促进学生全面发展的非功利主义教育，它所涵盖的知识面较为广泛，跨越了多个学科领域。② 通识教育是斯坦福大学本科生教育的一个重要组成部分。斯坦福大学通识教育的目标是：（1）让学生了解人文科学、社会科学、自然科学、应用科学和技术等领域的广泛知识；（2）培养学生成为负责任的公民。斯坦福大学自建校之初就以培养有文化且有实用价值的优秀毕业生为目标。为实现这个目标，斯坦福大学一直致力于通识教育和专业教育的协调发展。在思考斯坦福大学本科课程的总体结构时，亨尼斯给予通识教育充分的重视，他认为，通识教育可以使学生获得更优质的学习体验。此外，在就职演说中，亨尼斯将斯坦福大学本科生教育的价值取向概括为三个核心原则，其中第一个核心原则就是致力于通识教育。受美国"实用主义精神"的影响，亨尼斯强调知识的实用性，但又不仅仅局限于实用性，而是主张通识教育与专业教育的协调发展。换言之，通识教育和专业教育如鸟之双翼、车之双轮，两者地位相当，不能顾此失彼。

为了更好地平衡通识教育和专业教育、提高斯坦福大学本科生教育

---

① Stanford News, "Looking Backward, Thinking Forward: President John Hennessy's 2005 Speech to the Academic Council", (2005 - 04 - 01), https://news.stanford.edu/2005/04/01/looking-backward-thinking-forward-president-john-hennessys-2005-speech-academic-council/. (2022 - 06 - 01).

② 李曼丽：《通识教育———一种大学教育观》，清华大学出版社1999年版，第17页。

质量，斯坦福大学本科生教育委员会于2012年在亨尼斯的指导下发布了《斯坦福大学本科生教育研究报告》。该报告明确指出，斯坦福大学仍然致力于为所有学生提供通识教育，并将根据时代需求对通识教育进行改革。依据亨尼斯的意见，斯坦福大学分别于2012年和2013年对通识教育进行了两次改革，2013年改革后的通识教育方案一直使用至今。亨尼斯希望通识教育能在思考与行为方式养成、批判性思维和问题解决能力养成、交流技能提升以及语言学习方面对学生有所帮助。

其一，在思考与行为方式养成方面，开设提高学生知识广度的课程至关重要。思维和行为方法课在2013年通识课程改革时应运而生。该课程由八个模块组成，包括审美与诠释性探究、社会调查、科学方法与分析、创造性表达、参与多元化、形式推理、道德推理以及应用定量推理。思维和行为方法课强调学生学习的广度，旨在促进学生各种能力的发展。与许多传统院校对学科广度的要求不同，思维和行为方法课强调"思维"与"行动"。该课程教授给学生的是如何以不同的方式看待世界，如何从不同角度定义这个世界，以及如何以新的方式使用智识等内容。[①] 进而言之，思维和行为方法课程为广博知识的获得提供了思维方式层面的指导。斯坦福大学规定学生必须在专业课程之外学习该课程的大部分模块，进而确保每个学生都能接触到不同的想法和思维方式，并促使学生进行更全面的自我评价。

其二，在批判性思维和问题解决能力养成方面，亨尼斯认为："围绕重大生活问题或社会问题组织的有效思考课程，可以让学生养成斯坦福大学希望学生所具备的批判性思维和问题解决能力。"[②] 2012年通识教育改革之后，斯坦福大学开始在本科第一学年实施有效的思考课程。该课程旨在通过让学生思考一些重要且始终存在的问题，引导学生思考问题方式的转变，使学生养成从多个学科角度思考问题的习惯。学生可以从自我塑造教育、两项寄宿项目以及学期方法类课程这三种课程中，根据

[①] Stanford University, "Do you krow the ways", https://ways.stanford.edu/about. (2022-09-04).

[②] John Hennessy, "2012—Education in the 21st Century—Evolution and Revolution", http://annualreport.stanford.edu/2012/. (2022-09-01).

他们自己的兴趣爱好和需要任意选择一类课程来达到有效思考课程的要求。这些课程主题的学习不需要学生具备一定的先修知识，因此往往能被学生广泛讨论。同时，这些课程主题也能有效吸引学生的注意力。此外，这些课程通常围绕特定的想法、问题或难题来组织，能够使学生更加深入地了解如何将知识应用于现实问题的解决。①

其三，在交流技能提升方面，亨尼斯认为，扎实的写作能力和修辞能力是提升书面写作水平和口语交流技能的关键要素。亨尼斯说过："在大学里有这样一种观念，即工程师必须知道如何使用计算尺、计算器或电脑，而无须明白如何写作。这可能是对年轻人的最大谎言。我认为，写作与修辞是所有领域、所有学科中十分有价值的两项技能。"② 为了提升学生的交流技能，亨尼斯建议对通识课程中的写作与修辞课程进行革新，对原来的三种课程进行优化。（1）一级写作课程。继续开设一级写作课程，并定期对该课程进行更新。（2）二级写作课程。在一级写作课程的基础上，斯坦福大学将提高对学生的要求，着力拓展学生写作内容，将科技写作及新闻写作等纳入课程范围。（3）三级写作课程也被称为专业写作课程。学生在学完一级写作课程和二级写作课程后才能进入专业写作阶段。专业写作不仅要求学生在学科领域内有高水平的写作能力和交流技能，也要求学生掌握学科前沿知识，并能清晰地将这些知识传达给他人。总而言之，文字是思维的载体，思维需要通过写作来表达。无论将来从事何种职业，学生都需具备有效沟通的能力。

其四，语言课程是通识教育的重要组成部分。亨尼斯主张在通识教育中继续保留语言课程，并加强外语的学习。因此，斯坦福大学要求所有本科生都必须完成一学年的大学水平的外语学习或同等水平的外语学习，学生可以通过多种学习方式满足学校要求。学习一门新语言，可以为学生打开一个新世界。斯坦福大学为学生提供了法语、德语、汉语、

---

① The Board of Trustees of the Leland Stanford Junior University, *The Study of Undergraduate Education at Stanford University*, Stanford: The Office of the Vice Provost for Undergraduate Education, 2012, p. 47.

② Stanford University, "Writing Matters: A Series about Writing's Connection with Academic and Professional Success", https：//pwr.stanford.edu/about-pwr/past-initiatives/writing-matters-faculty-edition. (2022-09-04).

日语、俄语、阿拉伯语、希伯来语以及西班牙语等种类丰富的语言课程，学生可以根据他们自己的兴趣和需要选择想要学习的语言课程。基于语言和语篇功能的研究和理论，这种语言课程取向是适应性的、补偿性的、发展性的，而不是简单的语言相加。① 语言课程不仅关注语言本身，还关注与语言相关的文化、语言和文化之间的比较以及对讲特定语言的社区的了解等。此外，斯坦福大学的语言课程要求所有学生基本掌握一门外语，这在很大程度上拓展了学生的知识面和语言表达范围，使学生有机会了解之前不熟悉的知识与文化。

随着社会的发展和知识的不断更新，大学必须"改变课程组织，更新教材内容，注重教学方法，培养学生的学习态度、思维能力和公民意识。"② 在亨尼斯的倡导下，改革后的通识教育不仅有利于引导学生进入大学的"智识生活"，还能培养学生发现问题和解决问题的能力。这些能力能够使学生为不确定的未来做好准备。

第三节　亨尼斯论学生培养方式

本科生教育和研究生教育都是亨尼斯关注的重点。在本科生教育方面，亨尼斯不仅注重本科阶段教学活动的开展，还鼓励本科生积极参与科学研究以培养其批判性思维能力和问题解决的能力。在研究生教育方面，亨尼斯主张加大对研究生的科研经费投入以提高斯坦福大学的学术研究水平。

一　注重本科生参与研究

美国一流大学在本科生教育方面所具有的特点是允许本科生参与科学研究。让本科生参与科研是培养学生创新精神和能力的重要渠道③，同时也能为学生毕业后继续从事科研工作奠定基础。为了给本科生提供更

---

① Stanford University, "Stanford Language Programs", https://language.stanford.edu/programs-languages/stanford-language-programs. (2022-09-01).
② 哈佛委员会：《哈佛通识教育红皮书》，李曼丽译，北京大学出版社2010年版，第2页。
③ 张旺、杜亚丽、丁薇：《人才培养模式的现实反思与当代创新》，《教育研究》2015年第1期。

多且更有质量的科研机会，斯坦福大学会定期对本科生教育进行改革。亨尼斯出任校长之初就宣布将继续推进前任校长杰拉德·卡斯帕尔所推行的本科生教育改革，这些改革措施包括斯坦福导读项目。在亨尼斯看来，斯坦福导读项目为本科生提供了很多参与研究的机会。斯坦福导读项目包括新生研讨会、大二研讨会、大二对话课、大二学院、大二辅导项目等。这些研讨班的规模很小，一般由12人组成，最多不超过16人。斯坦福导读项目虽然带有一些"导论"的性质，但它强调知识的系统性和全面性，注重激发学生的兴趣，以促使学生掌握所学知识及特定学科的研究方法。为了给本科生提供更多参与研究的机会，亨尼斯在就任斯坦福大学校长不久后，就着手改革斯坦福导读项目。

第一，加强本科一、二年级的斯坦福导读项目。在本科阶段参与研究的经历使亨尼斯意识到本科生参与研究能对其今后的学习产生深远影响。亨尼斯回忆说："对我来说，本科生时期的研究经历不仅促使我从电子工程专业毕业，成为一名计算机科学专业的研究生，也激发了我探索前沿知识的热情。这种求知的热情在我攻读博士学位期间以及担任斯坦福大学教师的23年期间一直支持并激励着我。"① 亨尼斯认为，斯坦福导读项目为前两年的本科学习注入了新的活力。考虑到学生能根据他们自己的兴趣选择不同的研讨会，亨尼斯认为，增加研讨会数量很有必要。2000—2001年，亨尼斯为学生提供了200多个不同的研讨会。这些研讨会几乎涵盖了知识探索的全部范围，例如莎士比亚、古代象形文字、生物技术、人类情感和心理、信息技术、艺术以及音乐等研讨会。

第二，为大三、大四学生创造独立开展研究的机会。斯坦福导读项目能够在充实本科生前两年学习生活的基础上极大地提升大一、大二年级本科生的科研能力。基于此，亨尼斯认为，在前两年斯坦福导读项目产生影响的基础上，应该把研讨会的重点转向大三和大四的学生。斯坦福大学应对大三和大四年级学生的教育进行类似于斯坦福导读项目的改革，为他们创造更多独立学习和研究的机会。本科期间参与研究的经历

---

① Stanford Home, "September 20, 2000 Freshman Convocation Address by John Hennessy", (2000-09-20), https：//news.stanford.edu/news/2000/september20/convocation-927.html. (2022-09-12).

能激发学生毕业后继续从事研究工作的欲望。斯坦福大学开展过一项针对大三和大四年级本科生的研究，这些本科生均参加过大二研讨会或大二学院的项目，研究结果表明，参加过大二学院的学生成绩更好，更有可能继续攻读研究生学位，也更有可能参加斯坦福海外研究等项目。

第三，挑选精英教师负责斯坦福导读项目。对学生来说，斯坦福导读项目不仅能为学生提供参与研究的机会，还为学生提供了接触名师和探索前沿知识的绝佳机会。这不仅能促使学生更加积极地思考问题，还可以培养学生的合作意识和创新精神。因此，亨尼斯认为，斯坦福导读项目的开展需要优秀教师来负责。在选择教师时，亨尼斯提议由斯坦福大学的一流教师负责该项目。如亨尼斯让诺贝尔物理学奖获得者道格·奥谢罗夫（Doug Osheroff）教授负责摄影技术相关的课程、让在美国艺术史研究上享有盛名的艺术学院院长万达·考恩（Wanda Corn）负责教授《镀金时期的美国艺术与文化》课程等。简而言之，一流教师在授课时更能激发学生的学习主动性，也能促使学生的批判性思维与创新能力的发展。

第四，尊重学生参与斯坦福导读项目的意愿。这些研讨会是根据学生的兴趣和当今世界的热点问题设定的，它并不需要学生具备一定的先修课程知识。此外，这些研讨会还具有它们特定的知识体系和学科方法，可以引导学生进行独立探究。在教师的辅助下，学生可以按照各自的主修方向，利用实验室、图书馆等资源独立完成研究项目。在斯坦福大学，大部分本科新生都会参加新生研讨会，但要求所有新生参加研讨会这一举措是否明智引起了亨尼斯的思考。因此，他组织斯坦福大学的教师对此展开了讨论。教师认为，强制学生参加斯坦福导读项目可能会破坏教师和学生在对某一课题有共同兴趣的情况下所产生的"魔力"。最终，教务委员会投票决定，鼓励但不强制学生参加新生研讨会。[①] 由此可见，亨尼斯在充分尊重学生意愿的前提下所进行的斯坦福导读项目改革，能更加发挥出斯坦福导读项目对学生的积极作用。

[①] John Hennessy, "Remodeling Our Curriculum for the 21st Century: Breadth and Depth, and a New Emphasis on Critical Thinking",（2012-07），https://stanfordmag.org/contents/remodeling-our-curriculum-for-the-21st-century.（2022-09-01）.

为使斯坦福导读项目被作为斯坦福大学在促进本科生参与研究方面的成功经验，同时为确保该项目在斯坦福大学的持续开展，亨尼斯主张通过增加研讨会数量、挑选精英教师组织研讨会、尊重学生意愿等措施改革斯坦福导读项目。这些措施进一步加大了斯坦福大学对大一学生和大二学生的学习指导和学术熏陶。负责本科生教育的副教务长曾表示，新生研讨会、大二研讨会和大二学院等项目，能帮助斯坦福大学的本科生实现从学生到学者的转变。[1] 另外，斯坦福导读项目也有助于加强教师和学生之间的互动交流，增进师生之间的了解，进而促进教师与学生合作研究的开展。除了通过强化斯坦福导读项目鼓励本科生参与研究外，亨尼斯还扩大了斯坦福大学的海外研究项目，旨在增加本科生的研究机会。

二 培养研究生的跨学科能力

1998年，美国国家科学基金会启动研究生教育与科研培训一体化资助这一跨学科培训项目。该项目旨在通过超越传统学科界限的合作研究建立跨学科的研究生教育和培训创新模式。[2] 此外，截至2005年，斯坦福大学已有将近40年的时间没有对研究生教育进行全面审查了，这在一定程度上阻碍了斯坦福大学研究生教育的发展。[3] 基于研究生教育和科研培训一体化资助项目的驱动以及斯坦福研究生教育的现实情况，亨尼斯指出，除了继续巩固本科生教育改革所取得的成就之外，斯坦福大学也应根据时代发展需要对研究生教育进行革新，着重培养研究生的跨学科能力。正如亨尼斯所言，斯坦福大学现在的任务就是要重新审视斯坦福大学的研究生教育，并思考在面对一系列挑战和机遇时，如何更好地促进斯坦福大学研究生教育的发展。斯坦福大学作为重要的高等教育机构，

---

[1] Stanford Home, "Hennessy Inaugurated 10th President: Launches ＄1 Billion Campaign for Undergraduate Education", (2000 – 10 – 20), https：//news.stanford.edu/pr/00/cuerelease1025.html. (2022 – 09 – 01).

[2] National Science Foundation, "Integrative Graduate Education and Research Traineeship Program", (2011 – 07 – 06), https：//www.nsf.gov/pubs/2007/nsf07540/nsf07540.htm, (2022 – 09 – 02).

[3] Stanford News, "Looking Backward, Thinking Forward: President John Hennessy's 2005 Speech to the Academic Council", (2005 – 04 – 01), https：//news.stanford.edu/2005/04/01/looking-backward-thinking-forward-president-john-hennessys-2005-speech-academic-council/. (2022 – 06 – 01).

它所面临的挑战就是如何让斯坦福大学的研究生成为21世纪复杂问题解决过程中的领导者。① 跨学科能力已成为21世纪解决复杂问题的必备技能。为了培养研究生的跨学科能力，亨尼斯实施了相关举措。

（一）成立研究生教育委员会

2004年9月，亨尼斯创建了斯坦福大学"研究生教育委员会"（Commission on Graduate Education）。该委员会旨在全面审查研究生教育，并思考斯坦福大学如何在当下及未来的挑战中革新研究生教育这一问题，并培养学生的跨学科能力。"研究生教育委员会"共有20名成员，包括董事会前主席、研究与研究政策院副教务长、战略规划副院长和研究生委员会主席以及来自7所学院、斯坦福直线加速器中心以及胡佛研究所的教师等。该委员会成员分别对大学校长、教务长以及他们各自所属学院或研究中心的院长、负责研究生教育的各类行政人员以及在读研究生和校友进行了调查，得到他们对斯坦福大学研究生教育的看法和感受，同时也搜集到了有关斯坦福大学研究生教育和研究项目的数据资料。此外，该委员会成员还深入采访了斯坦福大学学生、教师和行政人员，听取了来自高等教育领域的专家、其他大学的教员以及众多聘用过斯坦福大学研究生的企业代表对斯坦福大学研究生教育的建议。基于对以上资料的研究分析，研究生教育委员会指出，21世纪成功的研究生教育应该表现出以下特征：研究生在应对未来一系列挑战时应具备一定的领导力；高校要给予研究生充足的研究机会；高校应允许研究生不受学校和学院的阻碍，自由地与其他学校和院系的学生开展合作研究；高校在学生群体、教师群体、行政体系、学术项目、课程设置、教学方法和课外活动等方面要具有多样化特征；高校要具有丰富多样的学科和校园文化；高校要具备创新精神。② 进言之，研究生教育要具备以上特征，需要以培养研究生的跨学科能力为前提。

（二）发布研究生教育委员会报告

在亨尼斯的指导下，研究生教育委员会于2005年发布了《研究生教

---

① Stanford University, *Report of the Commission on Graduate Education*, Stanford: Office of the President Stanford University, 2005, p. 9.

② Stanford University, *Report of the Commission on Graduate Education*, Stanford: Office of the President Stanford University, 2005, pp. 15 – 16.

育委员会报告》。该报告以亨尼斯的研究生教育思想为基础,对斯坦福大学的研究生教育提出了三点建议。第一,侧重斯坦福大学的智力创新,例如给予学生更多的跨学科学习和研究机会、向跨学科研究项目提供充足的财政支持以及鼓励教师积极探索新的研究领域并开展跨院系合作研究等。第二,改善研究生的学习体验,例如开设更多项目式课程和研讨会,培养学生的领导能力,改善针对女性、少数族裔和国际学生的招生政策以及加强职业咨询和财政支持等各项服务。第三,加强机构灵活性,研究生教育委员会建议任命一位研究生教育副教务长负责向教务长汇报斯坦福大学的研究生教育情况,并为各院长、教师和研究生提供必要的教育资源。这些建议的落实促进了整个斯坦福大学行政人员及师生之间的友好合作,为研究生跨学科能力的培养提供了保障。

根据研究生教育委员会提出的建议,各学院开始革新研究生教育,以更好地培养研究生的跨学科能力。2006年,斯坦福大学研究生商学院建立了斯坦福大学研究生夏季研究所,来自地球科学院、医学院、工程学院和人文科学院的70名非商贸专业的研究生在这里接受了4周的管理课程培训。在暑期课程培训期间,这些研究生可以向商学院的高级教员学习有关管理企业及商业运转的策略和技巧。[1] 研究生夏季研究所为学生提供了其自身专业领域之外的多样化课程,有效培养了学生利用多学科知识和方法解决问题的能力。2007年,斯坦福大学的法学院为了革新研究生教育开始向季度制过渡,该制度旨在促进联合学位项目和跨学科合作项目的实施。除此之外,法学院还开设了更多的跨学科学习课程。研究生委员会在《研究生教育委员会报告》中所提出的建议,不仅有助于丰富研究生的学习经验、培养研究生的批判性思维和创造性思维,也有助于满足研究生不断变化的学习需求。

(三)增加研究资金

斯坦福大学对研究生科研活动的资助形式主要有三种。第一种是奖学金、助学金和补助金,该项资助将无偿资助给学生;第二种和第三种

---

[1] Stanford News, "Address of President John Hennessy to the Academic Council", (2007-05-23), https://news.stanford.edu/news/2007/may23/text-052307.html. (2022-10-02).

分别是贷款和工资收益。① 这三种经济援助在一定程度上减轻了研究生的经济负担。为确保更多优秀的研究生可以从事跨学科研究，亨尼斯建议增加对研究生的资金支持。2008年负责研究生教育的副教务长办公室依据亨尼斯的指示推出了两项基金以鼓励研究生创新。其中，加强核心基金用于颁发给那些提出新方法来革新旧有教育实践项目的学生②；学生知识社区项目基金则用于扩大不同院系间教师和研究生的交流合作。这两项资金增加了研究生教育的经费投入，为研究生进行科学研究提供了更大的经济支持，有助于研究生自身价值和社会价值的实现。

在亨尼斯担任校长期间，斯坦福大学的研究生教育以促进知识创新、优化研究生学习经验，注重研究生跨学科能力的培养及增加研究生科研资金为工作重点，使得斯坦福大学的研究生教育水平得到了一定程度的提高。在亨尼斯的领导下，斯坦福大学为世界输送了大量具有创新思维和较强问题解决能力的领导人才。简言之，亨尼斯培养研究生跨学科能力的治校理念，既有利于继续保持斯坦福大学在高等院校的卓越地位，也为全球复杂问题的解决作出了贡献。

第四节　亨尼斯论大学教师队伍建设

梅贻琦曾言：“大学之良窳，几乎系于师资与设备之充实与否，师资为尤要。”③ 由此可知，师资是大学的第一要素。为了提高斯坦福大学的师资质量，使斯坦福大学拥有世界一流的师资队伍，亨尼斯从教师群体多样化、教师选拔和教师待遇等方面对斯坦福大学师资队伍建设进行了改革。

---

① Stanford Financial Aid, "Graduate Aid at Stanford", (2011-01-19), https://financialaid.stanford.edu/grad/aid/index.html. (2022-09-11).

② Stanford News, "Text of President John Hennessy's Address to the Academic Council", (2008-05-16), https://news.stanford.edu/2008/05/16/text-president-john-hennessys-address-academic-council/. (2022-09-11).

③ 刘述礼、黄延复编：《梅贻琦教育论著选》，人民教育出版社1993年版，第3页。

一 甄选优秀的教师

教师质量是影响学校声望和地位的重要因素。优秀的教师不仅能够吸引优秀的学生、开展高水平的研究，还能赢得广泛的外界支持。因此，一所大学能否成功，关键在于其是否具有一流的师资队伍。斯坦福大学在师资队伍建设方面，非常注重甄选精英教师。建校至今，斯坦福大学始终坚持"选拔一流的教授，构建优异的顶峰"的原则，把建设高水平的师资队伍放在学校发展的首要位置。亨尼斯对于这一原则给予了充分的肯定。他认为，斯坦福大学周围的美景或校园的建筑并不能保证其自身的卓越发展，斯坦福大学还需要做出其他明智选择来提高斯坦福大学的声望，即利用斯坦福大学的资源聘请世界一流的教授。[1] 在2000年斯坦福大学的开学典礼上他再次强调了甄选优秀教师的重要性。

自就任斯坦福大学校长起，亨尼斯便开始甄选教师精英。在招聘教师时，如果应聘教师的水平不高，亨尼斯会建议暂停招聘，耐心等待优秀教师的出现。经过亨尼斯等人的努力，2000年，斯坦福大学聘请了69名来自艺术、音乐、英语、历史、经济、物理、计算机科学、生物、法律、商业、教育以及医疗等40个专业的著名教师，在这些教师中，有些是在各自领域处于领先地位的资深教授，还有一些是参与新领域开发的青年教授助理，他们共同致力于知识的探索与创新。2001年1月，著名的心理学家德博拉·斯蒂佩克（Deborah Stipek）加入斯坦福大学，担任教育学院的教授和院长。2001年4月，著名的儿科医生菲利普·皮佐（Philip Pizzo）博士加入斯坦福大学，担任医学院院长。皮佐博士在治疗儿童癌症和艾滋病并发症方面作出了里程碑式的贡献。[2] 进而言之，斯坦福大学保持世界一流研究型大学地位的关键就在于有着世界一流的教师、学者、专家和研究人员。

---

[1] John Hennessy, "The First Great American University: Innovation and Vision Have Set Stanford Apart", (2002-09), https://stanfordmag.org/contents/the-first-great-american-university. (2022-10-02).

[2] Stanford Home, "Taking Stock Five Continuing Successes and Five Challenges for the Future", (2001-03-08), https://news.stanford.edu/2001/03/08/taking-stock-five-continuing-successes-five-challenges-future/. (2022-10-02).

教师非凡的研究和学术成果能为斯坦福大学带来很多荣誉。2014年8月，斯坦福大学教授玛丽亚姆·米尔扎哈尼（Maryam Mirzakhani）因其对几何学和动力学系统做出的杰出贡献而获得菲尔兹奖。① 2014年9月，生物工程学、精神病学和行为科学教授卡尔·迪赛罗斯（Karl Deisseroth）因开创"光遗传学"而获得2014年庆应医学科学奖②，"光遗传学"有望用于治疗失明、帕金森病以及缓解慢性疾病。2014年10月，斯坦福化学教授威廉姆·艾斯科·莫尔纳尔（William Esco Moerner）获得2014年诺贝尔化学奖，这是自2001年以来第11次授予斯坦福大学教师的诺贝尔奖。③ 莫尔纳尔教授以创新的方法成功突破传统光学显微镜的极限分辨率，给生命科学带来了革命性的突破。

除了卓越的研究和学术成果外，斯坦福大学优秀的教师队伍在课堂教学方面也有着出色的表现。2014年11月，因创新教学方法、缩减教学规模而取得卓越成就的机械工程教授谢里·谢波德（Sheri Sheppard）被评为"美国研究型大学学年教授"④。这种创新的教学方法与传统的灌输和死记硬背的练习不同，它更加注重学生在研究和团结协作方面的能力。

简言之，亨尼斯在教师招聘过程中对高标准原则的坚守使得斯坦福大学拥有了一支优秀的教师队伍。这些一流的教师使斯坦福大学长期处于世界顶尖科技研究领域的前沿，有力地巩固了斯坦福大学在美国研究型大学乃至世界研究型大学中的领先地位。斯坦福大学像大磁铁一样，吸引着世界各地的优秀教师、学生，成为各个领域精英人才和杰出学者的汇集之地。

---

① John Hennessy, "2014—A Commitment to Sustainability", http：//annualreport.stanford.edu/2014/.（2022-09-20）.

② John Hennessy, "A Prizeworthy Faculty: In a Banner Year, Recognition Follows Achievements",（2015-01）, https：//stanfordmag.org/contents/a-prizeworthy-faculty.（2022-10-12）.

③ John Hennessy, "2014—A Commitment to Sustainability", http：//annualreport.stanford.edu/2014/.（2022-09-20）.

④ Tom Abate, "Stanford Mechanical Engineer Sheri Sheppard Named U.S. Professor of the Year",（2014-11-19）, https：//engineering.stanford.edu/news/stanford-mechanical-engineer-sheri-sheppard-named-us-professor-year.（2022-09-15）.

二 重视教师的多元化

除了甄选优秀的教师外,亨尼斯还注意到多元化的教师队伍也是促进斯坦福大学发展的关键点。多元化的教师队伍不仅可以提高斯坦福大学教学和研究的广度和深度,还可以为斯坦福大学日益多样化的学生提供多元化的师资力量,吸引更多优秀学生到斯坦福大学学习。鉴于此,亨尼斯主张采取多种措施来加强斯坦福大学教师队伍的多元化。

斯坦福大学和其他高等院校都面临着促进教师队伍多元化的挑战。为应对这一挑战,亨尼斯于2001年1月29日会见了美国九所研究型大学的代表,讨论了有关女性在科学与工程学中的代表和表现问题。最终,这九所大学承诺将解决在科学和工程项目中遗留的性别不平等问题,并致力于消除女性教师参与项目研究的障碍。[①] 斯坦福大学也做出承诺将继续防范教师聘用和晋升过程中不公平现象的出现,并继续增加女性和有色人种的教师数量。同年,亨尼斯和教务长约翰·埃切曼迪共同发布了关于教师多元化的声明。这份声明强调了斯坦福大学对教师队伍多样性的重视,并提出了一系列促进教师多元化的措施。[②] 这份声明所涉及的关于加强教师多元化的措施包括以下几点。

首先,斯坦福大学成立了女性教师地位咨询委员会(Advisory Committee on the Status of Women Faculty)和教师多样性咨询委员会(Advisory Committee on Faculty Diversity)。这两个委员会与其他相关工作人员一起探讨斯坦福大学如何促进教师队伍在性别、种族和民族等方面的多元化发展,以及如何实现教师机会平等等问题。其次,斯坦福大学也持续关注着女性和少数族裔教师在教师群体中所占的比例、任期和晋升率等,这

---

① Stanford Home, "Taking Stock: Five Continuing Successes and Five Challenges for the Future", (2001-03-08), https://news.stanford.edu/2001/03/08/taking-stock-five-continuing-successes-five-challenges-future/. (2022-10-01).

② Stanford Home, "Hennessy, Etchemendy Enumerate Steps to Diversify Faculty", (2001-06-01), https://news.stanford.edu/2001/06/01/hennessy-etchemendy-enumerate-steps-diversify-faculty/. (2022-09-12).

些数据会在斯坦福大学每年的教职工代表大会上公布。① 通过这些数据的分享，亨尼斯希望教师多元化的问题能够持续引起各院院长、系主任、教师招聘委员会和全体教师的关注。最后，斯坦福大学还采用客观的评价方法计算教师的工资、考察教师研究项目的资源分配情况等，以避免教师工资和大学资源的分配受到性别和种族等因素的影响。为了进一步促进斯坦福大学教师群体的多元化发展，亨尼斯分别于2005年和2007年重申了这份声明中的措施。亨尼斯强调：一个单独的政策并不能保证实现所有教师在性别和种族上的平等，斯坦福大学必须实行多种措施促进教师队伍的多元化，进而为其他大学做出典范。②

在2005年的学术委员会上，亨尼斯再次强调斯坦福大学面临的挑战仍然是教师多元化问题。为迎接这种挑战，斯坦福大学于2002年创建了多元化行动委员会，该委员会包括女性教师地位委员会。在亨尼斯的指导下，女性教师地位委员会建立了教师办公室，该办公室与招聘委员会合作以确保更多样的申请者到斯坦福大学应聘，并保证教师通过应聘后能留在斯坦福大学工作。③ 在亨尼斯的领导下，2006年，斯坦福大学女性教师在全校教师中的占比为24.3%，比10年前的17.8%有所增加。高等院校只有根据时代的变化，灵活地制定新政策，才能彻底实现教师队伍的多元化。2007年春天，在亨尼斯的建议下，斯坦福大学又启动了一项为期5年的教师发展计划，以吸引优秀的少数族裔教师到斯坦福大学任教。

在日益多样化的社会中要想吸引和保留住最好的教职员工，大学就需要促进教职员工结构方面的多元化。斯坦福大学为每一个教员提供自由的学术环境，尊重每一个人的贡献和成果，并赋予每一个教职人员在院系决策上的发言权。只有这样的大学环境才能够确保大学具有高水平、

---

① Stanford Home, "Hennessy, Etchemendy Enumerate Steps to Diversify Faculty", (2001-06-01), https://news.stanford.edu/2001/06/01/hennessy-etchemendy-enumerate-steps-diversify-faculty/. (2022-09-12).

② Stanford News, "Stanford's Commitment to Faculty Diversity: A Reaffirmation, April 19, 2007", (2007-04-25), https://news.stanford.edu/news/2007/april25/statement-042507.html. (2022-10-12).

③ Stanford News, "Looking Backward, Thinking Forward: President John Hennessy's 2005 Speech to the Academic Council", (2005-04-01), https://news.stanford.edu/2005/04/01/looking-backward-thinking-forward-president-john-hennessys-2005-speech-academic-council/. (2022-09-12).

多元化的师资力量。亨尼斯承诺斯坦福大学将继续努力选聘那些可以促进大学多元化发展的教师，并鼓励女性和少数族裔教师追求学术事业的卓越。①

三　夯实教师服务体系

在重视教师队伍多元化、强调一流教师引进的同时，亨尼斯也非常注重从科研环境、高校治理、住房及育儿援助等方面为在职教师提供帮助。这些支持是斯坦福大学教师潜心开展教学工作和科学研究的保障。

首先，在科研环境方面，亨尼斯为教师提供了自由、公平且令人安心的学术环境。教师在进入斯坦福大学之后，其享有的受美国宪法保障的学术自由权在任何情况下都不会受到影响。亨尼斯认为，知识创新在很大程度建立在学术自由的基础上，没有人能够预测哪些研究成果将取得成功。因此，他非常重视教师的学术自由权，尽管斯坦福大学也会有重点和优先研究项目，但亨尼斯并不主张给教师规划具体的研究日程和研究细节，而是给予教师很大的自由度。为避免教师过于注重经济利益，注重短期效益，亨尼斯鼓励教师进行基础研究，并对具有发展前景的基础研究提供充足的资金支持。在保证学术自由的基础上，亨尼斯认为，在教师之间建立起联系的桥梁至关重要，这种联系可以使各个学院的教师、学者、专家之间的合作交流更为便利。基于这种目的，研究生教育委员会提出成立斯坦福大学教职工学会。斯坦福大学教职工学会把教师都感兴趣的研究主题汇集在一起，为教师组织周期性的讨论交流会，并给教师提供合作研究上的支持②，包括提供交流场所、研究设施和设备、必要的研究资金等。同时，斯坦福大学教职工学会也会对有突出研究成果的教师给予奖励等。此外，为了保证与研究相关的大学资源不被滥用，亨尼斯认为，有必要监督大学资源分配的情况，包括研究资金和研究场地的使用等。

---

①　"Stanford's Commitment to Faculty Diversity: A Reaffirmation, April 19, 2007", (2007-04-25), Stanford News, https://news.stanford.edu/news/2007/april25/statement-042507.html. (2022-10-12).

②　Stanford University, *Report of the Commission on Graduate Education*, Stanford: Office of the President Stanford University, 2005, pp. 24-25.

其次，在参与高校治理方面，亨尼斯鼓励教师参与学校决策，因为教师参与其中所制定的决策不仅能够得到教师的支持，而且更容易在学校范围内推行。在一次采访中亨尼斯表示："如果校长要引领大学走向未来，校长就必须获得那些有影响力的教师的支持，同时这些教师也要参与其中。"① 换言之，如果校长的决策得不到教师的支持，那么该决策很可能实施不了。如亨尼斯扩大本科生规模的提议就因未得到教师的支持而被暂时搁置。申请斯坦福大学的学生都很优秀，但是斯坦福大学的录取率很低。为了招收更多优秀的本科生，亨尼斯提议扩大本科生规模。于是亨尼斯任命了一个教师委员会来商讨扩大本科生规模的计划，但教师委员会认为，扩大本科生的录取规模并不是一个可行的计划。尽管亨尼斯当时还有其他扩大本科生规模的理由，但为了不与教师起冲突，得到教师对他工作的支持，亨尼斯最终采纳了教师委员会的意见，并采取了另一种方案。此外，为了调动教师参与学校治理的积极性，亨尼斯认为，高校管理层应充分信任教师，与教师建立良好的合作关系。进而言之，亨尼斯认为，只有与教师一起协同治理，斯坦福大学才能不断向前发展。

再次，在住房方面，教职工的住房问题一直是斯坦福大学需要解决的问题，这个问题也影响着斯坦福大学教职工的工作。为解决住房问题，亨尼斯带领斯坦福大学的管理层人员与圣克拉拉县进行协商，最终与圣克拉拉县达成关于土地普通使用许可协议，增加了教职员工住房的数量。在获得土地使用许可证后，亨尼斯任命大学与房主关系工作组，负责探索如何改善教职工、校园居民以及入学之间的关系。2001 年，斯坦福大学开放了斯坦福西区公寓。在新建的公寓中，10% 的公寓租金约低于市场公开价格的 60%，其余 90% 的公寓以斯坦福大学的价格出售，比市场公开价格低 20%—25%。而在斯坦福大学所有的公寓中，将有 20%—25% 的公寓的租金是低于市场价格的。在开发这一项目时，斯坦福大学

---

① 朱剑等：《斯坦福大学的内部治理：经验与挑战——斯坦福大学前校长约翰·亨尼西访谈录》，《高等教育研究》2018 年第 11 期。

就设定了三个等级的优先权，第一个优先的就是斯坦福大学的教员。① 这一住房措施在很大程度上解决了斯坦福大学教师的住房问题。

最后，在女性教师育儿援助方面，亨尼斯认为，斯坦福大学有必要为教师提供一定的政策支持，以帮助女性教师在工作和家庭之间取得平衡。基于这种考量，斯坦福大学于2007年宣布了一个新的计划，即"初级教师育儿援助计划"②。该计划旨在为斯坦福大学的女性教师提供托儿服务，以帮助缓解女性教师的育儿压力。高校为教师提供适当的托儿服务不仅可以减轻女性教师的家庭压力，还可以促使她们更加全心全意地投入工作之中，在职业生涯中获得更大的发展。

总体而言，亨尼斯在提升科学研究水平、鼓励教师参与学校治理、改善住宿环境及提供育儿保障等方面提出的建议及实施的举措，不仅有助于提高教师工作的积极性，使教师对学校产生较高的认同感和满意度，而且为斯坦福大学在各方面的发展储备了相对稳定的后备军。

第五节　亨尼斯论大学筹资

社会捐款是美国私立高校的重要经济来源，因此，筹资活动成为美国私立高校校长任内不可忽视的一项任务。自亨尼斯担任斯坦福大学校长以来，他先后发起了两次为期5年的大规模筹款运动。第一次是2000年10月发起的本科生教育运动，第二次是2006年12月开启的斯坦福挑战计划。这两项筹款运动的成功开展，为斯坦福大学本科生教育和研究生教育的改革提供了充足的资金支持。

一　本科生教育运动

2000年10月，亨尼斯在其就职典礼上宣布了计划在5年时间内筹资10亿美元的本科生教育运动。该运动不仅能够为斯坦福大学本科生教育

---

① Stanford Home, "Taking Stock: Five Continuing Successes and Five Challenges for the Future", (2001-03-08), https://news.stanford.edu/2001/03/08/taking-stock-five-continuing-successes-five-challenges-future/. (2022-09-16).

② Stanford News, "Address of President John Hennessy to the Academic Council", (2007-05-23), https://news.stanford.edu/news/2007/may23/text-052307.html. (2022-09-16).

项目的创新提供长期的资金支持，也有助于进一步改革本科生教育、促进本科生教育项目的卓越发展。①

本科生教育运动共有四个目标：第一个目标是为本科生教育项目提供3亿美元的资金支持。在这些本科生教育项目中，既有针对本科一年级和二年级所开展的新生研讨会和大二研讨会等，也有为大三、大四本科生提供的独立学习和研究项目。第二个目标是为学生提供3亿美元的奖学金，包括2.5亿美元的助学金和5000万美元的体育奖学金。这些助学金有助于斯坦福大学吸引那些表现优异但经济能力有限的学生。第三个目标是为本科生学习和科研环境的改善提供3亿美元。这些资金将用于图书馆、海外研究项目以及哈斯公共服务中心等。第四个目标是为斯坦福大学本科生基金提供1亿美元。该基金主要为课程和教学创新提供资金援助。截至2005年12月31日，斯坦福大学在其校友及世界各地朋友的大力支持和慷慨解囊下，筹集到了超过11亿美元的资金。这笔筹款使得斯坦福大学的本科生教育改革取得了丰硕成果。

首先，设立了本科生教育副教务长办公室。本科生教育副教务长办公室是一个中央信息交流中心，用于交流各种有关课程和学术标准的新想法。该办公室设有教学中心、人文学科导论、新生入学指导、本科生咨询项目和本科生研究等项目。本科生教育运动在该办公室职能发挥过程中起到了重要的支持作用，五年来，本科生教育运动共筹集了3.01亿美元的资金来促进本科生教育副教务长办公室改革目标的实现。② 这些资金有力地促进了本科生研究项目和斯坦福导读等项目的扩大和持续发展。例如，在本科生教育运动开展之前，斯坦福大学有165个新生研讨会和大二研讨会，共招收了近1600名学生。2005年，这些研讨会增至204个，学生规模也进一步扩大，招收了2331名学生。③

---

① Stanford Home, "Stanford in the 21st Century", (2000 - 10 - 20), https://news.stanford.edu/2000/10/20/stanford-21st-century/. (2022 - 09 - 06).

② Stanford News Service, "Campaign for Undergraduate Education Closes with All Goals Exceeded", (2006 - 01 - 10), https://news.stanford.edu/pr/2006/pr-cue2-011806.html. (2022 - 09 - 06).

③ Stanford News Service, "Campaign for Undergraduate Education Closes with All Goals Exceeded", (2006 - 01 - 10), https://news.stanford.edu/pr/2006/pr-cue2-011806.html. (2022 - 09 - 06).

其次，本科生教育运动为斯坦福大学提供了300多种助学金。2005年，斯坦福大学的奖学金总数达到954种，增加了46%，这些奖学金不仅减轻了来自美国中低等收入家庭学生的经济负担，在援助国际学生方面也取得了重大进展，使斯坦福大学"不问家境"的招生政策得以继续实行。此外，本科生教育运动还新增了103种新的体育奖学金，用于为斯坦福大学的运动员提供全额或部分奖学金。

最后，本科生教育运动为本科生提供了形式多样且高质量的科研机会。一方面，该运动为海外研究项目筹集了约5400万美元，以支持斯坦福大学在中国和澳大利亚的研究项目以及一个为期三周的海外研讨项目。另一方面，本科生教育运动也为斯坦福大学各学院的本科研究项目提供了支持，包括地球系统项目、用来鼓励妇女和少数族裔参与工程学院的科学工程项目以及人文和科学学院的人类生物学、符号系统学项目等。另外，亨尼斯还利用本科生教育运动的筹款为地球科学学院、工程学院和人文科学学院引进了89名新教师。

二 斯坦福挑战计划

本科生教育运动的成功，让亨尼斯对更大规模筹款运动的开展富有信心。2006年12月，斯坦福大学对外宣布了一项总额高达43亿美元的筹款运动——斯坦福挑战计划。该计划旨在寻找全球性紧迫问题的解决方案，为世界培养领导人才，从而更好地发挥大学的领导作用。斯坦福挑战计划由三项倡议和四项重点工作组成，三项倡议包括人类健康倡议、环境与可持续倡议以及国际倡议。四项重点工作是：改善K–12教育、参与艺术创造、革新研究生教育和延续本科生教育的成就。为了让斯坦福挑战计划的筹款花在"刀刃上"，亨尼斯领导学校教师认真讨论了三项倡议和四项重点工作的着力点。

倡议一是人类健康倡议。斯坦福挑战计划为该倡议提供了5亿美元的资金支持，而斯坦福大学医学院、医院及其强劲的学科实力则为该倡议提供了独特的资源。生物交叉学科项目、生物工程系、斯坦福综合癌症中心、干细胞生物学和再生医学研究所以及神经科学研究所共同开展该倡议下的研究。每个项目都采用了跨学科的研究方法，并侧重"转化研究"以促进基础发现转化为诊断和治疗人类疾病的新方法。这些新方法有望在人类健康领域取得革命性的突破。倡议二是环境与可持续倡议，斯坦福挑战计划为该倡议提供了 2.5 亿美元的资金。当今世界生态环境问题日益突出，为应对日益严峻的环境挑战，斯坦福大学把重点放在了跨学科研究上面。多学科领域专家组成的研究团队进行的合作研究有助于增进人们对世界生态系统的了解、促进生态环境问题的解决，同时也能为企业和政府领导人提供一定的建议。倡议三是国际倡议，斯坦福挑战计划为该倡议提供 2.5 亿美元。该倡议以弗里曼·斯泼里国际研究所为中心，汇集了来自斯坦福大学 7 个学院、胡佛研究所和斯坦福经济政策研究所的专家，这些专家将共同探讨有关和平与安全、全球治理和人类福祉的问题。这一合作研究能对全世界产生巨大且持久的影响。

斯坦福挑战计划的四项重点工作包括改善 K–12 教育、参与艺术创造、革新研究生教育和延续本科生教育的成就，这四项工作旨在培养学生在当代社会生存所必备的各种能力，以便学生能更好地融入社会。充足的资金能保障这些重点工作的有效开展，经过综合考量，亨尼斯把斯坦福挑战计划的筹资按需分配给了这四项重点工作。在改善 K–12 教育方面，亨尼斯计划投入 1.25 亿美元。在此过程中，来自斯坦福大学各个学院的教师将共同讨论改善 K–12 教育的计划，讨论的范围从教师教育到教学方法，再到学校改革。在鼓励学生参与艺术创造方面，亨尼斯打算投入 2.5 亿美元，这一重点工作能帮助教师探索有关艺术的新教学法，让学生参与到创造的过程中。在世界级驻校艺术家的带领下，斯坦福大学在加强艺术表演和展览项目，改革艺术教育课程以及探索艺术和创造力在不同领域的作用等方面得到了一定的发展。在研究生教育革新方面，亨尼斯准备投入 5 亿美元。2004 年，根据亨尼斯的建议，斯坦福大学增加了对跨学科教育的支持，并开发了领导力课程，为研究生提供技能培训，以发展他们的学科专长。对研究生教育的革新和改造，不仅是为了提供优质的学科知识、增加全球视野，也能加强学生的领导技能。在延续本科生教育成就方面，亨尼斯计划投入 3 亿美元。本科生教育运动已经取得了巨大的成功，为了维持本科生教育运动已取得的重大成就，亨尼斯决定提供额外的资金来支持这些已有的成就。

除了为以上三项倡议和四项重点工作提供资金支持外，斯坦福挑战计划还有着其他目标，主要包括为跨学科研究提供 4 亿美元、为核心支持提供 13.25 亿美元，以及增加全校校友、家长和朋友年度捐赠 4 亿美元。① 这项为期 5 年的筹款活动于 2011 年 12 月 31 日结束，筹集到的资金总额为 62 亿美元，远远超过了最初 43 亿美元的筹款目标。这些筹款主要产生了以下几个方面的重大影响。

其一，寻求解决方案。为应对全球变暖、癌症和能源危机等全球性复杂问题以及促进跨学科合作研究的开展，亨尼斯开始实施斯坦福挑战计划。斯坦福挑战计划为斯坦福大学提供了 360 多种新的研究生奖学金，包括传统的学校奖学金以及为鼓励跨学科研究的开展所增设的奖学金；新增了 130 多个教师职位；增加了 2700 万美元的种子资金。② 这些不仅有助于不同学科间教师和学生开展跨学科、跨院系创新性研究，也有助于解决人类当前所面临的各种难题，例如，"光遗传学"领域的跨学科研究发现，使用脉冲光操纵脑细胞能更深入地了解抑郁症和阿尔兹海默病等疾病。

其二，增加财政援助。斯坦福挑战计划在延续斯坦福大学"不问家境"的本科生录取政策层面起到了关键作用。斯坦福挑战计划开始时，有大约 40% 的斯坦福大学本科生可以直接从学校获得助学金。在斯坦福挑战计划运动开展期间，斯坦福大学大大加强了对贫困生的财政援助。2008 年，亨尼斯宣布免除家庭收入低于 10 万美元的学生的学费，免除家庭年收入低于 6 万美元的学生的学费与食宿费。③ 但一些关心学校发展的校友对此提出质疑，在这些校友看来，免收学生学费可能会导致学生"搭便车"现象，这些学生无须付出就能得到资助。亨尼斯对此回应道："这些学生并没有'搭便车'，他们也会通过勤工俭学的方式为学校发展做出一定的贡献，在正常学年里他们平均每周工作 10 小时，在暑假平均

---

① Stanford News Service, "The Stanford Challenge Fact Sheet", (2006-10-10), https://news.stanford.edu/pr/2006/pr-challengefacts-101106.html. (2022-09-08).

② John Hennessy, "What the Stanford Challenge Meant, and Where the Money Went: The Promise and Progress Enabled by a Historic Fundraising Success", (2012-03), https://stanfordmag.org/contents/what-the-stanford-challenge-meant-and-where-the-money-went. (2022-09-09).

③ Stanford News, "President Hennessy Addresses the State of the University and the Economy", (2009-04-30), https://news.stanford.edu/2009/04/30/president-hennessy-addresses-state-university-economy/. (2022-09-08).

每周工作20小时。"① 亨尼斯的回复成功地打消了校友心中的顾虑。为进一步完善教育公平问题，亨尼斯对这项计划进行了二次修订。经修订的最终方案规定，斯坦福大学将在明晰学生真实的家庭经济状况后再开展资助工作，即使家庭收入在10万—16万美元的学生也可以获得必要的资助。最终，该运动为斯坦福大学提供了超过2.5亿美元的助学金，使得约50%的本科生直接从学校获得了财政援助。② 斯坦福大学对学生财政援助的重视，为来自低收入和中等收入家庭的学生提供了入学机会。

其三，改善校园设施。斯坦福挑战计划为30座建筑的修建和改造提供了充足的资金。这些建筑设施为21世纪的教学和研究提供了先进的设备和便利的空间，不仅加速了校内人员流动、增加了跨学科合作的机会，也切实地改变了斯坦福大学校园的面貌。这些建筑主要包括四栋科学和工程四合院、洛基·洛里干细胞研究大楼、伍兹环境研究所、奈特管理中心、威廉·诺伊康大楼、宾格音乐厅、麦克默特利艺术大楼以及食堂、体育和娱乐设施等。

三 筹款成功的秘诀

筹款是美国私立高校校长的一项重要工作，充足的筹款是校长推行各项工作的物质保障。在担任斯坦福大学校长期间，亨尼斯花了大约三分之一甚至一半的时间为斯坦福大学筹款。在卸任校长时，亨尼斯将斯坦福大学的捐款增加了一倍，他利用这些资金发起了许多倡议。③ 亨尼斯最终能成功地筹集到充足的资金，与他筹款的方式密不可分。

其一，争取捐款者的信任。捐赠者与校长之间的相互信任有助于捐赠协议的达成。亨尼斯深知争取捐赠者信任的重要性，因此，在与捐赠者就捐赠事项进行沟通时，亨尼斯会通过详细告知捐赠者捐赠资金用处、充分利用捐赠者资金以及强调捐赠金对斯坦福大学发展重要性等途径争

---

① [美]约翰·汉尼斯:《要领:斯坦福校长领导十得》，杨斌等译，浙江教育出版社2020年版，第99页。
② "Stanford Concludes Transformative Campaign", (2012-02-08), Stanford News, https://cepa.stanford.edu/news/stanford-concludes-transformative-campaign. (2022-09-08).
③ David Patterson, "An Interview with Stanford University President John Hennessy", *Communications of the ACM*, Vol. 59, No. 3, February 2016, pp. 40-45.

取捐款者的信任。此外，亨尼斯还会努力向捐赠者争取资金外的其他办学资源。

其二，用讲故事的方式打动捐款者。亨尼斯深谙真实且生动的故事所产生的巨大影响力。亨尼斯曾说："用尽可能多的真实细节填充故事，让你的观众沉浸其中，从而争取他们的支持来帮助你改变世界。"[①] 为了筹集更多的助学金，亨尼斯邀请家庭贫困的在校生或学校教职工在助学金募捐活动中讲述他们的录取过程，以及助学金对他们的意义。这些真实的故事，能有效地打动斯坦福大学校友，进而促使校友捐款。

其三，事后感谢捐款者。在收到巨额捐款后，亨尼斯和他的妻子通常会在家里举办晚宴，邀请捐赠者和学校的部分职工参加以示谢意。亨尼斯想让捐赠者真切地感受到他们的捐赠对于斯坦福大学的意义，而真诚的感谢恰恰能让捐赠者感知其自己所做出的捐赠的重要意义，能促使捐赠者进行持续捐赠。

基于以上内容可知，亨尼斯筹款的成功与他所坚持的筹款方式及个人的品质息息相关。两次筹款运动的资金为斯坦福大学本科生教育和研究生教育的发展提供了充足的资金保障。本科生教育运动重点关注本科生教育，在巩固已有改革成就的基础上推进本科生教育的发展，而斯坦福挑战计划则主要支持有助于应对全球重大挑战的跨学科研究项目，为棘手的全球性问题寻找解决方案，具有较强的开拓性，同时也体现了斯坦福大学的社会责任感。

第六节　亨尼斯大学治校理念评述

治校理念是管理和发展大学的理念，是大学最高行政主管指导大学管理和发展实践的基本思想和观念。[②] 治校理念是校长治校实践的指导方针，明确的治校理念不仅能彰显校长个人的治校风格，也有助于校长治校的成功。在16年的校长任期内，亨尼斯因其拥有以跨学科研究为重、

[①] [美]约翰·汉尼斯：《要领：斯坦福校长领导十得》，杨斌等译，浙江教育出版社2020年版，第25页。

[②] 眭依凡：《大学校长的教育理念与治校》，人民教育出版社2001年版，第265页。

以教师队伍质量为要及以经济资助为基的治校理念，有力地推动了斯坦福大学的发展，为世界众多高校树立了办学典范，被公认为斯坦福大学校史上最成功的校长。

一 以经济资助为基，彰显教育公平

在美国，不断上涨的大学费用是限制中低收入家庭的学生进入美国精英大学求学的重要阻碍。亨尼斯在未担任斯坦福大学校长时，就已经意识到了经济资助对贫困学生的重要性，这使亨尼斯在担任校长后开始重新思考斯坦福大学的招生理念。亨尼斯认为："招生不仅需要考虑申请人的高中成绩和考试分数，更应该考虑申请人的人生经历。"[①] 基于这种理念，加大对来自中低收入家庭优秀学生的经济资助成为亨尼斯不懈追求的目标。从 2006 年至 2011 年，斯坦福大学的净学费回落到 1994 年的水平（排除通货膨胀因素）。净学费的下降，实际上是因为斯坦福大学对学生经济资助金额的显著增加。在亨尼斯的带领下，斯坦福大学对学生的经济资助取得了辉煌的成就。在卸任斯坦福大学校长后，亨尼斯曾感慨："当我开始担任斯坦福大学校长时，我的确明白助学金的重要性，但我从来没有想过，我们实现了斯坦福大学校史上本科生助学金最大规模的增长。"[②] 纵观亨尼斯治校时对学生的经济资助可知，亨尼斯对学生的经济资助既彰显了教育的公平，体现了亨尼斯治校的同理心，也呈现出其资助与育人相结合的思想。

首先，亨尼斯的治校理念彰显了教育公平。多年来，斯坦福大学一直实施"不问家境"的招生政策，但亨尼斯注意到这仍然不足以吸引更多来自低收入家庭的优秀学生。因此，在制订资助计划时，亨尼斯希望建立一个系统，为来自不同家庭的学生提供更多的机会，同时公平地平衡家庭因素在资助中所占的比例。为了切实完善资助公平问题，亨尼斯对贫困生免除学费和食宿费的政策进行了两次修订。亨尼斯第一次实施

---

① ［美］约翰·汉尼斯：《要领：斯坦福校长领导十得》，杨斌等译，浙江教育出版社 2020 年版，第 89 页。

② John L. Hennessy, *Leading Matters: Lessons from My Journey*, California: Stanford University Press, 2018, p. 84.

的资助计划是免除家庭收入低于10万美元的学生的学费,但亨尼斯考虑到每个家庭孩子的数量不同,所要承担的教育费用也就不同。在综合考虑受助学生实际的家庭状况后,亨尼斯最终对资助计划进行第二次修改,宣布家庭收入在10万—16万美元的学生也同样可以获得斯坦福大学的经济资助。斯坦福大学的校友和教职工都认为这项资助计划是大学对教育公平和机会公平的真正承诺。①

其次,呈现出资助与育人相结合的思想。亨尼斯在为学生提供助学金的同时,还重视通过勤工俭学的方式培养学生的奉献精神与自力更生的能力。换言之,亨尼斯在为学生提供经济资助的基础上,把焦点放在了育人方面,加强对学生情感方面的积极引导。资助与育人相结合的思想更有助于让受助学生感受到有温度、有深度、有爱意的教育,培养其自立自强和知恩图报的品质,促使受助学生心怀感恩之心,成为一个对社会、对国家有用之人,并在成功之后对母校进行回馈。

二 以教师队伍质量为要,提高高校办学水平

曾任哈佛大学文理学院院长的亨利·罗索夫斯基(Henry Rosovsky)表示了教师对一所大学的重要作用:"衡量大学状况最可靠的指标,是该校教师队伍的优秀程度,这几乎能决定其余的一切:一支优秀的教师队伍将能够吸引优秀的学生、基金以及校友和公众的支持,并能博得国内和国际的承认。保持和提高学校声誉的最有效的办法,就是提高其教师队伍的质量。"② 因此,亨尼斯深知教师对一所高校的重要性。基于提升教师自身的水平、关注教师群体的多元化及提供充足的服务保障的治校理念,亨尼斯为斯坦福打造了一支高质量的教师队伍。高质量的师资队伍提高了斯坦福大学的办学水平。

第一,增加了学校的荣誉。高质量的师资队伍是高校产出高深科研成果及增加高校荣誉的中流砥柱。在招聘教师时,亨尼斯坚持国际化的

---

① John L. Hennessy, *Leading Matters: Lessons from My Journey*, California: Stanford University Press, 2018, p.39.

② [美]亨利·罗索夫斯基:《美国校园文化——学生·教授·管理》,谢宗仙、周灵芝、马宝兰译,山东人民出版社1996年版,第204—205页。

理念，放眼世界，招揽世界各国的一流教师到斯坦福大学任职，而不是仅仅把眼光停留在本国优秀教师身上。亨尼斯曾言："招聘世界一流教师的举措，或许是提高斯坦福大学知名度最关键的因素。"[1] 在面试教师时，亨尼斯则坚持宁缺毋滥的原则。如果所面试的教师能力不合格，他会暂停招聘，直到找到合适的教师为止。亨尼斯这样的教师招聘理念，保障了斯坦福大学教师的一流水平，为斯坦福大学带来了众多荣誉。自2000年亨尼斯担任斯坦福大学校长以来，斯坦福大学有11位教师获得了诺贝尔文学奖。[2]

第二，培养了卓越的人才。优秀的师资队伍是培育卓越人才与满足社会所需人才资源的关键力量。在一次采访中，亨尼斯表示："优秀的教师不仅从事最好的研究，也是思想的引领者。"[3] 换言之，学生更容易倾听优秀教师的意见，因此优秀的教师更有能力塑造学生的世界观、人生观和价值观。优秀的教师既拥有高水平的知识、先进的教学方法，也有广阔的视野，他们利用丰富的经验去教育学生。优秀的教师不仅仅教授学生纯粹的知识，更加注重对学生批判性思维和创新能力的培养，这些能力对学生终身受用，促使学生成为时代和社会所需的卓越人才。此外，拥有优秀的师资队伍的大学也能吸引更多的本科生，在亨尼斯任期结束时，斯坦福大学本科生的申请数量翻了一番，这使斯坦福大学首次比哈佛大学更具吸引力。[4]

第三，推动了学校工作的顺利落实。高质量的教师是学校工作顺利推行的重要人员。亨尼斯认为，如果校长得不到教师的信任与支持，那

---

[1] John Hennessy, "The First Great American University: Innovation and Vision Have Set Stanford Apart", (2002-09), https://stanfordmag.org/contents/the-first-great-american-university. (2022-11-20).

[2] "Stanford University President John L. Hennessy to Step Down in 2016", (2015-06-11), Stanford News, https://news.stanford.edu/2015/06/11/stanford-anouncement-061115/. (2022-11-21).

[3] 朱剑等：《斯坦福大学的内部治理：经验与挑战——斯坦福大学前校长约翰·亨尼西访谈录》，《高等教育研究》2018年第11期。

[4] David Patterson, "An Interview with Stanford University President John Hennessy", *Communications of the ACM*, Vol. 59, No. 3, March 2016, pp. 40-45.

么校长工作效率会很低，其校长生涯也不会太长久。① 因此，在治校过程中，亨尼斯非常注重为教师提供服务，与教师建立友好的合作关系，尽量避免与教师发生冲突。在教学、学术研究方面，亨尼斯致力于为教师打造自由的学术氛围，鼓励教师进行基础研究，并为教师的科研活动提供充足的资金支持。在生活方面，亨尼斯为青年教师提供了育儿服务，以帮助青年女性教师在工作和生活之间达到平衡。亨尼斯为教师所做的这些努力，有助于教师产生对斯坦福大学的归属感，调动教师参与校园治理的积极性，进而推动学校各项工作的顺利展开，实现校长治校的有效性。

三 以跨学科研究为重，培养复合型创新人才

现代科学技术显著的特点就是其高度分化之上的高度综合。学科越分越细，门类越来越多，学科之间的联系也日益紧密，学科融合日益加深。与此同时，科学技术也逐渐渗透到了社会生活的各个方面。学科的分化综合及技术的日新月异使得社会问题和技术问题越来越复杂，单靠一门学科来解决社会问题的时代已经一去不复返了。亨尼斯担任工程学院院长时就开始推动生物工程和生物医学的跨学科活动，在任职斯坦福校长后，亨尼斯基于社会的变化与跨学科研究的发展，始终秉承斯坦福大学"实用主义"与"培养有用的人"的教育宗旨，继续鼓励支持跨学科研究，把跨学科研究作为促进斯坦福大学发展的重点，并将其作为其自身始终服膺的治校理念，以培养学生应对21世纪全球挑战的必备能力，使学生成为解决综合性科技前沿问题和复杂性全球问题的复合型创新人才。

其一，以问题为导向的跨学科项目是培养复合型创新人才的内生力。亨尼斯注重跨学科研究对社会现实复杂问题的解决，在他的规划指导下，斯坦福大学将跨学科研究的重点放到了一些具有现实意义的研究领域，如环境的可持续发展、人类健康及国际事务等上，这些研究在未来10年甚至在未来50年里对人类都有着重大意义。以问题为导向的跨学科研究

---

① John L. Hennessy, *Leading Matters: Lessons from My Journey*, California: Stanford University Press, 2018, p. 22.

项目密切结合生活中的现实问题,将知识放在动态和应用的领域①。因此,一方面,以问题为导向的跨学科项目可以让学生联系到他们现实生活中的个人经历,帮助他们认识到世界是复杂多变的,锻炼他们的洞察力。另一方面,以问题为导向的跨学科项目能够培养学生整合不同学科知识,多角度识别问题、解决实际问题的能力。展望未来,在日益变化的世界中培养学生的这些能力,使其成为复合型创新人才变得越来越重要。

其二,便于合作的物理建筑是培养复合型创新人才的牵引力。学校建筑是人们为了特定的教育目的而兴建的教育活动场所,其品质的优劣直接影响到学校教育活动的开展,关系到学校人才培养的质量。②亨尼斯认为,斯坦福大学的建筑应最大可能地打破学科壁垒,最大限度地打通空间,以打造便于人员交流互动的物理空间,促进不同学科教师与学生的交流,为跨学科研究、教学及跨学科人才的培养创造便利的条件。在担任斯坦福大学校长期间,亨尼斯兴建了多所跨学科大楼和研究所,保证了教师跨越物理空间的障碍开展高效率、高频率的跨学科研究和教学。进而言之,这些跨学科大楼和研究所通过创造共同的合作空间能够吸引拥有共同研究兴趣的教师聚在一起,便于教师之间交流合作和培养跨学科的复合型人才。这种模式不仅保障了教师的多元性,便于为学生提供多种观点,也增加了教师和学生互动的机会,进而促使学生获得充分的指导。

其三,高质量的跨学科教师团队是培养复合型创新人才的内驱力。教师是跨学科学术组织开展跨学科研究的中坚力量,在一定程度上决定着跨学科教学和研究的水平和发展。亨尼斯在斯坦福大学寻找各种机会组建了跨学科教师团队,这些教师是各自学科领域的专家,不仅拥有扎实的知识,而且拥有广阔的视野,并愿意跨越学科界限进行合作。横跨多个学科、多个领域的跨学科团队对学生进行联合培养,有利于学生与多学科教师交流互动,开拓学生在学术研究上的视野,从而能从多学科

---

① 联合国教科文组织编:《一起重新构想我们的未来:为教育打造新的社会契约》,教育科学出版社 2022 年版,第 54 页。

② 邵兴江:《学校建筑:教育意蕴与文化价值》,教育科学出版社 2012 年版,前言。

视角分析问题、解决问题，而不是仅仅局限于单一学科的观点及成果。此外，亨尼斯还非常注重打造有凝聚力的跨学科团队。在这样的团队中，教师之间都是平等的，他们并不支持互相批判，而是提倡视角独特的质疑，团队中的教师也会用开放的心态去聆听这些质疑。① 有凝聚力的跨学科团队能在更大程度上消除各学科教师之间的思想障碍，这样既有利于教师之间的交流与合作，也更容易激起教师之间的思想碰撞，进而实现不同学科知识真正的交叉融合，共同致力于培养跨学科人才。

其四，充足的资金是培养复合型创新人才的助推力。跨学科研究作为一种探索性、创新性的活动，需要雄厚的财力支持。除了增加对已有跨学科研究奖学金和种子基金的支持外，亨尼斯还专门设立了多种类型的跨学科研究奖学金以保障跨学科研究项目的顺利开展。亨尼斯对跨学科研究的资金支持，缓解了教师和学生对研究资金缺乏的焦虑，助推了教师和学生大胆地进行跨学科研究，而不用考虑资金紧张的问题。

本章小结

校长如果没有明确的治校理念，其治理的学校即便不乱也难有效率。② 在担任斯坦福大学校长的 16 年里，亨尼斯充分展现了他高屋建瓴的治校理念。在任职期间，亨尼斯在其治校理念的指导下有力地推动了斯坦福大学的发展，巩固了斯坦福大学在世界一流大学中的地位。斯坦福大学董事会主席史蒂文·丹宁（Steven A. Denning）曾表示："亨尼斯为 21 世纪树立了一个高等教育领域有远见的领袖楷模，在他的带领下，斯坦福大学成为现代大学追求的典范。"③ 通过探析亨尼斯的大学治校理念，我们不难发现亨尼斯校长身上所具备的优秀品质。其一，具有同理心。同理心是塑造成功的高校校长的秘诀。亨尼斯的同理心外化为其一

---

① ［美］约翰·汉尼斯：《要领：斯坦福校长领导十得》，杨斌等译，浙江教育出版社 2020 年版，第 146 页。
② 眭依凡：《大学校长的教育理念与治校》，人民教育出版社 2001 年版，第 64 页。
③ Stanford News, "Stanford University President John L. Hennessy to Step Down in 2016", (2015 - 06 - 11), https：//news.stanford.edu/2015/06/11/stanford-anouncement-061115/. (2022 - 11 - 21).

系列治校实践。受同理心的驱动，亨尼斯宣布满足学校要求的贫困学生可以免除学费和食宿费，这有效促进了经济条件有限的优秀学生的顺利入学。在亨尼斯的努力下，斯坦福大学助学金总量的增长也创下了历史新高。其二，谦逊的品质。谦逊是高校校长进行大学治理的基础。亨尼斯在讲到谦逊的品质时提道："傲慢会蒙蔽我们的双眼，谦逊才能让我们对自己的能力和特质有真实的认知。"谦逊的品质使得亨尼斯愿意倾听学校教职工的意见，平等地对待每一位教职工并与他们友好合作。与教师友好的合作关系也增加了教师对亨尼斯的信任，使教师更愿意配合他的治校工作。其三，创新精神。《时代》周刊的总编辑沃尔特·艾萨克森（Walter Isaacson）把亨尼斯视为当今颇具创造力的高校校长之一，他不仅学识渊博，而且极具智慧。[①] 被外界称为"硅谷教父"的亨尼斯为创新性项目提供了充足的资金支持，并创造了自由的学术氛围，鼓励师生参与跨学科研究。他认为，要想创新，研究的视野就不能仅停留在其自己熟知的学科领域，而应摆脱传统的思维定势、开阔视野。基于此理念，亨尼斯致力于把斯坦福大学打造成师生创新的温床，激发斯坦福师生的创新力。其四，服务的意识。服务型领导从表面上看是服务于他人的，但实质上是服务于其自己的管理理念。[②] 从院长到教务长，再到斯坦福大学校长，亨尼斯在职位晋升的过程中意识到领导职位越高，其服务职责越大。如果不能承担服务型领导者的角色，那他将难以出色地担任斯坦福大学校长之职。因此，亨尼斯在任职期间尽心尽力地为学生、教职工和校友提供服务，以满足他们合理的需求和期望。亨尼斯将其自身的这些优秀品质融汇到其治校理念中，不仅使他成为斯坦福大学发展史上一位举足轻重的校长，也有力地推动了斯坦福大学多方面的发展。概言之，杰出的校长大都有一套属于他自己的明确的治校理念与特色，明确的治校理念与特色是引领大学不断发展和前进的旗帜。

[①] John L. Hennessy, *Leading Matters: Lessons from My Journey*, California: Stanford University Press, 2018, p.6.

[②] 李斌琴：《一流大学需要一流的管理德性》，《现代教育管理》2018 年第 3 期。

第十章

哈佛大学第 27 任校长
劳伦斯·萨默斯的治校实践

劳伦斯·亨利·萨默斯（Lawrence Henry Summers，1954— ）出身于美国纽黑文的一个犹太家庭，其父母均为宾夕法尼亚大学的教授和经济学家，叔叔保罗·安·萨默尔森（Paul A. Samuelson）和舅舅肯尼斯·约瑟夫·阿罗（Kenneth J. Arrow）都获得过诺贝尔经济学奖。萨默斯自幼聪慧过人，16 岁进入麻省理工学院学习经济学，之后他进入哈佛大学攻读经济学研究生学位。从哈佛大学毕业后，萨默斯破例获得留校任教的机会并成为哈佛大学历史上最年轻的终身教授。不管在学术界还是在经济学界和政治学界，萨默斯都取得了卓越的成就。在学术方面，1987 年，萨默斯获得了国家自然科学基金委员会颁发的沃特曼奖，该奖主要授予美国自然科学、数学和工程学领域的杰出青年科学家，而萨默斯是获此殊荣的第一位社会科学家。1993 年，因在研究宏观经济学方面的成就，萨默斯获得约翰·贝茨·克拉克奖，该奖项又被人们称为小诺贝尔经济学奖，主要授予美国 40 岁以下杰出的经济学者。1991 年，萨默斯离开哈佛大学，前往华盛顿出任世界银行的首席经济学家，之后又成为世界银行副总裁。1999 年至 2001 年，他担任美国财政部部长，为克林顿政府消除财政赤字作出了突出的贡献。他本人也被美国各界所熟知，被认为是美国步入政坛的十分成功的学者之一。2001 年，萨默斯重返哈佛大学，以"明星校长"的身份出任哈佛大学第 27 任校长。因萨默斯在学术界、政治界和经济界的辉煌成就，哈佛大学师生及社会人士对萨默斯这位新校长充满了期待。但自萨默斯担任校长以来，他与哈佛大学教师的冲突不断，最终于 2006 年 2 月，萨默斯宣布辞职，成为自 1862 年以来担任校长时间最短的校长，也是哈佛大学 370 年校史上第一个因被投不信任票而被迫下台的校长。本章针对萨默斯充满波折与争议的 5 年治校实践进行分析。

第一节　萨默斯的治校改革措施

在萨默斯担任哈佛大学校长之前，21 世纪初的哈佛大学面临着过度商业化和本科生教育质量下降的发展困境。为解决这些困境，哈佛大学急需新任校长既有至高的学术权威、高水平的领导能力、高超的政治技巧，又有敢于冲破传统枷锁的勇气，带领哈佛大学走出困境，巩固其世界一流大学地位。萨默斯在政界的职业经历不仅帮助他积累了丰富的管理和领导经验，也促使萨默斯在政治界和经济界积累了大量的人脉和筹款资源。从当时的情况来看，萨默斯是能满足这些要求的最佳人选。在担任校长后，萨默斯开始筹划对哈佛大学的改革，以摆脱哈佛大学的危机，巩固哈佛大学在今后几十年甚至下个世纪国际一流高校的地位。

一　21 世纪初哈佛大学的困境

哈佛大学作为一所世界一流名校，创造了许多其他大学无法企及的荣耀和声誉，诞生了一批批社会精英和各行各业的人才，积累了大量的财富和资源。然而，在发展过程中，受市场竞争加剧、校内管理体制僵化等因素的影响，哈佛大学陷入商业化、本科生教育质量下降的困境，导致外界逐渐丧失对哈佛大学教育的信心。

（一）商业化困扰

20 世纪 70 年代，由于美国经济陷入衰退和滞胀，政府对高校的财政拨款减少。高校为了获得更多的经济支持开始开启大规模的筹款运动，并采用商业化模式为社会提供多种服务以换取资源。哈佛大学前校长德里克·博克曾指出，20 世纪 80 年代以来，商业化在美国高校更为普遍，高校通过不断向社会提供教育、专家建议及科学知识获取大笔资金。[1] 商

---

[1] Derek Bok, *Universities in the Marketplace: The Commercialization of Higher Education*, Princeton: Princeton University Press, 2003, p.10.

业化的模式为高校带来了经济资源，在一定程度上缓解了高校的经济危机。但是，过度的商业化则使高校陷入功利主义，偏离了高校原本的教育使命与目的。

20世纪90年代末，哈佛大学因过度商业化导致教育质量下降而引起了外界的关注。第二次世界大战前，在哈佛大学最有发言权的人是教师。第二次世界大战后，为应对高校迅猛发展的态势，博克校长在任职期间开始增加哈佛大学的行政管理机构，扩充哈佛大学的管理人员。这些管理人员大部分来自企业和咨询公司，他们的做事风格往往折射出商业文化而非学术文化。随着行政管理机构权力的增大，哈佛大学的权力也逐渐从代表学校利益的教师手中流向那些掌握财权的董事会手中。董事会成员关注的焦点是如何为哈佛大学带来更多的经济利益，而不是如何把哈佛大学的教育质量提高。到了陆登庭校长时期，哈佛大学变得越来越富裕，但是，资金的大量涌入，也对这所学校造成了一定的困扰。大量的金钱虽然给学校带来了更先进的教育设施，更多的科研经费支持，但与此同时对大学追求的方向也产生了一定的扭曲，许多人担心哈佛大学越来越重视金钱而非学术，正如哈佛大学法学院教授艾伦·德肖维茨（Alan Dershowitz）所说："哈佛大学的目标在过多的金钱中丧失了，这不应是它的初衷。"[①]哈佛大学商业文化的迅速发展，"使哈佛变成了一个'大卖场'一样的新大学，在这里人们不断地追求命令；为了使'产品'销售畅通，错误被不断地掩饰"[②]。同时，大量金钱的注入使哈佛大学的学生社团也拥有大量的资金，这在一定程度上促使哈佛大学的一些学生卷入经济犯罪中。此外，过度的商业化使哈佛大学的独特性减弱。为了迎合市场和社会需求，哈佛大学在许多方面进行了调整，然而，许多应急性的调整并不是经过谨慎考虑、充分调研后做出的，而是一种追求短期利益的手段，这反而使哈佛大学失去了一定的竞争力。基于此，哈佛大学教授詹姆斯·恩格尔和安东尼·丹泽菲尔德称这一教育现象为"市

[①] [美]理查德·布瑞德利：《哈佛规则：捍卫大学之魂》，梁志坚译，北京大学出版社2009年版，第60页。

[②] [美]哈瑞·刘易斯：《失去灵魂的卓越：哈佛是如何忘记教育宗旨的》，侯定凯等译，华东师范大学出版社2012年版，第221页。

场模式的大学"①。

(二) 本科生教育危机

哈佛大学本科生教育危机由来已久,引起了社会、教师、学生和家长等各方的不满,其危机主要体现为以下几点:在课程方面,哈佛大学的课程出现体系僵化陈旧、缺乏连贯性与时代性及理论和实际脱节等问题。课程的设计主要是为了满足教师的学术兴趣,而不是为了满足学生或家庭的需要。②在教学方面,由于哈佛大学的教授在美国社会拥有很高的声望,许多教授拥有了比从事教学工作更轻松地赚取酬劳的机会。例如,经济学教授向银行提供咨询可以获取巨额报酬,医学教授为了迎合生物科技和医药公司的需求而调整他们的研究方向。此外,为了获得终身教授职位,教授忙于追求学术研究成果,而无暇关注其自身教学能力的提升,缺乏对教学的热情。教授与本科生的交流接触过少,许多教授缺乏对学生真正需求的关注。哈佛大学在学生分数和荣誉学位方面遭受了外界的批判和非难。《环球时报》通过对哈佛大学毕业荣誉和学生评分的研究发现:哈佛大学的毕业荣誉率从1946年的32%增长到2001年的91%,在20世纪60年代70年代初增长得最快,然后在20世纪最后的15年内再次增长。③长期以来,哈佛大学并没有采取有效的措施来控制分数膨胀和毕业荣誉率的增长,导致外界开始怀疑哈佛大学的毕业荣誉是否还有意义。在学生咨询方面,教师的能力和学生的期待之间存在鸿沟,本科学生正处于人生抉择的关键期,对他们自己能力和人生目标的认识还不明确,大多数教师不能针对性地给学生提供咨询和建议。概而言之,21世纪初,哈佛大学面临着改革推进阻力大、分数膨胀、荣誉学位贬值、课程僵化陈旧、本科生教师教学倦怠、师生缺乏互动、学生咨询工作不完善等一系列问题。基于这些问题,哈佛大学前文理学院院长哈瑞·刘

---

① [美] 哈瑞·刘易斯:《失去灵魂的卓越:哈佛是如何忘记教育宗旨的》,侯定凯等译,华东师范大学出版社2012年版,第168页。

② [美] 哈瑞·刘易斯:《失去灵魂的卓越:哈佛是如何忘记教育宗旨的》,侯定凯等译,华东师范大学出版社2012年版,第12页。

③ Patrick Healy, "Harvard's Dirty, Little Secret is Out—Grade Inflation/Graduating with Honors is a Breeze", (2001-10-14), https://www.sfgate.com/news/article/Harvard-s-dirty-little-secret-is-out-grade-2868775.php. (2022-10-15).

易斯（Harry Lewis）感慨道，21世纪的哈佛大学已"失去灵魂的卓越"。而这些问题都是哈佛大学21世纪初的第一位校长上台后需要进行改善的问题。因此，无论是哈佛董事会还是哈佛大学的教职工都对新一任校长有很大的期待。

二　萨默斯的治校措施

萨默斯在其就职演说中强调："在传承各种悠久的传统的同时，崭新的一切对于我们来说将是最重要的。"[①] 换言之，萨默斯认为，在传统与变革之间，变革的力量比传统更为重要。因此，针对21世纪初哈佛大学的困境，萨默斯重点在行政组织机构、本科生课程、跨学科研究和财政援助方面进行改革，以期在他任职期间提高哈佛大学的教育质量，恢复外界对哈佛大学的信心。

（一）改革行政组织机构

法人治理制度是哈佛大学能够长期稳定发展的关键因素。在哈佛大学共同治理模式中，监事会、董事会、教授会和校长是哈佛大学的四大权力主体，这四大权力主体相互制约，共同管理哈佛大学。萨默斯为顺利推行其治校举措，加强其权力，开始重组哈佛大学的行政组织机构。

1. 哈佛大学传统治理模式

哈佛大学在发展过程中逐渐形成了校长、监事会、理事会和教授会共同治理的模式，该模式对哈佛大学的持续发展至关重要。与美国其他私立大学施行的单会制制度不同，哈佛大学实施"双会制"治理模式，即监事会和董事会两个治理机构。随着教授权力的逐渐增大，教授对校长干预学术的做法不满。为保障教师的学术自治权，哈佛大学成立教授会。校长既是监事会和董事会的成员，也是教授会的主席，是哈佛大学日常管理的中心角色。

（1）监事会

1642年，哈佛大学建立监事会，这是哈佛大学第一个正式的治理机

[①] Lawrence H. Summers, "Letter to the Harvard Community", (2001-09-11), https://news.harvard.edu/gazette/story/2001/09/letter-to-the-community-from-harvard-president-lawrence-h-summers/. (2022-10-16).

构。当时哈佛大学是"一院制"治理结构，监事会是唯一的治理机构。监事会的主要职责除管理财务和遴选校长外，还拥有规划完成学校的计划和任务、发展院校有形资产、关心学校的无形资产、恪守学术自由、学术公平和学术伦理等职责。在哈佛大学建立的前200年里，监事会一直是哈佛大学最重要的权力机构，董事会的许多决定都需要获得监事会的同意才能产生效力。然而，随着学校的发展，监事会的权力逐渐向哈佛大学董事会转移，这是基于哈佛大学管理的需要。董事会逐渐发展为哈佛大学最重要的权力机构。监事会逐渐成为由校友选举产生的哈佛大学第二大治理机构，与建校前200年相比，其权力小了很多。监事会每年都会对哈佛大学各个学术部门的工作情况进行调查、与部分教授面对面沟通，并写出调查报告。但其调查报告经常被忽视。曾任监事会成员、哈佛大学1961届校友特里·伦兹纳说过："我们写了报告，却从来没有得到任何的回音。我们写的这些报告，就像消失在空气里一样。"①"监事会对董事会成员行使任命权，并对提名的校长人选行使表决权。监事会的权力似乎非常大，但由于长时期的传统习惯，监事会在很大程度上只是块橡皮图章而已。"② 尽管监事会处于橡皮图章的地位，但监事会因为拥有宪法否定权，故仍具有很大的监督权力，如果监事会在学校行政管理调查中发现院系教授、领导对学校管理有意见或认为违背常理，监事会有权建立访问委员会进行调查。

（2）董事会

哈佛大学的绝大部分实权掌握在董事会成员手里。《1650年特许状》（1650 Charter）的通过，标志着哈佛大学内部治理机构——哈佛大学董事会建立，并形成了哈佛大学独特的"两会制"管理制度。董事会是哈佛大学的法人机构，全权负责管理哈佛大学的财产和学校的内部治理，监事会监督董事会的工作，两者相互制约。但是，随着时间的推移，哈佛大学董事会逐渐发展为哈佛大学治理中最重要的机构，是哈佛大学唯一

---

① ［美］理查德·布瑞德利：《哈佛规则：捍卫大学之魂》，梁志坚译，北京大学出版社2009年版，第64页。

② ［美］理查德·布瑞德利：《哈佛规则：捍卫大学之魂》，梁志坚译，北京大学出版社2009年版，第64页。

的法人代表，拥有哈佛大学治理中的最高权力。董事会的权力和职责主要包括：挑选董事会成员、选聘校长及罢免校长；审批哈佛大学各院院长提交的预算申请；监督、辅助校长工作；保护学校的财产、维护哈佛大学的声誉及校友的利益，联系哈佛大学和社会的组织关系等。

为了保障董事会的独立决策权，董事会成员的活动往往秘密进行。董事会成员开会的会议记录由哈佛大学的校务秘书记录，会议的时间、次数以及内容从不向全校师生公布。此外，哈佛大学的教职工和校友没有权利参与董事会成员的选举，且董事会成员在任职时限上是终身制，他们不受任何任职时间限制。因此，董事会成员的选择更像是一种"自我复制"。哈佛董事会基本上由7名成员组成（包括哈佛大学校长在内），他们被称为哈佛大学的"校务委员"。

（3）教授会

教授会的成立在一定程度上保障了哈佛大学教师学术自由的权利，它是伴随着知识的专业化和教师任职的职业化而出现的[1]。哈佛大学成立后在很长一段时间里没有教授会制度，主要是因为早期导师是负责管理学生学习和生活的教师群体，其任期较短，并没有形成独立的治理力量。后来，随着短期性导师向长期性导师的转变，导师的权力逐渐增大，一些导师对校长越过他们直接干涉学术生活的一些做法不满，要求校长不要过多地干涉他们的学术自由。1718年，董事会为导师增加了10英镑的额外补贴，并肯定了导师在学术管理方面的权力。1721年，哈佛大学的两名导师要求成为校内董事会成员，他们预想成立除校长、财务长外，由全体教授组建的校内教授会制度。1725年，教授会正式成为哈佛大学一个独立的专职负责学生学术事务的治理机构。

哈佛大学教授会作为哈佛大学专门负责学术事务的治理机构，主管教学研究。哈佛大学教授会有三级，分别是学校、学院、系。教授会独立负责本学院的学术事务，在学术事务中是最权威的角色。教授会受董事会委托，拥有管理学术事务的权力，这些权力包括制订课程计划、确定学生录取和学位授予的标准、确定科研教学人员的聘任和晋升等。一般来讲，教授会在终身教授和系主任的评定审查选举中起着最重要的作

---

[1] 徐来群：《哈佛大学史》，上海交通大学出版社2012年版，第44页。

用。虽然教授会的学术权力仍会受到校长否决权的限制，但在一般情况下校长很少使用这项权力。教授会的权力与其他治理机构的权力不同，它一般仅适用于学术领域，对大学其他方面的决策并没有太大的影响力。

（4）校长

校长处于大学运营的中心地位，通过说服和协商方式进行日常管理，以维持大学的正常运行。校长职位在哈佛大学创立时就已存在，但从哈佛建校到美国内战时期，校长并没有多大的权力，因为这一时期哈佛大学的规模和结构相对比较简单，监事会可以轻而易举地掌控哈佛大学的运行。然而，从19世纪初期开始，校内领导权力在第21任校长艾略特和第22任校长阿伯特·劳伦斯·洛厄尔（Abbott Lawrence Lowell）的长期管理下逐渐转移到了校长的手中。

哈佛大学校长负责带领其下属行政系统人员处理学校行政事务，是董事会、监事会、教授会之间的联络人，是哈佛大学内部角色最复杂的权力主体，在治理机构之间处于核心地位。从董事会与校长的关系来看，校长是董事会和学校之间的联络员。校长作为董事会核心成员，需要向董事会汇报学校的日常情况以及师生的意愿和建议，并代表董事会发言。换言之，校长不仅要实现董事会对他的期望，同时他又是学校的学术带头人，需要对学校的全体教师负责。此外，哈佛大学校长一职是学校行政管理部门的最高职位。在学校内部治理上，校长有权任命哈佛大学的副校长来协助其开展工作，当哈佛大学下属的各个学院的院长卸任后，校长还有任命新院长的权力。在外部治理上，哈佛大学校长的职责主要是获得政府、社会、校友以及其他利益相关者的支持，保持与外界的联系，以促进大学的健康发展。校长的另一项重要工作是向哈佛大学校友筹集资金，并且与他们培养良好的关系。简言之，哈佛大学校长具有三重身份。作为"领导者"，校长需要处理哈佛大学的行政事务；作为"企业家"，校长必须向校外筹集办学资金；作为"政治家"，校长应该协调校内外各方利益相关者的关系。

哈佛大学长期以来形成了"共同治理"的治校模式，正是通过董事会行使其权力，包括保护财产、维护学校声誉、任命校长等权力；监事会行使监督的权力；教授会处理学术事务；而校长及其带领的行政人员代表董事会行使行政权力，这种董事会负责的治理模式，有力地保证了哈佛大学长期稳定的发展。

2. 改革后的哈佛大学组织机构

在担任哈佛大学校长之前，萨默斯已在商界和政界工作数年，在商界和政界的工作经历在一定程度上让萨默斯适应了比高校更官僚化的权力机构，习惯了掌握大权、发号施令的行政化办公模式。因此，在担任哈佛大学校长不久后，萨默斯开始通过增加新的管理部门和变动管理人员的方式将权力集中在他自己手里。

在增加新的管理部门方面，改革前，哈佛大学的下属机构有6个，包括副校长委员会、大学健康服务中心、信息服务中心、大学图书馆以及大学司仪部。2003年2月，萨默斯新设大学监察员办公室，该办公室主要为社区人员提供非正式、公正、保密和独立的援助，以管理或解决影响他们工作或学术的问题。[①] 哈佛大学社区的教职工、学生、研究院和退休人员都可以获得此项服务。2004年，萨默斯在司仪部下设立策划部，策划部主要负责活动的筹办和启动。

在变动管理人员方面，萨默斯做了以下改革：其一，新增副校长。2004年，萨默斯新增了一位人力资源副校长，主要负责管理哈佛大学行政人员的调动、信息服务、财务和培训等工作。2005年，萨默斯新增了一位公共政策副校长，但是萨默斯并没有安排该副校长具体负责的工作。其二，任命学院院长。2002年，萨默斯任命了威廉·科比（William C. Kirby）为文理学院的院长。一些人认为，萨默斯之所以选中科比接任文理学院院长一职，是因为他觉得科比比较听话。后来，萨默斯通过说服科比改变捐款规则来削弱科比的权力，增大他自己的权力。任命科比为文理学院院长后，萨默斯又聘请了原纽约大学的艾伦·拉格曼·康得利夫教授为哈佛教育学院的院长、威廉·格雷厄姆为神学院院长、埃琳娜·卡根（Elena Kagan）教授为法学院院长。萨默斯在选择和任命这些院长时，会让教师和学生参与其中，但并不采纳这些师生的建议。此外，萨默斯新任命的每一位院长最终所得到的权力和自主权总比上一位院长

---

① Harvard Ombuds Office, "Office Charter", https://cpb-us-e1.wpmucdn.com/websites.harvard.edu/dist/6/48/files/2022/07/cambridge-ombuds-charter.pdf. (2022-10-12).

要小一些。① 其三，招揽华盛顿的旧友。在任职校长不久，萨默斯开始招揽他在华盛顿工作时的旧友，这些人鲜有哈佛大学的阅历，对哈佛大学了解甚少。如萨默斯招纳前财政部工作人员马尔纳·莱维纳（Marne Levine）担任他的办公室主任；任命担任过希拉里·克林顿（Hillary Clinton）助手的沙伦·肯尼迪为哈佛大学的活动策划人和校友联络人；招募曾为前总统克林顿撰写演讲稿的艾伦·斯通（Alan Stone）为负责行政管理、社区和公共事务的副校长。通过招揽华盛顿的政客，萨默斯向外界传达了这样一个信息：他想要一个核心集团，其首要的宗旨就是忠于他本人。② 其四，增添新职位。如萨默斯招聘哈佛大学2000届毕业生迈克尔·奥马里（Michael O'Mary）为校长特别助理；签约曾担任英国首相托尼·布莱尔（Tony Blair）的新闻助理露西·麦克尼尔（Lucie McNeil）为他个人的新闻秘书。麦克尼尔的唯一工作就是提升萨默斯在新闻媒体上的知名度。其五，招募董事会成员。萨默斯通过招揽与他自己关系密切的人进董事会，增加其在董事会的影响力。罗伯特·斯通（Robert Stone）辞去董事会的职位后，萨默斯便举荐了罗伯特·赖肖（Robert Reischauer）接替斯通的位置。赖肖身上有很多与萨默斯相似的地方，并且赖肖的家距离萨默斯的家只有一英里左右。萨默斯曾表示他加强他自己的权力是为了提高管理效率，但是，改革后的哈佛大学组织机构充斥了更多的职务，导致大学的日常管理完全沉浸在官僚的繁文缛节之中③。

（二）开展课程审定

课程对哈佛大学的教职工、学生以及校友来说有着重大的意义。课程不仅反映了哈佛大学的价值观和使命，也是培养学生成为未来领导人的重要内容。换言之，在某种意义上，课程就是学生成长的母体，这就是人们如此关心课程的内容以及培养目标的原因所在。④ 因此，自担任哈

---

① ［美］理查德·布瑞德利：《哈佛规则：捍卫大学之魂》，梁志坚译，北京大学出版社2009年版，第237页。
② ［美］理查德·布瑞德利：《哈佛规则：捍卫大学之魂》，梁志坚译，北京大学出版社2009年版，第149页。
③ ［美］哈瑞·刘易斯：《失去灵魂的卓越：哈佛是如何忘记教育宗旨的》，侯定凯等译，华东师范大学出版社2012年版，第222页。
④ ［美］理查德·布瑞德利：《哈佛规则：捍卫大学之魂》，梁志坚译，北京大学出版社2009年版，第328页。

佛大学校长起，萨默斯就强调为本科生提供与其非凡天赋和抱负相称的教育是至关重要的。为了给本科生提供更优质的课程及确保哈佛大学在国际高校中的领先地位，萨默斯让文理学院负责全面审查本科生课程的各个方面，并任命科比为这次课程改革的主要负责人，贝内迪克特·格罗斯（Benedict Gross）为课程审定委员会的副主席。

2002年10月，依据萨默斯在就职演说中的治校规划，科比宣布正式启动本科生课程审订工作。萨默斯称本次课程审订是"一个世纪以来哈佛大学课程史上最全面的改革"①。课程审订主要分成两个阶段进行。第一个阶段的主要目标是收集哈佛大学教师、学生、校友和社会同仁对本次课程审订的建议和想法，以确保能广泛地听取各方建议，制定最佳的课程方案。2002年，科比召集哈佛大学的教师和学生一起讨论核心课程的优缺点，以及待完善的地方。2003年春，在萨默斯的指示下，格罗斯成立了四个工作小组，分别是通识教育工作小组、教学工作小组、专业教育工作小组、全面学术体验小组。每个工作小组大概有12—13名成员，由两位主席负责，成员包括终身教授及普通教师、1—3名本科生、1名研究生、1名与本科生工作密切相关的管理者以及1名哈佛大学其他学院的成员。② 此外，文理学院还成立了1个课程评审指导委员会，由科比和格罗斯担任主席，成员是4个工作小组的8位主席，分别负责协调各个工作小组的工作。2003年12月，科比和格罗斯向萨默斯提交了《关于课程审订进度的中期报告》，该报告总结了过去两年的重点工作及4个工作小组讨论的主要课程问题。2004年4月，课程改革指导委员会发布了《哈佛学院课程审订报告》，重点总结了关于课程改革的57条建议，这些建议大体上体现了萨默斯在2001年秋季一直提倡的举措。该报告的发布标志着课程审订第一阶段工作的基本结束。

第二阶段的主要任务是深入讨论，制订新的课程计划。2004年6月，为了落实《哈佛学院课程审订报告》里的课程建议，文理学院组建了8

---

① William C. Marra and Lauren A. E. Schuker, "Mixed Reviews: Faculty Flunk Curricular Report for Faulty Process, Lack of Guiding Philosophy", (2004-06-10), https://www.thecrimson.com/article/2004/6/10/mixed-reviews-munching-on-nochs-pizza/. (2022-10-19).

② 张家勇、张家智：《新世纪哈佛大学本科生课程改革及启示》，《比较教育研究》2006年第1期。

个委员会，包括通识教育委员会、科学技术教育委员会、写作与口语表达教学评审委员会、建议和咨询委员会、元月学期委员会和教学改进委员会、国际教育委员会和教育政策委员会。截止到 2006 年初，各委员会分别提交了课程审订的报告。2006 年，文理学院公布了《哈佛学院课程更新报告》，该报告总结了各委员会在通识教育、科学技术教育、国际教育、写作与口头表达教学、建议和咨询、教学法和专业选择等方面提交的建议。

在通识教育方面，基于核心课程数目有限、教育范围狭窄、类别标准和选择原则越来越模糊、干涉教师教学自由等问题，萨默斯要求科比对核心课程进行审定，启动新的通识教育课程改革。在萨默斯的指导下，通识教育小组在《哈佛学院课程审订报告》中提出，用哈佛学院课程代替现行的核心课程。哈佛学院课程强调基础性、综合性、多学科性、灵活性和跨学科性，在课程性质上更加注重国际性和科学性。哈佛学院课程将在现行课程分类结构的基础上增加社会科学、物理科学、生命科学等必修课，增加学生选择课程的机会。此外，哈佛学院课程为师生提供了革新性的教学和合作机会，教师和学生将跨越学科界限一起研究、学习。为进一步促使通识教育满足师生的需求，经过进一步讨论和审查，2005 年 11 月，通识教育委员会提交了《哈佛学院课程审查报告》。在该报告中，通识教育委员会提议新的通识教育应开设分类必修课、通识教育新课程、三门必修课和两门选修课。具体言之，通识教育委员会建议用分类必修课代替现有的 11 类核心课程，学生可以从科学与技术、艺术与人文以及社会探讨这三大领域中各选修三门课；通识教育新课程的开发应采用综合性的方法，主题范围跨越系和专业，兼具广度和深度，为学生提供能激发其创新思维的学术体验；三门必修课包括写作课、外语课和国际体验课，这三门必修课程是通识教育的基础课程；两门选修课分别是量化分析以及道德与伦理推理。量化分析课程有助于学生运用分析和量化工具进行深入研究。道德与伦理推理课程能够培养学生道德判断和深思熟虑的能力。萨默斯虽然重视通识教育的改革，但并没有给予通识教育委员会清晰的方向和目标，最终招致一些教师对新通识课程的质疑。例如，刘易斯认为，哈佛大学没有出台相应的制度来确保学生研修这些课程，所以哈佛大学根本不可能保证学生在课程目录中随意选择三门自然科学或人文学科的科目,就可以学到什么。① 因缺乏明确的方向和时间紧张等因素,在萨默斯辞职后,通识教育委员会还未提交最终报告。

在科学技术教育方面,萨默斯在其就职演说中曾言:"如今我们的任务之一就是保证哈佛大学毕业的学生能够理解、掌握和运用科学发展的成果,因为这些成果改变了我们正在工作和生活的世界。"② 基于此,科学技术教育委员会建议开发能够促进多学科和多领域之间联系的跨学科课程,激发学生对科学技术学习的兴趣。跨学科课程不仅有助于学生对科学知识进行更深层次的交叉融合,更加灵活地运用已掌握的科学知识,也能够培养学生的创新思维,从多学科视角解决问题。另外,科学技术教育委员会强调:新科学课程要以问题为导向,而不能仅仅局限于某一个主题;在学习基础课程之前,学生要具有一定的科学背景;课程范围要更宽广,以便学生更容易明白各种科学分支是如何融合的。③ 基于此,科学技术教育委员会推荐了一系列新的自然科学和应用科学的入门课程。

在国际教育方面,萨默斯意识到在全球化浪潮不断加剧的背景下,哈佛大学在促进国际理解方面发挥着重要的作用。因此,他开始加强哈佛大学的国际教育。在萨默斯的领导下,国际教育委员会一方面建议哈佛大学本科生课程应该重视国际化和全球化的学习,为师生创造更多到国外学习、体验的机会,力争让每位哈佛大学的本科生都有一次去国外学习或研究的经历。另一方面,国际教育委员会建议增加对本科生的经济援助,确保每个学生不会因为经济原因而失去到国外学习、体验的机会。基于该目的,萨默斯设立了国际项目办公室,要求用国外一学年学习的学分代替一门核心课程必修课学分。国际项目办公室能够利用哈佛大学遍布世界各地的校友网络,为学生创造更多到国外学习、研究和工

---

① [美]哈瑞·刘易斯:《失去灵魂的卓越:哈佛是如何忘记教育宗旨的》,侯定凯等译,华东师范大学出版社2012年版,第51页。

② Lawrence H. Summers, "Letter to the Harvard Community", (2001-09-11), https://news.harvard.edu/gazette/story/2001/09/letter-to-the-community-from-harvard-president-lawrence-h-summers/. (2022-11-01).

③ 张家勇、张家智、张跃庭:《新世纪哈佛大学本科生课程改革的若干重点问题》,《辽宁教育研究》2007年第8期。

作的机会，并让本科生尽早接受国外学习的相关指导，为未来参与国际活动奠定基础。为了更好地落实国际教育计划，元月学期委员会建议利用每年3.5周的元月开设国际课程、研讨课程以及开展医学和科学等就业前的实习等，以提高学生国外研修的能力。此外，萨默斯在专注于加强哈佛大学现有的国际关系的同时，致力于培养新的国际关系。他前往中国、印度、墨西哥、智利、巴西和欧洲等国，建立新的合作项目，探索新的合作机会，支持在国外开设哈佛大学中心，招募世界各地顶尖的留学生。萨默斯曾言："哈佛大学必须是一所越来越欢迎世界各地学生的大学，只有这样才能为美国学生提供更好的学习环境，才能履行对世界的义务。"[1] 为此，萨默斯在成功游说美国国务院放宽对外国学生签证限制方面作出了重大的贡献。

在写作和口语表达方面，写作与口语表达能力不仅是进行学术活动的必备技能，也是培养学生批判思维能力的重要途径。写作与口语表达教学委员会认为，哈佛大学的写作和口语教学实力很强，但整体效果不够好，没有把写作和口语教学融合到各系、各学位课程设计和管理的各个环节之中。[2] 针对这种情况，写作与口语表达教学委员会提出了18条建议，特归纳如下：其一，提高口语表达能力。写作与口语表达教学委员会建议开设一门或多门公共演讲课程，通过公众演讲或公开辩论等方法提高学生的口语表达能力。其二，开设新生写作辅导课。写作与口语表达教学委员会提议用新生写作辅导课替代之前的大一学术性写作课，保留大一学术性写作课的培养目标与评分方法。新生写作辅导课不仅要包括人文类科目的写作项目，还要包括自然科学和应用科学的写作项目。其三，提高教师质量。写作和口语教学需要水平较高的老师担任。因此，写作与口语表达教学委员会提出甄选优秀的教师进行写作和口语教学，并定期对这些教师进行写作教学能力的培训，提高教师的教学水平，给学生提供高质量的写作和口语教学课程。另外，教师工资需

---

[1] The Harvard Gazette, "Summers Lays Foundation for Renewal and Expansion", (2006-06-08), https://news.harvard.edu/gazette/story/2006/06/summers-lays-foundation-for-renewal-and-expansion/. (2022-10-20).

[2] 张家勇、张家智、张跃庭：《新世纪哈佛大学本科生课程改革的若干重点问题》，《辽宁教育研究》2007年第8期。

要提高,以激发教师的教学积极性。其四,颁发写作和口语表达证书。写作与口语教学委员会提倡给符合写作和口语表达教学要求的毕业生颁发写作和口语表达证书,并在证书上标注学生已修过的写作和口语表达的相关课程。

在建议和咨询方面,给学生提供建议和咨询不仅是哈佛大学学术使命的重要组成部分,也是哈佛大学本科生教育的特色。但建议和咨询委员会通过调查发现,哈佛大学在学术咨询方面存在严重不足的现象。[①] 基于哈佛大学学术咨询不足的问题,建议和咨询委员会提出了一些解决该问题的意见,如设立学生辅导办公室、聘请专门负责学生咨询工作的院长、增加新生主任助理的数量以及优化专业导师队伍。学生辅导办公室的主要任务是协调新生主任、宿舍楼导师和专业导师之间的学生建议和咨询工作,甄选有效的导师培训项目并督促导师在恰当的时间为学生提供有质量的建议。建议和咨询委员会建议在原来3名新生主任助理的基础上增加1名,以让更多的学生能够接受咨询。为保证每个学生都能配有专业导师,建议和咨询委员会提议增加优秀专业导师的数量,让本科生在大二确定专业之前能够咨询他们的专业导师并得到有价值的建议。综观这些建议,刘易斯认为,哈佛大学的建议和咨询工作未有多少改进,问题的根源仍未找到,因为建议和咨询委员会对学生究竟应当接受怎样的咨询只字未提。[②]

在教学法改革方面,教学方法是教师实现教学目的、完成教学任务的重要手段。面对哈佛大学课程教学模式缺乏多样性,难以调动学生积极性等问题,教学法改进委员会提议增加师生之间沟通和互动的机会,该提议是对萨默斯治校规划的直接回应。为了达到该目的,教学法改进委员会认为,哈佛大学应重视小班教学,增加研讨会的数量,鼓励教师和学生进行讨论,产生思想碰撞,以促进师生之间的相互了解。此外,教学法改进委员会建议改造现有研讨会的教室结构,建造座位环形摆放

[①] William C. Kirby, "Dean Kirby's Letter to the Faculty on Progress of Curricular Review", (2006 - 01 - 20), https://www.thecrimson.com/article/2006/1/20/dean-kirbys-letter-to-the-faculty/. (2022 - 10 - 20).

[②] [美]哈瑞·刘易斯:《失去灵魂的卓越:哈佛是如何忘记教育宗旨的》,侯定凯等译,华东师范大学出版社2012年版,第80页。

的小教室,在空间上为教师和学生之间的互动提供便利。在教师方面,萨默斯认为,拥有最具创造力的、学术上最勤奋的和最聪慧的教师对建设一流大学至关重要。① 因此,教学法改进委员会提议哈佛大学应招聘更多优秀的教师,控制师生比,并为教师举办系列研讨会或培训班,为教师探讨教学方法提供交流的平台,优化教学方法,以提高教师的教学水平。

在专业选择方面,萨默斯进行新一轮课程审定的目的是增加学生的选择机会,让学生能够体验不同的专业课程,培养学生广泛的技能。依据萨默斯的教育理念,教育政策委员会对专业课程提出了相关建议。教育政策委员会认为,推迟学生选择专业的时间是至关重要的。因此,该委员会建议把本科生选择专业的时间从第二学期末推迟到第三学期末,让大一新生有更多的时间通过知识探讨来发现他们的学术兴趣,从而做出适合他们的专业选择。此外,教育政策委员会还建议为学生增设第二专业,学生可以在其主修的专业之外自愿选择一个有教师专门指导的第二专业。

(三) 加强财政援助

在 2004 年美国教育委员会第 86 届年会上,萨默斯指出,当时美国的贫富差距正在逐渐拉大并用一份数据进行证明:1979 年,收入最高的 1% 人群的收入总和不到收入最低的 40% 人群的一半,而 2004 年的最新数据显示,前者的收入超过了后者的收入。收入差距的增大对高校学生群体产生了严重影响。在收入最低的 25% 的家庭中,只有 3% 的学生能进入竞争十分激烈的高校,在收入较低的 50% 的家庭中,只有 10% 的学生能进入竞争十分激烈的高校。② 基于这种情况,萨默斯总结道:"我们需要认识到,当今美国最严重的国内问题是富人子女和穷人子女之间的差距不

---

① [美] 劳伦斯·H. 萨莫斯:《21 世纪大学面临的挑战——在北京大学的演讲》,李环译,《中国大学教学》2002 年第 7—8 期。

② Harvard Office of the President, "President Lawrence H. Summers' Remarks at ACE: Higher Education and the American Dream", (2004 - 02 - 29), https://www.harvard.edu/president/news-speeches-summers/2004/president-lawrence-h-summers-remarks-at-ace-higher-education-and-the-american-dream/. (2022 - 10 - 20).

断扩大,而教育是我们解决这一问题最强有力的武器。"① 为解决这一问题,萨默斯采取了一系列加强财政援助的举措。

在本科生方面,萨默斯与招生主任威廉·菲茨西蒙(William R. Fitzsimmons)合作,创建了哈佛财政援助计划,该计划旨在为中低收入家庭的孩子提供更多进入哈佛大学读书的机会,促进教育机会的平等。2014年,萨默斯宣布来自年收入低于4万美元家庭的学生不用缴纳学费,并降低家庭收入在4万至6万美元的学生的学费。为进一步扩大援助学生的范围,2006年春季,萨默斯宣布家庭收入低于6万美元的学生不用缴纳学费,并减少家庭收入在6万至8万美元的学生的学费。随着财政援助计划的推进,哈佛大学2009届学生增加了20%以上②,这在一定程度上提高了哈佛大学学生社会经济背景的多样性。

在研究生方面,为确保那些希望从事公共服务的学生不因经济问题而受到阻碍,2003年,萨默斯开启了一个1400万美元的校长奖学金计划,以资助顶尖的硕士和博士生在教育、公共卫生和政府服务等领域选择他们的职业。截止到2006年,校长奖学金计划已经资助了100多名学生。此外,萨默斯还帮助创建了扎克曼与雷诺兹奖学金项目(Zuckerman and Reynolds Fellowship Programs),该项目每年资助40多名准备从事社会创业和公共领导事业的研究生。③

除了直接提供经济上的支持外,萨默斯还拨款成立了深红暑期学院(Crimson Summer Academy)项目,这一暑期项目主要针对剑桥和波士顿地区经济困难但具有学习天赋的高中生。从九年级开始,这些优秀的学生可以连续参加三个暑假的集训项目,旨在为他们能进入一所一流的高

---

① Harvard Office of the President, "President Lawrence H. Summers' Remarks at ACE: Higher Education and the American Dream", (2004 - 02 - 29), https://www.harvard.edu/president/news-speeches-summers/2004/president-lawrence-h-summers-remarks-at-ace-higher-education-and-the-american-dream/. (2022 - 10 - 20).

② The Harvard Gazette, "Summers Lays Foundation for Renewal and Expansion", (2006 - 06 - 08), https://news.harvard.edu/gazette/story/2006/06/summers-lays-foundation-for-renewal-and-expansion/. (2022 - 10 - 20).

③ The Harvard Gazette, "Summers Lays Foundation for Renewal and Expansion", (2006 - 06 - 08), https://news.harvard.edu/gazette/story/2006/06/summers-lays-foundation-for-renewal-and-expansion/. (2022 - 10 - 20).

校做好充分的准备。

（四）支持跨学科研究

萨默斯认为，生物医学将是下一个前沿的科学领域，在生物医学方面进行跨学科研究，不仅可以在科研和拯救生命方面有重大发现，也可以给哈佛大学带来丰厚的经济利润。因此，萨默斯大力支持生物医学方面的跨学科研究。2004年，萨默斯与麻省理工学院及附近的华特海生物医学研究所合作成立了布洛德研究所，这是基因组学和医学领域的跨学科倡议，主要致力于将人类基因信息转化为临床应用的研究。2004年，萨默斯还建立了哈佛干细胞研究所，该研究所由七所学院、七所教学医院和近100名研究人员和科学家组成，旨在利用干细胞研究帮助全国1.5亿患有五种器官和组织衰竭而面临死亡的患者。[①] 由于联邦政府对人类胚胎干细胞研究的干预，哈佛干细胞研究所的研究项目完全由私人资金支持。尽管没有联邦政府资金的支持，萨默斯依旧坚信哈佛大学有经济实力支持这项造福无数患者的干细胞研究，并向外界做出承诺："哈佛大学将努力推进在科学领域这一极具前景的开创性研究，并尽快为无数患有糖尿病、帕金森病、心脏病、癌症及其他多种疾病的患者找到治疗疾病的方法。"[②] 此外，2004年，萨默斯设立了哈佛综合生命科学项目，目的是将从事四个学院的博士项目研究的教师和学生聚在一起，进行跨学科研究。萨默斯还发起了由公共卫生、医学和社会科学专家组成的哈佛全球卫生倡议，旨在应对防治传染病传播、制定更复杂的人口指标以及了解老龄化的人口统计学等各种挑战。

第二节 萨默斯的治校危机

哈佛董事会选取萨默斯为哈佛大学第27任校长后，美国许多媒体都

---

① The Harvard Gazette, "President Summers' Tenure: A Timeline", (2006-06-08), https://news.harvard.edu/gazette/story/2006/06/president-summers-tenure-a-timeline/. (2022-10-08).

② The Harvard Gazette, "Harvard Stem Cell Researchers Granted Approval", (2006-06-08), https://news.harvard.edu/gazette/story/2006/06/harvard-stem-cell-researchers-granted-approval/. (2022-10-08).

对萨默斯担任校长进行了大篇幅的报道，并十分看好萨默斯。正如《波士顿环球报》的一位专栏作家写道："他有潜力成为继艾略特以来最伟大的哈佛校长。"① 众所周知，艾略特是哈佛大学公认的19世纪贡献最突出的校长。人们把萨默斯与艾略特相提并论，是对萨默斯能力的一个极大的肯定，并对这位新校长寄予了极大的期望，相信萨默斯能够成功地带领哈佛大学走出困境，再创哈佛大学的辉煌。然而，萨默斯在治校过程中，因多种复杂的原因出现了治校危机。最终，在历经5年的治校波折后，萨默斯选择辞职，成为哈佛大学校史上自爱德华·费尔顿（Edward W. Felton）校长以来任期最短的校长。

一　萨默斯治校危机的产生

随着萨默斯不断扩大其校长权力，他与哈佛大学教师的关系越来越紧张。与此同时，萨默斯在其扩大自身权力的过程中，因干涉学术事务、压制不同意见、发表不当言论、袒护亲密旧友与辞退文理学院院长而引发治校危机，最终被迫辞职。

（一）干涉学术事务

分数膨胀问题是哈佛大学多年来饱受外界诟病的问题，也是萨默斯上任之初不可回避的问题。萨默斯担任校长不久后，在2001年10月7日和8日，《波士顿环球报》先后发表两篇报道《哈佛静悄悄的秘密：分数贬值》和《哈佛荣誉学位沦落至中等水平》，这两篇报道指出哈佛大学的学生评分等级以及毕业生优秀率远远高于耶鲁大学、普林斯顿大学等美国一流高校。面对分数膨胀及荣誉学位贬值的问题，萨默斯指出，他非常关注分数膨胀和荣誉学位贬值的问题，并将针对这些问题与教授进行协商，找到解决这些问题的方案。② 此外，在学生问答会上，萨默斯表示分数膨胀，尤其是较高的毕业荣誉率问题，可能会让雇主对哈佛毕业生的能力产生怀疑，进而损害哈佛学生在就业市场上的竞争力。因此，萨

---

① ［美］理查德·布瑞德利：《哈佛规则：捍卫大学之魂》，梁志坚译，北京大学出版社2009年版，第3页。

② Patrick Healy, "Harvard Asks Faculty to Justify Grading Methods", (2001-10-23), https://graphics.boston.com/globe/metro/packages/harvard_honors/follow_up_1.htm. (2022-10-23).

默斯说:"我们必须保持敏感,不要让哈佛学生在就业市场上处于不利的地位。"① 解决分数膨胀的问题对萨默斯来说既是一个挑战也是一个机遇。如果萨默斯能妥善解决好分数膨胀问题,他就可以向哈佛大学的师生以及社会人士展示他卓越的治校能力。为尽快解决分数膨胀的问题,萨默斯首先把分数膨胀的问题归咎于黑人教授康乃尔·韦斯特,但这也成为萨默斯治校危机的开端。

韦斯特教授当时是哈佛大学一位著名的黑人教授,同时也是哈佛大学较早被授予校级教授职位的黑人之一,该职位是哈佛大学教授中的最高职位。2001年10月24日,萨默斯单独会见韦斯特,对韦斯特进行了批评并提出了要求。首先,萨默斯认为,韦斯特在给本科生课程成绩评分时存在分数虚高现象,对哈佛大学分数膨胀问题有着不可推卸的责任。因此,萨默斯要求审查韦斯特所教的哈佛本科生课程"非裔美国人研究10"的学生成绩。其次,萨默斯在没有确凿证据的情况下批评韦斯特由于参加校外政治活动而缺课。萨默斯提及2000年韦斯特为了参与比尔·布瑞德利(Bill Bradley)的总统初选活动而缺了学生三个星期的课。尽管韦斯特否认这一指控,萨默斯并没有对韦斯特的否认做出过多回应。最后,萨默斯批评韦斯特的学术水平不高。他认为韦斯特的文章过于通俗,欠缺学术性,学术水平堪忧。因此,他希望韦斯特多写"纯学术性"著作,并要求韦斯特写一本如何解读一个特定的哲学传统的学术文章。韦斯特对萨默斯的这些要求感到很气愤,他认为,萨默斯是一位经济学家,为了表现他自己对另一个学术领域的了解就要求一个哈佛大学的校级教授去写他指定的文章,这简直是狂妄至极的行为。② 此外,萨默斯还对韦斯特录制说唱音乐 CD 的行为表示不满,认为韦斯特的行为有违哈佛大学的传统。

没过多久,萨默斯与韦斯特的冲突就被刊登在《纽约时报》的头版,之后许多其他报刊也争相报道此事。媒体关注的焦点不仅仅是两人之间

---

① Elisabeth S. Theodore, "Summers Addresses Grade Inflation", (2002-01-18), https://www.thecrimson.com/article/2002/1/18/summers-addresses-grade-inflation-grade-inflation/. (2022-10-23).

② [美]理查德·布瑞德利:《哈佛规则:捍卫大学之魂》,梁志坚译,北京大学出版社2009年版,第117页。

误会与争执,而是上升到了萨默斯对学术自由的干预,甚至是种族歧视的高度,促使越来越多的哈佛大学教授和学生开始怀疑萨默斯对于多元文化的态度。据《纽约时报》报道,韦斯特正在考虑离开哈佛大学,其原因是萨默斯迄今尚未特别明确地表明他赞同反歧视行为与种族、阶级上的多元化。① 当时,哈佛董事会唯一一位黑人成员康拉德·哈珀(Conrad Harper)为维护哈佛大学的声誉,打电话给萨默斯敦促他尽快平息此事,避免扩大负面影响。之后,萨默斯公开发表声明,表示他自己支持多元文化,并与韦斯特会面,私下向其道歉并得到韦斯特的谅解。然而,萨默斯之后却在《纽约时报》的访问中矢口否认道歉一事,这让韦斯特觉得他自己受了萨默斯的欺骗,并决定离开哈佛大学。最终,2002年秋韦斯特离开哈佛大学,前往普林斯顿大学任职。

对于韦斯特的离开,众人持有不同的看法。一方面,一些人支持萨默斯,认为萨默斯所做的一切是为了实现哈佛大学的卓越,而韦斯特并不是一位卓越的教授。另一方面,一些人支持韦斯特,认为萨默斯对韦斯特的批评有失公允,对韦斯特的很多指控都没有确凿证据。比如分数膨胀问题,萨默斯在上任之初就着手解决哈佛大学本科课程成绩的分数虚高问题,但是,这一问题显然是一个长期形成的症结,绝非一个或几个教授的责任。刘易斯教授于2001年就分数膨胀问题发表过学术文章,经过研究,他认为哈佛学生的分数从20世纪20年代至21世纪初一直处于曲线上升的过程中。学生分数的上涨不单单是教授的问题,而是由于教师教学日益优异、学生日益优秀、学生就业压力大、课程规模减小以及人文学科的特殊性等一系列因素造成的。因此,萨默斯把分数膨胀的原因怪罪于韦斯特教授以期对其他教授起到警示作用,显然对韦斯特不太公平。进而言之,由于韦斯特与萨默斯的冲突是在萨默斯上任之初产生的,因此,这场校长与教授的冲突让许多哈佛人士感到不安,他们开始质疑萨默斯的治校能力,担心萨默斯会把华盛顿政界的管理方式带到哈佛校园里。许多教授认为萨默斯的行为与哈佛大学一直以来学校重于校长的文化相抵触。

---

① [美]理查德·布瑞德利:《哈佛规则:捍卫大学之魂》,梁志坚译,北京大学出版社2009年版,第124页。

（二）压制不同意见

经历过韦斯特事件风波之后，萨默斯对不同意见的压制进一步加剧了萨默斯的治校危机。萨默斯撤销刘易斯哈佛学院院长职位是其压制不同意见的代表性事件。哈佛学院是哈佛大学专门负责本科生教育的机构，在哈佛大学占有很重要的地位。刘易斯当时是哈佛学院院长，截止到2003年，他在哈佛学院院长的位置上已经工作了近8年，离他任期结束还有两年多的时间。刘易斯当时在哈佛大学已经工作了30年，也是哈佛大学的一位终身教授。他对哈佛大学的传统、哈佛大学的管理都有其自己的感受和见解，并且工作尽心尽责、对学生十分关心，深受同事和学生的尊敬和爱戴。作为哈佛学院院长，刘易斯与萨默斯在哈佛学院的许多事务上存在分歧。例如，在教学方面，萨默斯坚定地反对哈佛校园的分数膨胀问题，而刘易斯认为分数膨胀问题没那么严重，只是有些人小题大做罢了。在高校国际化方面，萨默斯致力于积极推动哈佛大学国际化，招收更多的国际学生，而刘易斯认为保持美国大学的传统同等重要，萨默斯要招收更多的国际学生的决策会减少哈佛大学对本国学生的录取。在课外活动方面，萨默斯表示，为了保持哈佛大学在21世纪的领先地位，学生应该把更多的时间放在学业上，而不是课外活动上。而刘易斯则认为应该增加学生课外活动的时间，并在给科比的信中表示："课外活动是缓解压力的一种方式。我担心如果学生把本应用于课外活动的时间花在图书馆里，我们面临的学生心理问题将比现在更严重。"[1] 在学生培养方面，刘易斯经常教育学生要"放慢速度"，谨慎思考他们所做出的决定，好好享受在哈佛大学的学习生活。而萨默斯不太信奉和推崇"放慢速度"，他一向推崇速度，鼓励学生要冲劲十足。这些分歧引起了萨默斯对刘易斯的不满，也为刘易斯后来被提前解雇埋下了伏笔。

2003年3月5日，刘易斯被提前解雇，按照聘约，他还有两年多担任哈佛学院院长一职的时间，而学校给出的解约理由是院系职位合并，职位合并后接替刘易斯职位的人是萨默斯非常欣赏的数学家格罗斯。通

---

[1] Anthony S. A. Freinberg, "Debunking Camp Harvard", (2003 - 03 - 21), https://www.thecrimson.com/article/2003/3/21/debunking-camp-harvard-harvard-college-is/. (2022 - 10 - 22).

过任命格罗斯，萨默斯将文理学院两位有权的人置于其自己的掌控之下。① 不仅如此，文理学院院长科比要求刘易斯对外宣称他是为了哈佛学院的职位合并而主动请辞的，这引起了刘易斯的强烈反感，也招致了哈佛学生的不满。在全体教职人员会议上，科比宣布了刘易斯辞职的消息，并向全体教师解释说，为重组哈佛学院的行政管理体系而进行的职位合并是他的主意，但没有人相信这是科比的主意。正如一位当时在场的教师所言："很显然，科比已经成为萨默斯的傀儡。"② 4月3日，在与监事会的成员谈话时，刘易斯表达了他对文理学院重组问题的看法，刘易斯认为，职位的合并是一件大事，应该有广泛的讨论，而不是突然任命和解雇。监事会成员把刘易斯的想法告知了董事会，之后董事会的两位成员与刘易斯进行了会谈。董事会成员并没有站在客观的立场上，而是力劝刘易斯改变说法，让他宣称重组行政管理体系在几年后将会有良好的效果，甚至警告刘易斯如果继续制造被免职的"噪音"，这将不利于他本人在职业上获得最大利益。这次会面的结果不尽如人意，之后刘易斯向萨默斯致以信函，但萨默斯并没有给予他任何回复。

刘易斯被撤职之后，几乎没有人敢公开质疑萨默斯对哈佛大学的铁腕控制了。萨默斯虽然并未直接出面参与刘易斯被撤职之事，但多数哈佛教职工认为，由于刘易斯与萨默斯校长意见不合而使刘易斯遭到不公正的对待。刘易斯认为，只有人们自由地交流思想，并彼此怀有敬意地展开辩论，大学才能强大。显然，刘易斯认为，萨默斯对不同意见的压制会影响哈佛大学的良性发展，破坏学校的民主氛围和生命力。

（三）发表不当言论

萨默斯发表的不当言论，促使哈佛大学对其进行不信任投票，并进一步将他治校危机推向高潮。2005年1月14日，美国经济研究所在坎布里奇召开了主题为"科学与工程人员的多样化：妇女、未被充分代表的少数族裔及其在麻省科学与工程领域的职业"的学术会议，萨默斯以经

---

① ［美］理查德·布瑞德利：《哈佛规则：捍卫大学之魂》，梁志坚译，北京大学出版社2009年版，第247页。

② ［美］理查德·布瑞德利：《哈佛规则：捍卫大学之魂》，梁志坚译，北京大学出版社2009年版，第248页。

济学学者而非哈佛大学校长身份应邀参加了该会议并作了"为什么女性在科学与工程领域的高级专家人数较少"的主题发言。在发言中萨默斯曾言，基于数据分析，相对其他研究领域，在科学与工程领域女性人数比男性少的原因是女性和男性天生存在的差异。① 萨默斯的发言，在会议上就引起了疑义，曾毕业于哈佛大学、后来任职于麻省理工学院的女性生物学家南希·霍普金斯（Nancy Hopkins）在听到萨默斯的主题发言后，当场离开会场以表示对萨默斯言论的抗议。会议结束后，萨默斯很快便接到了无数电子邮件和抗议电话，遭到了美国各界的批评和舆论谴责。之后，美国全国妇女组织发表公开信，强烈要求萨默斯辞去哈佛大学校长职务，该组织主席基姆·甘迪（Quim Ghamdi）认为，自萨默斯担任哈佛大学校长以来，哈佛女性教师无法取得终身教职的一个重要原因就是萨默斯个人的性别歧视。哈佛女教师委员会也写信给萨默斯，认为他的言行对哈佛大学的声誉造成了恶劣影响。

在强大的舆论压力下，一方面，萨默斯向哈佛女教师委员会致歉，在信中萨默斯态度诚恳并表示愿意为学校的女性教师提供更多的科研经费以表达其对女性教师的尊重和支持。为尽快平息这场愈演愈烈的"口误"纷争，哈佛大学宣布将在之后的10年内拨款500万美元用于招募、支持女性理工科教师。另一方面，萨默斯同意了大部分代表女性利益的要求，如建立一个女子活动中心，但2004年一名学生曾询问萨默斯对建立女子活动中心的想法，萨默斯回复道："女子活动中心是我极不想在哈佛大学看到的东西之一。"② 尽管萨默斯针对其自己的言论多次公开致歉和进行书面澄清，解释他在会议上的言论是建立在他人研究数据基础上的假设，并不代表他个人的立场，但他的不当言论依旧引起了哈佛大学部分教师和学生的抗议。一些教师表达了他们对萨默斯领导风格的不满与其领导能力的质疑，一些学生则举行了游行示威活动，一部分学生甚

---

① Harvard Office of the President, "Remarks at NBER Conference on Diversifying the Science & Engineering Workforce", (2005 - 01 - 14), https：//www.harvard.edu/president/news-speeches-summers/2005/remarks-at-nber-conference-on-diversifying-the-science-engineering-workforce/. (2022 - 10 - 23).

② Simom W. Vozick-Levinson, "Room for Improvement", (2005 - 10 - 19), https：//preview.thecrimson.com/article/2005/10/19/room-for-improvement-an-unusual-sense/. (2022 - 10 - 23).

至在游行中打出了"拉里，必须下台！"的标语。这场由萨默斯的不当言论而引发的舆论危机不仅引起了哈佛大学内部的抗议，而且蔓延到了其他几所美国著名大学。斯坦福大学校长、普林斯顿大学校长和麻省理工学院院长均公开发表声明，表示反对萨默斯不尊重女性的言论，而耶鲁大学校长雷文，由于未及时就此事件表态，导致耶鲁大学的学生在耶鲁校内组织了一场大规模的游行以示抗议，引发了一场"反萨默斯风潮"。

在萨默斯的"女性先天不如男性"言论风波后，尽管哈佛董事会坚定地站在萨默斯这边，文理学院的教师仍然决定在2005年3月初对校长进行不信任投票。2005年3月15日，哈佛文理学院约400多名教师进行了投票，结果以218∶185通过了教师对萨默斯作为校长缺乏信任的决议。投票后，哈佛文理学院的人类学教授罗兰德·马特里（Roland Matri）说："这显示了哈佛大学教师对萨默斯缺乏信任的一种强烈共鸣，因此他应该辞职。现在对他来说，没有比辞职更好的选择。"① 概言之，尽管这次不信任投票无法解除萨默斯的校长职务，但投票结果却进一步表达了文理学院对萨默斯校长的批评及其领导能力的否定态度，并给萨默斯造成了巨大的舆论压力。

（四）缺乏诚信品质

"女性先天不如男性"的论断和第一次不信任投票本就把萨默斯推到了舆论的风口浪尖上，之后在哈佛大学"俄罗斯丑闻"事件中萨默斯袒护他的朋友再次引起了哈佛大学师生对萨默斯的强烈不满。

安德烈·施莱弗尔（Andrei Shleifer）是哈佛大学经济学教授，也是萨默斯的学生和老朋友，施莱弗尔曾任俄罗斯政府顾问，帮助俄罗斯政府发展金融市场。由于以施莱弗尔为代表的美国顾问团在俄罗斯私有化过程中存在违法行为，2000年，美国国际发展署把哈佛大学、施莱弗尔及其妻子告上法庭。2005年8月，哈佛大学、施莱弗尔和法庭达成和解，条件是这些被告要向美国政府支付3000多万美元的赔款，其中施莱弗尔支付200万美元，哈佛大学支付2650万美元，至此，这个长达5年的官司结束了。哈佛大学本可以更快速地处理该事件，著名经济学家大卫·

---

① 郭英剑：《大学与社会：郭英剑高等教育文集》，外语教学与研究出版社2014年版，第18页。

沃什（David Warsh）认为，该事件的拖延与萨默斯和施莱弗尔的私人关系有关。美国地区法官决定调停该案件，但萨默斯当选校长后宣布调停结束。此外，哈佛董事会希望萨默斯按照法官提出的方案尽可能地把该事件处理得有利于学校，但萨默斯并没有这样做。[①] 针对该案件，哈佛大学尽管几乎支付了所有赔偿，但却保留了施莱弗尔的教授职位，该处理方式在哈佛大学引起了很大的争议，许多教授表达了他们对哈佛董事会尤其是对萨默斯行为的震惊和质疑，他们认为，萨默斯是有意偏袒施莱弗尔，所以才做出有失公正的决定。这不仅使哈佛大学蒙受了巨大的经济损失、有损哈佛大学声誉，而且破坏了哈佛大学在学生心目中的道德权威。在 2006 年 2 月 7 日的一次会议上，当有人向萨默斯问及施莱弗尔案件时，萨默斯回答道："我不太了解该案件的情况，无法在我被回避该案件后就此事发表意见。"[②] 这一回答导致很多教授当面指责萨默斯不诚实。几位教授表示，考虑到萨默斯与施莱弗尔是亲密的朋友，并且萨默斯还在政府的诉讼中做了证词，他们不相信萨默斯的回答，并认为这是萨默斯试图推卸责任。

在担任校长期间，萨默斯与哈佛大学教师的一系列风波都加剧了两者之间的矛盾，并成为萨默斯治校危机的缘由。科比的离职最终成为萨默斯被迫辞职的导火索。科比的辞职激起了文理学院教授对萨默斯发起第二次不信任投票的决心。2006 年 1 月 27 日，科比院长宣布将在该学年结束时辞职，尽管科比强调这是一个共同决定，但一些教员仍坚持认为是萨默斯让科比离开的。哈佛大学的学生日报《哈佛深红》引述了一位哈佛行政人员的说法，即科比在担任文理学院院长期间的财政赤字和课程审查的延误让萨默斯感到沮丧，萨默斯两年前就对科比失去了信心，因此，科比的辞职受到了萨默斯校长的逼迫。科比的离职加剧了萨默斯与教授之间的对立，教授纷纷指责萨默斯滥用权力、管理专制，是对哈

[①] Economic Principals, "The Tick-Tock", (2006 – 01 – 22), http：//www.economicprincipals.com/issues/2006.01.22/184.html. (2022 – 10 – 25).

[②] Sara Ivry, "Did an Exposé Help Sink Harvard's President?" (2006 – 02 – 27), https：//view.officeapps.live.com/op/view.aspx? src = http% 3A% 2F% 2Fwww.economicprincipals.com% 2Fwp-content% 2Fuploads% 2F2009% 2F03% 2Fdid-an-expose-help-sink.doc&wdOrigin = BROWSELINK. (2022 – 10 – 25).

佛大学名誉的损害。因此，文理学院的教授决定在2006年2月28日再次举行对萨默斯的不信任投票，围绕萨默斯是否应当继续担任哈佛大学校长职务的争议日趋白热化。在这样严峻的形势下，萨默斯本人也意识到，无论第二次不信任投票是否通过，都会让他日后的管理工作更加艰难。最终萨默斯审时度势，在2006年2月21日正式宣布，他将在6月30日辞去校长一职，并表示："我与文理学院部分教师之间的分歧使我无法继续推进对哈佛未来至关重要的措施。"① 萨默斯辞职后，由哈佛大学第25任校长博克担任临时校长。

二 萨默斯治校危机分析

萨默斯最初从包括社会名流和学者的400位校长候选人中脱颖而出，击败其他对手，成功被董事会选为哈佛大学新任校长，这说明萨默斯有能力对哈佛大学进行一系列改革，帮助哈佛大学走出困境。但是萨默斯在任职期间卷入一个又一个争论中，其行事作风与领导风格备受非议，促使他与文理学院教师的矛盾激化，难以再有效地推行他的治校措施。"冰冻三尺非一日之寒。"萨默斯不是仅因为一次不当言论就失去教师的信任而被投不信任票的，哈佛大学的教师也不是美国有些媒体所评论的"急切想要掌握疯人院的疯子"。简言之，萨默斯治校危机的产生、发展过程是复杂的，分析其治校危机的原因需要从萨默斯个人层面及外部因素进行考虑。

（一）个人原因

萨默斯治校危机的产生与其治校实践的方式密不可分。萨默斯在治校实践的过程中违背了高校共同治理机制、背离了高校学术自由的原则及缺乏道德领导力，最终使他被迫下台。

1. 违背高校共同治理机制

共同治理是美国大学文化的重要组成部分，是高校长期稳定发展的根基。高校的共同治理机制旨在肯定和保障教师在大学决策中的地位，校长和教师一起分享大学的决策权力。但在治校期间，萨默斯在课程改

---

① Harvard Office of the President, "Letter to the Harvard Community", (2006-02-21), https://www.harvard.edu/president/news-speeches-summers/2006/letter-to-the-harvard-community/. (2022-10-26).

革、人员任命和削弱院长权力等方面，违背了高校共同治理的机制。

其一，在课程改革方面，萨默斯在担任校长一年后展开了其称为"一个世纪以来哈佛课程史上最综合性的改革"。课程改革事关教师和学生的切身利益，本应该让师生广泛参与其中，共同制定促进学生发展的课程内容，但在整个课程审订过程中，大部分教师和学生并未真正参与其中。虽然很多教授都参加了课程改革委员会，但他们发现还没有等到投票表决，甚至连课程审订报告都没有过目，他们的名字就出现在课程审订报告中了。在课程审订报告起草工作的最后阶段，萨默斯对课程审订工作的干涉更加直接。据哈佛大学几个知情人士所言，萨默斯直接打电话给负责撰写课程审订报告的杰弗里·沃尔克维次（Jeffrey Wolcowitz），让沃尔克维次在最后的报告中加入他自己想加的内容，而不在乎课程审订委员会有没有提出过这些建议。① 课程审订的主要负责人科比也对此发表了评论："一系列自问自答的问题构成了标准化的学术游戏程式，当权者利用这样的程式，装模作样地咨询周围的人以博取教授的支持。"② 进而言之，表面上课程审订工作由科比全权负责，实际上是萨默斯要求科比按照他的要求推行课程改革工作。未经广大师生参与的课程改革，很难赢取师生的满意。

其二，在人员任命方面，萨默斯通过哈佛大学人员的任命，不断增大他自己的权力，进而打破了共同治理的原则。在任命院长时，萨默斯让师生参与其中，但每一次师生总是抱怨萨默斯并不理睬他们提出的建议，只是出于公共关系的目的才让他们参与其中。在聘用教师方面，萨默斯自作主张任用学界名人，不管院长是否同意，都将他们安排到特定的系任教，并且有教师反映萨默斯在招聘教师时，似乎只招聘他自己喜欢的科目的教师。③ 在确定终身教授人选方面，只要萨默斯觉得终身教授

---

① ［美］理查德·布瑞德利：《哈佛规则：捍卫大学之魂》，梁志坚译，北京大学出版社2009年版，第341页。

② ［美］哈瑞·刘易斯：《失去灵魂的卓越：哈佛是如何忘记教育宗旨的》，侯定凯等译，华东师范大学出版社2012年版，第19页。

③ Marcella Bombardieri, "Harvard Faculty again in Uproar Professors Confront Summers in Meeting", (2006-02-08), http://archive.boston.com/news/education/higher/articles/2006/02/08/harvard_faculty_again_in_uproar/. (2022-10-28).

的候选人不够合格，就会毫不犹豫地否决。此外，萨默斯还擅自招揽他在华盛顿工作时的旧友担任哈佛大学的行政管理工作，这些人对哈佛大学知之甚少。哈佛大学一直以来都倾向于招聘熟悉且热爱其母校的校友担任行政工作，因此，萨默斯招聘他故友的行为有违哈佛大学传统的招聘惯例。

其三，在削弱院长权力方面，美国高校的院系普遍拥有较大的自治权，校长难以对院系的事务进行干涉。但萨默斯为了扩大他自己的权力，拥有更大的决策权，开始逐步削弱院系的权力。在担任斯坦福大学校长期间，一方面，萨默斯通过任命院长的权力，亲自任命他中意的院长，使下属院系的权力逐渐集中到他自己手里。另一方面，为了进一步加大对各院系的控制，萨默斯说服科比变更哈佛捐款规则，使他破天荒地拥有了自由支配资金的财政权力（在萨默斯之前，哈佛大学校长并没有自由支配资金的权力）。此外，萨默斯还通过压制不同意见来增大他自己的权力。当哈佛学院院长刘易斯在分数膨胀、国际教育、课外活动及学生培养等方面与萨默斯存在分歧时，科比在萨默斯的指示下以职位合并的理由提前解雇了刘易斯。总而言之，萨默斯权力的扩大，也就意味着院系自治权力的削弱，院系人员参与学校共同治理的机会减少，这在一定程度上促使学院教师工作的积极性降低，对萨默斯的不满日益强烈，最终导致双方矛盾不断激化，达到不可调和的地步。

2. 背离高校学术自由原则

学术自由被誉为"大学之魂"，是教师行使学术权力的基本保障。1915年，美国大学教授协会成立，在美国学术自由的演进历程中，美国大学教授协会的成立具有里程碑的意义。1940年，美国大学教授协会在发表的《关于学术自由与终身教授制度的原则声明》中指出："学术自由对真理的自由探求和自由表达是必不可少的，它适用于教学和研究。研究自由对真理的发现十分重要。从教学这一层面来看，学术自由对保护教师的教学权利和学生学习自由的权利也十分重要。"[①]

为切实保障哈佛大学师生的学术自由，哈佛大学的众多校长一直为营造自由的学术氛围而努力，例如哈佛大学第15任校长约西亚·昆西

---

① 王国均：《美国高等教育学术自由传统的演进》，学林出版社2008年版，导论。

(Josiah Quincy)、第21任校长艾略特和第22任校长洛厄尔。艾略特是学术自由理念的倡导者和捍卫者,他认为,一所学校所营造的学术氛围对学校的发展是至关重要的,因此他长期致力于捍卫学术自由的理念。洛厄尔与艾略特一样坚持维护学术自由的理念。洛厄尔说:"过去的经验告诉我们,并且可能现在没有人能够否认,人们只有通过在各自专业领域穷其一生的精力自由地探寻真理,只有通过自由地向学生传授真理,知识才能进步或者更快地进步。这一点已经成为高等教育发展的一个真理。"[①] 经过几代哈佛大学校长和哈佛人的努力,学术自由理念在哈佛大学根深蒂固,并发展成为哈佛大学十分重要的传统之一。而萨默斯在治校实践中,与哈佛大学教授冲突不断,背离了哈佛大学一直以来秉承的学术自由传统。

第一,萨默斯违背了教师学术研究的自由。为进一步落实学术自由,科南特设立哈佛大学校级教授最高荣誉职位。校级教授不仅可以自由地选择课题研究的方向和内容,而且可以不受外界的干扰进行教学。只要校级教授不违反教学原则,任何人都不可以解雇校级教授,这在自由研究和教学方面给予了校级教授最大的保障。作为哈佛大学的校级教授,韦斯特有权利选择他自己学术研究的内容。萨默斯当面质疑韦斯特的学术水平,认为韦斯特写的文章欠缺学术性,并要求他写一本如何解读一个特定的哲学传统的文章,这显然是对长期以来哈佛人所秉承的学术自由传统的不尊重。萨默斯作为一名经济学家,随意地指责和批评其他学科教授的文章,并要求一个教授完成指定的学术任务,不仅侵犯了教授学术自由的权利,也在无形中扩张了自我权力。

第二,萨默斯违反了教师的教学自由原则。给学生评分是教师教学反馈环节的一部分,韦斯特有按照其自己的标准对学生成绩评分的权力。萨默斯将哈佛大学长期以来的分数膨胀问题归咎于韦斯特,批评韦斯特对学生的评分过高,并要求韦斯特把给学生的评分拿给他审查,该行为违反了教师对学生成绩做出评定的教学权利。在这方面,德里克·博克发表过他自己的看法:"由于大学最主要的目的就是发现知识并传授知识,为了让那些最具才华的人有机会发表成果并传授知识,我们最好还

[①] 陈利民:《学术自由理念与哈佛大学的发展》,《高等教育研究》2005年第5期。

是容忍他们不受欢迎的观点和可疑的行为。"①

第三，萨默斯侵犯了教师的言论自由权。随着萨默斯地位的稳固，他对信息的控制不断加强。哈佛大学的所有新闻发布稿在发布之前都要经过马萨诸塞厅的审核甚至修改，这导致教师在媒体面前噤若寒蝉，不敢直抒胸臆。《哈佛深红》的一篇文章曾写道，这种信息不透明的风气是自上而下形成的，哈佛大学的管理层似乎在为控制信息而控制信息。②

在哈佛大学这样一所教授治校传统下的高等学府，当萨默斯侵犯哈佛大学教师的学术权力时，教师出于维护学术权力，捍卫学术自由的目的，采用多种方式表达他们自己的声音。最终，文理学院的教师从分散走向联合，他们通过不信任投票的方式捍卫学者的权利和哈佛大学的传统，行使了教授对于萨默斯的"软约束"权力，阻止了萨默斯权力的继续扩张。进而言之，教师对萨默斯发起不信任投票是由于校长所代表的行政权力与教师群体所代表的学术权力之间具有不可调和的矛盾。为了捍卫他们自己的学术权力，遏制行政权力的扩张，教师不得不采取手段保护其权力不受侵犯。一言以蔽之，萨默斯治校危机从根本上反映的是行政权力与学术权力的冲突。

3. 欠缺道德领导力

道德领导是美国教育学家托马斯·萨乔万尼（Thomas J. Sergiovanni）根据学校独有的特征提出来的。萨乔万尼认为，学校既是一个学术共同体，也是一个道德共同体。③ 因此，美国高校历来都比较重视校长的道德领导力。在美洲殖民地学院建立的时候，大多数校长出身于牧师，具有深厚的宗教情结和道德观念。随着经济的发展，美国现代大学制度确立、入学人数增多，同时高校所面临的挑战也越来越复杂。为应对这些挑战，大学校长不仅要有卓越的专业能力和高超的管理能力，而且需要具备令人信服的道德领导力。对于大学校长来说，道德领导力主要体现在以下

---

① ［美］理查德·布瑞德利：《哈佛规则：捍卫大学之魂》，梁志坚译，北京大学出版社2009年版，第121页。

② ［美］理查德·布瑞德利：《哈佛规则：捍卫大学之魂》，梁志坚译，北京大学出版社2009年版，第314页。

③ ［美］托马斯·J·萨乔万尼：《校长学：一种反思性实践观》，张虹译，上海教育出版社2004年版，第88页。

两方面，而这两方面却是萨默斯在治校过程中所欠缺的道德领导力。

其一，针对社会上具有广泛争议的道德议题，大学校长要能够发出其声音，以维护社会公平正义、引领社会文明和精神。[①] 而萨默斯却在社会上发表"女性先天不如男性"的不当言论。尽管萨默斯事后针对他的不当言论多次道歉并采取增加科研经费支持女性教师等措施弥补过错，但并未得到哈佛大学部分教师和学生的谅解，最终导致文理学院的教师对萨默斯进行第一次不信任投票。萨默斯身为哈佛大学的校长，其言行代表了哈佛大学的形象与品牌。萨默斯发表的不当言论，在社会上引起了广泛的舆论风波，不仅招致社会人士对萨默斯本人的抨击，也有损于哈佛大学的名誉。简言之，在社会言论方面，萨默斯发表了不利于社会和谐的言论，未能给社会树立正确的导向。

其二，在高校内部治理过程中，大学校长要诚信、正直，落实"以德治校"的理念。诚实、正直是大学校长道德领导力必备的人格特征之一。萨默斯在处理其好友施莱弗尔的俄罗斯丑闻事件时，故意袒护施莱弗尔，导致哈佛大学在经济和名誉方面遭受了重大损失。尽管施莱弗尔让哈佛大学遭受了经济和名誉的损失，但萨默斯并没有对施莱弗尔进行制裁，很多教授对此感到愤怒。事后，当别人问及他对施莱弗尔事件的看法时，萨默斯却表示不太了解此事，拒绝发表评论。听到萨默斯对此的答复，几位教授认为，萨默斯撒谎了，对萨默斯的不诚实态度感到很失望。一位文理学院的教授在一次会议上对萨默斯说："你应该知道，我们中许多人已经不再信任校长，更不用说对校长有信心了。"[②] 概言之，萨默斯的不诚信不仅使他失去了大部分教授对他的信任以及他能够治理好哈佛大学的信心，也进一步丧失了哈佛大学在社会上的道德权威。

（二）外部因素

哈佛权力制衡机制的"失灵"是导致萨默斯治校危机产生的外部因素。哈佛大学校长、董事会、监事会和教授会的相互制衡，有助于哈佛

---

① 刘爱生：《美国一流大学校长如何展现道德领导力——以范德堡大学的宿舍楼更名事件为例》，《高教探索》2018 年第 6 期。

② Marcella Bombardieri, "Harvard Faculty again in Uproar Professors Confront Summers in Meeting", (2006 - 02 - 08), http：//archive.boston.com/news/education/higher/articles/2006/02/08/harvard_faculty_again_in_uproar/. (2022 - 10 - 28).

大学长期的稳定发展。但在萨默斯治校过程中,哈佛大学的权力制衡机制出现"失灵",校长权力不断扩大,而董事会和监事会却因失职而未切实履行其职责。

在董事会方面,董事会的失职主要体现在两方面。其一,哈佛董事会在遴选校长时考虑不周全。21世纪初,面对哈佛大学过度商业化、本科生教育质量下降以及竞争对手迎头赶上等困境,哈佛董事会急需一位有远见的校长帮助哈佛大学摆脱困境。因此,在任命萨默斯为新一任校长时,董事会成员考虑更多的是新校长有魄力、有胆识,能够对哈佛大学进行大刀阔斧的改革,并且能为哈佛大学带来巨大的财富,却忽略了校长的领导风格是否与哈佛大学的传统和氛围相匹配。此外,在遴选萨默斯为新校长时,哈佛董事会未征询全校师生的意见。尽管当初董事会选取萨默斯担任哈佛大学校长充满了争议,争议的焦点是萨默斯已离开学术界10年之久,像他这样政治气息浓厚的人是否适合领导学术氛围浓郁的大学是值得商榷的,并且部分师生对萨默斯鲁莽和傲慢的性格深感担忧,但是董事会最终还是选择萨默斯担任新校长。尤其是董事会成员汉纳·格雷(Hanna Gray),她强烈支持萨默斯,因为她希望新一任的哈佛大学校长是位"铁腕"人物,而不是像前任校长陆登庭那样优柔寡断。汉纳·格雷对萨默斯的评价是:"我们所见到的是位真正的大学者,他了解这所大学,了解这所大学的使命和办学目标,对什么是卓越有着深刻的体会。"① 由此推知,董事会遴选新校长的过程,已为萨默斯的下台埋下了伏笔。其二,萨默斯上任后,哈佛董事会未对萨默斯进行有效制约。萨默斯在任职期间,哈佛董事会的管理几乎处于真空状态。由于董事会成员大部分是商业精英,他们忙于商业事务,因此董事会成员没有太多时间参与哈佛大学的日常管理,往往通过萨默斯及其工作人员了解哈佛大学的情况,这给萨默斯逐渐控制董事会提供了便利。随着萨默斯在董事会中力量的稳固,董事会成员愈发坚定地站在萨默斯这边,而未对萨默斯进行有效的权力制约。例如,当韦斯特与萨默斯发生冲突时,由于影响较大,董事会成员只是向萨默斯发出警告,敦促他尽快平息这件事

---

① [美]理查德·布瑞德利:《哈佛规则:捍卫大学之魂》,梁志坚译,北京大学出版社2009年版,第79页。

情，并没有采取制约萨默斯的实际措施，最终导致韦斯特辞职。再如，当萨默斯因为男女差异言论而引发舆论危机时，哈佛董事会发表了一封公开信，表示坚决支持萨默斯并做出对其进行3%的加薪决定，并没有解雇萨默斯的打算。当文理学院的教授对萨默斯进行第一次不信任投票时，董事会成员依旧没有表态。概言之，董事会没有使用其制约校长或解雇校长的权力，促使校长与教授的矛盾进一步发展和激化，最终导致萨默斯在对其进行第二次不信任投票前选择辞职。

在监事会方面，监事会的失职主要表现为未能切实履行监督的职能。监事会每年都要通过调查写一份关于哈佛大学现状的年度报告。刘易斯被撤职后，董事会例行访问了刘易斯，问他对科比进行行政管理部门重组的看法。刘易斯如实地向监事会成员表达了他的真实想法，认为行政部门重组以及职位合并存在争议。监事会成员履行了他们的责任，向董事会传达了刘易斯的想法，但却未履行对董事会和校长的监督职责。监事会的失职，促使董事会和校长的权力越来越大，可以说刘易斯被解雇，监事会也有一定的责任。要而论之，监事会作为哈佛大学第二大治理机构，在萨默斯领导危机中应该有所觉醒，切实履行其监督责任，而不能只做"哈佛的荣誉成员"和"啦啦队队员"，却不履行监督的职能。

第三节 萨默斯治校实践的反思

综观萨默斯5年的治校实践可以看出，萨默斯有改造哈佛大学的雄心壮志，他的治校实践为哈佛大学在21世纪及其后的卓越发展奠定了必要的基础。萨默斯宣布辞职后，一些学生和教师表示支持萨默斯，希望萨默斯留下继续担任哈佛大学校长。《哈佛深红》关于萨默斯辞职进行的民意调查显示，在424名本科生中有57%的学生表示萨默斯不应该辞职。[①] 他们认为，"萨默斯虽然有些粗鲁、傲慢，但有很多建设哈佛大学

[①] Alexander D. Blankfein, Nina L. Vizcarrondo and Ying Wang, "To Students, a Rock Star President", (2006-02-22), https://www.thecrimson.com/article/2006/2/22/to-students-a-rock-star-president/. (2022-11-18).

的远大理想，这几年也将哈佛大学建得不错"①，为巩固哈佛大学世界一流的地位作出了贡献。萨默斯对哈佛大学的贡献主要体现在以下几个方面：

首先，在教育国际化方面，萨默斯非常重视高等教育的国际化。在治校期间，萨默斯积极开展国际合作、进行课程国际化改革、扩大学生出国留学的机会以及提供优厚的资金招收来自世界各地的学生。萨默斯在21世纪初进行的本科生课程改革就是一次以高等教育国际化为宗旨的课程改革，这次课程改革既有助于培养哈佛学生成为具有全球眼光、全面发展的精英领袖人才，也顺应了美国联邦政府在国际化方面的政策导向。其次，在财政援助方面，萨默斯推行的哈佛财政援助计划扩大了中低收入家庭的学生接受哈佛大学教育的机会。这些成功进入哈佛大学的贫困生有助于激励更多优秀的贫困生申请哈佛大学。进而言之，萨默斯治校期间实施的财政援助计划不仅提高了哈佛大学学生的质量和学生经济背景的多样性，也促使国家重新关注中低收入家庭在将优秀学生送到美国一流大学的压力问题以及更广泛的教育机会平等问题。最后，在生命科学研究方面，萨默斯预见到了生命科学方面的研究有光明的前景。卡夫集团首席执行官罗伯特·卡夫（Robert Kraft）对萨默斯进行过评价："他拥有世界级学者的才智，拥有杰出首席执政官的远见和领导能力。在我看来，他在生命科学领域的工作及其未来在这一领域追求的愿景都是超前的。"② 尽管联邦政府对胚胎干细胞研究进行限制，但萨默斯坚持兴建干细胞研究所以支持干细胞研究。萨默斯对生命科学研究的远见进一步推动了哈佛大学成为世界上首屈一指的生命科学研究中心。

萨默斯虽然有着宏大的治校计划，在治校期间也为哈佛大学的发展作出了贡献，但却因其治校实践未能更好地履行哈佛大学共同治理、维护学术自由等传统理念，而导致他的校长任期匆匆结束。暂时接替萨默斯校长职位的德里克·博克对萨默斯做了评价："萨默斯有很好的目标和

---

① 毛黎、张孟军：《剖析"哈佛"校长萨莫斯辞职原因》，《科技日报》2006年3月28日第2版。

② The Harvard Gazette, "President Summers is Remembered by Many…"（2006-06-08），https://news.harvard.edu/gazette/story/2006/06/president-summers-is-remembered-by-many/. （2022-11-18）.

规划,如果他的任期够长的话,他也是能够有所成就的,可惜他不能很好地与教师相处。"① 结果是萨默斯因任期太短而没能够实现他自己宏伟的治校目标。基于萨默斯的治校实践的反思,中国大学校长可以从中获取一定的经验教训,以更好地指导校长治校。

一 加强高校共同治理机制

高校共同治理模式有利于实现学校内部权力的分权制衡,清晰界定校长和教师等学校利益相关者的治校权限,保障民主治校,促进高校的稳定发展。曾担任美国财政部部长的萨默斯虽然有很强的学术背景和丰富的管理经验,但是,他把在政府部门工作习得的官本位的管理理念和风格带到了大学校长的工作中②。萨默斯通过减少教师参与学校决策及招揽故友任职哈佛大学等方式,不断加强他自己的权力,违背了高校共同治理机制,最终导致萨默斯与教师的矛盾达到不可调和的地步,不得不被迫辞职。简言之,萨默斯的被迫辞职充分体现了哈佛大学民主治校,反对特权、崇尚平等的人文精神。③ 任何想凌驾于这种人文精神之上的领导者都有可能遭到哈佛大学教师的反抗。为了避免步萨默斯的后尘,中国大学校长在治校实践中可以从以下几点加强高校共同治理机制,实施民主治校。

其一,坚持高校决策民主。决策民主是高校管理民主化的重要环节。"在某种意义上,要彻底实现大学的目的,大学的决策就必须由全体教师来决定。"④ 因此,校长应加大教师和学生参与学校管理的机会,鼓励师生参与有利于学校发展的决策,完善校务委员会、教代会、学术委员会等参与管理的委员会,有效发挥这些委员会在学校治理过程中的作用。在共同治理的过程中,教师参与决策可能会降低决策的速度,但能确保

---

① 曲铭峰、龚放:《哈佛大学与当代高等教育——德里克·博克访谈录》,《高等教育研究》2011 年第 10 期。
② 王英杰:《大学校长:伦理的领袖,道德的楷模》,《比较教育研究》2013 年第 1 期。
③ 沙敏:《哈佛校训》,中国工人出版社 2006 年版,第 35 页。
④ [英]埃里克·阿什比:《科技发达时代的大学教育》,滕大春、滕大生译,人民教育出版社 1983 年版,第 92 页。

深思熟虑,并在大学内部营造一种秩序和稳定之感。① 进而言之,让教师参与决策的举措既能增加决策的透明度,提升决策的科学性及合理性,也能促使新的政策法规在学校得以顺利推广和执行,同时能增强教师对学校的归属感与忠诚度。此外,在学校管理上,校长要采用不同于企业管理的方法。"低效的管理人员极少会见教师代表,极少书面或口头与教师沟通重要的信息,或者要么不提供信息,要么就提供大量不加说明的信息,从而抑制人们对信息的理解。"② 而中国为建成世界一流的大学需要高效的校长。高效的校长应该增加与教师的沟通,出席教师会议,倾听并采纳教师提出的有利于学校发展的建议,而不是自作主张地做出所有决定。另外,在用人方面,校长应当保持公正客观,听取各院系教师意见和建议,不能根据亲疏关系来用人。

其二,落实校长治校、教授治学治理模式。校长治校、教授治学的高校治理模式是加强高校共同治理机制的直接体现。校长治校主要体现在行政权力方面,教授治学主要体现在学术权力方面。而长久以来,由于计划经济体制的影响和路径信赖,相对于行政权力,中国大学的学术权力一直处于弱势地位。③ 为有效发挥教授在学术和教育方面的作用,进一步完善中国特色现代大学制度,《国家中长期教育改革和发展规划纲要(2010—2020年)》提到,要"探索教授治学的有效途径,充分发挥教授在教学、学术研究和学校管理中的作用"④。教授治学的落实主要通过教授会和学术委员会等组织机构来实现。因此,中国校长应该给予教授会和学术委员会应有的权力,充分发挥学术委员会在教学、学科建设、学术评价、学术发展及学风建设等方面的重要作用。此外,在强调教授治学的同时,校长也要注意教授参与大学管理的限度。教授不能过多地参与高校行政事务的管理。教授参与学术事务管理的程度越深,学校业绩

---

① 顾建民等:《大学何以有效治理?模式、机制与路径》,上海交通大学出版社2021年版,第14页。

② [美]罗伯特·伯恩鲍姆:《大学运行模式——大学组织与领导的控制系统》,别敦荣主译,中国海洋大学出版社2003年版,第210页。

③ 李斌琴:《一流大学需要一流的管理德性》,《现代教育管理》2018年第3期。

④ 中华人民共和国中央人民政府:《国家中长期教育改革和发展规划纲要(2010—2020年)》,2010年7月29日,http://www.gov.cn/jrzg/2010-07/29/content_1667143.htm。

表现就越好,而教授参与行政事务管理的程度越高,学校的业绩表现就越差。① 与此同时,校长也不能过多地干涉学术事务,侵犯教授的权力。简言之,校长在治校实践中要把握行政权力和学术权力的平衡。校长自身要把重点放在行政事务管理上,并鼓励教授负责他们所擅长的学术事务,以使两者职责分明,共同实现善治,保障大学持续健康地运转。

二 维护学术自由的原则

哈佛大学自建校起便始终坚持学术自由的治校理念,属于典型的学院制大学。作为哈佛大学学术活力的重要支柱,哈佛大学的12个学院享有自行设置课程内容、制定招生标准和教师招聘等学术权力。哈佛大学各个学院学术自由的权力不仅有助于激发基层学术组织传播真理的积极性,也能提高教师探索新发现、创造新知识的能力。但萨默斯在治校过程中削弱院系权力、干预院系事务、侵犯教师的研究自由、教学自由以及言论自由,既违背了以院系为代表的组织性学术自由,也违背了以教师个人为代表的个体性学术自由,最终招致教师对萨默斯行为的强烈不满,并对他治校能力产生怀疑。反观中国,中国大学校长在维持学术自由方面的状况也有待提高。南京大学教育研究院副教授曲铭峰在哈佛大学访问期间曾对哈佛大学前校长博克进行访谈,博克认为,学术自由对中国建设一流大学至关重要。博克表示:"如果你们不在学术自由方面有所改进的话,我不认为你们在2050年的时候能够实现建成世界一流大学的目标。"② 因此,中国大学校长在治校实践中应注重学术自由对建设世界一流大学的重要意义,并从个体性学术自由和组织性学术自由两个方面维持高校学术自由的原则。

在个体性学术自由方面,个体性学术自由是指高校教师在校内享有教学、科研和言论的自由。其中教学自由是保证教师教的权利和学生学

---

① Brown Jr., William O., "Faculty Participation in University Governance and the Effects on University Performance", *Journal of Economic Behavior & Organization*, Vol. 44, No. 2, February 2001, pp. 129 – 143.

② 曲铭峰、龚放:《哈佛大学与当代高等教育——德里克·博克访谈录》,《高等教育研究》2011年第10期。

的自由的根本所在①；科研自由是推动真理进步和知识创新的基石；言论自由是激发教师新思想、敢于发表其见解的重要保障。大学如果失去言论自由，其聘任最具创造力的科学家和学者的工作就会受阻。② 基于此，校长应该在教学、研究和言论三方面给予教师充分的自由，不侵犯教师的学术自由权力，保护教师自由探索的权力，使其心无旁骛地投入教学与科研，进行知识的研究与创造。

在院系组织性学术自由方面，中国高校主要是由学科和院校组成的矩阵组织结构，院系位于矩阵的节点处。院系是大学的最基本组织，是大学功能使命的主要承担者，也是基本的学术育人共同体，是典型的"底部沉重"的组织和多利益相关者组织。③ 作为学术育人的共同体，院系的学术权力是其创造新思想、新学术及新文化的保障。因此，校长落实权力下放，实施简政放权是发挥院系基层学术组织的重要举措。一方面，校长应该扩大各院系在科研和教学等方面的自主权，让各个院系按照其各自学科领域的特色和规律进行自治，成为相对独立的办学实体。另一方面，校长需要为各个学院的学术活动提供支持和服务，从而激发基层院系作为学术心脏地带的活力。

本章小结

萨默斯的下台不仅反映了萨默斯的治校实践违背了哈佛大学传统的精神，还体现了高校教师对校长权力的制衡，美国媒体对大学校长的约束，以及民众对大学校长道德水平的要求。萨默斯的治校实践虽遭到了一些哈佛师生的不满，但并不能说明萨默斯在任校长期间一事无成。萨默斯是一位充满活力、大胆、强有力的领导者，他对建设哈佛大学有很好的想法，对大学未来的发展有正确的愿景。在治校期间，萨默斯也是

---

① 孙成梦雪、赵聪环：《美国学术自由制度研究——以美国大学教授协会"黑名单"制度为例》，《江苏高教》2019 年第 11 期。
② ［美］德里克·博克：《走出象牙塔：现代大学的社会责任》，徐小洲、陈军译，浙江教育出版社 2001 年版，第 4 页。
③ 胡华忠：《我国高校院系内部治理制度体系构建：精神理念、内涵要义与实践要求》，《现代教育管理》2022 年第 3 期。

尽心尽力地为哈佛学生提供最佳的教育体验。哈佛监事会主席帕蒂·萨里斯（Patti B. Saris）曾表示："从萨默斯上任之日起，他就孜孜不倦地为哈佛学生服务，尤其是尽可能为本科生提供最好的教育。"① 但是，在治校实践中，萨默斯把在政界习得的官僚作风带到了大学这块学术重地，缺乏管理学术人才的关键技能。在治校实践的过程中，身为经济学家的萨默斯更多地采取了政治手段而非学术的方式。他把哈佛师生看成经济人而不是有信仰和有精神追求的人，把哈佛师生看成是政治动物而不是生动的个体。② 为了加强他自己的权力，萨默斯不断侵犯和削弱教师和各学院的权力，破坏了高校行政权力与学术权力的平衡。当萨默斯侵犯高校教师最为珍视的学术权力时，教师便联合起来进行反抗。从某种意义上讲，萨默斯被迫辞职说明了高校学术权力制约行政权力的成功。另外，校长作为社会的公众人物，其言行举止受到社会媒体和民众的广泛关注。萨默斯在社会上发表的不当言论必然会受到社会的关注。媒体的报道和民众的舆论对萨默斯和哈佛大学施加了压力，为萨默斯的辞职起到推波助澜的作用。针对萨默斯的辞职，哈瑞·刘易斯发表了评论："事情发展到这一步，真令人难过。萨默斯非常聪明且有天赋，但他的天赋不适合校长这个职务。这些天赋有助于萨默斯在政治界和经济界大放光彩。"③ 换言之，萨默斯是一名出色的经济学家和政治学家，但却不能算是一名卓越的大学校长。成功的校长在治校实践中既要掌握学术界的游戏规则又要深谙政治界的管理技巧。

反思萨默斯的治校实践，中国大学校长可以从中吸取一些经验教训，更好地治理中国的大学。其一，校长要具备民主的大学管理理念。以校长为代表的行政权力实行科层制，强调组织效率，而以教师为代表的学

---

① The Harvard Gazette, "Summers to Step Down as President at End of Academic Year", (2006 – 02 – 23), https://news.harvard.edu/gazette/story/2006/02/summers-to-step-down-as-president-at-end-of-academic-year-2/. (2022 – 11 – 27).

② 姜国钧：《〈失去灵魂的卓越：哈佛是如何忘记教育宗旨的〉镜诠》，《大学教育科学》2011年第6期。

③ Marcella Bombardieri and Maria Sacchetti, "Summers to Step Down, Ending Tumult at Harvard", (2006 – 02 – 22), http://archive.boston.com/news/education/higher/articles/2006/02/22/summers_to_step_down_ending_tumult_at_harvard/. (2022 – 11 – 27).

术权力遵循学术逻辑,重视自主发展。① 行使这两种权力的主体因目的和利益的不同而容易产生分歧。具备民主管理理念的校长应该求同存异,统筹兼顾,谦逊地与教师平等对话,尊重教师的学术权力,发挥教师的学术专长,保证学术权力和行政权力的平衡,实现大学整体利益的最大化。此外,校长应与教师建立互信合作的人际关系,增强教师对学校的归属感和信任度。行政人员和教师具有不同的职责、奖励制度和对高校的忠诚度,这在很大程度上阻碍了大学的有效治理②,而两者之间的相互信任和合作是大学校长实现有效治校的根本。因此,在决策过程中,校长可以与教师广泛协商,汇集智慧、增加共识,旨在增进教师对校长的信任,更好地为学校服务。其二,校长要具备国际性的治校视野。大学校长的视野在很大程度上决定了大学的视野。大学作为让中国了解世界和让世界了解中国的平台,大学校长应该放眼世界,在遵守本国现实情况的基础上,按照国际标准治理中国的大学,培养国际化的优秀人才,以提高中国高校在国际学术领域的话语权和地位。一言以蔽之,作为高校的旗帜和中流砥柱,大学校长在治校实践中需要具备高水平的管理能力、高超的政治技巧以及超群的教育修养,以实现大学的善治。

---

① 顾建民等:《大学何以有效治理?模式、机制与路径》,上海交通大学出版社2021年版,第133页。
② Favero, M. D., "Faculty-administrator Relationships as Integral to High-performing Governance Systems: New Frameworks for Study", *American Behavioral Scientist*, Vol. 46, No. 7, 2003, pp. 902 – 922.

结　语

　　世界一流大学校长具备清晰的发展目标和愿景，积极倡导团队合作和补台精神，善于优化用人环境与人才培养，大力推进管理改革与治理结构优化，坚持树立人本意识与服务意识。通过全面实施这些策略，校长就能够引领学校走向卓越的发展道路，培养出更多创新型人才为社会作出贡献。

　　首先，从宏观方面来看，大学校长治校理念的成功实践与各国高等教育政策、社会组织和力量、市场竞争机制等因素密不可分。美国联邦政府颁布的高等教育政策为大学校长治校提供了强大的支持。从美国高等教育的形成史来看，美国高等教育的一些重大改革与发展大都来自美国联邦政府颁发的各项法案和报告，美国各级各类高等院校的建立和发展大都与美国政府当时制定的国家战略密切相关。自1787年起，联邦政府开始通过颁布法案和报告的形式逐步加大对高等教育的干预和支持。联邦政府对高等教育的干预一方面促进了高等教育的普及化，加速了高等教育民主化，推动了高等教育国际化；另一方面为大学校长治校营造了积极的环境，提供了稳固的政策保障。除了联邦和州政府的支持对美国校长治校有影响外，各种社会组织同样对美国大学校长治校有着深远的影响，如美国高等教育专业协会组织保证了校长治校的质量，美国慈善基金会组织为校长治校提供了经济支持。市场竞争机制是影响美国校长治校的另一个重要因素，它决定了高等教育发展的规模与速度。美国倡导的经济体制是自由市场经济体制，鼓励社会自由竞争。这种商品经济和自由竞争的理念也渗透到了高等教育领域。"大学出卖教学服务，而学生购买；大学出卖研究服务，而政府和企业购买。"① 高等院校的生存和发展在很大程度上取决于其是否能在"适者生存、优胜劣汰"的社会竞争中胜出，高等院校之间的竞争是美国高等教育永恒的主题，主要体现在生源竞争、师资竞争、资源竞争上。正是这些激烈的竞争为大学校长的高效治校提供了不竭的动力，最大限度地调动了大学校长的激情，激发了大学校长的潜能。

其次，从中观层面来看，高等教育管理体制同样也是大学校长治校的重要影响因素。在美国高等教育管理体制中，既包括以联邦教育部、州教育部以及学区教育管理机构为主的行政管理，也包括大学对其自身运作和发展的自我管理②，如大学内部管理模式、董事会制度、校长遴选制等。大学成熟的内部管理模式为大学校长治校提供了制度上的保障。其一，美国大学在内部管理上的优势，莫过于独具特色的责任分享制，也可称之为共同治理制度。责任分享制的基本精神就是校长和师生共同分享大学的治理权，以保障师生在大学治理中的地位。美国大学的责任分享制在一定程度上体现了大学内部治理的参与性与民主性。大学的教育资源、教育信息等在责任分享制下始终保持公开透明的状态，既给予校长充分发挥才能的空间，又保证了校长决策的科学性与民主性。其二，美国高等教育中的董事会制度是极具特色的高等教育治理模式，在大学的运行发展中发挥着中枢系统的作用。作为美国大学独特的治理制度，董事会制度的基本特征之一就是既在大学治理中处于核心领导地位，又与校长进行明确的分工协作。这种治理制度在一定程度上提高了大学治理的效率。正是得益于完备的董事会制度，美国大学校长才能在董事会的支持下顺利开展工作，可以说，董事会制度为美国大学校长的成功治校提供了制度上的保障。此外，除了高等教育体制提供的政策、制度支持外，美国一流大学自身更是为校长治校理念的形成和实践提供了优质的平台。例如，美国一流大学中的自治传统为校长治校奠定了良好的基础，充足的经费为校长治校提供了资金支持。

---

① ［美］伯顿·克拉克主编：《高等教育新论：多学科的研究》，王承绪等译，浙江教育出版社2001年版，第92页。

② 韩筠：《美国高等教育管理体制及院校设置》，《中国高等教育》2003年第12期。

最后，从微观层面来看，校长个人因素也在其治校理念和实践中发挥着重要作用。在大学中，拥有丰富的教育经历、敏锐的洞察力、卓越才能的校长，能够合理利用有利的内外部制度充分展现其治校才能，在有限的权责范围内创造无限的价值，进而促进大学的进步与发展。具体而言，影响大学校长成功的个人因素主要包括以下方面：第一，优秀的个人能力。教育背景对于大学校长的治校理念与能力有着直接影响，学科背景、学位层次更是大学校长的职业起点。大学校长的教育经历与大学校长的治校理念与实践紧密相关，不仅为其作为学校的最高行政管理者提供了学识保障，还能帮助校长成长为一名卓越的教育家。除了优秀的教育背景外，极富特色的人格魅力也是大学校长成功治校的重要因素。个人魅力作为一种非智力因素，是影响一个人成功的重要因素，而大学校长所拥有的极强的个人魅力在其成功的治校实践中发挥着重要的推动作用，例如强大的使命感和服务意识、自信坚强和机智果敢的性格等。第二，卓越的治理能力。治理能力是指能够运用科学的知识应对复杂多变的事件，有计划有目的地实施其治理策略，高效地解决事务的能力。对大学进行卓有成效的治理是一个大学校长所应该具备的核心能力，这种治校能力除了包括较强的外交、宣传、筹资等能力外，还包括优秀的说服能力和果断的决策能力。此外，大学组织结构的庞大决定了校长治校的复杂性，而德才兼备的校长能够在治校中做到有理想、有担当、公正宽容。由此可见，大学的发展离不开一位具有卓越治理才能且拥有极大治校智慧的校长。第三，出色的社交能力。大学校长在职期间，一项很重要的工作就是搞好学校内部以及与外界的关系。美国大学校长在社交方面的成功主要表现在社交过程中能够获得校内外各界人士的信任与尊重上，他们不仅能够很好地维持与教职员工的关系，获得师生的信任与拥护，还能够游刃有余地维持好大学与校友及其他校外人士的关系，获得校外人士的信任，进而能够为学校募集到充足的办学经费。

通过探析世界一流大学校长的治校经验可以发现，正是他们对其自身多重角色的整合、对大学稳定与变革的平衡、对大学国际化和本土化的发展，这些因素结合在一起推动了大学的繁荣发展。在当前中国积极推进世界一流大学建设，努力实现高等教育内涵式发展的时代背景下，世界一流大学校长的治校理念与实践为大学校长治校提供了以下启迪：

其一，整合多重角色，引领大学健康发展。综观美国一流大学校长的治校经验可以发现，校长对其自身多重角色的整合是大学繁荣发展的重要条件。因此，大学校长应协调其教育家、管理者和社会活动家等角色，在此基础上引领大学健康发展。其二，坚持稳中求变，实现大学持续发展。大学作为一种文化组织所具有的独特使命以及每一所大学独特的发展历程赋予大学稳定的发展基调。而时代的发展和社会环境的变化则不断要求大学做出相应的变革。因此，如何处理好稳定与变革的关系是影响大学校长治校理念与实践的重要因素。在治校过程中，大学校长既不能一成不变、墨守成规，也不能罔顾实际、肆意变革，而是要以稳定促变革，以变革求稳定，要在保持大学稳定发展的基础上锐意变革，进而实现大学的持续发展。因此，在大学变革过程中，大学校长要有长远的战略眼光，多谋善断、审时度势地对大学进行改革，使大学在变革与稳定之间达到一定的平衡。其三，合理借鉴各方经验，推动大学本土化发展。美国一流大学校长的治校理念与实践往往根植于独特的时代背景、文化土壤和制度环境。例如，19世纪末20世纪初，美国联邦政府权力的加强、经济的高速发展以及实用主义文化的盛行造就了艾略特的大学为国家服务、高等教育本土化以及确立大学科研职能等治校理念，进而为艾略特改革哈佛大学的实践探索奠定了基础；20世纪七八十年代"学生消费者至上"观念的盛行、美国经济萧条导致的财政危机以及美国大学课程的日益分化则是罗德斯治校理念与实践的形成基础。因此，这些治校经验的"移植"是否会在中国当今的时代背景、文化土壤和制度环境中产生积极的影响必然是存疑的，如何对这些经验进行本土化改造，使其适应中国社会文化背景和高等教育语境是中国大学校长在借鉴过程中应重视和思考的问题。

参考文献

一 中文类

（一）中文著作

陈宏薇编：《耶鲁大学》，湖南教育出版社 1990 年版。

陈厚丰：《中国高等学校分类与定位问题研究》，湖南大学出版社 2004 年版。

崔国良编：《张伯苓教育论著选》，人民教育出版社 1997 年版。

顾建民：《大学何以有效治理？模式、机制与路径》，上海交通大学出版社 2021 年版。

郭健：《哈佛大学发展史研究》，河北教育出版社 2000 年版。

郭为藩：《转变中的大学：传统、议题与前景》，北京大学出版社 2006 年版。

贺国庆：《德国和美国大学发达史》，人民教育出版社 1998 年版。

黄达人等：《大学的根本》，商务印书馆 2015 年版。

黄福涛主编：《外国高等教育史》，上海教育出版社 2003 年版。

李曼丽：《通识教育——一种大学教育观》，清华大学出版社 1999 年版。

联合国教科文组织：《一起重新构想我们的未来：为教育打造新的社会契约》，教育科学出版社 2022 年版。

刘宝存：《大学理念的传统与变革》，教育科学出版社 2004 版。

刘述礼、黄延复编：《梅贻琦教育论著选》，人民教育出版社 1993 年版。

吕达、周满生主编：《当代外国教育改革著名文献·美国卷》（第三册），人民教育出版社 2004 年版。

乔玉全编著：《21 世纪美国高等教育》，高等教育出版社 2000 年版。

邵兴江：《学校建筑：教育意蕴与文化价值》，教育科学出版社2012年版。

石中英：《教育哲学导论》，北京师范大学出版社2002年版。

眭依凡：《大学校长的教育理念与治校》，人民教育出版社2001年版。

滕大春主编：《外国教育通史》（第六卷），山东教育出版社1995年版。

王定华：《走进美国教育》，人民教育出版社2004年版。

王国均：《美国高等教育学术自由传统的演进》，学林出版社2008年版。

王冀生：《现代大学文化学》，北京大学出版社2002年版。

王英杰、刘宝存：《世界一流大学的形成与发展》，山西教育出版社2008年版。

文池主编：《北大访谈录》，中国社会科学出版社2001年版。

阎光才：《识读大学——组织文化的视角》，教育科学出版社2002年版。

周雁：《耶鲁大学史》，上海交通大学出版社2012年版。

（二）中译著作

［英］阿伦·布洛克：《西方人文主义传统》，董乐山译，生活·读书·新知三联书店1997年版。

［英］埃里克·阿什比：《科技发达时代的大学教育》，滕大春、滕大生译，人民教育出版社1983年版。

［西］奥尔特加·加塞特：《大学的使命》，徐小洲、陈军译，浙江教育出版社2001年版。

［美］伯顿·克拉克主编：《高等教育新论：多学科的研究》，王承绪、徐辉等译，浙江教育出版社2001年版。

［美］德里克·博克：《走出象牙塔——现代大学的社会责任》，徐小洲、陈军译，浙江教育出版社2001年版。

［美］菲利普·G. 阿特巴赫：《比较高等教育：知识、大学与发展》，人民教育出版社教育室译，人民教育出版社2001年版。

［美］弗兰克·H. T. 罗德斯：《创造未来：美国大学的作用》，王晓阳、蓝劲松等译，清华大学出版社2007年版。

［美］H. S. 康马杰：《美国精神》，南木等译，光明日报出版社1988年版。

［美］哈佛委员会：《哈佛通识教育红皮书》，李曼丽译，北京大学出版社

2010年版。

[美]哈瑞·刘易斯：《失去灵魂的卓越：哈佛是如何忘记教育宗旨的》，侯定凯译，华东师范大学出版社2012年版。

[美]亨利·詹姆斯：《他缔造了哈佛——查尔斯·W.艾略特传》，朱建迅等译，广西师范大学出版社2017年版。

《美国加利福尼亚高等教育总体规划》，教育部国家教育发展研究中心组译，人民教育出版社2005年版。

[美]Clark Kerr：《大学的功用》，陈学飞等译，江西教育出版社1993年版。

[美]克拉克·克尔：《高等教育不能回避历史：21世纪的问题》，王承绪译，浙江教育出版社2001年版。

[美]理查德·布瑞德利：《哈佛规则——捍卫大学之魂》，梁志坚译，北京大学出版社2009年版。

[美]理查德·雷文：《大学工作》，王芳等译，外文出版社2004年版。

[美]罗伯特·伯恩鲍姆：《大学运行模式——大学组织与领导的控制系统》，别敦荣主译，中国海洋大学出版社2003年版。

[美]欧内斯特·博耶：《美国大学教育——现状·经验·问题及对策》，复旦大学高等教育研究所译，复旦大学出版社1988年版。

[美]唐纳德·肯尼迪：《学术责任》，阎凤桥等译，新华出版社2002年版。

[美]威廉·G.鲍恩：《数字时代的大学》，欧阳淑铭、石雨晴译，中信出版社2014年版。

[美]亚伯拉罕·弗莱克斯纳：《现代大学论——英美德大学研究》，徐辉、陈晓菲译，浙江教育出版社2001年版。

[美]约翰·S.布鲁贝克：《高等教育哲学》，王承绪等译，浙江教育出版社2002年版。

[美]约翰·汉尼斯：《要领：斯坦福校长领导十得》，杨斌等译，浙江教育出版社2020年版。

[美]詹姆斯·杜德斯达、弗瑞斯·沃马克：《美国公立大学的未来》，刘济良译，北京大学出版社2006年版。

[美]詹姆斯·N·罗西瑙主编：《没有政府的治理——世界政治中的秩

序与变革》，张胜军、刘小林等译，江西人民出版社 2001 年版。

（三）中文学位论文

刘宝岐：《耶鲁大学人文教育研究》，博士学位论文，河北大学，2010 年。

田琳：《世界一流大学的功能研究》，博士学位论文，上海交通大学，2020 年。

谢俊：《大学的学术自由及其限度》，博士学位论文，西南大学，2010 年。

（四）中文期刊论文

别敦荣：《大学战略规划的若干基本问题》，《河北师范大学学报》（教育科学版）2020 年第 1 期。

陈利民：《学术自由理念与哈佛大学的发展》，《高等教育研究》2005 年第 5 期。

陈兴德、王君仪：《高等教育普及化背景下的高校招生制度改革探析》，《中国考试》2021 年第 12 期。

程斯辉、刘立德：《新中国著名大学校长的治校办学之道管窥》，《教育史研究》2021 年第 2 期。

储朝晖：《王星拱的治校理念及其对提升大学品质的启示》，《清华大学教育研究》2015 年第 6 期。

郭健：《艾略特与哈佛大学选修制》，《河北师范大学学报》（教育科学版）2000 年第 3 期。

韩颖、杨天平：《地方高校之"地方"探究：高等教育分类的国际视角》，《比较教育研究》2020 年第 8 期。

韩筠：《美国高等教育管理体制及院校设置》，《中国高等教育》2003 年第 12 期。

贺国庆：《美国高等教育现代化的奠基——南北战争后到 1900 年间美国高等教育的变革》，《河北师范大学学报》（教育科学版）1998 年第 1 期。

洪成文、伍宸：《耶鲁大学的当代辉煌与理查德·莱文校长办学思想研究》，《教育研究》2014 年第 7 期。

黄文彬：《我国高校基本建设项目筹资问题分析与建议》，《中国高等教育》2022 年第 1 期。

姜国钧：《〈失去灵魂的卓越——哈佛是如何忘记教育宗旨的〉镜诠》，

《大学教育科学》2011年第6期。

[美]劳伦斯·H·萨莫斯:《21世纪大学面临的挑战——在北京大学的演讲》,李环译,《中国大学教学》2002年第Z2期。

李子江、鲁婵:《哈佛大学校长艾略特的研究生教育改革探索》,《学位与研究生教育》2021年第3期。

林成华、洪成文:《大宗筹款运动与大学发展——当代美国一流大学大宗筹款运动研究》,《教育学报》2015年第3期。

刘宝存:《世界高等教育的个性化趋势述评》,《清华大学教育研究》2000年第4期。

刘兵飞、郑文:《"双一流"建设:传统超越之思》,《高教探索》2018年第12期。

刘盾:《世界一流大学合作办学新解及对我国"一带一路"教育行动的启示——以"耶鲁—新加坡国立大学学院"为例》,《中国高教研究》2017年第7期。

卢晓中:《高等教育高质量发展:竞争或合作?》,《江苏高教》2022年第10期。

[美]尼尔·陆登庭:《21世纪高等教育面临的挑战》,刘莉莉译,《高等教育研究》1998年第4期。

曲铭峰、龚放:《哈佛大学与当代高等教育——德里克·博克访谈录》,《高等教育研究》2011年第10期。

桑新民、郑旭东:《信息时代研究型大学创新发展的孵化器——密西根大学"媒休联合休"的经验与启示》,《教育研究》2009年第3期。

田雪芹:《科南特基于"全人类共同利益"的哈佛大学通识教育改革》,《高教探索》2017年第4期。

佟婧、燕凌、洪成文:《耶鲁大学捐赠基金成功运作之道》,《高教探索》2012年第3期。

王大中:《关于在中国建设世界一流大学的若干问题》,《清华大学教育研究》2000年第1期。

王凤玉、张晓光:《顺应与进取:密歇根大学发展过程中的四次转机》,《清华大学教育研究》2017年第1期。

王英杰:《大学校长:伦理的领袖,道德的楷模》,《比较教育研究》2013

年第 1 期。

文茂伟、房欲飞：《在通识教育中发展大学生领导力——以美国大学生领导教育为例》，《比较教育研究》2008 年第 1 期。

阎光才：《研究型大学本科课程体系与结构的变革》，《教育研究》2022 年第 8 期。

俞家庆、李延成：《启迪领导智慧 憧憬大学未来——中外大学校长论坛要点摘记》（上），《学位与研究生教育》2002 年第 12 期。

张凤娟：《"通识教育"在美国大学课程设置中的发展历程》，《教育发展研究》2003 年第 9 期。

张家勇、张家智：《新世纪哈佛大学本科生课程改革及启示》，《比较教育研究》2006 年第 1 期。

张丽：《权力与权利的制衡：大学章程功能实现的行动者分析》，《高等教育研究》2021 年第 2 期。

张旺、杜亚丽、丁薇：《人才培养模式的现实反思与当代创新》，《教育研究》2015 年第 1 期。

张炜：《从单一职能大学到现代研究型大学的演进——克拉克·克尔关于'Multiversity'的语义与特征探析》，《中国高教研究》2021 年第 5 期。

赵沁平：《发挥大学第四功能作用 引领社会创新文化发展》，《中国高等教育》2006 年第 15、16 期。

赵婷婷、郭曼瑞：《哈佛大学的三次转型：美国世界一流大学生成的历史经验》，《中国高教研究》2021 年第 10 期。

郑旭东：《公立研究型大学的战略规划与变革管理——杜德斯达特高等教育改革发展的实践》，《教育发展研究》2010 年第 7 期。

周光礼：《学术自由的实现与现代大学制度的建构》，《高等教育研究》2003 年第 1 期。

周雁、奚丽萍：《耶鲁大学的战略目标及启示》，《教育发展研究》2009 年第 21 期。

（五）中文网络文献

唐勇：《专访耶鲁大学校长——耶鲁没你想象的那么昂贵》，2006 年 4 月 22 日，http://news.enorth.com.cn/system/2006/04/22/001287373.shtml，2022 年 10 月 12 日。

中华人民共和国中央人民政府：《国家中长期教育改革和发展规划纲要（2010—2020年）》，2010年7月29日，http：//www.moe.gov.cn/jyb_xwfb/s6052/moe_838/201008/t20100802_93704.html，2023年4月23日。

（六）中文报刊

毛黎、张孟军：《剖析"哈佛"校长萨莫斯辞职原因》，《科技日报》2006年3月28日第2版。

宋晓梦：《田长霖教授谈21世纪如何创新重组研究型大学》，《光明日报》2000年1月12日第B1版。

二 外文类

（一）外文著作

Bok, Derek, *Universities in the Marketplace*: *The Commercialization of Higher Education*, Princeton: Princeton University Press, 2003.

Brubacher, John and Wilis Rudy, *Higher Education in Transition*: *A History of American Colleges and Universities*, 1636 – 1976, New York: Harper & Row Publisher, Inc., 1976.

Casper, Gerhard, *Cares of The University*, California: Stanford University Press, 1997.

Clark, B. R., and Neave, G., *The Encyclopedia of Higher Education*, Vol. 3, Oxford: Pergamon Press, 1992.

Cohen, Arthur M., *The Shaping of American Higher Education*, San Francisco: Jossey-Bass Publishers, 1998.

Conant, James B., *My Several Lives*: *Memoirs of A Social Inventor*, New York: Harper & Row Publishers, 1970.

Douglass, John Aubrey, *The California Idea and American Higher Education*: 1850 *to the* 1960 *Master Plan*, California: Stanford University Press, 2000.

Duderstadt, James J., *A Case Study in University Transformation*: *Positioning the University of Michigan for the New Millennium*, Ann Arbor: Millennium Project, 1999.

Ehrenberg, Ronald G., *The American University*: *National Treasure Or En-*

dangered Species?, Ithaca: Cornell University Press, 1997.

Full, Harold, *Controversy in American Education*, New York: The Macmillan Company, 1967.

Hennessy, John L., *Leading Matters: Lessons from My Journey*, California: Stanford University Press, 2018.

Henry, David Dodds, *Challenges Past, Challenges Present*, San Francisco: Jossey-Bass Publishers, 1975.

Hershberg, James G., *James B. Conant: Harvard to Hiroshima and the Making of the Nuclear Age*, California: Stanford University Press, 1995.

Kerr, Clark, *Troubled Times for American Higher Education: The 1990s and Beyond*, Albany: State University of New York Press, 1994.

Kirby, William C., *Empires of Idea: Creating the Modern University from Germany to America to China*, Cambridge: Harvard University Press, 2022.

Levine, Arthur, *Higher Learning in American: 1980 - 2000*, Baltimore, Johns Hopkins University Press, 1994.

Marginson, Simon and Mark Considine, *The Enterprise University Governance and Re-invention in Australian Higher Education*, New York: Cambridge University Press, 2000.

Rippa, S. Alexander, *Education in a Free Society: An American History*, New York: Longman Inc., 1984.

Rudenstine, Neil L., *Pointing Our Thoughts: Reflections on Harvard and Higher Education*, Cambridge: Harvard University Press, 2001.

Smith, Richard Norton, *The Harvard Century: The Making of a University to a Nation*, New York: Simon and Schuster, 1986.

The Board of Trustees of the Leland Stanford Junior University, *The Study of Undergraduate Education at Stanford University*, Stanford: The Office of the Vice Provost for Undergraduate Education, 2012.

Weber, Luc E. and James J. Duderstadt, eds., *Reinventing the Research University*, London, Paris and Geneve: Economica Press, 2004.

（二）外文期刊论文

Brown Jr, William O., "Faculty Participation in University Governance and the Effects on University Performance", *Journal of Economic Behavior & Organization*, Vol. 44, No. 2, 2001.

Carnegie, Garry D., and Jacqueline Tuck, "Understanding the ABC of University Governance", *Australian Journal of Public Administration*, Vol. 69, No. 4, 2010.

Duderstadt, James J., "The Future of the University: A Perspective from the Oort Cloud", *Social Research: An International Quarterly*, Vol. 79, No. 3, 2012.

Eliot, Charles W., "The New Education", *Atlantic Monthly*, Vol. 23, No. 136, 1869.

Favero, M. D., "Faculty-administrator Relationships as Integral to High-performing Governance Systems: New Frameworks for Study", *American Behavioral Scientist*, Vol. 46, No. 7, 2003.

Kennedy, Randall, "Neil Rudenstine and Blacks at Harvard", *The Journal of Blacks in Higher Education*, No. 34, 2001.

Kerr, Clark, "Higher Education: Paradise Lost?", *Higher Education*, Vol. 7, No. 3, 1978.

Kerr, Clark, "The Internationalisation of Learning and the Nationalisation of the Purposes of Higher Education: Two 'Laws of Motion' in Conflict?", *European Journal of Education*, Vol. 25, No. 1, 1990.

Kerr, Clark, "The New Race to Be Harvard or Berkeley or Stanford", *Change: The Magazine of Higher Learning*, Vol. 23, No. 3, 1991.

McLaughlin, Judith, "Leadership, Management, and Governance", *New Directions for Higher Education*, Vol. 2004, No. 128, Winter 2004.

Page, Edward D., "Two Decades of Yale and Harvard: A Retrospect", *The Nation*, February 18, 1886.

Patterson, David, "An Interview with Stanford University President John Hennessy", *Communications of the ACM*, Vol. 59, No3, 2016.

Rhodes, Frank H. T., "The Ideal of Modern Scholarship", *American Scientist*, Vol. 74, No. 5, 1986.

Rhodes, Frank H. T., "Shaping the Future: Science and Technology 2030",

Physics Today, Vol. 44, No. 5, 1991.

Rhodes, Frank H. T., "The Art of the Presidency", *The Presidency*, Vol. 1, No. 1, 1998.

Ronald, Roach, "Remembering the Michigan Mandate", *Diversity Issues in Higher Education*, Vol. 23, No. 14, 2006.

Rudy, S. Willis, "The 'Revolution' in American Higher Education 1865 – 1900", *Harvard Educational Review*, Vol. 21, No. 3, 1951.

（三）外文报告

Cheney, Lynne V., *Humanities in America*, Washington D. C.: National Endowment for the Humanities, 1988.

Harvard University, *Annual Reports of the President and Treasurer of Harvard College* (1882 – 83), Cambridge: Harvard University Press, 1883.

Kerr, Clark, *Who Will Take Responsibility for the Future of the Future of California Higher Education?*, California Postsecondary Education Commission: Commission Report, 1993.

Report of the Harvard Committee, *General Education in a Free Society*, Cambridge: Harvard University Press, 1946.

Stanford University, *Report of the Commission on Graduate Education*, Stanford: Office of the President Stanford University, 2005.

（四）外文会议论文

Bratianu, Constantin and Florina Pinzaru, "University Governance as a Strategic Driving Force", paper delivered to 11th European Conference on Management Leadership and Governance, sponsored by Military Academy, Lisbon, Portugal, November 12 – 13, 2015.

Khan, Humera. "A Literature Review of Corporate Governance", paper delivered to International Conference on E-business, Management and Economics, Dubai, United Arab Emirates, 2011.

Rhodes, Frank, "A Neglected Challenge: Minority Participation in Higher Education", paper delivered to the Annual Meeting of the Board of Directors of the Academy for Educational Development, sponsored by Academy for Educational Development, Washington D. C., May, 1987.

(五) 外文网络文献

Abate, Tom, "Stanford Mechanical Engineer Sheri Sheppard Named U. S. Professor of the Year", (2012 - 11 - 20), https://news. stanford. edu/news/2014/november/case-award-sheppard-pal112014. html. (2022 - 09 - 15).

Blankfein, Alexander D., Nina L. Vizcarrondo, and Ying Wang, "To Students, a Rock Star President", (2006 - 02 - 22), https://www. thecrimson. com/article/2006/2/22/to-students-a-rock-star-president/. (2022 - 11 - 18).

Casper, Gerhard, "Concerning Culture and Cultures", (1993 - 09), https://web. stanford. edu/dept/pres-provost/president/speeches/930923-culture. html. (2022 - 11 - 08).

Casper, Gerhard, "Statement on Affirmative Action at Stanford University", (1995 - 10), https://web. stanford. edu/dept/pres-provost/president/speeches/951004affaction. html. (2022 - 11 - 04).

Casper, Gerhard, "On the Synthesis of Teachers and Students", (1996 - 05), https://web. stanford. edu/dept/pres-provost/president/speeches/960509synthesis. html. (2022 - 11 - 04).

Conger, Krista, "Stem Cell Central: The Lorry I. Lokey Building", (2010 - 10 - 25), https://med. stanford. edu/content/sm/news/all-news/2010/10/stem-cell-central-the-lorry-i-lokey-building. html. (2022 - 08 - 28).

Cornell University, "Frank Rhodes, Cornell's Ninth President, Dies at 93", (2020 - 02 - 04), https://news. cornell. edu/stories/2020/02/frank-rhodes-cornells-ninth-president-dies-93. (2022 - 12 - 23).

Dwight Hall at Yale, "Mission and Values", https://dwighthall. org/mission-and-values/. (2022 - 10 - 09).

Foster, Christine, "Thinking Small", (1999 - 09), https://stanfordmag. org/contents/thinking-small. (2022 - 12 - 10).

Freinberg, Anthony S. A., "Debunking Camp Harvard", (2003 - 03 - 21), https://www. thecrimson. com/article/2003/3/21/debunking-camp-harvard-harvard-college-is/. (2022 - 10 - 22).

Harvard Ombuds Office, "Office Charter", https://cpb-us-e1.wpmucdn.com/websites.harvard.edu/dist/6/48/files/2022/07/cambridge-ombuds-charter.pdf. (2022-10-12).

Harvard University, "History of the Presidency", https://www.harvard.edu/president/history/. (2022-10-18).

Harvard University, "Mind Brain Behavior Interfaculty Initiative", https://mbb.harvard.edu/pages/about. (2022-10-18).

Hennessy, John, "Setting Out on the Journey", (2000-09), https://stanfordmag.org/contents/setting-out-on-the-journey. (2022-11-02).

Hennessy, John, "The Brain: The Final Frontier? Neuroscience Institute is Poised for Breakthroughs", (2014-12), https://stanfordmag.org/contents/the-brain-the-final-frontier. (2022-08-28).

Mangan, Katherine, "Stanford's Health System Ends Merger with U. of California at San Francisco", (1999-11-12), https://www.chronicle.com/article/stanfords-health-system-ends-merger-with-u-of-california-at-san-francisco/. (2023-04-19).

Levin, Richard C., "The Internationalization of Yale: 2009-2012", (2009-10-30), https://world.yale.edu/search/site/The%20Internationalization%20of%20Yale. (2022-09-10).

National Science Foundation, "Integrative Graduate Education and Research Traineeship Program", (2011-07-06), https://www.nsf.gov/pubs/2007/nsf07540/nsf07540.htm, (2022-09-02).

Pulley, John L., "Crumbling Support for Colleges", (2002-03-29), https://www.chronicle.com/article/crumbling-support-for-colleges/. (2023-04-19).

Rhodes, Frank H. T., "The Landscape for Higher Education in the New Millennium", http://www.arestrategies.com/wag-archive/practiceareas/universityconsulting/pdf/land_pub.df.pdf. (2022-12-16).

Richter, Ruthann, "Stanford Opens Lokey Building, Crown Jewel of Stem Cell Science", (2010-10-27), https://scopeblog.stanford.edu/2010/10/27/lokey_building/. (2022-08-28).

Rudenstine, Neil L. , "Student Diversity and Higher Learning", https：// files. eric. ed. gov/fulltext/ED456190. pdf#page = 40. (2022 - 10 - 19).

Stanford Financial Aid, "Graduate Aid at Stanford", (2011 - 01 - 19), https：//financialaid. stanford. edu/grad/aid/index. html. (2022 - 09 - 11).

Stanford Home, "Text of Hennessy's Speech：Pursuing Academic Excellence in Challenging Economic Times", (2003 - 05 - 07), https：//news. stanford. edu/news/2003/may7/hennessytext-57. html. (2022 - 08 - 20).

Stanford News Service, "The Stanford Challenge Fact Sheet", (2006 - 10 - 10), https：//news. stanford. edu/pr/2006/pr-challengefacts-101106. html. (2022 - 09 - 08).

Stanford News, "Text of President John Hennessy's Address to the Academic Council", (2008 - 05 - 16), https：//news. stanford. edu/news/2008/may21/actext-052108. html. (2022 - 09 - 11).

Stanford University, "Stanford Language Programs", https：//language. stanford. edu/programs-languages/stanford-language-programs. (2022 - 09 - 01).

Stanford Woods Institute for the Environment, "Different Disciplines, Common Goals", https：//woods. stanford. edu/about/history. (2022 - 08 - 28).

Summers, Lawrence H. , "Letter to the Harvard Community", (2001 - 09 - 11), https：//news. harvard. edu/gazette/story/2001/09/letter-to-the-community-from-harvard-president-lawrence-h-summers/. (2022 - 10 - 16).

Ken Gewertz, "Rudenstine's Journey to Harvard Began at 14", (2001 - 05 - 17), https：//news. harvard. edu/gazette/story/2001/05/rudenstines-journey-to-harvard-began-at-14/. (2022 - 10 - 01).

The Harvard Gazette, "President Summers is Remembered by Many…", (2006 - 06 - 08), https：//news. harvard. edu/gazette/story/2006/06/president-summers-is-remembered-by-many/. (2022 - 11 - 18).

The Harvard Gazette, "President Summers' Tenure：A Timeline", (2006 - 06 - 08), https：//news. harvard. edu/gazette/story/2006/06/president-summers-tenure-a-timeline/. (2022 - 10 - 08).

The University of Michigan, "The University of Michigan Media Union James and Anne Duderstadt Center", http: //um2017. org/Media _ Union. html. (2022 – 11 – 07).

Theodore, Elisabeth S. , "Summers Addresses Grade Inflation", (2002 – 01 – 18), https: //www. thecrimson. com/article/2002/1/18/summers-addresses-grade-inflation-grade-inflation/. (2022 – 10 – 23).

UNESCO, "Manual for Statistics on Scientific and Technological Activities", (1984 – 05), http: //uis. unesco. org/sites/default/files/documents/manual-for-statistics-on-scientific-and-technological-activities-historical-1984-en. pdf. (2022 – 10 – 09).

University of Michigan, "Digital Library Project Will Receive $8.5 Million", (1994 – 10 – 17), https: //record. umich. edu/articles/digital-library-project-will-receive-8-5-million/. (2022 – 11 – 06).

University of Sydney, "Recruitment and Appointment Policy 2021", https: //www. sydney. edu. au/policies/showdoc. aspx? recnum = PDOC2011/120&RendNum = 0. (2023 – 03 – 12).

Vozick-Levinson, Simom W. , "Room for Improvement", (2005 – 10 – 19), https: //preview. thecrimson. com/article/2005/10/19/room-for-improvement-an-unusual-sense/. (2022 – 10 – 23).

Yale University, "Annual Report of Givingto Yale 2012 – 2013", https: //ar2013. yale. edu/annual-giving. (2022 – 12 – 22).

后　　记

　　教育高质量发展是全面建设社会主义现代化国家的首要任务之一，中国式现代化的本质要求就是实现高质量发展，新时代中国特色社会主义现代化就是要以推动高质量发展为主题；教育是全面建设社会主义现代化国家的基础性、战略性支撑，因此必须加快建设中国特色、世界一流大学和优势学科。

　　世界一流大学校长治校理念与实践研究是一个涉及教育学、比较教育、高等教育、管理学、社会学等领域的综合课题。校长治校理念是一所大学的核心价值观，它的形成和发展受到多种因素的影响。《卓越与创新：世界一流大学校长治校方略》择取了美国哈佛大学、加州大学、康奈尔大学、密歇根大学、斯坦福大学、耶鲁大学六所世界一流大学十位著名校长的治校理念和实践，重点探索他们在治校理念上突出学术领先和多元文化、注重创新和追求卓越、关注师生权益和福利、推行绩效管理和教学改革等思想；在治校实践上采取教授治学、推行多元化和包容性教育、加强教学和教育研究、提高学术水平和竞争力等做法。

　　本书是国家级教学名师、河南大学教育学部杨捷教授团队的研究成果。在研究过程中，团队成员秉承学术严谨、探究创新、惠及时代的理念，高效合作、互相支持、持之以恒，顺利完成研究和撰写工作，特别是克服了疫情期间诸多难以想象的困难和挑战。本书具体由杨捷、郝森林担任主编，杨捷负责统稿，赵娜博士担任副主编，具体各章执笔人为：绪论、后记——杨捷；第一章——杨捷、赵娜、魏丹；第二章——赵娜、王梦阳；第三章——杨捷、窦雯馨、赵月；第四章——窦雯馨、仵春；第五章——杨捷、张崇、王凯；第六章——张崇、齐永芹；第七章——

郝森林、彭媛媛、吴杰；第八章——彭媛媛、黄胜华；第九章——吴偏妮、郑丹、王芮；第十章——吴偏妮、邢琳。在本书的撰写过程中，研究团队参阅了大量相关研究和最新研究成果，并在书中加以引用或注释，在此谨向有关作者或译者致谢！

感谢河南大学人才人事部（教师中心）、人文社科研究院、教育学部一直以来在学术上的持久支持！感谢中国社会科学出版社赵丽编辑的专业指导和辛勤工作！感谢已经毕业离校的承担撰写任务的团队成员！

2022年正值全面建设社会主义现代化国家的开局之年，期望本书对加快建设中国特色、世界一流大学教育目标有所裨益，为促进"双一流"建设提供有益的国际视野和比较借鉴。

著　者

2023年12月于河南大学金明校区田家炳书院